LLAMADO para SER
LLAMADO para HACER

Encuentre Su Propósito y Destino en los Dones que Usted Posee

PETER WOLLENSACK

Llamado para SER Llamado para HACER

Publicado por:
Harvest Equippers
Surco, Lima 33, Perú
www.ministeriosdinamicos.org

ISBN: 978-1-936443-02-4

Todas las citas bíblicas, a excepción de las indicadas, fueron tomadas de la Versión Bíblica Reina-Valera (Revisión de 1960). Las abreviaciones de otras versiones bíblicas citadas son:

1) En español: LBLA – La Biblia de las Américas / NBLH – Nueva Biblia Latinoamericana de Hoy / NVI – Nueva Versión Internacional / RVG – Reina Valera Gómez / SRV – Reina Valera de España (1909)
2) Del inglés (citas traducidas): AMP – Biblia Amplificada / ESV – Versión Estándar en Inglés / GWT – Traducción Palabra de Dios / ISV – Versión Internacional Estándar / JPS –Sociedad Bíblica de Publicación Judía / LITV – Traducción Literal de la Sagrada Biblia / MKJV – Versión Moderna de la Reina Valera / MNT – Nuevo Testamento de James Murdock / MSG – Biblia Mensaje / NASB – Biblia Nuevo Estándar Americano/ NET – Traducción Nueva en Inglés / NKJV – Nueva Versión Reina Valera / NLT – Traducción Nuevo Vivir / / PNT – Nuevo Testamento de J. B. Phillips / RV – Versión Revisada / WNT – Nuevo Testamento de Weymouth (1912)

Diseño de la portada y el libro por www.ChristianBookDesign.com
Foto de la portada: BigStockPhoto.com #459242

Las historias en este libro son reales; sin embargo, en algunos casos, los detalles de identidad y los nombres han sido cambiados, a fin de proteger la confidencialidad. Este libro está disponible en inglés como "Called to BE Called to DO" en Amazon.com.

Para compras al por mayor y otros pedidos favor de contactar a:

harvest.equip@gmail.com

Harvest Equippers

RECOMENDACIONES

Cuando recién me convertí al Señor, leí un pasaje en la Escritura que afectó mi vida profundamente – Efesios 4:12, "...para la edificación del cuerpo de Cristo". Supe inmediatamente para qué había sido LLAMADO A HACER, pero no sabía cómo hacerlo. Este libro de fácil lectura, de Peter Wollensack y la simple aplicación de los preceptos bíblicos en él, le van a ahorrar (y me podría haber ahorrado a mi) mucha frustración al buscar la forma PARA HACER lo que todos estamos "LLAMADOS PARA SER". Permítame elogiar al Pastor Peter por escribir este libro tan perspicaz, y recomendárselo para que lo lea.

- Rev. Ben Kinchlow,
Autor y co-anfitrión, por mucho tiempo, del Club 700
Virginia Beach, Virginia

¿Sabe usted cuál es su don innato? Este libro es práctico, lleno de revelación y de ayuda para aquellos que quieren saber cómo encajan en el cuerpo de Cristo, cuál podría ser su don y cómo pueden crecer en el mismo.

- LaMar Boschman,
Autor y Maestro de la Biblia
Grapevine, Texas

En algún lugar entre la creación intencional y exclusiva de Dios de cada uno de nosotros y el cumplimiento final de aquellos propósitos precisos para nuestra existencia, debe de existir un proceso de auto-descubrimiento. Nosotros solamente somos capaces de cooperar completamente con los planes de Dios para nuestras vidas cuando hemos visto, entendido, y luego abrazado completamente nuestra singularidad divinamente inculcada. El Pastor Peter ha escrito un manual indispensable para quienes están tratando de verse a sí mismos desde la perspectiva de Dios. Se lo aseguro, *Llamado para SER, Llamado para HACER* cambiará su vida para siempre... ¡Es precisamente el libro que usted esperaba!

- Rev. Todd Foster
Pastor Principal, Church on the Rock
New Haven, Connecticut

Prepárese para el desafío de identificar sus dones innatos y madurar espiritualmente en ellos a medida que se involucra en la fácil lectura desde la pluma del Pastor Peter Wollensack. *Llamado para SER, Llamado para HACER* es un regalo de nuestro Padre celestial y es apropiado para estudios grupales o individuales. Este libro está destinado a marcar una diferencia en la vida de pastores y congregaciones; creyentes maduros y nuevos, todos por igual.

- Rev. William and Rev. Yvonne Hunter
Loshunter Ministries
Sun City, Arizona

Al descubrir su ADN espiritual único (dones y llamados), y al operar en ellos, usted desata de manera eficaz a Jesucristo hacia el mundo a su alrededor y cumple así su propósito y destino dado por Dios. Permita que este maravilloso libro le ayude a lograr esta tremenda hazaña.

-Dr. Mark Virkler, presidente y fundador
Christian Leadership University
Cheektowaga, New York

Dios tiene un plan especial y un propósito para cada uno de nosotros. Desafortunadamente, muchos cristianos están completamente desapercibidos del maravilloso y único papel que tienen que jugar en ese plan. Como resultado, ellos viven sin visión, dirección, enfoque ni pasión. Otros cristianos creen y están de acuerdo que tienen un destino, pero no tienen la menor idea de cuál es, ni de cómo alcanzarlo. El libro del Pastor Peter provee la clave para encontrar ese destino —entender el don único que Dios ha puesto en nosotros y cómo los dones se manifiestan en la vida real. Yo estoy muy feliz de recomendar *Llamado para SER, Llamado para HACER* a todo cristiano que quiere avanzar para alcanzar su destino y madurar en todo lo que están llamados a ser en Cristo Jesús.

- Rev. Brick Cliff, president y fundador
Word Impact Now (WIN) Ministries
San Benito, Texas

El apóstol Pablo oró para que los creyentes tuvieran una revelación de la esperanza de su llamado. Desafortunadamente la mayoría de los cristianos tiene una gran dificultad para discernir su llamado. *Llamado para SER, Llamado para HACER* es un completo y bien documentado estudio escrito por un misionero experimentado en Perú, que ayudará a los creyentes a identificar su llamado, usando sus dones espirituales y naturales como un mapa de guía. El Pastor Peter combina años de experiencia con revelación personal para sacar a la luz esas verdades en este importante libro.

- Dr. Berin Gifillan, presidente y fundador
International School of Ministry (ISOM)
Redlands, California

Llamado Para SER, Llamado Para HACER es una explicación completa y balanceada de cada uno de los siete dones dado por el Padre, como los encontramos en Romanos 12:6-8, elaborado en ambos las fuerzas y el mal uso de cada don. Este libro de fácil lectura debe ser obligatorio para todos los pastores y ministros en el cuerpo de Cristo, porque esta enseñanza es muy aplicable en la vida de todo cristiano. ¡Ha llagado a ser un cimiento magnífico en nuestro seminario bíblico, enseñando acerca de los dones especiales que el Padre nos asignó antes de nuestro nacimiento!

- Max O. Flynn, presidente
Covenant Theological Seminary
Greenville, North Carolina

LA PORTADA

Dios quiere que cada uno de nosotros crezca hasta alcanzar nuestro potencial.

La forma espiralada del interior de la concha del nautilo[1] simboliza, el tipo del crecimiento progresivo que nuestro Creador desea para cada uno de nosotros, sus hijos. Un nautilo inicia su vida con sólo unas cuantas cámaras pequeñísimas y después añade nuevas y grandes cámaras formando un patrón espiralado a través de los años conforme va desarrollándose hasta llegar a la madurez. El proceso de crecimiento paso a paso queda registrado de manera maravillosa por la sorprendentemente iridiscente concha interior del nautilo.

Así como las cámaras relucientes del nautilo reflejan una progresión natural hacia la madurez, nosotros como cristianos también debemos reflejar la gloria de nuestro Señor conforme vamos creciendo en Él. Su precioso Espíritu Santo nos lleva "de gloria en gloria", a medida que reflejamos su resplandor (2 de Corintios 3:18).

El potencial de crecimiento del nautilo está contenido dentro de las primeras cámaras que aparecen—aun antes de haber nacido. Así también, un patrón divino para nuestro propio desarrollo espiritual y físico ha sido puesto en el interior de cada uno de nosotros. No llegamos a crecer en todo nuestro potencial de la noche a la mañana, en lugar de eso, nos movemos de una etapa a la otra, conforme avanzamos hacia nuestro destino. A medida que descubrimos y nos rendimos al plan y propósito de Yahweh para nuestra vida, experimentamos un incremento en nuestra capacidad y nivel de realización.

El borde azul estrellado del cosmos representa, el envolvimiento de nuestro Creador en el proceso entero. El vasto potencial dentro de nosotros es tan grande como la extensión celestial que está sobre nosotros.

DEDICADO A

Todos aquellos corazones cuyo clamor es encontrar verdadero significado y propósito en sus vidas.

Todos aquellos que están ocupados "haciendo", pero se han dado cuenta de que no están satisfechos, ni son efectivos.

Todos aquellos que están deseosos de escuchar las apreciadas palabras: "Bien hecho, buen y fiel siervo, entra en el gozo de tu Señor".

Todos aquellos que de todo corazón creen en las palabras de su Señor: "Pide, y se te dará; busca, y encontrarás; toca, y se te abrirá". (Mateo 7:7 NASB)

RECONOCIMIENTOS

Deseo expresar mi amor y aprecio a Blanca, mi esposa, quien ha sido una fuente constante de apoyo, inspiración y consejos sólidos durante el tiempo en que escribí este libro. Gracias por ser de gran ayuda en muchas formas y por ser paciente y entender cuando trabajaba hasta muy entrada la noche. Pero, más que todo, quiero agradecerle por el excelente trabajo que hizo con la difícil labor de traducir este libro de inglés a español.

También agradezco a los pastores Todd y Leslie Foster, quienes son nuestra cobertura espiritual. Igualmente a nuestros familiares y amigos en nuestra iglesia Church on the Rock en New Haven, Connecticut, y a los que desde otros lugares fielmente nos han apoyado en el campo misionero. Al compartir con nosotros la visión y la carga de capacitar literalmente a miles de líderes de la iglesia, todos ellos han facilitado la escritura de este libro, fortaleciendo así a los creyentes y a la iglesia en varias partes de Latinoamérica.

Asimismo, me gustaría agradecer a Regina y a Gary Johnson de la Global Transformation Network por haber compartido lo que el Señor le reveló a Regina de manera extraordinaria. Su aporte ayudó a puntualizar varios aspectos espirituales de los dones que Yahweh ha depositado en cada uno de nosotros.

Mi agradecimiento a Marcos Javier Monge por su ayuda en la traducción y al Pastor Bernardo Campos Morante por su hábil labor editorial del libro. Gracias igualmente a Ysabel Álvarez cuya creatividad y talento están demostrados en la mayoría de las ilustraciones y a Brian Schmidt por sus dibujos. Además, quisiera dar las gracias al Pastor Wilfredo Sánchez, a la Pastora Gisela Lizárraga de Gil y a la hermana Bertha Lozada por sus correcciones del manuscrito.

CONTENIDO

PREFACIO

CÓMO SE ORIGINÓ ESTE LIBRO

Hace unos años, el Señor empezó a inquietar mi corazón acerca de la necesidad de llevar a Su pueblo, a un mayor entendimiento de los maravillosos dones que Él ha puesto dentro de cada uno de nosotros. Después de estudiar extensamente los "dones motivacionales" desde hace un cuarto de siglo —junto con varias observaciones personales desde ese tiempo hasta ahora— me consideraba bien preparado para iniciar las enseñanza a los pastores y líderes en el Perú y en otros lugares, acerca de los dones innatos que Dios ha puesto dentro de cada uno de nosotros. Lejos estaba yo de darme cuenta que el Señor tenía preparado una revelación aún más abundante.

La pura verdad es que demasiados hijos de Dios viven muy por debajo de su potencial. En términos de habilidades, algunos de nosotros hemos estado viviendo como aquel pordiosero sin hogar que no está consciente que su padre desde antes que naciera levantó un fondo confiable a su favor. Ha vivido en las calles como un mendigo, porque no sabía lo que le había sido dado. Asimismo, nuestro amoroso Padre, desde Su grandioso almacén, hizo un depósito en nuestra cuenta. Está allí para nuestro uso —sin embargo, muchos de nosotros prácticamente no lo hemos tocado. Hemos vivido como Sansón en el tiempo de los jueces de Israel, dotados de una manera maravillosa, pero gastando nuestro potencial tontamente. Por no entender o apreciar lo que se nos ha dado, no hemos usado los recursos que nuestro poderoso Dios ha depositado para nosotros.

Hace poco, mientras estaba en un tiempo de oración, el Señor me instruyó para escribir un libro acerca de los dones motivacionales. En ese mismo momento también me dio el título del libro: Llamado para SER, Llamado para HACER. El significado principal (aunque hay muchos significados) es que, de acuerdo a sus prioridades, nuestro primer llamado es descubrir qué es lo que debemos ser —esto es, la razón para lo que Yahweh nos ha creado— y, a partir de esta revelación interior, entonces, debemos ir hacia adelante y cumplir nuestro propósito y destino.

El mundo angloparlante es muy afortunado porque tiene varios libros notables que tratan con el asunto de los "dones motivacionales"[1]. Estos son a los cuales yo me refiero como el "tercer" grupo o juego de dones, porque los otros dos grupos mencionados en el Nuevo Testamento son más ampliamente conocidos y son el tema de muchas enseñanzas. Los dones más conocidos son comúnmente llamados los "dones del Espíritu Santo" y los "dones del ministerio quíntuple".

Ministrando en el campo misionero del Perú y en otros lugares, me di cuenta que hay muy poco conocimiento del "tercer grupo" de dones. También descubrí, en reuniones con cientos de pastores y líderes, que muy pocos de ellos habían escuchado de estos dones. Llamado para SER, Llamado para HACER, no solamente abre una mayor profundidad de entendimiento sobre la conexión entre nuestro don innato y nuestro propósito en la vida. Esto es innovador en sí mismo, pero además provee un estudio más profundo de lo que desde antes estaba a nuestra disposición. Me refiero a la forma cómo "se ven" estos dones hoy en la vida cotidiana y cómo se han retratado en las Escrituras.

Yahweh me ha revelado varias verdades básicas las cuales incluyo en este libro. Estas son realidades espirituales que en su mayoría han estado escondidas para la vasta mayoría de creyentes o han sido ignoradas por ellos. Además, para llegar a un grado o nivel de mayor conocimiento de estos dones en nosotros, debemos escudriñar más profundo para salir de lo obvio. Es cierto que cada don tiene un juego observable de rasgos y características. Pero estos dones que han sido depositados dentro de cada uno de nosotros, son mucho más que eso. Son "paquetes de gracia" que esencialmente son espirituales por naturaleza, cada uno con su particular unción y propósito.

LOS ASPECTOS PRÁCTICOS DEL MENSAJE

Podemos ser capaces de entendernos y entender a otros mucho mejor, a medida que aprendemos a apreciar la naturaleza fundamental de nuestra dotación. Los malos entendidos y los conflictos son más fáciles de evitar, mejorando así las relaciones interpersonales. Somos capaces de desarrollarnos de la manera como Dios ha deseado, pero va a suceder solamente cuando aprendamos a permanecer en Su presencia. Entender estos dones, además, nos ayuda en las decisiones que tomemos y nos permite liderar más sabiamente.

A medida que he descubierto más y más cómo aplicar el conocimiento de estos paquetes de gracia, he podido evitar varios peligros a través de los años. Pude llegar al punto de entender mi propia dotación —con mis propias fortalezas y debilidades— como todos los demás, pero he tenido mayor discernimiento al tomar mis decisiones. Es más, muchos de los errores y desvíos en mi vida, podrían haberse evitado si yo hubiera comprendido mejor mi propio don particular y llamado, y el de otros en esos momentos.

La sabiduría ganada por el entendimiento de estos dones es muy práctica en su aplicación. Por ejemplo, he sido invitado en diferentes ocasiones a unirme con otros en diferentes esfuerzos o trabajos, pero a veces los he rechazado porque sabía que el esfuerzo no tendría éxito. ¿Cómo fui capaz de discernir esto? Todo empieza con la revelación interior. Si la persona demuestra una significante falta de desarrollo de su don innato, la cual es observable a través de sus acciones y su actitud, el fracaso es casi siempre la conclusión inevitable. No importa cuan espiritual profese ser esa persona. ¡En cada caso, el colapso final de dichas aventuras propuestas, comprobó con el tiempo, que hay mucha sabiduría en poder entender cómo operan estos dones!

La percepción interna de estos dones también es indispensable para el funcionamiento adecuado de la iglesia local. Yahweh ha provisto cada uno de los dones de forma tal que el cuerpo de Cristo, que se compone de varios miembros, sea equipado para alcanzar su potencial completo. Cuando la congregación local reconoce y aprecia la completa variedad de los dones con los cuales ha sido dotada, funcionará unida y más armoniosamente. Será capaz de liberar un mayor grado de unción corporativa, y estará mejor equipada para cumplir el propósito que Dios le dio.

Si fallamos en reconocer las muchas verdades que el Señor está restaurando entre Su pueblo en estos últimos tiempos, el riesgo es para nosotros. Permanecer en el Señor es la base para el desarrollo de nuestros dones dados por Dios y el cumplimiento de nuestro destino. Si nosotros escogemos vivir o ejercer el ministerio de cualquier otra forma, tal vez podamos aparentemente lograr hazañas poderosas en el nombre del Señor, pero la realidad es que no habremos hecho tales cosas ni a Su forma ni para sus propósitos. La forma y el propósito correcto es, al final de cuentas, darle a Él toda la gloria. ¡Lo mejor es reconocer que primero somos llamados para ser y después llamados para hacer!

Desarrollar nuestro hombre espiritual involucra permitirle a Él trabajar a través de nosotros. En realidad, nuestra "tarea" principal es "descansar" —descansar en Él— y después hacer.

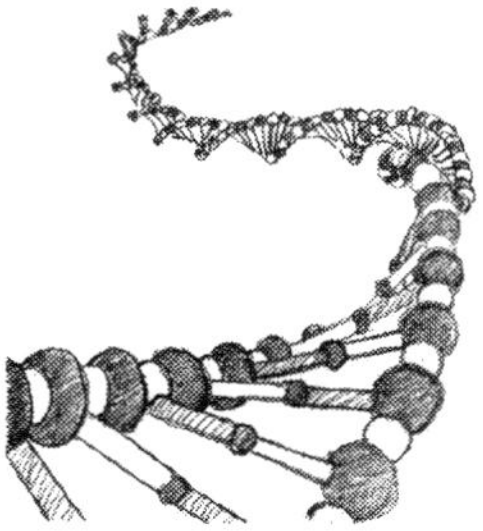

PARTE UNO: NUESTRA CREACIÓN

"Reconoced que el Señor Mismo es Dios; Él nos hizo, y no nosotros mismos; somos Su pueblo y las ovejas de Su prado". Salmo 100:3 (NASB)

Capítulo Uno

EL MISTERIO DEL TESORO DENTRO DE NOSOTROS

◈ ◈ ◈

Hemos Sido Creados de Manera Maravillosa

TESORO EN VASIJAS TERRENALES

> *"Pero tenemos este tesoro en vasos de barro, para que la extraordinaria grandeza del poder sea de Dios y no de nosotros". 2 Corintios 4:7 (NBLH)*

Hay un propósito divino dentro de usted. El Señor su Creador lo ha depositado ahí. Es muy parecido a un tesoro enterrado —uno escondido dentro de su propio corazón.

Sólo una persona sostiene la llave de ese tesoro que está ahí dentro, y es usted. Sí, es usted la única persona para quien Dios diseñó ese plan y propósito. Usted es único en su tipo. No es parte de una línea de ensamblaje de producción. No hay otra persona que pueda cumplir el propósito que Dios tiene para usted.

Logramos obtener un vistazo de esta verdad cuando vemos la asombrosa revelación que Dios le dio al profeta Jeremías, cuando Él dijo, *"Yo te conocí antes de que fueras formado en el vientre de tu madre… antes de que nacieras Yo te hice un profeta"*[1].

Haga una pausa por un momento y considere esas breves palabras dadas a Jeremías, porque nos proveen de una profunda revelación. Él Señor dijo, que aun antes que Jeremías fuera hecho —antes de que fuera formado en el vientre de su madre— Dios lo conocía. En otras palabras, el Señor tenía a Jeremías en Su corazón y en Su mente primero —y luego, algún tiempo después, lo formó. Es más, Dios revela que Él tenía un propósito para Jeremías en ese tiempo, mucho antes de que naciera o que fuese un profeta.

Ya que nuestro Padre celestial "no hace acepción de personas"[2], lo que fue verdad para Jeremías, es también verdad para nosotros. Él nos ha tenido a cada uno de nosotros en Su corazón y mente desde antes que fuéramos formados. Además, Él tuvo nuestro propósito bien pensado y planeado. ¿Se da cuenta?, su nacimiento no le tomó por sorpresa al soberano Señor del universo. Él no dijo: "Espere un momento, déjeme ver aquí… Oh, Yo sé que puedo encontrar un propósito para éste en algún lugar por aquí. Déjeme echar un vistazo…".

Debemos abrir nuestros ojos y ver cómo Dios hace las cosas. En uno de sus salmos David escribió: *"Porque solo tú creaste mi ser interior; Tú me entretejiste en el vientre de mi madre. Te daré las gracias porque he sido tan asombrosamente y milagrosamente formado... Sus ojos me vieron cuando yo sólo era un embrión. Cada día de mi vida estaba registrado en su libro aun antes de que uno de ellos ocurriera"*[3].

Es Dios quien creó en usted su ser interior —su espíritu y su alma. Esta es la parte suya que es su verdadera identidad, porque es el eterno usted —desde la eternidad hasta la eternidad. De manera que, la combinación especial de espíritu y alma que es usted, exclusivamente suya, no sucedió por casualidad. La esencia de quién es usted fue obra de Dios porque Él fue Aquél quien diseñó lo más íntimo de su ser.

Es más, David habló del conocimiento previo que Dios tenía concerniente a su vida. Dijo que el Señor dejó escrito todos los días de su vida en Su libro antes de que David viera su primer día sobre la tierra. Esta verdad va más lejos de lo que nuestra habilidad humana puede entender. Mientras nosotros tal vez nos maravillamos de lo asombroso de Dios y de Su realidad, nos quedamos —incluso con lo que vemos en las Escrituras— con la sensación de que tenemos solo una pequeñísima noción de los caminos de Dios.

CREADOS DE MANERA EXTRAORDINARIA

Está claro que Yahweh nos planeó y diseñó a todos y cada uno de nosotros antes de que fuéramos formados —y lo hizo de acuerdo a un "plano" específico que Él creó para cada uno de nosotros.

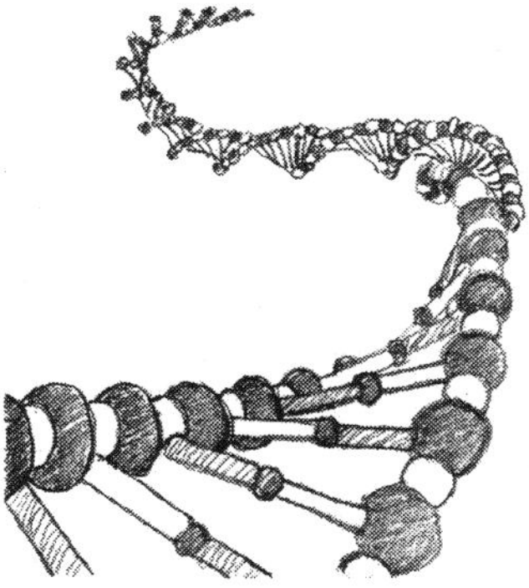

Un poco más de una generación atrás, los científicos descubrieron que una compleja estructura molecular, llamada ADN, existía en todas las células del cuerpo humano. Ellos encontraron que esta fundamental estructura determina todas y cada una de nuestras características físicas hasta el detalle más diminuto. La forma de nuestra nariz, la longitud de nuestras pestañas, el tamaño de nuestros pies, la textura de nuestro cabello —todo lo que constituye los aspectos físicos individuales o particulares de su "yo", están determinados por la doble-hélice del plano del ADN.

Lo que descubrieron los científicos únicamente confirmó, lo que las Sagradas Escrituras declararon hace tres mil años atrás, que nuestro ser físico ha sido "milagrosamente" diseñado y hecho. Dios ha usado el mecanismo del ADN para diseñar a todo ser humano como una creación única, distinto a toda otra persona que haya existido o que existirá en el futuro. Este plano del ADN fue creado en la primera etapa de su concepción. ¡Es simplemente asombroso!

¿Piensa usted que el todo-sabio Dios, el autor de su ADN único, tomaría *menos* cuidado en diseñar su ser interior? Su cuerpo, una morada temporal para su ser interno, estará pasando de este escenario en corto tiempo —en unas cuantas décadas como máximo— y regresará al polvo. Puede estar seguro de que Dios, que es Espíritu[4], ha tomado mucho más cuidado al diseñar su ser interior, su alma y su espíritu, que cuando Él diseñó su "hombre exterior", el cual es perecedero.

Su "hombre interior"[5] vive en una esfera que está fuera de su cinco sentidos. En lo natural sólo podemos observar las manifestaciones externas de este "hombre interior". La personalidad de un individuo es lo más obvio, pues lo distingue de cualquier otra persona.

Ya que somos todos originales, "únicos en nuestro tipo", cada quien tiene una personalidad que es la suma de sus manierismos, temperamento, rasgos del carácter, talentos y su forma de pensar y actuar. Es más, aun los gemelos "idénticos" —quienes comparten el mismo ADN físico— tienen personalidades únicas a pesar de que fueron criados en el mismo entorno. La razón de esto es simple: cada uno de nosotros fue creado de forma muy diferente en su ser interior de acuerdo con un plano espiritual. Lo que hace que todas las personas sean verdaderamente diferentes es el "ADN *espiritual*" que nuestro Creador usó cuando nos diseñó. Y aunque los gemelos "idénticos" tienen el mismo código genético predeterminado contenido en su ADN físico, que determina que ambos se parezcan, su "ADN espiritual" predeterminado es otro asunto. Las cualidades internas y personalidades de incluso gemelos "idénticos" permiten que sean muy diferentes, de acuerdo con los planes y propósitos de Dios.

Cuando el Rey David escribió en el salmo, previamente mencionado, acerca de su "ser interior"[6] el cual había sido "entretejido" y "maravillosa y milagrosamente hecho", se estaba refiriendo a mucho más que su ser físico. David pudo dar un vistazo rápido dentro del ámbito espiritual y obtuvo una revelación de la esencia de aquel que formó las partes más íntimas de su ser interior.

Importa muy poco si a la elaboración de nuestro ser interior, predestinado por Dios como nuestro "ADN Espiritual", lo llamamos de una forma u otra. Lo que realmente importa es que reconozcamos que ni nuestro ser físico ("el cual es perecedero") ni nuestro ser interior (el cual es eterno), fueron creados por casualidad, porque *"... es Él quien nos ha hecho..."* y Él nos hizo así con un plan y con un propósito en mente. Cada uno de nosotros tiene un destino que fue diseñado dentro de nosotros por nuestro Hacedor, porque está íntimamente conectado con la forma como Él nos ha creado.

Como una analogía, consideremos el diseño de dos vehículos, cada uno con un propósito muy distinto: un carro y un barco. Un carro está hecho para que transite por tierra y sus cuatro llantas son una buena indicación de esa función. El motor y el volante muestran que fue diseñado para avanzar. No de cualquier forma o para ir a cualquier lugar, sino para transitar sobre la tierra. De la misma manera, el propósito de un barco se puede encontrar en su diseño. Su casco impermeable le permite flotar sobre el agua. La forma del casco es un buen indicador de que el barco sirve para deslizarse sobre la superficie del agua. También es claro que la hélice moverá el barco en el agua pero no serviría de nada en tierra.

Se puede deducir mucho acerca de cuál es el propósito de un carro o un barco, con el simple hecho de observar el diseño básico y sus características. El fabricante de cada uno de esos vehículos se propuso suplir las necesidades específicas para el transporte —uno para ir por tierra y el otro por agua.

Al considerar cómo fuimos diseñados cada uno de nosotros, se ve claro que nuestro Creador tuvo un propósito especial en mente cuando Él nos creó. Cada uno tiene sus[7] propias características que no le fueron puestas al azar. El patrón divino de nuestro ADN espiritual y físico, fue organizado para cumplir el propósito que Yahweh tenía en Su corazón y Su mente. Dicho de manera más simple, nuestro propósito se encuentra en la forma cómo hemos sido formados, y nuestro destino está ligado a nuestra creación.

De la misma manera en que las características de su cuerpo fueron determinados por el ADN, así Dios, en forma maravillosa ha diseñado su "hombre interior" —el "usted" eternal, por decirlo de alguna manera— de acuerdo a un patrón único y elaborado —su "ADN espiritual"— antes de que usted naciera.

Preguntas: Capítulo Uno

1. Hay un propósito divino dentro de usted que es cómo un ______________ escondido.

2. Las Escrituras nos dicen que antes que Jeremías fuera hecho —antes de que fuera formado en el vientre de su madre— Dios lo __________.

3. El Señor nos ha tenido a cada uno de nosotros en su corazón y su _____________ desde antes de que fuéramos formados.

4. Cuando el Rey David escribió que su "ser interior" había sido "entretejido", se estaba refiriendo a mucho más que su ser físico. David pudo dar un vistazo rápido dentro del ámbito _____________.

5. De acuerdo al Rey David en Salmo 139:16: "…Cada día de mi vida estaba registrado en tu libro ___________ que cada una de ellas ocurrieran."

6. Dios creó en usted su ser interior —su ______________ y su ________. Esta es la parte suya que es su *verdadera* identidad, porque es el eterno usted —desde la eternidad hasta la eternidad.

7. Está claro que Dios ha tenido a cada uno de nosotros en Su corazón y mente desde antes que fuéramos formados. Además, Él tuvo nuestro propósito bien pensado y ______________.

8. Cada persona es original, "único en nuestro tipo", que tiene una personalidad que es la suma de sus manierismos, temperamento, ____________ del carácter, talentos y su forma de pensar y actuar.

9. Se puede deducir mucho acerca de cuál es el propósito de un carro

o un barco, con el simple hecho de observar el ____________ básico y sus características.

10. Cada uno de nosotros fue creado de forma muy diferente en su ser interior de acuerdo con un plano ____________.

11. El patrón divino de nuestro ______ espiritual y físico, fue organizado para cumplir el propósito que Yahweh tenía en Su corazón y Su mente.

12. Nuestro propósito se encuentra en la forma cómo hemos sido formados, y nuestro destino está ligado a nuestra ______________.

13. ¿Cree usted que el propósito de Dios para usted puede ser llenado por alguien más? _____ si _____no_____ no estoy seguro (escoja una opción y márquelo con una equis "X").

14. En el siglo pasado los científicos descubrieron que el ADN determina hasta los detalles más diminutos de las características físicas. A la luz del hecho que nuestro cuerpo vive por solo unas pocas décadas y luego perece, mientras nuestra alma y espíritu viven por la eternidad, ¿piensa usted que es razonable creer que Dios ha planeado nuestras características espirituales por medio de una plantilla que podemos llamar "ADN espiritual" también? ______ si ______no _______ no estoy seguro. (Escoja una opción)

15. De acuerdo con el Salmo 139:16, Dios registró todos los días de la vida de David en su libro antes de que David naciera. Ya que Dios no hace "acepción de personas" (Lo que hace por uno Él lo hará por los otros), ¿Qué significa eso para usted y para su futuro?

____

____

Capítulo Dos

APRECIANDO NUESTROS DONES INNATOS

◈ ◈ ◈

Empezando en el Lugar Correcto

"...El Señor me llamó antes de mi nacimiento, desde las entrañas de mi madre me llamó por nombre". Isaías 49:1 (NLT)

¿Ha sentido alguna vez que hay un potencial dentro de usted, en lo profundo de su interior, que va mucho más allá de lo que ha experimentado o ha podido manifestar hasta este punto en su vida? Si es así, ¡definitivamente usted no está solo! Esto es porque Dios, como fruto de Su gran amor, ha tejido dentro de nosotros un ADN espiritual, un destino y propósito que van más allá de la mediocridad y de la existencia monótona, con la que se conforma la mayoría de la gente.

Cuando el Rey David observó cómo Dios había diseñado su ser interior y cómo sus días en la tierra ya habían sido registrados aun antes que naciera, de lo que realmente se estaba maravillando, era de la formidable creación de su ADN espiritual y su destino divino. A pesar que han transcurrido tres mil años desde que David recibiera esa asombrosa revelación, ésta difícilmente puede ser superada. ¡Es más, muchos de nosotros todavía luchamos por llegar a entenderla!

DESDE ADENTRO HACIA AFUERA

Aquellos que han nacido de nuevo, han sido adoptados dentro de la familia de Dios y han encontrado su verdadera identidad en Cristo Jesús. No obstante, demasiados hijos de Dios, después de haber entrado en Su Reino, tienen la idea equivocada que, de alguna manera, van a encontrar su destino y propósito en algún lugar —al buscar fuera de ellos mismos. Tal vez asistan a conferencias en la iglesia, lean libros cristianos, se lancen a realizar sus propios ministerios, o se encuentren involucrados en un sin número de actividades aparentemente honorables, pero lo que en verdad están buscando, es encontrar un claro sentido de propósito y dirección.

La verdad del asunto es que los hijos de Dios deberían buscar en el lugar que a menudo pasan por alto (y por lo tanto, descuidan) porque están muy ocupados y porque les es poco familiar. Sin embargo, el hacer las cosas a la manera de Dios, los guiaría a permanecer en Su presencia y después, con la ayuda de Él, a buscar dentro de su propio corazón, para encontrar su verdadera naturaleza e identidad. Es ahí, donde las cosas escondidas son reveladas y el tesoro del propósito divino es abierto. La ayuda del Señor en este asunto no debería ser ignorada jamás, porque es sólo cuando sus hijos aprenden a descansar en el "lugar secreto", que descubren su propósito, su destino y su llamado. Cuando un hijo de Dios es sustentado en el santuario del amor del Padre, crecerá en sabiduría y entendimiento. Las revelaciones que recibe en este refugio de paz, lo impulsan a seguir dirigiéndose hacia el cumplimiento de su destino.

Sólo son pocos los que se han dado cuenta del potencial que llevan dentro, porque nos hemos estancado en nuestras ocupaciones, en la mediocridad y en la conformidad, en lugar de hacer las cosas como Dios las hace.

El error principal de un creyente que busca su propósito en lo exterior, es que no ha puesto "primero, lo primero". Jesús, hablando de los creyentes que buscan "cosas", dijo que debemos *"buscar el Reino de Dios y Su justicia"* primero. Cuando nosotros hayamos hecho eso, Él promete que todas las otras cosas nos serán añadidas después[1]. Debido a que nuestro propósito ha sido tejido dentro de nuestro ser, debemos empezar a comprender cómo hemos sido formados. Conforme crezcamos en ese entendimiento, iremos descubriendo nuestro destino.

Contrariamente a la amonestación de Jesús, los cristianos comúnmente creen que su propósito se encuentra en el "hacer". Esto es lo que podría llamarse el "Síndrome de Marta", estar ocupado y buscar sentido y significado en las muchas ocupaciones. En contraste con la actitud de Marta, se encuentra la de su hermana María, quién escogió sentarse a los pies del Maestro, saboreando cada una de sus palabras. ¿Y cuál fue la observación de Jesús concerniente a estos dos casos? Después de reprender a Marta por tener sus prioridades fuera de lugar y por su preocupación en servir y hacer demasiadas cosas, Él felicitó a María por haber escogido la mejor parte. A los ojos de Jesús, una actitud de reverencia hacia Dios y Su Palabra es mucho mejor que el estar ocupado en el servicio para Yahweh —especialmente cuando eso mismo paradójicamente impide una relación íntima con Él.

Con mucha frecuencia tenemos la tendencia de poner "la carreta antes del caballo". Nos empezamos a mover en cierta dirección, empezamos a ocuparnos con lo que parece ser algo bueno, antes de buscar Su consejo. Y después de habernos lanzado a hacer "lo que queremos", nos encontramos tan ocupados, que nos queda muy poco tiempo para oír lo que está en el corazón de Dios.

¡Cuánto más provechoso sería —para nosotros mismos y para el reino de Dios— si nosotros tomáramos tiempo en "el lugar secreto" para recibir sus instrucciones primero! En realidad, cualquier otra forma de hacer las cosas equivaldría a la realización de un "experimento", en donde en algún punto a lo largo del camino, descubriríamos si lo que estamos haciendo es realmente la voluntad de Dios o no. Y, como todos nosotros sabemos, aunque algunos experimentos son exitosos, con más frecuencia, terminan en fracaso. ¡Pero ese no debe ser nuestro caso!

Aventurarse a cualquier proyecto antes de recibir el consejo del Señor es como "poner la carreta antes del caballo" —no será muy provechoso y en realidad no tiene sentido.

En humildad debemos "buscar" y "tocar", y después de haber recibido Su consejo, *hacer*. Es increíble cuánto se derrocha cuando no hacemos las cosas a Su manera. A lo largo de los años, he visto mucha calamidad, cuando muchos de los hijos de Dios desperdician tiempo y esfuerzo sin ningún provecho, consumiendo recursos del reino, haciendo cosas que no fueron llamados a hacer en primer lugar. Es doloroso observarlo. Cuánta tragedia y dolor de corazón podrían evitarse, si los creyentes siguieran Su consejo y se rehusaran a salir, sin la instrucción del "cuartel principal". Buscar *primero*, no después del hecho, es lo que marca la diferencia.

DOTADOS POR NUESTRO CREADOR

La iglesia moderna está fuera de balance por sobre-enfatizar algunas partes del caminar guiado por el Espíritu e ignorar otros aspectos importantes. Una de las razones principales es que muchos de los hijos de Dios tienen "comezón de oír" y se rehúsan a perseverar en la sana doctrina. El entretenimiento y el "espectáculo" son primordiales en la agenda de las mega-iglesias, mientras que la enseñanza sólida de lo que significa "permanecer en Dios", casi no se registra en la pantalla del radar espiritual de las iglesias. ¡La línea entre el pensamiento positivo de la Nueva Era y las enseñanzas de muchos ministros prominentes es tan borrosa, que no es de extrañarse que el mundo no pueda ver la diferencia!

Podemos ver este tipo de problema en el área de la enseñanza sobre los "dones espirituales". La mayoría de creyentes que han pasado por una capacitación básica de discipulado, saben que el Señor ha provisto varios dones a la iglesia, para su sano crecimiento y desarrollo. En términos generales, los dos grupos de dones enseñados son comúnmente llamados "dones del Espíritu Santo" y los "dones ministeriales".

El primer grupo de dones, también conocido como "dones espirituales" o "dones de manifestación", se encuentra en 1 Corintios 12[2]. Ellos representan en realidad las diferentes operaciones del Espíritu Santo en un tiempo y un lugar determinado, para ministrar las necesidades individuales y hacer avanzar el Reino de Dios. Los nueve dones incluyen:

- Palabra de Sabiduría
- Palabra de Conocimiento
- Discernimiento de Espíritus
- Lenguas
- Interpretación de Lenguas
- Profecía
- Milagros
- Dones de Sanidad
- Don de Fe

El segundo grupo, también conocido como "dones del ministerio quíntuple" o los "dones de equipamiento", es mencionado en la carta que Pablo escribió a la iglesia de Éfeso[3]. Una de las funciones principales de estos dones es capacitar a los creyentes para madurar en su fe, y encontrar su lugar apropiado en el cuerpo de Cristo. Los dones de equipamiento incluyen:

- Apóstoles
- Profetas
- Evangelistas
- Pastores
- Maestros

Sin embargo, existe también un tercer grupo de dones mencionado en las Escrituras, que por lo general, ha recibido menos atención que los otros dos grupos. Como consecuencia, generalmente son menos entendidos, aunque de ninguna manera, son menos importantes para la salud y la vitalidad de la iglesia. Este tercer grupo es comúnmente conocido como los "dones motivacionales", sin embargo, un término más apropiado para ellos es "dones innatos", ya que Dios nos dotó con ellos antes de que naciéramos[4]. Estos dones los encontramos en Romanos 12:6-8:

> [6]*Pero teniendo diferentes dones, según la gracia que nos ha sido dada, úsemelos: si el de* ***profecía****, úsese en proporción a la fe;*
> [7]*si el de* ***servicio****, en servir; o él que* ***enseña****, en la enseñanza;*
> [8]*él que* ***exhorta****, en la exhortación; él que* ***da****, con libertad; él que* ***dirige****, con diligencia; él que muestra* ***misericordia****, con alegría.*[5]

Hay siete dones mencionados en estos versos:[6]

- Profecía[7]
- Servir (ministerio, servicio)
- Enseñar
- Exhortar (motivar)
- Dar (repartir, compartir)
- Dirigir (presidir, gobernar, guiar, administrar, organizar)
- Mostrar misericordia (compasión)

Aunque estos siete dones sólo encuentran su verdadero propósito cuando glorifican a Dios, hay una diferencia básica entre ellos y los otros dos grupos de dones, y es que toda persona en el planeta tierra tiene por lo menos uno de estos dones en su interior. En otras palabras, el único requisito para recibir un don innato es haber nacido en la familia del hombre. Ya sea que el niño haya nacido en una familia que adora a la luna y las estrellas o que sus padres sean los pastores de la iglesia cristiana local, todos los niños nacen con por lo menos un don innato. En contraste, los dones de manifestación y de equipamiento están claramente reservados para aquellos quiénes han nacido de nuevo dentro de la familia de Dios.

Una clave importante para entender los dones innatos, es que fueron impartidos por Dios en el ser interior de la persona antes de nacer y están entretejidos en su ADN espiritual. Además, cuando la persona permanece en la Vid Verdadera, Jesús, nutriéndose por Su naturaleza amorosa, sus dones innatos prosperan y producen el fruto esperado.

Se ha puesto mucho más énfasis y enseñanza en los dones de manifestación y equipamiento, quizá con la idea equivocada de que existe un orden jerárquico de importancia entre los tres grupos de dones, lo cual no es verdad. Pensar de esta forma, sería como decir que entre una manzana, un plátano y una naranja, uno es inherentemente más importante que el otro. Por supuesto, eso no sería correcto —porque cada fruta tiene sus propias cualidades distintivas y debe de ser apreciada por sus características únicas.

Sin embargo, en el proceso de descubrir nuestro propósito y llamado en la vida, no podemos sobre-enfatizar la importancia de entender nuestro paquete de dones inherentes (innatos). Después de todo —¿cuál de estos tres grupos de dones será el *más* importante para que los creyentes descubran su propósito y llamado? 1) ¿Serán los dones que son parte de lo más profundo de su ser, que están entretejidos en su ADN espiritual —sus dones innatos?; 2) ¿Será uno de los dones de manifestación —que operan de tiempo en tiempo conforme el Espíritu Santo lo desea?; o 3) ¿Los dones con los cuales son dotados sólo algunos escogidos en la iglesia, los de equipamiento?

Debería ser obvio que el punto de partida para entender nuestro propósito, es saber cómo hemos sido diseñados. Esta revelación es el resultado del descubrimiento de nuestros dones innatos. Una vez que el creyente ha determinado cuáles dones innatos ha recibido, se encontrará bien posicionado para empezar a entender su propósito y su llamado. La razón para esto es que su constitución interna y su personalidad fueron diseñadas por Dios, teniendo en mente Su plan amoroso para él. Tal como una construcción se inicia con el fundamento del edificio, el lugar de inicio para entender nuestro propósito divino y potencial en la vida, es apreciando nuestros dones innatos. Es más, las semillas de nuestro destino han sido sembradas allí.

El mejor punto de partida para determinar el propósito y plan de Dios para su vida, es evaluar cuáles dones innatos ha recibido por gracia. Él ha puesto dones particulares en su ser interior para el llamado especial que Dios tiene para usted. Determine sus dones innatos y entonces estará bien encaminado para encontrar su propósito y descubrir su destino.

Preguntas: Capítulo Dos

1. Muchos de los hijos de Dios tienen la idea equivocada que, de alguna manera, van a encontrar su destino y propósito en algún lugar —al __________ fuera de ellos mismos.

2. Sólo pocos cristianos se dan cuenta del potencial que llevan ______________ de ellos.

3. Es en el "lugar ___________" donde los hijos de Dios descubren su propósito, su destino y su llamado.

4. Muchos cristianos comúnmente creen que su ____________ se encuentra en el "hacer".

5. Aventurarse a cualquier proyecto antes de recibir el ____________ del Señor, es como "poner la carreta antes del caballo".

6. Dios, como fruto de Su gran amor, ha tejido dentro de nosotros un ADN ____________, un destino y propósito.

7. El "Síndrome de Marta" implica estar ocupado y buscar sentido y ________________ en las muchas ocupaciones.

8. Si nosotros no tomáramos tiempo en "el lugar secreto" para recibir las instrucciones del Señor primero, en realidad, cualquier otra forma de hacer las cosas equivaldría a la realización de un "________________".

9. Los tres grupos principales de dones mencionados en el Nuevo Testamento son los dones de ______________________ en 1 Corintios 12:7-11, los dones de equipamiento en Efesios 4:11–12 y los dones innatos en Romanos 12:6-8.

10. Los tres grupos principales de dones son ___________________.

11. Hay una diferencia básica entre los dones innatos y los otros dos grupos de dones, y es que ________ persona en el planeta tierra tiene por lo menos uno de estos dones en su interior.

12. Los dones innatos han sido comúnmente conocido como "dones ___________________", sin embargo, un término más apropiado para ellos es "dones innatos", ya que Dios nos dotó con ellos antes de que naciéramos.

13. ¿Cuál de los tres grupos de dones será el *más* importante para que los creyentes descubran su propósito y llamado? Los dones ____________.

14. En _________________ debemos "buscar" y "tocar", y después de haber recibido Su consejo, *hacer*.

15. Determine sus dones innatos y entonces estará bien encaminado para encontrar su propósito y _______________ su destino

Capítulo Tres

AÑADIR MAYOR DIMENSIÓN

◈ ◈ ◈

La Importancia de Su Don Innato

"Porque somos la obra maestra de Dios. Él nos creó de nuevo en Cristo Jesús, a fin de que hagamos las cosas buenas que preparó para nosotros tiempo atrás". Efesios 2:10 (NLT)

SU DON DE GRACIA

Hay una maravillosa verdad en el refrán, "Las mejores cosas en la vida son gratis". Si en algún momento duda sobre esto, entonces déjeme preguntar: ¿Qué es más valioso para usted, sentarse con alguien que ama al final de un espléndido día soleado y admirar un maravilloso atardecer juntos o tener una pintura en un marco hermoso del mismo atardecer, que compró en una galería de arte? Aunque a usted le guste el buen arte y hubiera pagado mucho por tener ese "atardecer" en su pared, compartir la experiencia de la vida real de un atardecer con alguien que usted ama, tiene un valor inmensurablemente mayor.

Dios ha hecho mucho por todos nosotros, y nos ha provisto muchas cosas de las que ni siquiera estamos conscientes. Sin embargo, la mayoría de nosotros no hemos tomado el tiempo para reflexionar sobre Su maravillosa provisión. Observe por ejemplo la forma en la que fuimos creados, el diseño tan complejo que Dios usó para hacernos los individuos únicos que Él quiso que fuésemos. ¿Realmente cree que haya algo que usted pudiera hacer para merecer si quiera esa *sola* cosa que Él ha hecho por usted? —y lo hizo incluso antes que usted tomara su primer respiro. ¡Por supuesto que no! Usted no podría ser lo suficientemente bueno, orar lo suficiente, o trabajar tanto como para merecer sólo ese don; Él se lo dio *gratuitamente*.

Cuando el Apóstol Pablo hace mención de los siete dones innatos en Romanos 12:6-8, se refirió a ellos como "dones de gracia", o *'carismas'* en el texto Griego[1]. La palabra *'carisma'* significa que estos dones son gratuitos e inmerecidos —no hicimos algo para merecerlos. ¡Pero ellos vienen definitivamente con "compromisos y condiciones"! El propósito de ellos es glorificar a Aquél que nos creó. Así que usted necesita darse cuenta que su don innato no es *de* usted ni *por* o *para* usted.

UN DON QUE LO AFECTA TODO

La mayoría de nosotros no tenemos ninguna idea de cuánto de "lo que somos" está determinado por estos dones inherentes. Considere que el don de una persona hace que ella:

- Vea cada situación de la vida y las relaciones desde un marco de referencia particular.
- Actúe de acuerdo a determinados patrones de comportamiento.
- Esté motivada de formas que vayan de acuerdo con su ADN espiritual.

Es como si la persona caminara por la vida usando unas gafas (anteojos) de sol cuyos cristales (lentes) son del color de su don innato. Cualquier situación en la que se encuentre, la observará a través de

los "lentes" de su don innato. El color de los lentes afecta la forma cómo ve y reacciona frente a *todo* lo que está a su alrededor.

Por ejemplo, una persona con el don de maestro, verá y reaccionará a situaciones que lo confrontan de acuerdo al color de los lentes del maestro y muchas veces buscará "momentos de enseñanza". En situaciones donde otros no podrían encontrar tal oportunidad aunque la buscaran por una semana entera, el maestro con el don inherente de la enseñanza, encontrará justo lo que él estaba buscando, y será capaz de discurrir o explicar en forma amplia y detalladamente sobre esto. Por otro lado, en la misma situación, una persona con el don innato de misericordia buscará y reaccionará completamente diferente, de acuerdo a sus lentes "color misericordia". Esta persona será atraída a identificarse cercanamente con aquellos que son afectados y querrá que ellos sepan que "siente su dolor" y les hará saber que se compadece de ellos en sus dificultades.

Debido a que el don innato de una persona moldea su percepción de la vida y todo lo que ve y hace, el tener revelación interna de sus dones, le ayudará a entender el funcionamiento interno de su propio corazón. Así mismo adquirirá revelación interna concerniente a sus actitudes, comportamiento y motivación. ¿Por qué piensa y reacciona de la manera como lo hace? Será más realista, operará en un mayor grado de sabiduría y no será capaz, "*... no para pensar más de sí mismo de lo que debe, sino de para pensar con buen juicio...*"[2]. En un mundo lleno de auto-desilusión, esta persona destacará entre la multitud, como alguien que está con los pies puestos en la tierra y mostrará un inusual sentido común.

Su don innato afecta la manera cómo usted ve todo en el mundo a su alrededor. Es como si usted estuviera viendo a través de unos lentes del color de su don innato —por lo tanto todo lo que ve tiene ese color.

Conforme una persona crece en su entendimiento de todos los dones innatos, también va a obtener mayor revelación interior sobre la motivación y la forma como se comportan los otros. Mediante la identificación de los dones en los que operan sus amigos y conocidos, llegará a manejarse mejor en su relación con ellos. Él apreciará mejor lo que los "motiva". Obviamente, este tipo de conocimiento interno también mejorará la vida familiar, ayudándole a entender por qué su cónyuge piensa y actúa de la forma como lo hace, apreciando las cualidades únicas de cada uno de sus hijos y entendiendo el carácter y temperamento de sus padres, así como la dinámica que tuvieron en su propia crianza. En resumen, él (o ella) llegará a ser un mejor compañero matrimonial, padre de familia, jefe, o empleado, por medio de la revelación interna ganada por el entendimiento de sus dones innatos y los de los otros.

Este mismo entendimiento también es valioso en prácticamente todos los aspectos del ministerio, ya que la gente está en el corazón mismo del ministerio. Un pastor será un líder más efectivo y un mejor consejero, conforme obtenga mayor revelación de los dones innatos de aquellos a los que está guiando y orientando.

TRAER GLORIA A DIOS

El propósito supremo de cada uno de los dones de Dios —sea de manifestación, de equipamiento, o un don innato— es dar gloria a Dios. Cada uno de ellos también es vital para la salud de la iglesia. Es para estos propósitos que Dios los ha provisto, y es dentro del cuerpo de Cristo donde los dones encuentran su máxima realización en la Época de Gracia en la que vivimos. Principalmente, estos dones le permiten a la iglesia cumplir su rol en el plan de Yahweh.

Es significativo que a pesar que cada ser humano nace con un don innato —sea que viva en una comunidad humilde y pobre de los Andes o en un lujoso suburbio de Nueva York— es sólo cuando la persona "nace de nuevo" que su don puede ser usado para el propósito planeado —dar gloria a Dios. Hasta entonces, el don de la persona será usado principalmente para su propio interés o para algo diferente de su función prevista. De ser así, quedará un vacío creado por Dios en la vida de la persona, ya que el don legado (innato) no está siendo usado para lo que fue diseñado. En otras palabras, una sensación constante de falta de realización resulta cuando el don inherente de la persona es aplicado únicamente para cosas diferentes al propósito para el que fue creado. Por supuesto, si la persona no es nacida de nuevo, no tendrá manera de entender las causas de su insatisfacción y frustración.

Aunque todos nacemos con, por lo menos, un don innato, es sólo cuando la persona nace de nuevo que su don especial puede ser usado para el propósito previsto —¡dar gloria a Dios!

AYUDAR AL CUERPO PARA QUE TRABAJE EN ARMONÍA

El apóstol Pablo describió la operación de los dones de manifestación y los dones innatos en la iglesia, usando la analogía del funcionamiento de las partes del cuerpo. Tanto en su carta a la iglesia en Roma, como en la que envió a los creyentes de Corinto, Pablo indicó que el cuerpo funciona de acuerdo al aporte de cada una de las partes o miembros[3]. Cuando la contribución de uno o más de estas partes está ausente, el cuerpo entero no es capaz de funcionar como debiera. Es igual con el cuerpo de Cristo. Cuando un don en particular está ausente —sea un don innato o de manifestación— el cuerpo del Mesías no puede trabajar ni funcionar como debiera.

Cada don inherente puesto en el ADN espiritual de un creyente, está ahí para ser capaz de cumplir su propósito en Jesucristo. Parte de ese propósito está en relación con otros creyentes conforme la persona toma su lugar en el cuerpo de Cristo. El plan de Yahweh para todos los creyentes es que cumplan una función particular en el cuerpo. Cuando ese miembro falla o no contribuye con su don, el cuerpo entero sufre.

Mientras que algunas de las partes del cuerpo son más notorias, como la boca o la mano, algunas de las partes menos visibles, son igualmente o incluso más vitales, por ejemplo el corazón y el hígado. Es igual con los dones innatos en la iglesia, algunos son más visibles —como el maestro o el exhortador— pero el cuerpo de Cristo dejaría de existir si no fuera por el don de misericordia, que representa el corazón mismo del ministerio. En otras palabras, ninguno de los siete dones innatos es más importante que otro. Cada don tiene su función particular sin la cual, el cuerpo de Cristo sufre.

Además, es la intención del Padre que la diversidad de los dones en el cuerpo trabaje en armonía y traiga plenitud. Entre los ministerios debe existir un "fluir" orquestado por el Espíritu Santo, no sólo durante los servicios de los domingos, sino también durante la semana, cuando cada miembro opere el don que Dios ha depositado en ellos para el servicio del cuerpo. Se trata de un verdadero ministerio en donde el balance, el bienestar y la armonía son traídos al cuerpo del Mesías —para la ministración de unos a otros y también fuera de la iglesia hacia la comunidad general.

LIDERAR REQUIERE "MANOS HÁBILES"

> *"Y él los pastoreó conforme a la integridad de su Corazón, y los guió con la destreza de sus manos". Salmos 78:72 (JPS)*

Obviamente, para liderar o pastorear a otros eficazmente, primero se debe tener un corazón para sus ovejas. Este principio se aplica donde sea que ocurra dicho liderazgo. El pasaje arriba mencionado en los Salmos, hablando del Rey David, indica que fueron dos cualidades básicas las que lo hicieron un líder exitoso: "integridad de corazón" y "destreza de manos".

Integridad y destreza son requisitos absolutos para liderar a otros exitosamente, sea un pastor, una madre o un padre, un jefe, una líder de las "Girl Scouts", o un entrenador de fútbol. La primera cualidad, integridad, muestra "quién es una persona" y la segunda, destreza, se relaciona con "lo que una persona puede hacer".

Talento para el trato con las personas, basado en la habilidad de entender a aquellos que están a su alrededor y relacionarse con ellos, es esencial para cualquiera que sirve en el liderazgo —en especial aquellos que han sido llamados por Yahweh a servir con un don de equipamiento al cuerpo de Cristo. Para trabajar de forma competente con la amplia variedad de personalidades que encontramos en la iglesia, el líder debe entender el "ADN espiritual" del pueblo por el que el Señor le ha hecho responsable.

Como un don de equipamiento, la responsabilidad principal del pastor, es entrenar a aquellos que están bajo su cuidado, para que hagan el "trabajo del ministerio"[4]. Para hacer eso con destreza, necesita caminar en entendimiento y ser capaz de asesorar el don innato de las personas en forma precisa. ¿Qué los motiva? ¿Por qué responden de la manera como lo hacen? ¿Cuál es su llamado? ¿Dónde encajan mejor en el cuerpo? El entender dichos asuntos a la luz de cómo Dios ha formado a sus hijos —es decir, entender su "ADN espiritual"— marcará la diferencia en la efectividad del pastor como líder.

El Señor le declaró al profeta Oseas: "Mi pueblo es destruido por falta de conocimiento"[5]. No obstante, en Su misericordia, muchas veces no somos *totalmente* destruidos por la falta de conocimiento —sólo somos lisiados, dañados o debilitados. Sin duda, la falta de entendimiento acerca de los dones innatos perjudicará la efectividad de cualquier líder en el equipamiento de su gente. La falta de tal conocimiento hará más probable que sucumba ante la tendencia natural de poner al pueblo de Dios en posiciones ministeriales, basándose primeramente en la necesidad inmediata y en la disponibilidad que ellos tienen para llenar el espacio.

Lo hemos visto incontables veces. Surge una necesidad urgente para que un pastor coloque a alguien en un lugar vacante dentro de un ministerio, digamos el ministerio de intercesión —un lugar donde sería idóneo ubicar a alguien con el don innato de profecía o de misericordia. Pero en lugar de ello, el pastor coloca allí a uno que tiene el don de dar, pues sabe que esa persona ha estado esperando ansiosamente ayudar en cualquier necesidad. En este caso la persona que el pastor ha escogido está lista y deseosa, pero simplemente es incompatible con la necesidad del grupo. Y como resultado, el ministerio de intercesión empieza a languidecer porque los miembros que han estado mucho tiempo en el grupo se dan cuenta que el nuevo líder designado no es el apropiado. De igual manera, después de un corto periodo, el líder se encontrará frustrado al no estar capacitado para guiar al grupo. En tal situación, los conflictos se suscitarán de forma inevitable y la iglesia empezará a sufrir por la ineficacia del ministerio de intercesión.

Un líder con destreza necesita tener la capacidad de poner a la persona correcta en el lugar adecuado en el tiempo correcto —y para hacer esto de manera competente requiere conocer a su pueblo y entender sus dones innatos.

Ser un líder con *destreza* significa que él debe ser capaz de colocar a la persona correcta, en el lugar adecuado, en el tiempo correcto —y para hacer eso, se requiere que el líder conozca a su pueblo y entienda sus dones innatos. De no hacerlo, el líder muchas veces terminará ubicando al pueblo de Dios en posiciones inadecuadas, produciendo frustración, descontento y afectando el ministerio.

El predominante, pero disfuncional método de "hacer" ministerio en muchas iglesias, especialmente en las pequeñas, consiste en tener al pastor sobrecargado de responsabilidades —desde arreglar la plomería del edificio de la iglesia, hasta ordenar el material para la escuela dominical, y predicar dos o más veces durante la semana— mientras que casi todos los miembros sólo lo observan. Amados, no ha sido la intención de Dios que Su pueblo se mantenga como un espectador solamente, mientras que el pastor lo "hace todo". Desde el nacimiento de la iglesia en el día de Pentecostés, se ha requerido que seamos miembros "uno a otros". La asamblea local de los creyentes no es, ni nunca ha sido, el "espectáculo de un solo hombre".

DIVERSIDAD DE DONES

No hay ni una *sola persona* que tenga la *medida completa* de cada uno de los dones residiendo en su interior, y todos los siete dones legados son necesarios en la iglesia local para que funcione de forma saludable. Es de crucial importancia que cada uno de los siete dones esté representado en forma adecuada y que se dé amplia oportunidad para que se ministren en el cuerpo. El pastor debe conocer y entender con claridad sus propias fortalezas y debilidades en lo que respecta a sus dones inherentes y buscar rodearse de otros que posean los dones que faltan, para lograr un mayor balance en el ministerio.

La tendencia de un líder *débil* es trabajar en su zona de confort y rodearse de otros que tienen dones innatos similares. Esta es la forma natural en que muchos hacen las cosas, pero va en contra del propósito por el que Dios diseñó una *diversidad* de dones —para que el cuerpo sea interdependiente, teniendo el don de cada uno contribuyendo al todo. Entender verdaderamente este principio puede hacer una tremenda diferencia en la efectividad y éxito de cualquier ministerio. Identificar los dones innatos que están menos representados en la iglesia y en su equipo de liderazgo, así como buscar y promocionar a los miembros con estos dones innatos requeridos, traerá equilibrio en la iglesia, y en el equipo de liderazgo pastoral.

Para ilustrar este punto, cuando Dios da a la iglesia local los dones innatos (al igual que otros dones), es como cuando un padre de familia le da a su hijo una caja con una variedad de herramientas dentro. Encontrará un serrucho, un martillo, un destornillador, un juego de cinceles, una cinta de medir y otras herramientas. Cada una de estas herramientas tiene una función o propósito específico, y está muy claro que no son de ninguna utilidad si no las saca de la caja. Si algunas de las herramientas se quedan ahí, el trabajo a realizar simplemente no se terminará.

Algunos líderes de la iglesia son como un niño que se limita a sacar de la caja sólo algunas herramientas —sus favoritas. Quizás no le gusta usar alguna de ellas o tal vez ni siquiera ha considerado usarlas. Así que cuando necesita cortar una tabla, mira en su caja de herramientas y sólo toma sus herramientas favoritas —el martillo y el cincel— pero ni siquiera considera tomar el serrucho. Aunque es verdad que una tabla *puede ser* cortada con un martillo y un cincel —tomará una tremenda cantidad de tiempo y esfuerzo cortarla de esa manera. No es eficaz ni eficiente. Es más, escoger cualquier otra herramienta que no sea un serrucho para cortar la tabla, es elegir hacer las cosas de la forma difícil. La pregunta es: "¿Por qué no usar simplemente el serrucho que está en la caja?". Está ahí para ser usado. ¡Cuanto más fácil sería sí sólo el hijo aprovechara lo que su papá le ha dado! Las herramientas en la caja fueron dadas para ser una bendición y para ser usadas —no para empolvarse y oxidarse.

La iglesia local sólo funcionará como Dios lo ha previsto, cuando utilice todos los dones que tiene a su disposición. Cuando un grupo entero de dones, como el de los dones innatos, es ignorado, la iglesia sufre en gran manera. Por otro lado, cuando el pastor tiene pasión por cultivar todos los dones del cuerpo, la iglesia cumplirá su misión, y sus miembros madurarán más allá de lo que pueden imaginar. No hacer esto es desperdiciar nuestro potencial como líderes. Por lo tanto, es esencial para cualquiera que está en una posición de liderazgo, ser diestro en reconocer, entender y trabajar con los dones inherentes de la gente que está a su alrededor —y luego poner cada don en uso para que la asamblea local funcione de forma apropiada.

La iglesia cumplirá su destino y el crecimiento de sus miembros estará potenciado cuando un pastor con entusiasmo abrace y nutra cada uno de los dones que el Señor ha previsto.

Yahweh ha repartido los dones innatos a través de toda la humanidad, no sólo en el cuerpo de Cristo. Él ha puesto por lo menos un don en cada uno, para que podamos lograr nuestra misión personal y propósito individualmente, y también corporativamente, como el cuerpo del Mesías. Su deseo es que ninguno sea dejado fuera y que todos seamos parte del esfuerzo colectivo para construir el reino de Dios. Mediante el desarrollo de nuestros dones inherentes y el trabajo en equipo, todos cumpliremos nuestro destino —*juntos*.

Preguntas: Capítulo Tres

1. El propósito de los dones innatos, como el de todos los otros dones, es ____________________ a Aquél que nos creó.

2. El don de una persona produce que ella:

   - ◈ __________ cada situación de la vida y las relaciones desde un marco de referencia particular.

   - ◈ Actúe de acuerdo a determinados patrones de comportamiento.

   - ◈ Esté ____________ de formas que vayan de acuerdo con su ADN espiritual.

3. Cada uno de los dones es ___________ para la salud de la iglesia.

4. Es sólo cuando una persona nace de nuevo que su don innato puede ser usado para el ___________ previsto ¡Dar gloria a Dios!

5. En el texto griego, el apóstol Pablo, hace mención de los siete dones innatos en Romanos 12:6-8, se refirió a ellos como "dones de _____________", o '*carismas*' en el texto Griego.

6. Cualquier situación en la que se encuentre, la observará a través de los "lentes" de su don innato. El ___________ de los lentes afecta la forma cómo ve y reacciona frente a *todo* lo que está a su alrededor.

7. Debido a que el don innato de una persona moldea su percepción de la vida y todo lo que ve y hace, le ayudará a entender el funcionamiento interno de su propio _______________.

8. Conforme una persona crece en su ______________ de todos los dones innatos, va a obtener mayor revelación interior sobre la motivación y la forma como se comportan los otros.

9. Es la intensión del Padre que la diversidad de los dones en el cuerpo trabaje en ______________ y traiga plenitud.

10. El plan de Yahweh para todos los creyentes es que cumplan una función ______________en el cuerpo.

11. Ninguno de los siete dones es más ______________ que otro. Cada don tiene su función particular.

12. Como un don de equipamiento, la responsabilidad principal del pastor, es ______________ a aquellos que están bajo su cuidado, para que hagan el "trabajo del ministerio".

13. Ser un líder con *destreza* significa que él debe ser capaz de colocar a la persona correcta, en el lugar ____________, en el tiempo correcto.

14. La tendencia de un líder *débil* es trabajar en su zona de ____________ y rodearse de otros que tienen dones innatos similares.

15. La iglesia local sólo funcionará como Dios lo ha previsto, cuando utilice todos los ___________ que tiene a su disposición.

16. Las herramientas que nuestro Padre celestial nos ha dado, para ser una ________________ y para ser usadas —no para empolvarse y oxidarse.

17. Mediante el desarrollo de nuestros dones inherentes y el trabajo en ____________, todos cumpliremos nuestro destino —*juntos*.

PARTE DOS: LOS DONES

"Ahora, con respecto a los dones espirituales (la inherencia especial de la energía sobrenatural), amados hermanos, no quiero que lo malentiendan". 1 Corintios 12:1 (AMP)

Capítulo Cuatro

LOS COSAS BUENAS VIENEN EN SIETES

◈ ◈ ◈

Las Características Saludables de los Siete Dones Innatos

"Cada uno ponga al servicio de los demás el don que haya recibido, administrando fielmente la gracia de Dios en sus diversas formas".
1 Pedro 4:10 (NVI)

SIETE "PAQUETES DE GRACIA"

Cada uno de los siete dones ('carismas') mencionados en Romanos 12:6-8 representa, en realidad, un "paquete de gracia" dado por Dios que está pre-determinado por el ADN espiritual de la persona. Algunas de estas características se pueden observar desde los primeros años de la vida de una persona, mientras que la manifestación de otros atributos particulares depende del avance individual que haga en su viaje espiritual y del alcance de un umbral espiritual.

La totalidad de las características de una persona —temperamento, formas de pensar, comportamiento y habilidades espirituales— está determinada por una variedad de factores. Eso incluye el ADN de la persona, el entorno[1] en el que fue criado, y cuán lejos ha avanzado en su propio sendero espiritual. La combinación de estos factores hace al individuo ser quién es y define su manera de ver el mundo.

Varios aspectos del "paquete de gracia" de una persona —tales como alguna habilidad especial, autoridad espiritual, o unción asociado con su don— se hacen más evidentes, a medida que madura espiritualmente. Estas dotaciones especiales representan una parte integral en el ADN espiritual del creyente, así como su temperamento y personalidad. Sin embargo, permanecen ocultos hasta que su don se haya desarrollado de acuerdo con el orden divino. Cuando un individuo ha nacido de nuevo genuinamente y va creciendo en su don, y siendo guiado por el Espíritu Santo, finalmente alcanzará un nivel en el que la dotación sobrenatural del don se convierte en una fuerza predominante, capacitándolo a caminar en la plenitud de su don innato.

Con el objetivo de simplificar y clarificar la descripción de cada uno de los paquetes de gracia en este capítulo, nos enfocaremos casi exclusivamente a las características positivas del don —es decir, mostrar "cómo se ven" cuando se desarrollan de una manera saludable. No obstante, debemos notar que los dones innatos también podrían tener un "lado carnal" —características negativas que resultan del fracaso de la persona en madurar apropiadamente o en caminar en la clase de amor de Dios. En realidad, la mayoría de las personas sólo ha experimentado un desarrollo parcial, por lo que muestran características positivas y negativas. Por lo tanto, un buen indicador del desarrollo espiritual de una persona es comparar sus características "positivas" y "negativas".

El egoísmo, la carnalidad, la pereza espiritual, la mundanalidad, las heridas del alma y las fortalezas en la mente, son los principales enemigos que obstaculizan el desarrollo saludable de los dones innatos planeado por Dios. Una persona atada a cualquiera de estos defectos, aunque pueda "hablar en lenguas humanas y angélicas"[2], nunca será capaz de desarrollarse hasta la madurez en sus habilidades dadas por Dios, y su paquete de dones permanecerá, en gran parte, sin llegar a realizarse.

Aunque cada uno tiene un don innato principal —el más fuerte y usualmente más notorio—hay personas que tienen uno secundario o incluso un terciario que también son evidentes. Así como el ADN que determina las propiedades físicas del cuerpo de una persona, el ADN espiritual de una persona es altamente complejo. Pero, para lograr un conocimiento básico de estos siete paquetes de gracia, vamos a ver sus características únicas por separado. Esta revelación interna también nos ayudará a crecer en nuestro entendimiento del propósito, plan y destino que Dios tiene para cada uno de nosotros como individuos y como un solo cuerpo en Cristo.

1. PROFECÍA

"Pero cuando venga el Espíritu de verdad, Él os guiará a toda verdad..." Juan 16:13a (RVG)

Una de las claves para entender el don innato de profecía es que una persona con este don, tiene en el núcleo de su ser, una extraordinaria capacidad para discernir verdades espirituales, para clasificarlas en una forma clara, concisa y además verbalizarlas. El individuo con el don de profecía ha sido dotado con una habilidad inherente para "evaluar" personas y circunstancias rápidamente y obtener un rápido "sentir" de las cosas. No sólo tiene la habilidad intuitiva para "ver" dentro del corazón de un asunto espiritual, sino también la facilidad para categorizarlo en forma concisa. Para ello generalmente utiliza una dicotomía simple, como "verdadero o falso", "bueno o malo", o "positivo o negativo". Es probable que no siempre esté en lo correcto, pero es seguro que casi nunca veremos a esta persona siendo un "simple espectador", incapaz de tomar una decisión.

En otras palabras, un profeta saludable tiene la habilidad de ver cosas que otros no son capaces de notar, se expresa en términos claros y contundentes, y es capaz de narrar "escenas verbales" intensas para describir lo que ve y siente. Esta habilidad para articular puede ser de forma escrita o verbal. Tanto en reuniones públicas o privadas, un profeta con frecuencia tiene la habilidad poco común para "ir al grano" y eliminar los detalles y asuntos secundarios para llegar al corazón del tema en cuestión. Espiritualmente hablando, el profeta es capaz de enfocarse en lo principal, poner de lado cosas menos importantes, y después verbalizar la verdad esencial de un asunto.

He descubierto que la perspicacia de la mayoría de los profetas hace que ellos noten lo que otros normalmente pasan por alto o dan por sentado. Por ejemplo, es común que el profeta sea sensible y rápido para detectar la injusticia, como cuando una persona o grupo es tratado injustamente. Mientras que otros tal vez digan, simplemente "así son las cosas", cuando un profeta maduro ve a una persona siendo tratada con un estándar diferente o denigrante, no vacilará en enfrentar tal situación. Está formado de tal manera que tiene un particular disgusto por todo tipo de maldad y esta predisposición le impulsa a hablar y actuar contra el trato injusto. Es por esta razón que en tales situaciones, el profeta será visto por muchos como atrevido y directo. En situaciones menos controversiales, sin embargo, es probable que un profeta desarrollado sea visto por otros como altamente perspicaz, elocuente y persuasivo.

Una de las claves para entender la motivación de un profeta, es reconocer que tiene por naturaleza una orientación más vertical que horizontal. Cuando está desarrollado, su inclinación natural es poner mayor énfasis en su relación con Dios que en los que están a su alrededor. Por esta razón, muy a menudo un profeta se aferra a la verdad de manera más fuerte que a sus relaciones. Como resultado, un profeta generalmente desarrollará pocas relaciones cercanas, sin embargo se encontrará satisfecho con esto.

Así como los profetas pueden ser directos y francos con otros, me he dado cuenta que muchos de ellos también son muy duros consigo mismos. Además, a menos que sea un profeta carnal, habrá desarrollado un inusual y muy elevado estándar personal de honestidad e integridad — que va más allá del reproche. Esta tendencia le puede causar sufrimiento, ya que algunos con el don de profecía tienen mayor dificultad para perdonarse a sí mismos que para perdonar a otros creyentes.

Los profetas disfrutan ser parte de algo nuevo y hacer cosas innovadoras. Mantener el "statu quo" va en contra de la inclinación espiritual de la mayoría de profetas, quienes, si son creyentes, usualmente desean estar a la vanguardia de lo que Yahweh está haciendo. Por la orientación futurista de este don, algunos profetas que trabajan en el mundo secular encajan muy bien en los campos que involucran la investigación o la invención. Así mismo, he descubierto que los profetas que trabajan en posiciones administrativas siempre parecen encontrar nuevas formas de mejorar, cambiar o ampliar lo que están haciendo.

Por lo general, un profeta puede ser llevado a una situación cercana al caos y esto no le molestará tanto como a otros. Esto es porque su ADN espiritual le hace querer traer orden a una situación determinada. Mientras que la mayoría de los profetas tienden a ser solucionadores de problemas, una vez que acaban con el asunto, quieren seguir adelante y no pasan mucho tiempo celebrando. Debido a que no son los encargados del "mantenimiento", son más idóneos para iniciar y desarrollar una obra y después delegársela a alguien más.

En forma resumida mostramos unos cuantos puntos claves de las personas con el don de profecía:

1. Tienen una habilidad innata para identificar verdades espirituales con rapidez y precisión.
2. Son intuitivos y sagaces.
3. Pueden discernir la motivación y el carácter de otros.
4. Tienen un agudo sentido de lo correcto y lo incorrecto.
5. Tienden a ver todo en blanco o negro, no hay matices de gris o áreas indefinidas.
6. Confrontan con severidad la injusticia y la maldad.
7. Son directos, francos y persuasivos.
8. Proclaman la verdad —están dotados con la expresión verbal

y necesitan expresarse, y por ello tienen dificultad para permanecer en silencio.

9. No les gusta el engaño, ni el liderazgo débil.
10. Por naturaleza no confían en aquellos que "hablan mucho" pero fracasan en "vivir lo hablado".
11. Reconocen sus propias faltas y son transparentes y abiertos acerca de ellos.
12. Tienen estándares personales estrictos y tienden a ser duros con ellos mismos.
13. A menudo son los primeros en mostrar la disposición de ser quebrantados, para promover lo que perciben como un llamado o dirección del reino.
14. Desean ser obedientes a Dios a toda costa.
15. Son leales a la verdad más que a la gente.
16. Están dispuestos a sufrir por la verdad.
17. Usualmente tienen pocos amigos cercanos.
18. Necesitan saber hacia dónde se están dirigiendo —deben tener un "dónde" y un "porqué".

2. SERVIR (MINISTRO, SERVICIO)

"Porque ni aun el Hijo del Hombre vino para ser servido, sino para servir..." Marcos 10:45a (LBLA)

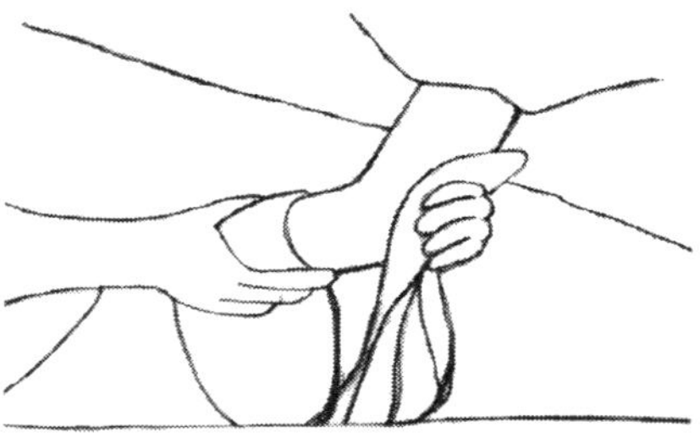

Una de las cualidades distintivas y únicas de aquellos que tienen el don de servicio, es un ADN espiritual que los capacita para discernir con rapidez las necesidades prácticas de otros y estar inspirados y motivados para suplirlas. Necesidades importantes que parecerían insignificantes para otros, pero que captan la atención de las personas dotadas con el don de servicio. La composición espiritual de los servidores es tal, que experimentan gozo y realización al saber que a través de su servicio liberan a la persona o grupo al que están ayudando. Eso les permite ser fructíferos en la labor que Dios les ha llamado a realizar.

Por regla general, los servidores son como caballos de carga y no como caballos de paso. Cuando hay un trabajo que se debe llevar a cabo, usted verá al servidor llegar primero y salir último. La mayoría de los ministros maduros son guiados a prestar atención a los detalles. Cuando alguien con el don de servicio ve una necesidad urgente, su impulso es suplir la necesidad con prontitud y si es necesario, realizan trabajo extra para completar esa tarea. En ocasiones, he visto al servidor (ministro) tan motivado por su don, que es capaz de suplir la necesidad a pesar de su agotamiento. Cuando llega a estar convencido de la importancia de la labor que ha iniciado y que es responsable por ella, va a caminar la milla extra, tomando el tiempo o los recursos propios necesarios para terminar la tarea. Al hacer más de lo que se espera, el ministro sabe que no sólo agradará a la persona o grupo al que está ayudando, sino que aquello, es una expresión genuina que su servicio es para el Señor.

Las tareas que atraen al ministro (servidor) son por lo general, necesidades prácticas e inmediatas. Por el contrario, el servidor dotado con este paquete de gracia no es particularmente idóneo para aventuras de largo-plazo. Es probable que los proyectos con objetivos a largo plazo y con progresos lentos y pocos visibles durante un plazo largo de tiempo causen frustración al servidor. Así mismo, aunque un servidor normalmente destaca por trabajar de forma independiente, no es buena idea que se encargue de organizar o encabezar un proyecto por períodos largos —a menos que tenga el don secundario de liderazgo.

La disposición del servidor para ayudar cuando ve alguna necesidad, puede ocasionar una agenda sobrecargada si no es cuidadoso. Esto puede darse porque el servidor tiene dificultad para decir "no" cuando sus servicios son requeridos. Eso hará que su agenda termine fuera de control. Además, he descubierto que si un servidor no usa sabiduría, otros podrían tratar de explotarlo, al saber que tiene un sentido de obligación por brindar su ayuda. En dichos casos, cuando su horario se sobrecarga, es la familia la que con frecuencia lleva la peor parte. Esto puede ocasionar un conflicto particularmente difícil para el siervo (ministro), considerando que la lealtad a la familia es muy importante para la mayoría de los servidores.

Las personas con el don de servicio tienden a involucrarse en varias actividades, sin embargo, usualmente tratarán de evitar ser el centro de la atención. Además, ya que muchos servidores no están inclinados a hablar en público, ponerlos en el "centro del escenario", los hará sentirse incómodos y hasta avergonzados.

Debido a que la sinceridad y la honestidad son inherentes a la constitución espiritual de casi todos los ministros bien desarrollados, siempre son asistentes capaces y confiables. Ayudan con gozo, sinceridad y simpleza —sin un motivo oculto o una "agenda escondida". El ministro también puede ser un verdadero "paje de armas" mientras sirve a un líder. Es más, he descubierto que el servidor puede brillar de una manera especial cuando ayuda al líder a través de la intercesión y en sus actividades rutinarias. Asimismo, un servidor que camina en la plenitud de su don, encontrará una autoridad y una unción especial cuando ayuda al líder con su oración intercesora.

De cierto alcanzan la realización de su don cuando su servicio sea "como para Él Señor". Es común, incluso en ministros saludables, necesitar sentir el aprecio de aquellos a quienes está ayudando. La gratitud debe ser expresada por el beneficiario y esto confirmará al servidor que su trabajo es necesario, importante y bendecido por el Señor.

El mejor ejemplo de servicio que yo conozco es mi esposa Blanca, cuyo don es fuerte y altamente desarrollado. Ella tiene una manera de mantenerse enfocada en la tarea que tiene a la mano y logra que las cosas se lleven a cabo, muchas veces yendo por encima y más allá de las expectativas. A pesar que ella ha enseñado a grupos grandes, se siente mejor trabajando detrás del escenario. La sonrisa genuina de Blanca resulta de un corazón de servidora que es sin engaño. Honesta, poderosa en oración, y fiel en servicio —¡Qué bendición!

Las personas con el ADN espiritual de servidor:

1. Tienen un corazón para el "hacer".
2. Son rápidos para ver y suplir las necesidades prácticas.
3. Muestran el amor hacia otros con obras y acciones, más que con palabras.
4. Se quedarán con algo hasta que lo terminen y hacen más de lo requerido o esperado —con alegría.
5. Les gustan los proyectos de corto plazo.
6. Prefieren hacer el trabajo en lugar de delegarlo.
7. Sienten su mayor gozo haciendo algo que es útil —especialmente proyectos, tareas y funciones manuales.
8. Tienen una habilidad inusual para recordar lo que agrada y desagrada a las otras personas.
9. Están más interesados en suplir las necesidades de otros que las suyas propias.
10. No les gusta ser el centro de atención —prefieren desempeñar un "papel secundario".
11. Son a menudo los "héroes desconocidos".
12. Necesitan sentirse apreciados.
13. Pueden estar envueltos en demasiadas actividades porque tienen dificultad para decir "no" a pedidos de ayuda.
14. Tienen menos dificultad con la obediencia que los que tienen otros dones.
15. Desean tener y trabajan mejor cuando hay una dirección clara.
16. Quieren proveer los medios y hacer un camino.
17. Con frecuencia son atraídos para cuidar y servir al líder.
18. Son verdaderos "pajes de armas" cuando trabajan al servicio de un líder.

3. MAESTRO (ENSEÑANZA)

"Y saliendo Jesús, vio una gran multitud, y tuvo compasión de ellos porque eran como ovejas que no tenían pastor, y comenzó a enseñarles muchas cosas". Marcos 6:34 (RVG)

Por mi experiencia como un maestro, puedo entender que aquellos dotados con el ADN espiritual de maestro tienden a tener una gran sed y amor por la verdad, más que otras personas. Esto significa que un maestro que está desarrollado en este don será alguien que desea ir más allá de lo obvio y superficial y cavará por la verdad —aun cuando sea difícil o inoportuno. Como tal, un maestro maduro definitivamente no es el tipo de persona que pone su confianza en información de segunda o tercera mano —él quiere ir directamente a la fuente.

Por la necesidad interior del maestro de validar la verdad, un cristiano maduro con el don de la enseñanza, constantemente compara lo que es reconocido o aceptado en general como la verdad, con lo que Yahweh mismo dice. Cuando un maestro oye una verdad significativa o una opinión expresada en una conversación o desde el pulpito, su deseo es confirmar la veracidad de lo compartido, antes de adoptar dicha verdad u opinión. Es como los creyentes en Berea, de los cuales las Escrituras dicen, "*... recibieron la palabra con toda solicitud, escudriñando diariamente las Escrituras, para ver si estas cosas eran así*"[3]. Cualquier cosa que no puede ser probada a través de las Escrituras, o confirmada directamente por Dios a través de otro medio, es visto como un asunto "sujeto a cambios". Un verdadero maestro permanecerá en silencio y no se convencerá hasta que una verdad u opinión haya sido completamente probada.

Un maestro no se siente cómodo con información que es especulativa y/o subjetiva, y está particularmente preocupado en que la verdad sea presentada de una manera balanceada. Está alerta del peligro de usar experiencias personales como base fundamental para referirse a la verdad. Su método preferido de enseñanza siempre es partir desde las Escrituras y después ilustrarlas con una experiencia, en lugar de iniciar desde una experiencia y tratar de probar su punto con un texto de las Escrituras. A pesar que no es fácil lograr persuadir al maestro, cuando un asunto le ha sido plenamente probado —porque "está seguro de lo que sabe"— resistirá todo tipo de presión que venga en su contra.

Un maestro espiritualmente maduro será más lento que otros en juzgar asuntos, debido a su inclinación por "pesar cosas"; primero escucha y absorbe toda lo que se está diciendo y después saca sus conclusiones. Cuando está en un ambiente grupal, dudará en ser uno de los primeros en opinar, porque primero procesa y evalúa todo lo dicho a lo largo del camino. Por su estilo riguroso, cuando el maestro comparte su punto de vista, usualmente lo hace de una manera bien pensada, destacando detalles o hechos a los que otros no le han dado el peso o ni siquiera lo han notado.

Cuando un maestro escribe o habla, suele hacerlo de una manera sistemática, con una exposición presentada de forma ordenada y secuencial. Un maestro maduro no "juega con la verdad", tergiversando los hechos como quizás otros lo hacen —la verdad es demasiado importante para él.

A diferencia del profeta, que puede actuar con intrepidez, el maestro presenta la verdad revelada sin confrontación. Por causa de este rasgo, así como por su naturaleza serena, no crítica y no sentenciosa, muchos encuentran al maestro como una persona "emocionalmente segura". Sin embargo, deberá estar alerta para no tolerar o aceptar pasivamente el pecado de otros. Además, debe aceptar, y no evitar, la responsabilidad de liderazgo cuando se le encomienda.

Yahweh creó al maestro no sólo para validar la verdad, sino también para "experimentarla". Es más, el don de enseñanza sólo puede alcanzar su potencial máximo cuando el aspecto cerebral y analítico de este don innato que Dios les ha dado, es balanceado con el conocimiento experimental que recibe del Señor de manera directa. Esto sucede cuando un maestro tiene la suficiente madurez espiritual para encontrar el "lugar secreto" de intimidad y comunión con el Todopoderoso. Cuando permanece ahí, y es capaz de hablar desde la ventajosa posición de ambos tipos de entendimiento, el maestro tiene la habilidad de bendecir no sólo a aquellos inmediatamente beneficiados por su don de enseñanza, sino también a las sucesivas generaciones espirituales.

Los maestros maduros son esenciales para evitar que la iglesia se desvíe de la sana doctrina bíblica. El rol de este don es vital para que la congregación local se mantenga en el buen camino y alejada de la apostasía, especialmente en estos últimos días, en los que pocos cristianos están dispuestos a permanecer en la "sana doctrina"[4]. Hay muchos líderes cristianos reconocidos con el don de enseñanza. Seguramente tiene sus favoritos, y prefiere un estilo o tipo de mensaje a otro, su mayor preocupación al recibir este don debería ser si está entregando un mensaje balanceado, fundamentado en la verdad, brindándole una profundidad de entendimiento interesante y desafiante, y si el mensaje tiene el sello de aprobación del Espíritu Santo.

Las personas con el don innato del maestro:

1. Son impulsados por un anhelo por la verdad y por clarificarla a otros.
2. Creen que la verdad tiene un poder intrínseco que produce cambios.
3. Son capaces de presentar la verdad de una manera lógica y sistemática.
4. No son confrontacionales.
5. Son intelectualmente listos y auto-disciplinados.
6. Tienden a ser reflexivos y lentos para opinar.
7. Pueden exponer las cosas profundas de Dios, aquellas que han estado escondidas y se complacen al traer conocimientos o "momentos de revelación" a otros.
8. Resuelven problemas empezando con principios bíblicos.
9. Se ofenden cuando la escritura es usada inapropiadamente y fuera de contexto.
10. Sienten preocupación que la verdad sea establecida en toda situación.
11. Son "emocionalmente seguros" y no sentenciosos.
12. Validan la verdad a través de la revisión de los hechos.
13. Requieren meticulosidad.
14. No son fácilmente persuadidos cuando están seguros que

ellos "saben que saben" algo.

15. Sienten incomodidad y fastidio con las verdades subjetivas.
16. Tienen la capacidad de traer bendiciones generacionales.
17. Tienen un llamado primario a tener intimidad con Dios.
18. Tienen un llamado secundario, que es proveer doctrina sana y verdad al pueblo de Dios.

4. EXHORTACIÓN (ANIMADOR)

"Por lo demás, hermanos, os rogamos, pues, y os exhortamos en el Señor Jesús, que como habéis recibido de nosotros instrucciones acerca de la manera en que debéis andar y agradar a Dios (como de hecho ya andáis), así abundéis en ello más y más". 1 Tesalonicenses 4:1 (LBLA)

Aquellos que poseen el don innato de exhortación están equipados de una forma única para animar, levantar e inspirar a otros. Un exhortador tiene una actitud positiva, alegre y está orientado hacia los individuos, lo que lo hace el tipo de persona hacia la que otros son atraídos de manera natural. Por esta razón, y por sus habilidades para relacionarse, el animador tiene una capacidad poco común de sobrepasar barreras y conectarse con todo tipo de personas.

Un motivador saludable es alguien al que todos amamos oír en nuestro tiempo de desánimo, derrota y confusión. Tiene la habilidad de hablarle al corazón de nuestras circunstancias de una forma que casi siempre trae esperanza, claridad, y dirección. En este sentido, su don tiene alguna semejanza en ciertos aspectos, con el don del profeta. Una distinción clave y casi uniforme entre un profeta y un animador, sin embargo, es que el primero rara vez es un optimista, mientras que el animador con frecuencia estará rebozando de optimismo: "¡¿Sabes amigo?, con Dios de tu lado, ¿cómo puedes ser derrotado?!"

Yo he observado que para casi todo exhortador, “nadie es un desconocido”. Al parecer el motivador puede hablar con cualquiera, en cualquier lugar, porque tiene una unción única para ingresar al mercado del mundo secular y llevar el evangelio. Además, por sus habilidades relacionales, tiene la aptitud única de ser un catalizador, inspirando y movilizando a las personas a tomar su lugar en el servicio del reino y a darse cuenta de su verdadero potencial en el cuerpo de Cristo. Dada la naturaleza afable de su paquete de gracia, no es de sorprenderse que algunos de los más exitosos evangelistas, políticos y vendedores, estén dotados con el don de exhortación.

Como regla general, el exhortador tiene habilidad con las palabras, aunque no en el sentido de una elocuencia florida. Él es efectivo cuando habla debido a su empatía genuina con otros y también porque tiene la habilidad de discernir las necesidades y el nivel de madurez espiritual de otros. Mientras el maestro tiende a tener como objetivo la mente, alcanzar a las personas a través de sus facultades mentales, el exhortador se inclina a tener como objetivo el corazón y alcanzar a la gente de manera más efectiva en un nivel emocional. El estilo favorito del exhortador es demostrativo y entretenido, y a la mayoría le gusta usar declaraciones extensas y generales, algunas veces sin usar calificadores. Usualmente, el propósito esencial del animador en todo esto, será alcanzar la mayor cantidad posible de personas “donde se encuentran” y motivarlos a alcanzar nuevos niveles en Jesucristo.

Otra diferencia significativa que he notado entre el exhortador y el maestro es que el exhortador tiende a tener un marco de referencia muy distinto cuando comparte las verdades espirituales. Mientras la inclinación del maestro es usar la verdad de la Escritura como un punto de partida y después ilustrarla o ampliarla con ejemplos o experiencias, el exhortador tiende a iniciar con descubrimientos y revelaciones internas que ha logrado de sus experiencias y después validarlas o ampliarlas usando las Escrituras.

Debido a que el animador es “amigo de todos”, y ama ver a las personas florecer en sus relaciones y en su desarrollo espiritual, un exhortador espiritualmente maduro, con frecuencia será un excelente consejero. Debido a que la gente es atraída a él por su transparencia y por su naturaleza agradable, demuestra una extraordinaria capacidad para influenciar a los que está aconsejando. Por lo tanto, el animador, puede hablar muchas verdades duras y necesarias a los aconsejados, pero sin el riesgo de ofenderlos y provocar su distanciamiento. Como tal, un exhortador a menudo es capaz de cambiar corazones, mentes y vidas, en instancias donde otros consejeros carentes de su don fracasarían.

El exhortador usualmente tiene un sentido intuitivo e innato que lo capacita para hacer evaluaciones de lo espiritual o de la condición de la vida de otros con precisión; y también la habilidad de recomendar una clara y efectiva estrategia, con pasos prácticos como remedio (ej., "Usted necesita hacer 1-2-3 y después usted podrá llegar a donde necesita estar."). Casi siempre evitará cualquier tipo de especulación teórica o enseñanza carente de aplicaciones prácticas. Para él, son los resultados los que cuentan, y el valor de cualquier consejería o enseñanza que brinda, sólo puede ser medido en términos de su implementación. En resumen, la composición del animador maduro lo inclina a traer ayuda que produzca cambio en otros —con la intención de asistir a las personas a lo largo de su viaje en la vida.

El ADN espiritual de un exhortador también hace que una persona espiritualmente madura se da cuenta que la adversidad es necesaria y juega un rol importante en el crecimiento espiritual. Asimismo reconoce que en toda situación difícil no hay sólo sufrimiento, pero también un resultado beneficioso. Pese a que el animador por ninguna razón desea la aflicción, ni el dolor cuando llega a la vida de alguien, entiende que los problemas y las tribulaciones representan una parte básica de la condición humana y también son ingredientes básicos para llevar a un creyente a un nivel superior de madurez espiritual.

El paquete de gracia del exhortador le otorga el potencial de ser un líder-siervo natural. Es amable, un buen comunicador y se gana la confianza de la gente de manera fácil. Tiene muy buena revelación interna sobre las fortalezas y las debilidades de las personas. Es genuino y puede despreocuparse de sí mismo en pro del bienestar espiritual y el desarrollo del pueblo de Dios. A medida que el animador desarrolla su relación con Aquél que lo hizo como es, llegará a su máximo nivel de bendición para el cuerpo de Cristo.

Las personas con el ADN espiritual del exhortador:

1. Son impulsados a ver crecimiento espiritual en otros.
2. Son personas para las que "nadie es un extraño".
3. Sintonizan muy bien con los sentimientos de las personas.
4. Disfrutan y son buenos en consejería personal.
5. Son motivados a levantar a los hermanos y hermanas cuando están desanimados o aturdidos y confundidos.
6. Son buenos comunicadores.
7. Son capaces de ser transparentes con ellos mismos.
8. Toman decisiones fácilmente y son espontáneos y flexibles.
9. Son buenos trayendo reconciliación.
10. Usualmente tienen una meta en mente y trabajan hacia ella.
11. Les encanta recomendar pasos precisos de acción para lograr el crecimiento personal.
12. Motivan a otros para que desarrollen su ministerio personal.
13. Tienden a usar la escritura para validar sus experiencias.
14. Son buenos estableciendo contactos.
15. Prefieren aplicar la verdad en lugar de investigar.
16. Tienen una unción especial para entrar al mercado del mundo secular y llevar el evangelio.
17. Ven la aplicación como la razón principal para la verdad o hechos.
18. Son buenos inspirando y movilizando a la gente.

5. COMPARTIR (DADORES)

"Y todos los creyentes estaban viviendo en una maravillosa armonía, teniendo todas las cosas en común. Vendían cualquiera cosa que poseían e hicieron un fondo común de sus recursos para que la necesidad de cada persona fuera suplida". Hechos 2:44,45 (MSG)

Un cristiano que está dotado por Dios con el don de dar, usualmente entiende y aprecia la importancia de contribuir con una porción de los bienes y recursos que Yahweh ha puesto en sus manos, para ser un canal de sus bendiciones. Debido a su composición espiritual, la mayoría de los dadores compartirán con alegría y generosidad lo que tienen a su disposición. Sea un pedazo de pan, una cama de paja para que alguien duerma, los "centavos de la viuda", la ganancia de un negocio de bienes raíces, o una porción de su cartera de inversiones en la bolsa de valores. Incluso si el dador es el más humilde pastor de yaks en Mongolia o un indígena de alguna tribu del río Yana Yaku en la Amazonía del Perú, compartirá de lo que el Señor le ha dado. La evidencia de este don en el ADN espiritual de una persona, es que le entusiasma ser un vaso de bendición para otros. Para el caso, no es importante lo que está compartiendo, ni si la cantidad es abundante o escasa ante los ojos de la sociedad; lo determinante es lo que la persona está dispuesta a dar.

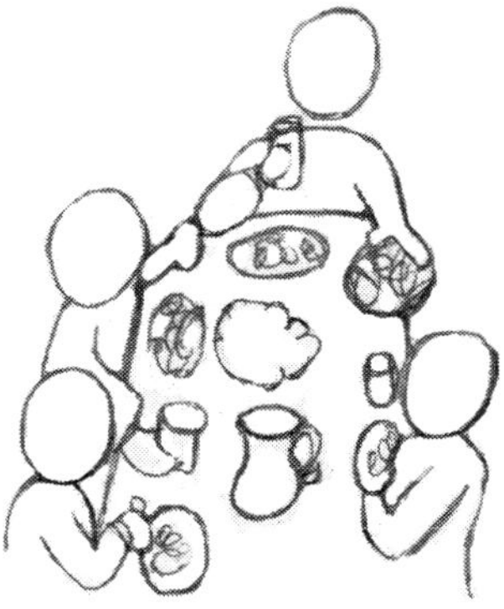

Aunque parezca que hay una unción especial de aumentar y prosperar sobre el dador, el don de compartir es mucho más que la habilidad de incrementar y prosperar como resultado de aplicar los principios del reino de dar y recibir. También es un asunto de la condición del corazón de la persona y su ADN espiritual. Lo que he observado, es que aquellos con el paquete de gracia de compartir encuentran su mayor satisfacción y realización siendo una bendición para los necesitados, beneficiando de esa manera al reino de Dios con su dar.

Debido a la naturaleza generosa otorgada por Dios a la mayoría de dadores, con frecuencia tienen la habilidad de ver la necesidad material que otros pasan por alto y desatienden. El dador será estimulado a suplir esas necesidades a través de los recursos que están a su disposición o los buscará en otra parte. En mi experiencia he visto que muchos dadores prefieren hacer sus contribuciones "detrás del escenario" para no atraer la atención hacia ellos. Sin embargo, ya que muchos dadores quieren inspirar a otros con su generosidad, y tienen la unción para hacerlo, cuando encuentran una causa digna, algunas veces usarán la ocasión para "hacer pública" su generosa dádiva a fin de motivar a otros. En este tipo de instancia, el dador puede ser un excelente recaudador de fondos, aun si no tiene aptitud para hablar en público.

Aunque por naturaleza los dadores son generosos con sus recursos, he descubierto que muchos están dotados de sabiduría divina con respecto a su compartir, y a la manera cómo manejar sus recursos. A medida que el dador opera de acuerdo con la verdad que Yahweh Yireh —el Señor proveedor— es su fuente de provisión, Dios honrará esa fidelidad alertándolo sobre las intenciones y motivos ocultos de aquellos que sólo buscan ayuda. Por esta causa, el dador maduro no es alguien que puede ser fácilmente manipulado, presionado o engañado para dar. En ese sentido, si su generosidad incluye donar a un ministerio, un dador sopesará (y tal vez investigará) la solidez e integridad del ministerio y si sus recursos producirán una buena "rentabilidad de la inversión." Además, una vez que entrega los recursos, querrá sentirse parte del ministerio al que donó, y estará pendiente de cómo se usarán los fondos.

Parte de la habilidad especial dada por Dios que le permite prosperar, es una aptitud extraordinaria para hacer inversiones y compras sabias. Conozco varios dadores bien desarrollados que tienen la habilidad de prosperar aun en tiempos y en entornos donde muchos fracasan. Esto es porque alguien con un verdadero corazón de dador —es decir, alguien a quien Dios ha creado de esa manera— tiene la fuerza espiritual (unción, si usted desea) donde los recursos parecen ser atraídos hacia él. Una y otra vez el favor de Yahweh Yireh pondrá a un dador en el lugar correcto, en el tiempo adecuado, para que pueda aprovechar las oportunidades, siendo bendecido de tal forma que pueda a su vez ser una bendición para otros.

Alguien con el ADN espiritual de dador está equipado para suplir las necesidades, no sólo en el horizonte del tiempo inmediato del "aquí y ahora", sino también para el largo plazo. Es más, un dador que está caminando en la plenitud de su don posee una "unción generacional" que le permite bendecir a las futuras generaciones con su don de dar.

La tendencia natural del ser humano es buscar seguridad, solvencia y acumular posesiones materiales, pero un dador debe mantener una gratitud profunda y constante en su corazón por los recursos sobre los cuales Dios lo ha hecho mayordomo. Por ello debe depender completamente del Señor, como su fuente de seguridad y provisión. Esto sólo sucede cuando permanece en el "lugar secreto del Altísimo" y mantiene una vibrante relación con su Padre amoroso. Haciendo esto, el que comparte cumplirá su potencial de bendecir a otros, como también al reino de Dios.

Uno de los grandes ejemplos de dador que conozco, es mi amigo, el Obispo Bill Stevenson, quien ha probado lo que puede suceder cuando una persona con el don de dar opera en la fe y el amor de Dios. El creció durante la difícil época de la Gran Depresión y no tuvo la oportunidad de pasar del cuarto grado de primaria, porque su padre falleció; en lugar de eso, descalzo, sacaba troncos de los pantanos llenos de serpientes en Carolina del Sur, para ayudar en la manutención de su familia. A pesar de estas y otras desventajas en su vida, pudo prosperar más allá de lo que pudo haber imaginado en sus años de juventud —a través del dar[5].

Respondiendo al llamado de ser pastor cuando pasaba los cuarenta años, eventualmente fundó una iglesia en el centro de la ciudad, que tenía como enfoque principal dar y bendecir a aquellos en necesidad. A medida que su ministerio se desarrollaba, el Obispo Stevenson empezó a capacitar y a enviar varios de sus mejores líderes, quienes han plantado iglesias hijas exitosas. En otras palabras, sembró en la vida de ellos y los envió desinteresadamente para extender el reino de Dios.

Debido a que ha hecho del dar un estilo de vida, el Obispo Stevenson ha prosperado de manera personal —no sólo en las finanzas, sino también en salud y de varias otras formas. La iglesia que fundó ha demostrado que se puede lograr mucho para el reino de Dios cuando operamos bajo la unción del don de dar. El ministerio del Obispo Stevenson, al igual que los numerosos ministerios que ha fomentado, son ejemplos del espíritu de generosidad y han servido por décadas como un faro de luz y esperanza sirviendo a los necesitados. Ha probado ser un canal de bendición a miles.

Las personas que están dotadas con el don de compartir:

1. Creen que Dios es la fuente de sus recursos.
2. Son motivados a proveer recursos —dinero, posesiones, tiempo, energía, y amor— para ayudar a otros y extender el reino.
3. Tienen un espíritu para nutrir.
4. Les gusta dar sin que otros se enteren.
5. Esperan que lo dado sea una petición respondida.
6. Están dispuestos a practicar la frugalidad para poder dar lo más que puedan.
7. Son capaces de motivar a otros para dar.
8. Manejan sus finanzas con sabiduría y austeridad.
9. Son sabios en su dar —no son ingenuos y usualmente no pueden ser manipulados.
10. No son confrontacionales. Por naturaleza bordean y evitan las barreras.
11. Les gusta mantener sus "opciones abiertas" —son flexibles y adaptables.
12. Tienen un amplio rango de competencia.
13. Pueden trabajar con una variedad de opiniones y grupos.
14. Son reservados en lo relacionado con su vida personal y familiar.
15. Tienen favor divino, así como una habilidad natural para los negocios.
16. Tienen una capacidad de prosperar incluso en la adversidad.
17. Poseen una "unción generacional".
18. Necesitan mantener una "actitud de gratitud".

6. PRESIDIR (LÍDER, ADMINISTRADOR, ORGANIZADOR)[6]

Después los bendijo Dios y les dijo, "Fructificad y multiplicaos. Llenad la tierra y gobernarla. Reine sobre…" Génesis 1:28a (NLT)

Una persona con el don innato de presidir, con frecuencia tiene una extraordinaria habilidad dada por Dios para visualizar el futuro y para organizar a la gente y los recursos para lograr una meta. En general, un organizador bien desarrollado no sólo puede ver lo que está más adelante, sino que es capaz de desarrollar estrategias e implementar los medios para llegar allí.

La clave para entender el don de presidir es reconocer que la persona con este don es un "líder nato" —él "se para frente al resto" para guiarlos en el camino. He observado que cuando son puestos en un grupo, terminarán desempeñando un rol de liderazgo, ya sea organizando una oficina, planeando un evento, desarrollando un proyecto, o liderando un grupo en una iglesia.

La personalidad del líder es dinámica, y tiende a ser metódico en sus hábitos laborales. Además, está capacitado para motivar a otros, y tiene la habilidad persuasiva para promover un sentido de propósito y visión, inspirando a otros a avanzar juntos hacia la meta que ha propuesto.

Muchos con el don de presidir también tienen una revelación interna de la naturaleza humana que los habilita para trabajar con y a través de otros y construir un "espíritu de equipo". Un administrador bien desarrollado, es bueno delegando responsabilidades para maximizar la efectividad y puede evaluar de forma objetiva qué tareas debe hacer él mismo y cuáles pueden ser realizadas de mejor manera por otros miembros del equipo. Tiende a no centrarse en los "pequeños" detalles de un proyecto para poder enfocarse en la coordinación del esfuerzo general. Muy a menudo está dotado con un sentido intuitivo para saber quién es apto y "dónde funcionan mejor las personas", lo que lo habilita para posicionar jugadores claves en el lugar correcto. Los líderes innatos también tienen la habilidad de motivar a la gente y "estimularla" para llegar más allá de lo que creen que están capacitados de alcanzar. Adicionalmente, he notado que los organizadores casi siempre son capaces de mantener una supervisión continua sobre los miembros del equipo.

Cuando un organizador maduro se compromete en un proyecto, está dispuesto a soportar una gran cantidad de reacciones negativas hacia su liderazgo por el bien del proyecto. Es más, una persona con el don de presidir está constituida para estar bajo presión y soportarla. La oposición puede llegar de "los de adentro" o de "los de afuera", pero una persona con este don, sabe que sin las continuas presiones que ejerce como líder, el objetivo final no será alcanzado.

La lealtad por parte de los miembros del equipo es muy importante para el administrador. Muchos prefieren usar a aquellos que son confiables en lugar de otros, que pueden ser más competentes, pero menos fieles. El líder necesita saber quién y cuáles son sus recursos. Debido a que la eficiencia de todo el proyecto depende de la fidelidad de los miembros del equipo, preferirá tener pocos en los que puede confiar, a muchos de los cuales no pueda depender.

Debido a su habilidad dada por Dios, un líder maduro puede hacer que una labor difícil se vea fácil. La composición de la mayoría de los líderes, les permite asesorar rápidamente los problemas, para luego delegar responsabilidades a las personas apropiadas para manejarlas y hacer los ajustes necesarios. Asimismo, tiene la capacidad de aliviar el esfuerzo requerido, debido a su manera metódica de fragmentar proyectos grandes y difíciles, convirtiéndolos en objetivos y asignaciones que se pueden alcanzar.

La autoridad y el dominio son parte del ADN espiritual del líder. Debido a esto, una persona con este don debe estar profundamente consciente del valor de estar bajo autoridad, para ser capaz de ejercer su propia autoridad. Un líder maduro deberá reconocer la importancia de la estructura de organización y respetar los límites de autoridad. El administrador tenderá a hacerse a un lado hasta que las responsabilidades sean delegadas y jamás forzará una posición de liderazgo. No obstante, cuando se le pide y hay una vacante en el liderazgo, he observado que casi siempre está dispuesto a asumir dicha responsabilidad.

La mayoría de los líderes tienen el deseo de completar su misión tan rápida y eficientemente como les sea posible. El líder siempre va a encontrar profunda satisfacción cuando todo calza bien y funciona de forma ordenada. Debido a que está formado y orientado para lograr metas, le encanta ver que una tarea, fase o proyecto llegue a cumplirse con éxito. Una vez que haya sucedido, la mayoría de líderes querrán moverse hacia un nuevo desafío.

Aquellos con el don innato del liderazgo:

1. Son capaces de prever el proyecto finalizado.
2. Son líderes naturales y capaces.
3. Disfrutan trabajar con objetivos y proyectos a largo plazo, y ver que todas las piezas encajen y trabajen juntas.
4. Necesitan la lealtad y confianza de aquellos que están debajo y sobre ellos.
5. Están orientados a la tareas —encuentran gran realización y gozo trabajando para lograr metas.
6. Son capaces de tomar decisiones.
7. Hacen que los trabajos se vean fáciles.
8. Son capaces de poner y mantener prioridades.
9. Disfrutan trabajar rodeados de personas.
10. Ven la necesidad por la organización como esencial para el adecuado funcionamiento del grupo y la organización.
11. Saben cuándo mantener viejos métodos y cuándo remplazarlos por nuevos.
12. Ven el panorama total y clarifican metas de largo plazo.
13. Expresan ideas de manera clara.
14. Disfrutan delegar tareas y supervisar a la gente.
15. Están dispuestos a que otros obtengan el crédito con el fin de terminar el trabajo.
16. Tratan de arreglar problemas sin asignar culpa.
17. Tienden a estar muy ocupados.
18. Normalmente "están en control" de su agenda (manejan bien su horario).

7. MISERICORDIA (COMPASIÓN)

"Bueno es Jehová para con todos, Y sus misericordias sobre todas sus obras". Salmos 145:9

Una de las claves para entender a una persona con el don de misericordia bien desarrollado es saber que están espiritualmente sintonizados con el corazón de Dios. Aquellos que han sido bendecidos con este don, son atraídos hacia y "sienten" por aquellas personas que están emocionalmente dolidas y tienen el fuerte deseo de consolarlos y traerles sanidad. Así como el servidor se enfoca en las necesidades físicas, aquellos con el don de compasión se concentran en dar empatía y consuelo durante tiempos de angustia. Es también muy común que tengan mayor preocupación por el dolor mental, que por el dolor físico.

El dador de misericordia ha sido dotado con una cualidad inherente dada por Dios para discernir y relacionarse con los sentimientos de aquellos que están a su alrededor. A menudo sólo basta que entren a una habitación para que puedan discernir el nivel espiritual y emocional de un grupo o un individuo; este es un rasgo común que comparten con el don innato del profeta. No sólo sienten la atmósfera espiritual y emocional casi de inmediato, sino que a veces su empatía (identificación con el que sufre) es tal, que rápidamente perciben y asumen el sufrimiento y dolor de los que sufren.

Debido a que la persona con el paquete de gracia de misericordia siente genuina tristeza y compasión por quienes están en angustia, no sólo es atraída hacia ellos, sino que opera como un imán sobre aquellas personas. Individuos en profunda angustia son atraídos hacia las personas dotadas de compasión, y con facilidad van a confiar en ellos porque aquellos se identifican fácilmente con su dolor y se adaptan a sus sentimientos.

El cuidador es tolerante y caritativo por naturaleza y su empatía le ayuda a identificarse con el lugar de dónde viene la persona, aunque no está de acuerdo en aceptar el pecado que es la raíz de la situación de la persona. El misericordioso es tardo para juzgar o criticar. Tiende a ser un buen balance para el profeta, que a menudo es rápido en juzgar.

Debido a que la persona dotada de compasión demuestra ser alegre y extrovertida, es de esperarse que sea muy querida y que tenga muchos amigos. Sin embargo, la mayoría de los misericordiosos, tienen sólo una o dos personas con quienes comparten fuertes lazos, al punto de ser abiertos y transparentes. Son leales incluso con aquellos que sólo son conocidos. Por causa de su susceptibilidad hacia las acciones y palabras desconsideradas, pueden ser fácilmente ofendidos, pero reaccionan de manera dura ante cualquiera que desprecie a los que considera sus amigos o conocidos.

Debido a que el misericordioso maduro está espiritualmente sintonizado con el corazón de Dios, puede tener un acceso más fácil hacia Su trono de gracia; más que aquellos que tienen otros dones. Debido a su empatía con otros y su acceso al trono celestial, es mi experiencia que muchos cuidadores misericordiosos pueden ser excelentes intercesores. Algunos dotados con este don de misericordia, pueden ser extraordinarios líderes de adoración, por su profunda habilidad de percibir y cambiar la atmósfera espiritual a su alrededor. Algunos incluso, tienen el potencial para santificar la atmósfera espiritual.

La persona con el don de misericordia tiene la habilidad para percibir el amor genuino, lo que los coloca en una situación de vulnerabilidad con aquellos que fallan en demostrar amor sincero, ocasionando heridas más profundas y frecuentes. Las personas con este don encontrarán su mayor realización cuando se les da la oportunidad de expresar compasión y misericordia hacia aquellos que sufren.

Las personas dotadas de misericordia:

1. Son atraídas hacia las personas que están afligidas y angustiadas y "sienten" por ellos.
2. Tienen el deseo de remover las dolencias y traer consolación y sanidad.

3. Les gusta ser considerados con otros.
4. Son intuitivos y "sensibles" y suelen dar abrazos y caricias.
5. Son imanes para las personas que están pasando por aflicciones mentales y emocionales.
6. Con frecuencia buscan lo bueno en las personas.
7. Tienen una tremenda capacidad para demostrar amor.
8. Detectan la atmosfera espiritual y emocional del grupo o individuo.
9. Tienen una habilidad sobrenatural para amar y cuidar a otros, incluso a los que no conocen.
10. Desean suplir las necesidades emocionales del cuerpo de Cristo.
11. Cuidan sus palabras y acciones para evitar lastimar a otros.
12. Son profundamente leales a sus amigos.
13. A menudo están cerrados a las personas no sinceras e insensibles.
14. Pueden ser vulnerable en sus relaciones.
15. Son gobernados por el corazón y no por la cabeza.
16. Con frecuencia tienen problemas para poner límites en las relaciones.
17. Algunas veces evitan firmeza y pueden ser indecisos.
18. Se lamentan por las relaciones rotas —desean poder detener las peleas y las heridas en los cristianos.

REFLEJAR SU GLORIA

Estos siete maravillosos paquetes de gracia que Yahweh ha puesto en la tierra, tienen un tremendo potencial. Cuando un individuo está en continuo crecimiento espiritual —permaneciendo en el amor de Dios y avanzando hacia su destino— está en el proceso de darse cuenta de ese potencial y reflejar la gloria de su Creador. Sin embargo, hay fuerzas espirituales oscuras que se despliegan contra ese individuo y buscan robarle todo lo que nuestro Padre en cielos ha planeado para él.

La capacidad de caminar en la plenitud de nuestro don innato reside dentro de cada uno de nosotros —está contenida en nuestro ADN espiritual— pero sólo será un potencial latente hasta que sea desarrollado como Dios lo ha planeado. El ingrediente activo en este proceso, es la clase de amor de Dios[7], el cual es una fuerza que reside dentro de todos los que somos parte de la familia de Dios[8]. Este poder vital e irresistible es mucho más importante para nuestro desarrollo espiritual, que el fertilizante para el crecimiento de una planta. Sin la clase de amor de Dios tal vez seamos capaces de lograr nuestro plan personal en la vida, pero nunca nos acercaremos ni un poco al verdadero potencial de nuestros dones, ni tampoco seremos capaces de llevar a cabo nuestro propósito y destino.

Sin la clase de amor de Dios tal vez seamos capaces de lograr nuestro plan personal en la vida, pero nunca nos acercaremos al verdadero potencial de nuestros dones, ni tampoco seremos capaces de cumplir nuestro propósito y destino.

Si somos honestos con nosotros mismos, la mayoría necesitamos darnos cuenta que aún no nos hemos percatado lo suficiente del potencial que Dios nos ha dado. El hecho es que muchos en el cuerpo de Cristo ni siquiera hemos identificado con éxito nuestros dones, mucho menos descubierto sus verdaderos propósitos y destino.

Pero lo que antes fue ya no será más. Cada uno de nosotros ya tenemos lo que necesitamos. ¡Todo está en nuestro interior! —¡el amor de Dios que ha sido derramado dentro de nuestros corazones por el Espíritu Santo y el asombroso potencial de nuestros dones inherentes!

Preguntas: Capítulo Cuatro

1. Cada uno de los __________ dones (‘*carismas*’) es en realidad un “paquete de gracia” dado por Dios que está pre-determinado por el ADN _______________ de la persona.

2. Una persona con el don innato de profecía tiene en el nucleo de su ser una extraordinaria capacidad para discernir ____________ espirituales.

3. La inclinación natural del profeta es poner mayor énfasis en su relación con __________ que en los que están a su alrededor.

4. Personas con el don de servicio tienen un ADN espiritual que los capacita para discernir con rapidez las necesidades ______________ de otros.

5. Los proyectos con objetivos a largo plazo y con progresos lentos y pocos visibles durante un plazo _________ de tiempo causen frustración al servidor.

6. Debido a que la sinceridad y la ______________ son inherentes a la constitución espiritual de casi todos los ministros bien desarrollados, siempre son asistentes capaces y confiables.

7. Las personas dotadas con el ADN espiritual de maestro tienden a tener una gran sed y amor por la ________________, más que otras personas.

8. Cualquier cosa que no puede ser probada a través de las ______________, o confirmada directamente por Dios a través de otro medio, es visto como un asunto “sujeto a _____________”.

9. Yahweh creó al maestro no sólo para validar la verdad, sino también para "________________".

10. Los maestros maduros son esenciales para evitar que la iglesia se desvíe de la ___________ doctrina bíblica.

11. Aquellos que poseen el don innato de exhortación están equipados de una forma única para _____________, levantar e inspirar a otros.

12. Un exhortador tiene la habilidad de hablarle al ______________ de nuestras circunstancias de una forma que casi siempre trae esperanza, claridad y dirección.

13. Un motivador es amable, un buen comunicador y se gana la ________________ de la gente de manera fácil.

14. Los dadores usualmente entiende y aprecia la importancia de contribuir con una porción de los bienes y recursos que Yahweh ha puesto en sus manos, para ser un _________ de sus bendiciones.

15. El dador saludable opera de acuerdo a la verdad que Yahweh Yireh —el Señor ______________— es su fuente de provisión.

16. Un dador que está caminando en la plenitud de su don posee una "unción _________________" que le permite bendecir a las futuras generaciones con su don de dar.

17. Una persona con el don innato de presidir tiene una extraordinaria habilidad dada por Dios para visualizar el futuro y para organizar a la gente y los ______________ para lograr una meta.

18. La clave para entender el don de presidir es reconocer que la persona con este don es un "líder ________."

19. La _____________ por parte de los miembros del equipo es muy importante para el administrador.

20. La ________________ y el dominio son parte del ADN espiritual del líder.

21. El dador de misericordia ha sido dotado con una cualidad inherente dada por Dios para discernir y relacionarse con los ________________ de aquellos que están a su alrededor.

22. Debido a que el misericordioso maduro está espiritualmente sintonizado con el ______________ de Dios, puede tener un acceso más fácil hacia Su trono de gracia

23. A menudo sólo basta que entren a una habitación para que puedan discernir el nivel espiritual y _______________ de un grupo o un individuo.

Capítulo Cinco

CRECIENDO EN LA GRACIA

◈ ◈ ◈

Llegando a Ser Más Como Él

PERSONAS QUE "CAMINAN COMO ÁRBOLES"

Una de las grandes ilusiones de la sociedad moderna se centra en la real condición espiritual de la raza humana. La gran mayoría de seres humanos piensa que "las personas son básicamente buenas". Esto es apenas un cliché muy conocido. Este entendimiento sobre la naturaleza humana es ingenuo y errado. Se refleja a menudo en la música popular y la cultura. Según esta idea, todo lo que una persona necesita hacer para encontrar el verdadero amor y felicidad es "dejar que su corazón sea su guía". Los hombres se ilusionan y se dicen a sí mismos: Mientras "sigas tus sueños", hallarás realización y contentamiento.

Nociones banales como estas, están relacionadas a una visión básica del mundo que nos ve maniobrando a través de la vida como si fuéramos el capitán de nuestro propio barco o como el maestro de nuestro propio destino. En consecuencia, si Dios tiene alguna parte en tal travesía, parece que Su rol es más parecido al de un marinero que al de un almirante o navegante.

Las ilusiones de nuestra bondad básica, así como la habilidad para controlar nuestra vida y futuro están en marcado contraste con lo que las Santas Escrituras dicen. Por ejemplo, hablando a través del profeta Jeremías, el Señor declaró: "*Engañoso es el corazón, más que todas las cosas, y perverso; ¿quién lo conocerá?*"[1]. Jesucristo también proclamó: "*Porque del corazón salen los malos pensamientos, los homicidios, los adulterios, las fornicaciones, los hurtos, los falsos testimonios, las calumnias.*"[2]. Estas verdades claramente declaradas están en abierta contradicción con la opinión popular y la cultura. Mientras que el mundo promociona la noción que hay una bondad básica residiendo en cada uno, la Escritura nos advierte, sin lugar a la equivocación, que en la raza humana no redimida hay toda clase de perversidad. La pregunta es, ¿En cuál reporte creerás?

La verdad de la perspectiva de Dios sobre este asunto, fue traída a mí hace unos años, de una manera inolvidable, cuando tuve una visión de la condición real de la gente. Llamo a este evento la visión de "las ramas retorcidas caminando", y esto fue lo que vi:

Estaba viendo de arriba hacia abajo, como un pájaro mirando un vecindario residencial en una gran ciudad, y veía a las personas hacer cosas de todos los días. Varios estaban caminando —unos pocos parecían estar en camino para encontrarse con alguien, mientras que otros estaban en una misión importante, y otros paseaban casualmente. También había otros que se relajaban y jugaban en un parque. Lo más fuerte y extraño que vi en esta visión fue que ninguna de estas personas tenía forma humana. Cada una de estas "personas" parecía como una "rama de árbol caminando" —todas de diferentes tamaños y formas— ¡cada uno estaba cubierto por corteza! La otra cosa notable que noté, era que ninguna de las "ramas" era recta; todas estaban torcidas a diferentes grados —algunas estaban mucho más torcidas que otras. Algunas pocas ramas estaban muy retorcidas, curvadas y contorsionadas en casi toda forma imaginable. Una de las cosas que más me impresionó de todo lo que vi, fue que ninguna de las "ramas del árbol" estaba siquiera cerca de estar derecha.

Esta visión ordenada por Dios pareció haber durado menos de un minuto, pero cuando acabó, comprendí que Él me había mostrado la realidad de la condición humana: que todos estamos torcidos y curvados en algún grado. ¡No existe una "rama" recta entre nosotros!

Al reflexionar sobre lo que había visto, vino a mi memoria —por mi trabajo como carpintero de muchos años— que una de las peculiaridades de la madera (sea una rama de árbol o una tabla) es que después que ha sido deformada, *siempre* tendrá la tendencia de volver a su estado deforme, sin importar cuánta fuerza se le aplique. En otras palabras, una vez que se ha torcido, la madera no tiene ninguna capacidad *innata* para "enderezarse". Incluso si se le aplica una inmensa fuerza externa, o aun cuando parezca tener la apariencia de estar derecha, una vez que la humedad penetra la madera, siempre volverá a su tendencia *inherente*, que es volver a su estado torcido.

¡Cuán parecido es el hombre a la madera en su condición natural (no redimida)! La presión externa puede traer conformidad en la apariencia externa, pero tiene poco efecto en lo que realmente importa —en el interior del hombre. Mientras que la presión social, amenazas de castigo y la fuerza de la ley pueden traer conformidad exterior hacia una norma, ninguna de estas puede hacer que el hombre interior "sea recto". Una persona puede parecer digna de emulación, "tener lo que se necesita", pero lo que realmente importa es lo que sucede dentro de ella. Como dice la Escritura, "*... el hombre mira la apariencia externa, pero el Señor mira el corazón.*"[3]. Cuántas historias impactantes más tenemos que escuchar sobre la caída de ídolos de Hollywood y del mundo deportivo —o incluso de la iglesia de Jesucristo— para darnos cuenta que la apariencia no sólo *puede ser* muy engañosa, sino que ¡lo es con regularidad!

Aunque no hay una presión externa capaz de enderezar los "nudos" y las "curvas" del interior de una persona, existe una fuerza interna que puede hacer el trabajo —al menos en aquellos que realmente son creyentes nacidos de nuevo. Cuando el Espíritu Santo habita en el interior, puede tomar a cualquiera que se encuentra como un "producto dañado" (y eso incluye a todos) y lo puede transformar de manera que los dones, talentos y llamado que Dios puso en ellos desde el principio, sean totalmente restaurados.

OPERAR EN TODA SU POTENCIA

> *"Digo, pues, por la gracia que me es dada, a cada uno que está entre vosotros, que no tenga más alto concepto de sí que el que debe*

tener, sino que piense de sí con cordura, conforme a la medida de fe que Dios repartió a cada uno". (Romanos 12:3)

Cada uno de nosotros es una obra en proceso. Nadie ha "llegado" al lugar de alcanzar todo el potencial de sus dones innatos. Aunque aquellos que han sido redimidos por la sangre del Cordero son efectivamente una nueva creación en Cristo, y sin duda "*las cosas viejas pasaron y... todas son hechas nuevas*"[4], esto sólo marca el inicio del proceso por el cual el Espíritu Santo endereza las distorsiones y torceduras en nuestro hombre interior. Esta obra del Espíritu Santo tiene como propósito la eliminación de cada deformidad en nosotros para que lleguemos a ser "*conformados a la imagen del Hijo*"[5]. En otras palabras, el Espíritu de Dios usa la semejanza de Jesucristo, el Hombre perfecto, como el patrón hacia donde Él nos está transformando —al menos a quienes le hemos dado la libertad de hacerlo.

Pero, ¿cuáles son estas deformidades en lo profundo de nuestro interior? Con frecuencia son heridas del alma o fortalezas (generalmente mentales) que resultan de una influencia dañina o maligna de nuestro pasado. Algunas se han alojado en nuestro espíritu, y otras habitan en nuestra mente y emociones. Muchas resultan de imágenes e impresiones falsas que nos afectaron durante nuestro crecimiento. Otras fueron causadas por temores que se prendieron de nosotros. Incluso otras pudieron ser heredadas por pecados de generaciones anteriores en la forma de una maldición generacional. Casi siempre, estas deformidades dominan nuestra manera de pensar o la forma en que nos sentimos, esto hace que tengamos malas actitudes y una mala manera de reaccionar frente a las situaciones. Cualquiera fuera su origen, nos han torcido en el interior, y nosotros mismos somos incapaces de alcanzar el potencial que Dios desea para cada uno —es decir, llegar "*a la medida de la estatura de la plenitud de Cristo*"[6]. Amados, eso es lo que Dios tiene en mente para nosotros, y ¡Él le ha dado Su Santo Espíritu para abrir camino!

En el capítulo anterior consideramos cada uno de los dones innatos manifiestos a plenitud, esto es, cuando el paquete de gracia de una persona está desarrollado en todo su potencial —a la medida de la "*plenitud de Cristo*". La realidad, sin embargo, es que la mayoría del pueblo de Dios está operando en sus dones, *muy* por debajo de su potencial. Cuando este es el caso, una serie de rasgos y cualidades negativas, peculiares a cada don, se hacen evidentes. Así como hay atributos positivos asociados con nuestro ADN espiritual, también hay características negativas cuando no operamos en el don innato tal y como Dios lo ha previsto.

Es obvio que cada uno de nosotros tiene una travesía espiritual única y propia, y donde estemos en cualquier tiempo dado a lo largo del camino, esta vía es diferente al de cualquier otra persona. En mayor o menor medida —dependiendo de nuestro propio sendero y donde nos encontremos en el— vamos a desplegar ciertas tendencias hacia cualidades negativas o "perjudiciales" asociadas con nuestro paquete de dones particulares, así como hacia las positivas.

Considerar el lado negativo de cada don inherente es importante en varios aspectos. Puede ayudar a una persona a ubicar mejor su don más fuerte, sobre todo cuando dos o tres dones parecen ser prominentes. Otra razón muy importante para considerar los rasgos negativos, es que tal investigación puede ser extremadamente útil para evaluar la verdadera condición espiritual de una persona. Cada uno de nosotros necesita enfrentar su propia realidad personal. Muchos de nosotros hemos sido engañados al pensar que estamos avanzando más hacia la madurez espiritual, cuando la realidad es otra. Muchos cristianos se engañan al pensar que están caminando cerca del Señor por operar en los "dones espirituales"[7] —como hablar en lenguas o profetizar— cuando en realidad aún no han hecho lo más importante que Jesús ha dado como mandamiento, permanecer en Él[8].

> *Un indicador verdadero y preciso de la espiritualidad de un cristiano es cuando está operando en su don innato de la manera como Dios lo ha previsto.*

Un indicador más preciso y verdadero de la espiritualidad de un cristiano es la manera en que operan en el paquete de gracia de su ADN espiritual. Hay una relación directa entre la cercanía en su relación con Dios y cuán desarrollado esta en su paquete de dones. Si una persona no usa los dones innatos que Dios le ha dado como fueron previstos, y evidencia más bien rasgos negativos de inmadurez y carnalidad, entonces esa persona está operando claramente bajo su propia fuerza, y no está permaneciendo en Cristo como debería[9].

Reconocer un problema en nuestro desarrollo espiritual es el primer paso para resolverlo. Yahweh quiere que nuestros dones funcionen como un motor bien afinado, que usa todos los cilindros. ¡Pero si se nos ha dado como regalo un motor de ocho cilindros y sólo estamos usando dos o tres, y el resto está fallando, no sólo estaremos en un viaje lleno de baches, sino que saldrá humo por nuestro "tubo de escape" espiritual, contaminando el aire y perjudicando a todos los que nos rodean! Necesitamos mirar "debajo del capó" de nuestro paquete de gracia y arreglar aquellos "cilindros" de nuestro don innato que estén fallando.

1. EL PROFETA EN DESARROLLO

> *"No pretenda amar a otros. Realmente ámelos. Odie lo malo. Aférrese fuertemente a lo que es bueno". Romanos 12:9 (NLT)*

Un profeta saludable es conocido por su habilidad para discernir rápidamente el corazón del asunto y es decisivo. En un profeta inmaduro, esta tendencia puede llevarlo a evaluar o juzgar situaciones de manera prematura y llegar a conclusiones erróneas antes de evaluar suficientemente los hechos. Situaciones como esas, pueden producir egos heridos, lastimar los sentimientos y ocasionar la pérdida de credibilidad.

Una persona con el don de profecía puede ser dolorosamente directa al corregir a otros, sin importarle con quienes está tratando. Esto es un problema muy serio. Si usted ha experimentado el trato de un profeta inmaduro, que ha actuado sin importarle sus sentimientos, todo lo que puede decir es "ouch". Si un profeta le ha "corregido" haciéndole sentir condenado y juzgado, es porque usted no se ha equipado de manera apropiada con el casco de la salvación o porque el profeta ha estado operando en la carne.

Cuando un profeta no ha desarrollado plenamente su don innato, y esta inconsciente del poder innato del don, puede mostrarse demasiado autoritario y controversial con las personas. Este profeta parecerá estar "en contra" por naturaleza, tomando el lado opuesto de un asunto de inmediato. Actuando de manera impulsiva, puede llegar a extremos emocionales. Todos estos factores, combinados, tienen el potencial de crear conflictos y producir "fuegos artificiales" en una congregación o reunión pública.

Por otra parte, su fuerte deseo de expresar lo que percibe como verdad, puede ser interpretado como que el profeta tiene poco interés en escuchar los puntos de vista de otras personas. En tal escenario, un profeta inmaduro será visto como "un burro sin mecate" —alguien impulsivo, cabeza dura, y contencioso.

Un profeta inmaduro también puede ser demasiado dogmático y ver todos los asuntos en "blanco o negro", en lugar de ser abierto para ver todos los lados de la situación. Esta deficiencia se puede tomar como una forma de intolerancia y el profeta inmaduro se ganará la reputación de ser rígido y legalista. Ser franco, abierto y capaz de llamar la maldad por "lo que realmente es", son atributos positivos de este paquete de gracia. Pero un profeta con falta de madurez, algunas veces puede fallar en diferenciar correctamente entre el pecado y el pecador. Si condena a ambos con igual vigor, muchas veces sólo aparentará estar envuelto en un ataque furioso y fallará en traer el arrepentimiento y restauración que Dios desea. Es vital sacar el pecado a la luz, pero más importante es restaurar a la persona que ha pecado. Si un profeta no tiene éxito en esto, ha fallado en cumplir uno de los propósitos principales para lo que le fue dado el don[10].

La necesidad de crecimiento en el don profético ha sido maravillosamente expuesta por Sam, un amigo panameño, que tuvo conflictos en su trabajo con colaboradores y con su jefe. Parecía que siempre, sin importar donde trabajara a través de los años, se las arreglaba para caer en la "desgracia". Nunca podía mantenerse callado frente a los estilos de vida desordenados de sus compañeros de trabajo. A pesar de ser un buen trabajador, ha sido despedido del trabajo más veces de lo que puedo recordar. ¿Por qué alguien haría algo así —denunciar algo sabiendo que podría ser despedido?

Parte de la respuesta es que Sam tiene un don de profecía fuerte y simplemente no puede pasar por alto la deshonestidad y corrupción como otros. Sin embargo, el ser inmaduro en su don, a veces le hizo ser áspero y polémico, cuando no había necesidad de serlo. Sam sigue creciendo, como todos debemos hacerlo, y finalmente se dio cuenta que denunciar el pecado no había traído los resultados esperados: ayudar a la gente a cambiar sus vidas. El resultado de este entendimiento, es que puede andar en su don, mantener sus principios y así ser capaz de permanecer en un trabajo.

Otro problema que he notado con el don del profeta es que, siendo una de las habilidades innatas de un profeta discernir la verdad espiritual y exponer el pecado; un profeta carnal puede fácilmente volverse pesimista y negativo en su perspectiva. De manera invariable, mientras menos saludable se encuentre, más pronunciado será su pesimismo y negatividad. En consecuencia, se puede llegar al punto donde el profeta es incapaz de ver el bien en algo o visualizar un resultado positivo.

El juicio severo que un profeta inmaduro hace a otros puede regresarle como un búmeran. El problema es que una vez que se encierra en el modo negativo, tiende a ser en extremo autocrítico y sentirse despreciable. Además de esto, un profeta así, también tendrá dificultad para encontrar o aceptar perdón para él mismo; y la combinación de estos factores pueden llevarlo a un estado de depresión.

Cuando tratamos con un profeta no saludable —uno que está inmerso en el pesimismo— es necesario darse cuenta que por los patrones arraigados en la inmadurez de su don, no será sacado de esa posición por sólo hacer un esfuerzo vigoroso o contundente por describir "el lado bueno de las cosas". Por el contrario, he descubierto que una vez que ha tenido suficiente tiempo para "reflexionar" sobre lo que se le ha estado advirtiendo, un profeta en crecimiento, probablemente verá la verdad de lo que se le ha estado hablando, se dará cuenta del error de sus caminos y saldrá de su profunda depresión.

Una persona con el don innato de profecía está inclinada a poner mayor énfasis en su relación vertical con el Señor, antes que en sus relaciones horizontales con la gente; uno que está menos desarrollado en este don, en ocasiones, puede llegar a volverse socialmente aislado —incluso de la familia y otros cercanos a él. Claramente esto puede causar tensión en las relaciones personales y ser un factor que lo lleve a andar por "un camino más difícil" que otros.

Áreas Problemáticas

Algunas de las tendencias negativas y debilidades de una persona con el don de profecía son:

1. Juzga demasiado rápido y de manera severa.
2. Intimida a otros por su franqueza y contundencia.
3. Es insensible a otros ya que no está para complacer a la gente.
4. Ser un "cabeza dura" —siendo testarudo y poco dispuesto a colaborar.
5. Trata de imponer la "verdad" a la fuerza en las personas.
6. Es intolerante a las opiniones y puntos de vista que difieran con el suyo.
7. Tiene una lengua afilada, un espíritu cruel y es falto de compasión.
8. Reacciona severamente ante los pecadores, separa a las personas que fallan.
9. Es impulsivo o compulsivo.
10. Puede tener exceso de celo en el evangelismo personal hasta el punto de ser ofensivo.
11. Es duro consigo mismo, así como con otros; es su propio y peor crítico.
12. Está orgulloso de su propia retórica y capacidad de persuasión.

13. Lucha con sus problemas de imagen personal.
14. Es pesimista o negativo en su perspectiva de la vida y es propenso a la depresión.
15. Es implacable y tiene dificultad para encontrar perdón.
16. Se engaña al pensar que tiene todas las respuestas.
17. Excusa su rudeza con expresiones como "este es mi don".
18. Tiene dificultades en relaciones cercanas.

Como Mejorar

Formas para que un profeta experimente crecimiento:

1. Véase a sí mismo no simplemente como "el que dice la verdad" sino como un "restaurador".
2. Medite cuánto Dios le ama y se preocupa por usted como individuo y en el hecho que Él le ha dado un don único. Pase tiempo permaneciendo en Él.
3. Aprenda cómo usar su don en amor. Ya que "Dios es amor", deje que Su compasión y misericordia le dirija y guíe en su don[11].
4. Aprenda cómo "construir puentes" para mejorar sus habilidades interpersonales a través de:
   a. considerar los sentimientos de otras personas.
   b. ser más lento para hablar y más rápido para orar.
   c. apreciar el valor de las perspectivas de otros, ya que no tiene el monopolio para discernir la verdad.
   d. felicitar y animar el progreso y esfuerzo de otros.
   e. entender y apreciar el don innato de otros.
   f. desarrollar relaciones saludables con otros, especialmente con aquellos cuyos dones balancean el suyo, como el don de misericordia.
5. Si es propenso al pesimismo, evite influencias negativas en su vida. Sumérjase en actividades positivas y edificantes que beneficien a otros así como al reino de Dios.

6. Enfoque su atención en su llamado superior. Porque su don tiene una unción sobrenatural, enfóquese en lo espiritual.
7. En su tiempo de oración, dialogue con Dios. La oración es una conversación (hablar y escuchar). Dios tiene mucho que enseñarle y usted tiene mucho que aprender.

2. EL CRECIMIENTO DEL SIERVO (MINISTRO)

"Ámense unos a otros con afecto genuino, y deléitense honrándose unos a otros". Romanos 12:10 (NLT)

Aquellos con el don innato de servicio tienen una fuerte habilidad para notar las necesidades prácticas y cuidar de ellas. Muchas veces otros alrededor de ellos pueden ser ajenos a esas mismas necesidades, porque su ADN espiritual es diferente. Sin embargo, cuando una necesidad es de inmediata evidencia para un siervo, puede desarrollar resentimiento con la gente a su alrededor, porque a su juicio, pasa por alto esas necesidades. A pesar que el ministro inmaduro asuma que otros ven lo que él ve, muchas veces éste simplemente no es el caso. Si usted no esta dotado con el don de siervo, y ha recibido el menosprecio de un siervo por su supuesta insensibilidad, notará inmediatamente la verdad de esta observación.

Los siervos con frecuencia son puestos en una posición de responsabilidad porque son obreros diligentes. Cuando está en esa posición, la tendencia natural de un ministro es dar una mano de ayuda o involucrarse en tareas que deberían ser delegadas a otros. Esta inclinación puede causar que sea menos efectivo, porque las tareas asignadas no se terminan puntualmente. Un siervo falto de madurez puede quejarse de no ser apreciado y de trabajar demasiado, pero al mismo tiempo es incapaz de aceptar ayuda de otros.

Si a un ministro le asignan o le piden llevar a cabo una tarea simplemente "porque es un siervo" y por lo tanto se espera que disfrute haciéndola, quizá se sienta explotado y reaccione con resentimiento. Pero esto sólo sucederá si no se da cuenta que su don y habilidad vienen de Dios. También, si la persona a la que está ayudando no hace uso sabio del tiempo que invierte en ella, el ministro (siervo) puede perder la perspectiva divina necesaria para terminar su tarea con un estado de ánimo positivo.

Todo ministro, por más inmaduro que sea, siente una necesidad interna de ayudar. Es común que uno que no haya desarrollado mucho su don, termine convirtiéndose en un esclavo del grupo que solicita sus servicios. Puede suceder, incluso, que pese a ello el grupo no valore adecuadamente su servicio. La sensibilidad natural del ministro frente a tales situaciones, podría hacer que se sienta no considerado y quizá termine volviéndose demasiado sensible.

El deseo por ayudar y agradar a otros puede llevar a un siervo inmaduro a ser el primero en la línea de voluntarios para muchas actividades, lo que le puede provocar demasiado trabajo y abarcar mucho sin ser efectivo. Su celo por el servicio puede también volverlo crítico hacia quienes no comparten su entusiasmo o parecen poco dispuestos a tomar la responsabilidad del trabajo que les corresponde. Trabajará de manera incansable por suplir una necesidad, pero podrá volverse impaciente con aquellos que no comparten su celo y energía por la tarea a realizar.

Es probable que en algunas situaciones la motivación del ministro y su afán por servir sean malentendidos. Aquellos a su alrededor pueden verlo como prepotente por su fuerte deseo de avanzar y "terminar el trabajo". En su entusiasmo por hacer que las cosas avancen, y para evitar perder tiempo en "papeleos", puede fallar en buscar el permiso o la autorización necesaria y eludir los canales de autoridad en una iglesia u organización. Esta actitud puede ser interpretada como rebeldía o una indisposición a someterse a la autoridad. En otras situaciones, el entusiasmo del ministro por servir puede ser malinterpretado como un deseo de autopromoción. Esto es especialmente cierto cuando está ayudando a un pastor o líder de la iglesia.

Un siervo menos desarrollado puede, sin querer, frustrar los propósitos de Dios o interferir con las lecciones espirituales que está enseñando, cuando se precipita en suplir cada necesidad que ve y no busca primero el consejo del Espíritu Santo. Algunas dificultades o necesidades son usadas por el Señor para traer arrepentimiento en la vida de un individuo, y si el ministro interviene para mejorar esas circunstancias, esencialmente está obrando en oposición al propósito de Dios. Esto se puede ver de manera clara, por ejemplo, en el caso del hijo pródigo: Si un fervoroso siervo hubiera intervenido para que la vida del rebelde hijo pródigo sea más soportable cuando vivía con cerdos, tal siervo habría impedido el regreso del joven a su padre.

He observado que un ministro poco saludable también puede llegar a estar tan ocupado cuidando de las necesidades prácticas, que descuida su propia relación con Yahweh, confundiendo la actividad y servicio al cuerpo de Cristo, con la comunión con Dios. Cuando un ministro llega a estar tan ocupado cubriendo necesidades, poniendo en riesgo su vida de oración y devocional, sin duda estará estorbando su desarrollo espiritual. Esta falta de equilibrio puede desbordarse al descuidar sus responsabilidades familiares y descuidar a aquellos cercanos a él —todo en nombre del servicio al Señor. ¡Esta misma persona se preguntará luego, por qué no hay gozo en el ministerio!

Al parecer una de las batallas más grandes de un siervo en crecimiento, es encontrar su verdadera identidad, afirmación y aprobación en su Hacedor. Si un ministro inmaduro mira a otros y busca imitar sus dones, los cuales no son propios, experimentará fracaso y frustración. También, si sirve con la idea de ser aceptado y aprobado por otros, sus esfuerzos probablemente terminen igualmente en frustración. He descubierto que es importante para un ministro internalizar la validez y el valor de su propio don y llamado. Él debe apreciar y ser agradecido por el don innato que Yahweh le ha dado. Luego, necesita aprender a caminar por fe en la autoridad y unción de su paquete de gracia dado por Dios. A pesar de no estar en el primer plano, no hay nada de segunda clase en su don de servicio. Es más, su don es tan valioso, que es en realidad, el elemento vital o alma de cualquier ministerio u organización.

Áreas Problemáticas

Algunas de las tendencias negativas y debilidades de un siervo son:

1. Ser crítico de otros cuando no ayudan en necesidades obvias.

2. Ser impaciente y resentirse con quienes tienen un paquete de dones diferente.
3. Ser explotado por otros por su disposición de servir.
4. Fallar en delegar responsabilidades por preferir hacerlas por sí mismo.
5. Desviarse de su propósito con las necesidades de otros y quizá perder a Dios.
6. Volverse muy prepotente o interferir con su entusiasmo por ayudar.
7. Encontrar difícil aceptar ser servido por otros.
8. Herirse fácilmente por no ser apreciado.
9. Fallar en someterse a protocolos, por su afán de terminar el trabajo.
10. Descuidar las prioridades dadas por Dios.
11. Interferir con el trato y disciplina de Yahweh a otros.
12. Sobre-enfatizar las necesidades prácticas y perder de vista las necesidades espirituales básicas.
13. Ser demasiado sobreprotector con los miembros de la familia, cuando se percibe una amenaza.
14. Extralimitarse en sus compromisos y dejar que su agenda se salga de control.
15. Distraerse con las necesidades de otros hasta llegar al descuido de las necesidades de su familia.
16. Frustrarse con proyectos y metas a largo plazo.
17. Buscar en otros la aceptación y aprobación, en lugar de preferir la de Yahweh.
18. Fallar en apreciar claramente el valor de su don inherente.

Cómo Mejorar

Maneras para desarrollar su don de servicio:

1. Estar contento con el valioso papel que Dios le ha dado. Si colocar sillas antes del servicio de la iglesia es lo que Dios

tiene para usted, no menosprecie su importancia. Si servir como "paje de armas" para un líder en la iglesia es la responsabilidad delegada por Dios para usted, ¿por qué querría hacer otra cosa?

2. Parte del proceso de madurez para todos los dones innatos, envuelve un reconocimiento y apreciación que todos los dones son igual de valiosos. Cuando otros no aprecian su don y fallan en darle el reconocimiento apropiado, rechace la tentación de sentirse ofendido. Tales actitudes sólo reflejan ignorancia acerca de su don.
3. Valore y cultive buenas relaciones tanto en el servicio y en la comunión.
4. Rehúse aceptar la mentalidad negativa. Creer que otros no pueden hacer el trabajo tan bien como lo hace usted, es menospreciar el valor de los otros miembros del cuerpo de Cristo. Esté dispuesto a ser un "jugador del equipo" y a delegar tareas a otros para que el trabajo se termine de manera eficiente.
5. Ya que es consciente de la importancia de su don de servicio, no "muerda el anzuelo" disgustándose cuando otros no están tan dispuestos a colaborar para terminar el trabajo. Es mejor animar a otros a ver necesidades prácticas y trabajar con usted, en lugar de sentirse ofendido.
6. Ponga diligencia en buscar al Señor y estudiar la Palabra como lo es en ayudar a otros. No posponga su estudio de la Palabra de Dios. No descuide su vida de oración, ni evite su tiempo de comunión con otros cristianos. Estas cosas combinadas con su rol de ministro, le darán una medida más grande de realización.
7. Recuérdese así mismo de manera continua que es necesario mantener las prioridades divinas. No es malo decir "no" en ciertas ocasiones.
8. Hay una multitud de oportunidades para el servicio. Busque la sabiduría y guía de Dios para tener una dirección

clara y saber en cuál de las necesidades por suplir se debe involucrar personalmente. Deje todas las otras necesidades para alguien más.

9. Busque a Dios primero y si Él dice "está bien", ofrézcase como miembro de un equipo. Envuélvase en proyectos o misiones a largo plazo, en los cuales sus dones puedan ser plenamente usados. Esto le capacitará para experimentar logros de largo plazo.
10. En todas las cosas, asegúrese que su servicio dirija a las personas a alabar a Dios y no a usted mismo.

3. EL CRECIMIENTO DE UN MAESTRO

"Nunca tardos en celo y empeño sincero; sed encendidos y ardientes en el Espíritu, sirviendo al Señor". Romanos 12:11 (AMP)

Debido a las habilidades únicas dadas a un maestro, uno falto de madurez puede ser tentado a "*pensar de sí mismo más de lo que debería*"[12] y ser susceptible al pecado de orgullo. El conocimiento y el entendimiento que el maestro puede compartir con otros, es maravilloso. No obstante, debe ser consciente del peligro que asecha a su alma, como lo expresa el apóstol Pablo, "*el conocimiento envanece*"[13]. Es muy fácil para un maestro, desarrollar un sentido exagerado de autovaloración y decir en su fuero interno: "¡miren lo que sé y lo experto que me he vuelto!". Sólo el espíritu de sabiduría puede hablar al corazón del maestro para frenar su ego creciente. El conocimiento y entendimiento que imparte a otros, en realidad no viene *de* él, sino a *través* de él. Estar consciente de esto ayudará a superar este problema.

No hace mucho tiempo, asistí a un seminario dado por un muy conocido maestro de profecía bíblica, cuyo ministerio tiene sus oficinas centrales en Centroamérica. Él viaja por todo el mundo enseñando sobre las señales del fin de los tiempos. Se enfoca —desde mi perspectiva— principalmente en los aspectos más sensacionalistas e inductores de miedo, sobre el cumplimiento de la profecía del fin de los tiempos.

Aunque mucho de lo que enseñó fue exagerado o erróneo, habló con tal seguridad y autoridad, que la crédula audiencia fue conquistada, tanto por su persona como por su melodramática presentación audiovisual que acompañó su enseñanza.

Sin embargo, ya que distorsionó tanto la verdad hasta el punto de quebrantarla, yo casi no podía creer lo que estaba viendo y oyendo. Parecía que su autoimagen tan levantada, le impedía descubrir algo más que sólo los aspectos más comunes de la profecía, y como resultado, preparó una presentación ostentosa, para provocar una respuesta emocional en sus oyentes. A pesar que este hombre es reconocido en el mundo como maestro de profecía, era evidente que su orgullo o pereza le habían impedido desarrollar su verdadero potencial como maestro. Quizá su don se encuentre en otra área. De cualquier manera, el pueblo de Dios no es bien servido cuando ocurre este tipo de enseñanza.

Otro problema común es que demasiados maestros caen fácilmente en la trampa de desarrollar una "forma doctrinal" del aprendizaje, lo que inevitablemente conduce a una enseñanza mediocre y sin inspiración. Aunque el maestro sea un experto en su tema, debido a su investigación profunda y su actitud "profesional" hacia el conocimiento, muestra una deficiencia evidente: podría descuidar el ingrediente clave de inspiración —depender del Único que es la fuente de todo conocimiento. Un maestro poco desarrollado puede ser capaz de producir enseñanzas competentes, usando la manera doctrinal y formal, es decir, ser capaz de desarrollar una exposición precisa de un tema particular, pero le faltará el dinamismo y la frescura necesaria para captar realmente la atención de sus oyentes. Estas cualidades sólo vienen por pasar tiempo en la presencia de Dios. Cuando la forma de enseñanza de un maestro es puramente cerebral, apoyada en el intelecto, su enseñanza carecerá de la presencia manifiesta de Dios, y como resultado, habrá puesto un pie en el espiral descendente hacia la monotonía y el aburrimiento.

Si el maestro continúa deslizándose por esta pendiente, encontrará que sus enseñanzas no sólo son secas y sin vida, sino incapaces de producir algún fruto perdurable. A pesar que fue hecho para traer las verdades profundas de Dios y guardar a su pueblo del error, este maestro se dará cuenta que está en un camino donde no tiene lo suficiente para sustentarse *a sí mismo*, y no podrá mantenerse en el carril correcto (la sana doctrina). Llegar a este punto en su viaje espiritual, debe ser una luz roja de advertencia sobre un peligro inminente, porque está encaminado hacia el error doctrinal y espiritual, y puede terminar operando su don de maestro sin el "sello de aprobación" del Espíritu Santo —ofrecerá enseñanzas erróneas por las desilusiones de su propia mente. He conocido a algunos maestros así y su fin no ha sido muy bueno. Es más, algunas veces su decepción los ha llevado a consecuencias muy trágicas. ¡Esto debe servir como una palabra de advertencia para todos los que somos maestros!

También he observado otra dificultad en el maestro no saludable. Tiene que ver con la inseguridad relacionada con el sentido interno de insuficiencia y falta de mérito. Aun cuando puede ser usado por Dios de manera poderosa para edificar a su pueblo, la falta de confianza es un impedimento para que el maestro crezca en su don. Esta inquietud del maestro se presenta con frecuencia cuando siente que necesita "más" para ser "verdaderamente" calificado —más credenciales académicas, más competencia y más afirmación. Es irónico que a pesar que los otros lo ven como "el experto", él mismo no se sienta así.

En lo más profundo del problema de inseguridad, hay una falta de fe en el don innato que le ha sido dado por Dios. Las inseguridades que asedian a tales maestros tienen su raíz en el exceso de confianza sobre su propio esfuerzo, y una confianza insuficiente en Aquél que le dio el don de maestro. Sin embargo, si él de forma genuina cree lo que Jesucristo dijo, "*sin mí nada podéis hacer*"[14], entonces descubrirá que puede operar en su don con total confianza —pero sólo si está confiando verdaderamente en Dios. Cuando un maestro alcanza ese umbral en su caminar espiritual, podrá vencer su inseguridad y desechar todas las excusas que le impiden avanzar confiadamente hacia su destino trazado por Dios.

Otro problema potencial en un maestro inmaduro es creer que se le ha dado su don innato para vivir en una torre de marfil, aislado de la sociedad. Yahweh lo ha equipado con una mente analítica para que al relacionarse con la sociedad pueda traer verdad y aclarar las preguntas grandes y pequeñas del día a día. Su don ayuda en las luchas de la vida real de aquellos que le rodean. He notado que los maestros inmaduros se pueden conformar con jugar el rol de un observador pasivo. No se involucran en los asuntos que giran a su alrededor, y no deciden pasar al frente a compartir la revelación y entendimiento que de manera tan desesperada otros necesitan.

La tendencia hacia la pasividad es otro factor que contribuye a otra potencial debilidad en el maestro falto de madurez: el no confrontar a otros cuando es necesario. La mansedumbre y la bondad son parte de la naturaleza amorosa de Jesucristo, sin embargo, necesitamos recordar que en cierto momento, este mismo Pastor gentil agarró un látigo, volteó las mesas y ahuyentó a los prestamistas fuera del templo. Los denunció como ladrones, mientras éstos huían. Como el rey Salomón escribió: "*Para todo hay una temporada, y un tiempo para cada propósito bajo el cielo.*"[15] Sí, hay un tiempo para la paciencia y un discurso racional, pero también hay un tiempo cuando la palabra apropiada de parte del Señor es una reprensión severa y una limpieza de la casa.

Para que esto suceda es imperativo que el maestro en crecimiento encuentre la fortaleza espiritual para poder confrontar a quienes lo necesitan y decirles la verdad no adulterada. Éste es ciertamente el momento de la verdad.

¡Cuántos miles de vidas habrían sido salvadas en Sodoma si Lot hubiera tenido el coraje de confrontar los pecados de sus perversos vecinos en los años que vivió allí! No sabemos por qué, pero Lot escogió el sendero fácil de "llevarse bien" con sus vecinos[16]. Otro ejemplo resaltante y con dinámicas similares se encuentra en la relación disfuncional entre el sumo sacerdote Elí y sus dos hijos, Ofni y Finees. Sin duda, Elí no descubrió la maldad de sus hijos cuando era ya muy avanzado en edad para hacer algo al respecto.[17] Por el contrario, se mantuvo pasivo y al margen por muchos años, dándoles libertad para irse de parranda. Mientras tanto el tiempo pasaba. No confrontar la maldad de sus hijos provocó que aumentara la maldad. Sólo lo hizo cuando la inmoralidad de sus hijos alcanzó su clímax. Venían al templo trayendo sus ofrendas al Señor, después de acostarse con mujeres. Recién Elí encontró el coraje para reprenderlos. Pero para entonces ya era demasiado tarde.[18]

Debido a sus defectos, el maestro inmaduro está lleno de excusas, pero si se dispone a perseverar y a superar sus fracasos, finalmente descubrirá que tiene el potencial para ser una gran fuente de bendición generacional. Esta es una de las razones principales por la que a los maestros se les responsabiliza y se les exige estándares más alto que los que tienen otros dones.[19] A pesar que Dios no le pide hacer nada que esté más allá de su paquete de gracia, un maestro debe aprender a caminar progresivamente en la luz que se le ha dado, para desarrollar su don innato al máximo potencial. Si continúa buscando al Señor y camina por fe, encontrará que el "maná" aparecerá en tiempos inesperados y será la provisión celestial la que alimentará y fortalecerá el rebaño de Dios. Así mismo, podrá experimentar el crecimiento de la unción y la autoridad, que traerán bendición a las generaciones futuras.

Áreas Problemáticas

Algunas de las tendencias negativas y debilidades de un maestro son:

1. Desarrolla orgullo en su habilidad intelectual, por depender del razonamiento o entendimiento humano.
2. Descuida la aplicación práctica de la verdad.
3. Opera desde la perspectiva del idealismo en lugar del realismo.
4. Se desvía fácilmente hacia nuevos intereses.
5. Tiende a ser "profesional" en su relación con Dios.
6. Tiende a sentirse no adecuado para cumplir el papel de liderazgo.
7. Se muestra distante e indiferente —falto de afecto emocional para alcanzar a su audiencia.
8. Presenta profundidad en la investigación o nivel de detalle innecesarios, lo que resulta en un estilo de enseñanza aburrida.
9. Presenta la verdad en forma desbalanceada, llevándola al extremo.
10. Se siente insuficiente o no calificado, cree que necesita más credenciales.

11. Depende del intelecto en lugar del Espíritu Santo.
12. Está más preocupado por el mensaje que por la respuesta de los oyentes.
13. Cree que la verdad espiritual puede ser mejor discernida a través de su propia investigación, en lugar que ser discernida por revelación.
14. Es cerrado, legalista y dogmático.
15. Se resiste a las ideas válidas, porque ellas contradicen su manera de pensar.
16. Es pasivo y no toma la iniciativa.
17. Rehúsa confrontar el pecado cuando es necesario.
18. Hace ejercicio de "la responsabilidad selectiva", pasando por alto ciertas responsabilidades por prioridades equivocadas.

Cómo Mejorar

Formas para crecer en su don de maestro:

1. Reconocer que todo lo que "sabe" —sea por el estudio, la observación personal o la revelación directa— no es realmente "suyo". Como decíamos antes: "No es realmente de usted sino a través de usted". Cuando aprecia esta verdad, podrá evitar la tentación del orgullo.
2. Dios no sólo desea que el maestro valide la verdad, sino que la "experimente" —en el contexto de la intimidad con Él. Su primer y más importante llamado es permanecer en Yeshúa y encontrar el lugar secreto de su amoroso Padre. Su segundo llamado es entregar la verdad.
3. Buscar enfocar su enseñanza en sus oyentes y en sus intereses y proveerles una aplicación práctica de lo que enseña.
4. Rehusar excusarse con argumentos tales como: "necesito investigar más", "no sé lo suficiente", "necesito unos cuantos versículos más", o "necesito revisar algunos comentarios más". Entienda que siempre habrá "algo" que lo detenga

pero su excelencia no se encuentra tanto en su capacidad, sino en su relación íntima con Yahweh.

5. Adueñese de lo que enseña. Comparta sólo las verdades que ha examinado profundamente a través del tiempo y que ha encontrado como válidas. Si enseña algo que le ha sido revelado directamente, entonces obviamente tendrá que verificar que aquello se encuentre de acuerdo con la clara enseñanza de la Escritura —no solamente con unos cuantos versículos "seleccionados". Cuando la enseñanza ha pasado por la "prueba de los de Berea"[20], no debe ir más allá de lo que le ha sido revelado, ni entrar en un área de especulación. De otra manera, puede ser culpable de una de las peores fallas que el don de maestro puede producir: propagar el error.
6. Si usted es culpable por evitar confrontar el pecado, arrepiéntase. Demasiados hijos de Dios serán dañados y habrá vidas destruidas, si no tiene el carácter necesario para tratar estos asuntos y si no está dispuesto a compartir el consejo completo de Dios. Hay un tiempo para llamar al pecado por su nombre, y debe animarse en el Espíritu Santo, para tener la fortaleza de proclamar la verdad. Recuerde siempre que su motivo es amar y su propósito es la restauración.
7. Si está tan ocupado "derramándose" sobre su rebaño y su reserva está seca porque no ha estado llenándola otra vez, es tiempo de reordenar sus prioridades y su horario.
8. Tome total posesión de la "Tierra Prometida" de su dotación, disponiéndose a asumir el papel de líder. Su ADN espiritual le ha dado el potencial de ser creativo. Expándase más allá de su zona de comodidad y esté dispuesto a encontrar verdad en nuevas áreas. No se quede inmovilizado cuando no vea el resultado final de sus esfuerzos, sobre todo si recién acaba de empezar. Esté dispuesto a caminar plenamente en su don.
9. Es penosísimo sentarse frente a un maestro aburrido, repitiendo clichés y exponiendo lo obvio. Usted es el responsable

de escudriñar las Escrituras y buscar a Dios —nadie más lo puede hacer por usted. Cuando haya cumplido con su parte, Él tomará los "huesos secos" de su mensaje y soplará vida en ellos.

10. Sea tolerante con las ideas de otras personas —siempre y cuando, ellas no destruyan la clara enseñanza de la Escritura. Aprenda a escuchar y respetar el punto de vista de otros, aun cuando no esté de acuerdo con ellos en ese momento. Usted no tiene el monopolio de toda la verdad, ese es el departamento de Dios. Como el profeta Balaam debió haber aprendido: ¡algunas veces hasta un asno puede ver más en el reino espiritual y saber más sobre la voluntad de Dios, que un supuesto "hombre de Dios"[21]!
11. Sea diligente en sus estudios. Uno de los defectos más grandes de algunos maestros es su fracaso en cavar debajo de la superficie. Nunca repita al pie de la letra lo que otros han enseñado, sin importar cuán altamente estimado pueda ser el maestro.
12. Evite enfocarse de forma continua sólo en un campo de estudio en particular, ya que esto puede llevarlo al desbalance.
13. Aproveche las oportunidades para la capacitación bíblica. Entre más entendimiento tenga, mayor capacidad de crecimiento tendrá su don.

4. EL EXHORTADOR (MOTIVADOR) EN CRECIMIENTO

"Alégrense y gócense en la esperanza; sed firmes y pacientes en el sufrimiento y la tribulación; constantes en la oración". Romanos 12:12 (AMP)

Un exhortador tiene la tendencia a evitar la enseñanza doctrinal densa, optando por mensajes más ligeros, mensajes inspiradores de aplicación inmediata o práctica. En el caso de un exhortador inmaduro, cuando busca ante todo "ver resultados", muchas veces tendrá una tendencia a "jugar" libremente con el significado de la Escritura para dar a entender su punto —sea sacando versículos de su contexto, aplicándolos mal o malinterpretándolos. Si un motivador compromete la integridad de la Palabra de Dios por lograr su objetivo, sin importar cuán importante sea, esto claramente indica un problema tanto en la condición de su corazón y de sus prioridades. Tal situación es peligrosa no sólo para la condición espiritual del propio exhortador, sino también para quienes está influenciando, puesto que una enseñanza engañosa y desbalanceada y un error doctrinal serán propagados inevitablemente y causarán mucho daño. Esto también es un problema común en algunos maestros inmaduros. Sin embargo, debido a que muchas personas en la iglesia[22] tienen "comezón de oír", algunas veces no se considera el real peligro que representa y en otros casos es pasado por alto para no causar problemas.

Un exhortador inmaduro puede también tener un problema para mantener sus prioridades en orden y perseverar en situaciones desafiantes. Si está aconsejando y el resultado no aparece como se esperaba, quizá porque la situación es más complicada y prolongada de lo que al principio parecía, he visto algunas veces que un exhortador puede perder su interés en ayudar. En otras palabras, llega a estar más empeñado en lograr una solución y ver éxito en la consejería, que en estar preocupado por la persona a la que se supone está ayudando. De manera similar, un exhortador menos desarrollado puede tender a saltar de un proyecto a otro —pasando a un nuevo desafío, sin terminar el ya existente. Si este es el caso, puede usar proyectos para motivar a otros y luego, cuando ya están involucrados, encontrar una mejor o más interesante aventura. Si esto se vuelve un patrón, los que trabajan con él probablemente llegarán a frustrarse.

Una de las fortalezas de un exhortador es su habilidad para "conectarse" con las personas. Su énfasis está más en obtener una respuesta emocional, que una intelectual. Parte de esta habilidad es verbal, y es común para un motivador escoger con cuidado sus palabras y acciones, con el objetivo de lograr la respuesta que está buscando. Sin embargo, cuando sus motivos no son puros, un exhortador inmaduro puede dedicarse a manipular las emociones del pueblo, tocando sus "fibras más sensibles" o usando alguna artimaña —sea en su prédica, en las situaciones diarias o aconsejando a alguien. El efecto que se busca es lo más importante, y si el exhortador es carnal y falto de integridad, puede caer preso en la mentira que "el fin justifica los medios". En tales casos, la persona con este paquete de gracia puede ser muy efectiva y persuasiva, aun cuando opera con motivos impuros.

No debe sorprender entonces, que si un exhortador se está hundiendo en las profundidades de una condición espiritual caída, sea capaz de presentar tal "flexibilidad moral" de modo que estremezca a la mayoría de personas que la contemplan. He descubierto que para tal exhortador no es inaceptable torcer y distorsionar la verdad o emplear rotundos engaños y artimañas para manipular a la gente hacia un resultado deseado. Muchas personas con este don, incluso ejerciendo el ministerio, han escogido pervertir el talento prodigioso y poderes persuasivos de su don innato, en una ambición egoísta (como fama) y por ganancias inapropiadas (fortuna). Tales personas parecen tener una brújula moral que apunta hacia casi toda dirección, con tal que el destino final de sus maquinaciones sea el "éxito" —por supuesto, su definición de "éxito" va de acuerdo a su entendimiento carnal. Es lamentable que tal manipulación haya llegado a ser común en el marketing y las ventas, en la política e incluso en algunas iglesias.

La tendencia de agradar a las personas por parte de algunos motivadores, puede causar problemas también. Pese a que la mayoría de exhortadores pueden parecer seguros, incluso hasta demasiados seguros, un motivador poco saludable puede sufrir una gama de inseguridades. Esas inseguridades tienen su raíz en una alta necesidad de agradar y sentirse necesitado. Algunos se pueden sentir heridos por supuestos desaires involuntarios y ser demasiado sensibles. Otros pueden exteriorizar inseguridades relacionadas con un temor al rechazo o a una pérdida de aprobación —llegando a depender tanto de la atención, afecto y aprobación de los demás, que pueden volverse adictos a recibir una afirmación positiva. He notado que en el tipo de exhortador que quiere ser amado por todos, hay una tendencia definitiva a confiar en un "manejo de imagen", es decir, la apariencia, en lugar de la sustancia.

Aunque la mayoría de exhortadores aparentan ser extrovertidos y seguros, un motivador poco saludable puede sufrir una gama de inseguridades, que tienen su raíz en una alta necesidad de agradar y sentirse necesitado.

Como regla general, cuando un exhortador menos desarrollado es puesto en un papel de liderazgo, es probable que se guíe más por el consenso que por los principios. Lo que otros piensan es altamente importante para él. En algunos casos incluso, puede ser el tipo de persona que se asegura viendo "hacia dónde está soplando el viento" antes de moverse en alguna dirección. Esta tendencia se vuelve especialmente problemática si tal motivador decide "agradar a la audiencia" en lugar de buscar al Señor y hacer lo que es correcto. Temer las opiniones de otros más que las de Yahweh, estar más interesado en la apariencia que en la verdad, y estar satisfecho con hacer lo que parece bueno, puede causar que este animador pierda su orientación espiritual y caiga en picada espiritual, desde donde quizá sea difícil recuperarse. Esta fue la parte más grave del problema que contribuyó a la caída del Rey Saúl[23], y ha sido responsable de la ruina de muchos otros con el don de exhortador. Como la Escritura dice: "*Temer al hombre es una trampa peligrosa*"[24]. Lo sorprendente de una trampa, es que una persona no sabe que está en ella hasta que se encuentra atrapada —*¡y para entonces ya es demasiado tarde!*

En el caso de algunos exhortadores poco saludables, he visto que existe una tendencia a estar tan ocupados interactuando y animando a otros, que descuidan su propia familia. Su cónyuge, hijos o padres pueden encontrarse en "espera indefinida", mientras que ellos están afuera animando al mundo o socializando con amigos.

Otro peligro para un motivador inmaduro es que su necesidad de agradar y ser necesitado le hace particularmente vulnerable a los depredadores sexuales, quienes dirigen su atención directamente a estas debilidades, y sacan ventaja de su simpatía. En pocas palabras, puede haber un grave peligro para un motivador poco saludable de caer en la trampa del engaño y desviarse hacia la inmoralidad, si no está consciente de sus vulnerabilidades particulares.

Áreas Problemáticas

Algunas de las tendencias negativas y debilidades de un exhortador son:

1. Sacar las Escrituras fuera de contexto para llegar al punto que desea.
2. Estar propenso a volverse impaciente cuando no ve resultados.
3. Estar demasiado orientado a las personas y no lo suficientemente orientado a Dios.
4. Manipular las emociones de las personas y usar el engaño para una ganancia egoísta.
5. Ser perezoso en el desarrollo personal.
6. Entrar a nuevos proyectos sin terminar los ya existentes.
7. Volverse demasiado confiado en sí mismo.
8. Ser demasiado sensible.
9. Abandonar un proyecto o una persona que requiere más tiempo y esfuerzo de lo que esperaba.
10. Tratar a la gente como proyectos.
11. "Ser cortante y seco" en prescribir pasos de acción.
12. Presentar la verdad fuera de balance.
13. Establecer metas poco reales.
14. Guiarse por el consenso, en lugar de buscar la dirección de Dios.
15. Caer en trampas románticas.
16. Estar tan ocupado animando a otros que su vida familiar sufre.
17. Estar inclinado a simplificar excesivamente los problemas.
18. Desviarse hacia el autoengaño y la inmoralidad sexual.

Como Mejorar

Formas para que un exhortador experimente crecimiento:

1. Reconozca que usted sólo puede animar a otros si está abierto y es sensible a la animación del Espíritu Santo.[25]
2. Arrepiéntase si ha "distorsionado" el significado de las Escrituras haciendo que ellas digan lo que en realidad no dicen. La verdad y la integridad de la Palabra es de suma importancia para nuestro Señor[26] y también debe ser de vital importancia para usted. Recuerde, si usted siembra engaño, cosechará engaño.
3. Cuando el apóstol Pablo estaba describiendo "el amor" en 1 Corintios 13, el primer atributo que presenta es "paciencia"[27]. Existe una buena razón para esto: Dios quiere principalmente que usted le demuestre su amor, al ejercitar su don, con paciencia y perseverancia. Muchos de los que usted está buscando ayudar cambiarán conforme pase el tiempo, siempre que esté dispuesto a trabajar con ellos. Sea paciente con su lento progreso y usted verá una transformación —en el tiempo de Dios.[28]
4. En la consejería o trato personal con otros, sea cuidadoso y evite:
    a. dar consejo que no se le ha pedido. El tiempo correcto y un espíritu receptivo son esenciales para que el consejo sea recibido.
    b. dar respuestas "al dedillo" o "respuestas estándar". Nadie quiere sentirse únicamente como "otro proyecto" en el que usted está trabajando.
    c. enviar señales que podrían ser malinterpretadas por alguien del sexo opuesto (ser demasiado familiar o amistoso, tocando o estando demasiado cerca físicamente).
    d. depender de sus poderes de persuasión, en lugar de depender del Espíritu Santo.

5. Tome tiempo para aprender. Usted tendrá mucho más con qué animar a otros, a medida que se anime a usted mismo a través de la Palabra de Dios.[29]
6. Cuando reflexiona en la naturaleza general de sus motivos y acciones, si usted descubre que su manera de pensar y acciones están basadas en sentimientos de inseguridad —como preocuparse por lo que otros puedan pensar de usted— entonces su necesidad primaria es fortalecer su relación con su Padre amoroso, Aquél que lo hizo. No desarrollará su don de una manera saludable si está caminando en el temor del hombre. Usted necesita el sello de aprobación de Dios —eso es lo que más importa.
7. Sea un edificador de personas. Su don inherente de exhortación no le ha sido dado para hacerse popular o exitoso. Dese cuenta que Dios le ha dado su don para ponerlo al servicio de otros y al cuerpo de Cristo. Lleve a cabo su don "permaneciendo cerca de otros" para poder ayudar, no por popularidad o placer personal. Esté listo para ayudar en situaciones de dificultad, así como para dar una palabra de consuelo a alguien que está sufriendo o en desesperación, compartiendo "palabras de sabiduría" con un adolescente rebelde, haciéndose amigo de los que han dejado el camino de la fe e invitándolos a regresar a la iglesia.
8. Si sus responsabilidades familiares han tomado el asiento trasero de sus prioridades fuera de casa, usted necesita arrepentirse —en otras palabras, cambie su manera de pensar y empiece a hacer cosas de manera diferente. Su primer ministerio es su cónyuge y su familia —y luego los demás. Pasar demasiado tiempo animando a los que están fuera de casa, mientras descuida a su familia, no es sabio y puede conllevar a muchas dificultades.
9. Aprecie el don innato de su cónyuge y camine en armonía con él o ella. Su paquete de gracia no le fue dado para que domine a otros —menos aún a su cónyuge.

5. EL DADOR (ÉL QUE REPARTE) EN CRECIMIENTO

> *"Cuando el pueblo de Dios esté en necesidad, dispóngase a ayudarle. Siempre este deseoso para brindar hospitalidad". Romanos 12:13 (NLT)*

Todo cristiano ha sido llamado a ser un dador, sin embargo, Dios ha dotado a algunos con un don y unción especial para servir como vasijas de provisión y bendición a otros, en particular al cuerpo de Cristo. Esta capacidad dada por Dios, es una expresión de *Yahweh Yireh*, el Dios que provee, manifestándose a través del ADN espiritual de este paquete de gracia.

El don innato del dador tiene un tremendo potencial cuando una persona con esta unción aprende a caminar en su plenitud. En muchos casos, una vez que alcanza cierto nivel de madurez espiritual, el dador se dará cuenta que su ADN espiritual no sólo contiene el deseo y la habilidad para ser un instrumento de bendición hacia otros, sino también una capacidad y unción especial, que le permiten prosperar y obtener los recursos que se necesitan.

Un obstáculo principal en un dador inmaduro o carnal puede ser la falta de fe. Si un dador es débil o está incapacitado en su fe, con seguridad tendrá dificultad para confiar en el Señor como su fuente de provisión. Si este es el caso, por experiencia puedo decir que la probabilidad de servir como el "conducto de provisión" previsto por Dios será pequeña. Lo más probable, es que sólo se convierta en una "tubería obstruida" conforme prospera. Este tipo de dador suele comportarse como el hombre del que Jesús habló en una parábola, que destruyó su granero para construir un almacén más grande y poder acumular "más" para el futuro.[30] Un dador en tal condición espiritual, necesita estar convencido de la verdad sobre la bendición de ser generoso, porque "*Hay quienes reparten y les es añadido más; y hay quienes retienen más de lo que es justo, pero vienen a pobreza. El alma generosa será prosperada; y el que saciare, el también será saciado*"[31].

La clave obvia para crecer en su capacidad de dador es desarrollar una relación más cercana con el Señor. Al crecer en su madurez espiritual gracias a esta comunión, estará cada vez más capacitado para vencer sus defectos particulares. Conforme madura en el Señor, el dador llegará a entender que los recursos puestos a su disposición no sólo están ahí porque Dios lo dotó con habilidades especiales, sino que Dios Mismo ha estado guiando sus pasos para prosperar. Esta consciencia y gratitud hacia Yahweh Yireh harán que el dador abra su corazón y acceda a niveles mayores de generosidad, que los anteriormente alcanzados. Entonces podrá ver con claridad las necesidades que antes no veía y así su don florecerá.

Si un dador no se acerca a Dios, se expone a riesgos muy reales. La pareja inseparable del temor y la duda, lo acecharán. Cada uno de estos es capaz de obstaculizar y quizá incluso apagar el don de alguien con el ADN espiritual de dador. En algún punto, el temor puede acercarse sigilosamente, y hacer que el dador deje de dar, incluso sentir que si comparte, tendrá escasez. Si permite que este temor influya y domine sus actitudes, es seguro que tendrá impedimentos para operar en su don. El mismo problema será ocasionado por un espíritu de duda. Si un dador permite que este enemigo siembre inseguridad en su pensamiento, y es incapaz de creer con total seguridad en su interior que su Padre proveerá para cada una de sus necesidades, su potencial de fluir como dador será embotellado. Muchos buenos planes, ungidos por Dios, han sido innecesariamente limitados, porque el temor y la duda incapacitaron a los dadores, pese a que Dios prometió suplir para dichos proyectos. Si tiene alguna duda sobre esto, ¡sólo pregunte a algún pastor o misionero!

Obviamente, el antídoto para el temor y la duda, es la fe. Al edificarse en la Palabra, y no permitir que "*se aparte de [su] boca*"[32], el dador encontrará que desarrolla una fe vencedora capaz de derribar las fortalezas gemelas del temor y la duda. Al obedecer cuidadosamente la Palabra y ejercitar el don de dar de una manera creciente, se incrementará su capacidad de ser una fuente de bendición para el pueblo de Dios y hará avanzar los propósitos del reino.

Otra tendencia que he notado en los dadores menos desarrollados, es la insensibilidad o indiferencia que resulta de una falta de compasión. Esta deficiencia puede evidenciarse de muchas maneras. Por ejemplo, al escoger un destino para compartir, el dador menos desarrollado puede estar más inclinado a ayudar a personas y proyectos sólo de manera tangencial o superficial. Pero cuando se trata de ayudar directamente a personas en necesidad o de aliviar más profundamente el sufrimiento humano, se llena de dudas. También he visto casos en los que un dador carnal tiende a poner como prioridad el costo-efectividad de lo que se está haciendo, en lugar de ver si su acción dadora está cumpliendo o no con las necesidades reales de las personas. Ya que siempre habrá una plétora de necesidades alrededor, un dador motivado por el amor de Dios enfocará sus esfuerzos hacia aquello que trae beneficios duraderos para la gente.

Por otro lado, nadie con este paquete de gracia debe ser motivado a dar por mera simpatía o porque puede correr el riesgo de ser presa de inescrupulosa manipulación emocional. Un dador maduro debe haber establecido criterios y pautas que le permitan ejercitar sabiduría divina en su acción de dar. A pesar que una multitud de preferencias personales pueda ser un factor en el proceso de la toma de decisiones para dar; en su corazón también debe primar los probados y verdaderos principios de la Escritura. Preguntas como las siguientes deberían estar siempre presentes en su pensamiento: ¿Mi don producirá el "fruto duradero" del cual Jesús habló?[33] ¿Los recursos que estoy dando se usarán de forma efectiva para cumplir la Gran Comision?[34] ¿Son los actos de misericordia y bondad hacia los hermanos de Jesús, los criterios por los cuales las naciones serán juzgadas?[35] Mi acción de dar ¿ha sido fomentada a la luz de esos criterios? Sobre todo lo demás, al reflexionar sobre éstas y otras preguntas concernientes a su dar, el dador debe proponerse "estar en sintonía" con lo que el Señor está diciendo. Debe ser sensible al deseo de Su corazón y al Espíritu que le mueve en cualquier tiempo determinado.

Áreas Problemáticas

Algunas de las tendencias negativas y debilidades de un dador son:

1. Mirar a sus posesiones o dinero como su fuente de seguridad, confiando en sus riquezas más que en el Señor.

2. Usar la acción de dar para evadir otras responsabilidades en la administración de sus finanzas.
3. Querer "manipular a Dios", es ofrendar como Caín.
4. Estar orgulloso de su habilidad de acumular finanzas.
5. Encontrar difícil mostrarse necesitado, para depender de cualquier otro.
6. No darse cuenta que es sólo un mayordomo de lo que el Señor ha suplido.
7. Usar sus posesiones para tratar de controlar a otros.
8. Dejarse llevar por las causas y no por las personas.
9. Presionar a otros para dar.
10. Ser demasiado austero con su familia.
11. Disgustar a la familia y amigos con patrones impredecibles de dar.
12. Sentirse culpable por sus bienes personales.
13. Medir el éxito espiritual por las posesiones materiales.
14. Usar las finanzas para ganar reconocimiento en la iglesia.
15. Tener falta de gratitud por lo que Dios le ha concedido.
16. Ser insensible o indiferente a las necesidades de otros.
17. Estar más enfocado en las cosas temporales que en las del reino de Dios.
18. No comprender que su seguridad viene por su relación con Yahweh.

Cómo Mejorar

Formas para crecer como dador:

1. Cuando usted dé, hágalo para agradar al Señor y no al hombre. En el Sermón del Monte Jesús dijo, "*cuando des al necesitado, no dejes que tu mano izquierda sepa lo que está haciendo tu mano derecha*"[36]. No busque elogios ni el reconocimiento de otros. Hágalo de manera silenciosa y sin fanfarronear. Espere recibir una recompensa por su dar

—pero espérela de parte del Señor, como Él prometió en su Palabra.[37]

2. Dese cuenta de su propia necesidad. El Señor quiere que sea un dador generoso para su propio bienestar.[38] Necesitamos aprender a retroceder y mirar nuestra forma de vivir desde la perspectiva de Dios. Debe dar a otros porque usted está necesitado y también porque está en deuda con Dios por todo lo que tiene.[39]
3. Dar y compartir son asuntos del corazón. Para entender lo que su corazón valora más, considere cómo gasta su dinero. Ajuste sus gastos de acuerdo con las prioridades que Dios le ha dado.
4. Usted es "bendecido para ser de bendición". Ponga esto en práctica en su acción de dar haciéndolo regular y espontáneamente como el Señor lo dirija. Proponga en su corazón estar abierto a necesidades inesperadas que vengan a su camino, permitiendo que su fe y su don florezcan.
5. Sea guiado por el Espíritu Santo en todas sus acciones de dar.
6. Dé una porción de todo lo que el Señor le ha bendecido. Si tiene abundancia de comida en determinado tiempo del año, sea un "ángel de misericordia" y bendiga a una familia pobre que tenga falta de alimento en su iglesia o comunidad. Si hay un cuarto libre en su casa, póngalo a disposición para un evangelista o misionero.
7. Medite regularmente en las Escrituras que prometen bendición para el dador. Es de más bendición dar que recibir. La Palabra dice muy claramente, que no hay manera en la que "podamos dar más" a Dios de lo que Él nos da. Siempre que dé al Señor, a Su obra o a Su pueblo, Él se asegurará que en algún momento de su vida, usted reciba una mayor retribución de lo que usted dio.[40]
8. Guarde su corazón de manera permanente de la idolatría del materialismo. La generosidad tiene el poder liberador para librar a una persona de la idolatría a las cosas.[41]

9. En su manera de vivir, aprenda a vivir la verdad que, "*gran ganancia es la piedad acompañada de contentamiento*"[42]. Enfóquese en ser fiel en lo que Dios lo ha llamado a hacer y entregue lo mejor de usted. No se compare con otros —con lo que ellos tienen o lo que usted no tiene. Mientras su alma prospere acompañada de contentamiento y esté lleno de paz, su confianza en el Señor como su Proveedor y su provisión también crecerá aún más.
10. Un dador al que se le ha confiado riquezas necesita apreciar que se le ha dado un rol muy privilegiado para hacer avanzar el reino de Dios. Sea sabio y piense estratégicamente en su dar.
11. Usted debe gobernar bien su propia casa. La comunicación y el acuerdo con su cónyuge y otros miembros de la familia sobre su dar son esenciales.
12. Si es talentoso en la esfera financiera, esté abierto a ayudar a su iglesia y a sus miembros, para que lleguen a ser mejores mayordomos de sus recursos.

6. EL LÍDER (EL QUE PRESIDE) EN CRECIMIENTO

"Bendecid a los que os persiguen: bendecid y no maldigáis". Romanos 12:14

Las personas con el don de liderazgo cuentan con atributos esenciales para manejar y supervisar un proyecto u organización. En la mayoría de personas con este paquete de gracia, hay tanto la actitud de "hacerse cargo", como la de "poder hacer". La mentalidad de "hacerse cargo" lleva consigo un potencial significativo para crear conflictos interpersonales en un grupo, más aún si la persona no usa su don con entendimiento. He descubierto que esto es más probable que suceda cuando el que preside participa en un grupo donde no está en la posición de mando.

Si a su don lo acompaña una personalidad fuerte, como a menudo es el caso, es probable que su comportamiento asertivo sea visto por los que están a su cargo, como una amenaza a su autoridad. Por esta razón, muchos que son menos desarrollados en su don de liderazgo encontrarán extremadamente difícil jugar un "papel secundario". Es muy probable que tal posición probará ser más un ejercicio de frustración que un uso beneficioso de su don —tanto para él mismo como para aquellos que están a cargo.

Cuando estaba en mis años veinte, trabajé varios años en un campo misionero, donde fui testigo de la insurrección contra el pastor principal por parte de varios obreros que trabajaban a tiempo completo en la misión, cuyo don principal era el de misericordia. La rebelión fue dirigida por un miembro del personal que tenía un don de liderazgo inmaduro y se sentía frustrado. El presuntuoso y disgustado hombre sembró descontento en el personal, con el único propósito de socavar la autoridad del pastor. Herido profundamente por tal insubordinación, y no sintiendo respaldo por parte de la directiva de la misión, el pastor renunció un año. En retrospectiva, mirando la situación a través de los lentes de los dones innatos, encontramos que uno de los principales factores que contribuyeron al hecho, fue que un líder carnal se irritó por servir bajo la autoridad de alguien con el don de misericordia. Con seguridad, otros factores estuvieron envueltos también, pero esa fue la esencia del conflicto.

Cuando una persona que preside está a cargo de una organización, también existen otros peligros. Uno de ellos deriva del hecho que los lideres tienden a ver las situaciones en términos de un "panorama general". Ya que un líder puede estar preocupado en desarrollar un plan maestro y una estrategia, puede fallar en considerar de manera adecuada los deseos y sentimientos de aquellos más afectados. Por ejemplo, en el marco de una oficina, un líder con frecuencia será él que ponga la visión y el plan sobre la mesa, pero si está demasiado enfocado en el proyecto, y no tiene sensibilidad sobre las necesidades de las otras personas involucradas, ellas pueden terminar sintiéndose más como "peones en un tablero de ajedrez" que como miembros del equipo. Obviamente este tipo de dinámica llevará a la frustración, decepción y disensión.

Otro problema potencial para un líder inmaduro deriva de una de sus habilidades especiales. Como regla general, los líderes tienen destreza para entender la naturaleza humana, aquello que motiva a la gente y les da razón de ser.[43] Con el paso de los años he visto que esta habilidad puede ser usada de manera positiva, pero también como una forma de explotación. Esto significa que un líder carnal puede volverse experto en usar a las personas y manipularlas para lograr sus metas auto-definidas o sus propios fines egoístas. No considera el bienestar de otros. Para él, el objetivo es lo más importante, porque según cree: el "fin justifica los medios". Si tal tendencia no se corrige, el líder inmaduro finalmente llegará a estar en tal bancarrota moral, que puede recurrir a la manipulación emocional, el engaño o la deshonestidad y considerar estas cosas únicamente como parte del repertorio de "trucos" administrativos útiles para "terminar el trabajo".

Frecuentemente, el líder es una persona prominente que se convierte en el emblema de un grupo u organización y, como tal, se volverá el blanco de aquellos que se oponen a las creencias y metas del grupo. En la mayoría de los casos, para cuando el líder alcance una posición de prominencia, ya habrá desarrollado su habilidad para manejar la crítica y los ataques verbales con compostura. Los ataques injustos usualmente no le perturbarán porque, para él, todo es parte del trabajo de ser un líder. Sin embargo, un líder no desarrollado puede tener un resentimiento profundo arraigado bajo la superficie, lo que le hará buscar revancha hasta estar a mano. Ya que el líder es afable, a menudo experto, e incluso sutil en su manipulación, sus represalias usualmente serán hechas de manera tal, que sea la última persona en descubrir el objetivo de su desdén. Sé de lo que estoy hablando; ¡me ha pasado a mí!

El que preside usualmente es un excelente motivador y es bueno delegando tareas y responsabilidades a otros, sin embargo, esto también puede volverse un problema. Un líder inmaduro puede decidir delegar tareas para evadir responsabilidades personales, cuando en realidad son suyas. Si esta tendencia no se corrige, este comportamiento manipulador puede llevar a un abuso de autoridad y a que se explote a otros.

Aunque la mayoría de líderes tiende a estar orientados por el futuro, es irónico que uno de los problemas más grandes para una persona con este don involucre el propósito. El líder generalmente mirará lo que está haciendo desde una perspectiva utilitaria —en términos de cuán productivo es o si es capaz de lograr sus metas y objetivos. Un líder poco común pero muy apreciado es aquel que está dispuesto a ir bajo la superficie y examinar si lo que está haciendo es lo que Dios le ha llamado a hacer. El líder tiene talentos prodigiosos, pero la pregunta es, ¿están siendo usados conforme a la voluntad de Dios o conforme a la voluntad del líder?

Áreas Problemáticas

Algunas de las tendencias negativas y debilidades de un líder son:

1. Aparentar ser arrogante y muy confiado en sí mismo.
2. Mirar a las personas como recursos para "usar" —manipular a otros para lograr sus propias metas personales.
3. Ser inflexible —tener dificultad en cambiar los planes para que el Espíritu Santo pueda presidir.
4. Molestarse con quienes no comparten su misma visión o meta.
5. Sofocar la visión de otros por ser autoritario.
6. Pasar por alto errores graves de carácter en otros y considerarlos únicamente como útiles para cumplir sus metas.
7. Desarrollar insensibilidad por ser un continuo blanco de crítica.
8. Responder a la oposición o a la crítica con represalias.
9. Hacer sentir inferior, alienado, incompetente o no apto a los otros.
10. Evadir responsabilidades personales delegándolas a otros.
11. Desarrollar orgullo por sus propias habilidades.
12. Abusar de su posición explotando y manipulando a otros.
13. Perder enfoque e interés en su trabajo antes de terminarlo, porque su atención está puesta sobre el próximo proyecto.

14. Tener dificultad para trabajar bajo la autoridad de alguien más.
15. Estar más enfocado en los objetivos globales, mientras ignora las necesidades personales de los miembros del equipo.
16. Fallar en apreciar los propósitos de Dios que están siendo cumplidos en el proceso de lograr una meta.
17. Fallar en buscar primero la dirección de Yahweh antes de aventurarse al lugar donde desea ir.
18. Fallar en desarrollar una vida espiritual suficientemente profunda para discernir su verdadero llamado y propósito.

Como Mejorar

Formas de crecer como líder:

1. Considere el consejo de Jesús a sus discípulos en el aposento alto: "*...sin mí nada pueden hacer*"[44]. Todo logro que ha podido realizar como líder es el resultado de la grandeza y generosidad de Dios, no de usted mismo. Para crecer en el don necesita humillarse ante el Señor y depender de Él.
2. Viva cada día con una "actitud de gratitud". Es la gracia del Señor que lo dota con sus habilidades para ser un líder. Use su don de una manera que continuamente diga "gracias" a Aquél quien lo hizo.
3. Jesús lavó los pies de los discípulos la noche antes que fuera crucificado, para demostrar el nuevo estilo de liderazgo que había traído a la tierra. Permita que las actitudes, palabras y acciones de Jesús sean su guía al dirigir a otros[45].
4. El egocentrismo no sólo está mal, también es contraproducente. Al planear su futuro, preocúpese en ayudar a otros a cumplir sus sueños y Dios lo hará de la misma manera con usted.
5. Siga el consejo de Jesús en todas sus relaciones interpersonales: "*En todo... traten a las personas de la misma manera que quieren que los traten...*"[46].

6. Permita que el espíritu de generosidad sea su sello —"*Dad... y se les dará...*"[47].
7. Aprenda a ser más oidor y menos hablador. Usted no es una autoridad en todo.
8. La voluntad propia es anatema para guiar a otros. Usted puede ser capaz de impresionar a otros con su audacia y determinación, pero al final es la opinión del Señor sobre sus acciones la que cuenta. En todas las decisiones que usted haga deje que el clamor de su corazón sea: "No se haga mi voluntad, sino la tuya —en el nombre de Jesús".
9. Si ha sido culpable por abusar de su autoridad y ha tratado mal a otros, pida perdón al Señor y arregle cuentas con aquellos de quienes abusó. Sin un temor sano de Yahweh en este asunto, es seguro que no podrá cumplir su destino y potencial.
10. La disposición que usted tenga de reconocer sus defectos y debilidades, determinará su potencial para llegar a ser más fuerte en esas áreas.
11. Una inversión especialmente sabia de su tiempo es conocer mejor el corazón del Padre. Esto debe estar en el lugar más alto de su lista de "cosas por hacer".

7. EL DADOR MISERICORDIOSO (CUIDADOR) EN CRECIMIENTO

"Si alguno está alegre, alégrense con él; si alguno está triste, acompáñenlo en su tristeza". Romanos 12:15

Un poderoso deseo de ayudar a eliminar el dolor de los otros está en el centro del ADN espiritual del don de misericordia. La sensibilidad y la compasión de un cuidador hacen que la gente que sufre se acerque a él como el hierro a un imán. Por el contrario, si un dador misericordioso no usa la sabiduría y la prudencia al ejercitar su don, descubrirá que muchos peligros le esperan.

Uno de estos riesgos proviene de la tendencia de un dador misericordioso inmaduro a estar demasiado identificado con la gente y sus heridas, lo cual puede nublar su juicio. Por ejemplo, no poner los límites apropiados cuando consuela a una persona del sexo opuesto, tiene el potencial de crear una situación donde podría desarrollarse una relación indebida. Un cuidador que se ha identificado demasiado fuerte con el sufrimiento de una persona, puede encontrar que un sentimiento romántico empieza a entrar sigilosamente en su consejería. Si esto sucede, ya que ha sobre invertido emocionalmente en la persona, el potencial para lo impropio y el subsiguiente daño que causará, nunca deberían ser subestimados. A través de los años, he visto varios buenos matrimonios dañados severamente por este mismo problema.

La tendencia a sobre-identificarse con el sufrimiento acarrea otros peligros. Un dador misericordioso puede llegar a ser vulnerable a una persona inescrupulosa que se aprovecha de su corazón blando. Un cuidador debe darse cuenta que no todas las personas que vienen a él con problemas, lo hacen buscando consolación únicamente. Es lamentable, pero la verdad es que para un sinvergüenza, un dador misericordioso será visto como un ingenuo y crédulo, y por lo tanto fácil de engañar. Este tipo de "lobo vestido de oveja" esconderá sus intenciones reales, para manipular al dador misericordioso, llegando muy lejos, hasta tocar sus "fibras más íntimas" para obtener sus fines egoístas. De manera lamentable, este tipo de situación es común, y la he visto terminar en consecuencias trágicas.

La tendencia natural de un cuidador inmaduro a reaccionar ante las situaciones basado principalmente en los sentimientos y emociones, puede significar un problema de otras maneras también. Por ejemplo, cuando se consuela a una persona que está profundamente herida por haber sido abusada o maltratada, un dador misericordioso puede identificarse con el dolor de la persona hasta el punto que empiece a defender su causa, incluso convirtiéndola en un tipo de mártir. Sin embargo, un dador misericordioso puede estar cegado por sus emociones, así como por su tendencia a pasar por alto el pecado y no ver que el problema inició con una relación abusiva. A lo mejor el problema empezó mucho antes que comenzara el daño físico y emocional, o puede ser que el problema sea producto de una relación lujuriosa, que nunca debió haber existido.

Un dador misericordioso poco saludable, puede llegar a identificarse tanto con los sufrimientos de aquellos a quienes ministra, que esas cargas pueden llegar a ser perjudiciales para él. Un dador misericordioso puede internalizar tanto los problemas del herido que puede encontrarse en peligro de caer en la depresión. En otras instancias, un cuidador puede volverse demasiado sobreprotector de aquellos que han sido heridos, hasta el extremo de estar a la defensiva o incluso ser hostil con amigos u otros, que son menos comprensivos frente a la situación grave de la persona.

Un dador misericordioso debe ser cuidadoso y vigilar que su deseo de aliviar el dolor del herido, no termine permitiendo el mal comportamiento o el pecado que creó la situación dolorosa en un comienzo. Al querer involucrarse siempre en forma apresurada y "mejorar las cosas", un cuidador podría ser un impedimento para una persona que necesita hacer cambios difíciles, pero necesarios en su vida. En realidad, un dador misericordioso puede estar interfiriendo con la obra disciplinaria del Espíritu Santo. Algunas veces el dolor es necesario para el crecimiento espiritual o para producir cambios.

En general, un dador misericordioso es muy amigable, tolerante y poco crítico. Sin embargo, al pasar los años, he visto que aquél que se vuelve orgulloso de su naturaleza compasiva, puede desarrollar un espíritu crítico con los que no comparten su sensibilidad. Como ocurre con cada don inherente, el don de misericordia tiene sus fortalezas y debilidades y no es "mejor" que otro. Volverse orgulloso de la compasión que uno tiene, es caer presa de la vanidad.

Áreas Problemáticas

Algunas de las tendencias negativas y debilidades de un dador misericordioso son:

1. Ser demasiado sensible y fácilmente herido en el ejercicio de su don.

2. Fallar en establecer y mantener los límites prudentes con otros.
3. Dejarse guiar por sus emociones.
4. Ser emocionalmente vulnerable o fácil de manipular.
5. Deprimirse o entristecerse por tener empatía con los problemas de otros.
6. Ser indeciso, lo cual algunas veces refleja timidez.
7. Demostrar afecto desmedido que puede ser malinterpretado por el sexo opuesto.
8. Ser un imán para personas trastornadas e inadaptadas, así como para personas rebeldes, o que tienen problemas con la autoridad.
9. Ser altamente sensible a las acciones o a las palabras que podrían ser hirientes para un grupo en particular o para una persona.
10. Ser demasiado idealista y subjetivo, lo que algunas veces causa un mal juicio o juicio apresurado.
11. Evitar confrontar el pecado.
12. Ser demasiado complaciente y no crítico, lo que puede convertirlo en un "consentidor" del comportamiento pecaminoso.
13. Sentirse no apreciado cuando los beneficiados no muestran gratitud.
14. Volverse orgulloso por su sensibilidad y naturaleza empática.
15. Cerrar su espíritu a aquellos que tratan de corregirle, o cortar relaciones con aquellos que considera insensibles o crueles.
16. Interferir con el proceso de disciplina del Espíritu Santo.
17. Fallar en ser firme, incluso cuando el Señor le manda hacer algo.
18. Estar más preocupado en agradar a la gente, que agradar a Dios.

Cómo Mejorar

Maneras para crecer como un dador misericordioso:

1. Cuando provee un consuelo emocional y un hombro donde llorar, el dador misericordioso debe proponerse tener a Jesús en el centro de todo lo que dice y hace. Habiendo sido diseñado como un instrumento de compasión de Dios para un mundo herido, un cuidador debe recordar siempre que tiene que tener la mente de Cristo y también mostrar su corazón.
2. Un dador misericordioso debe llevar las cargas de otros sólo para ponerlas en las manos de Yahweh. El gozo del Señor es su fuerza, y para ser efectivo un cuidador necesita mantener lleno su tanque emocional y espiritual, desarrollando una profunda y consistente vida de oración. Sin una relación cercana con el Padre, un dador misericordioso que siempre se está donando a otros, finalmente experimentará un agotamiento espiritual, sufrirá de manera innecesaria, y a menudo sus esfuerzos compasivos de rescate, terminarán en fracaso.
3. En muchas situaciones, la clave es actuar en el tiempo correcto. A pesar que el corazón del dador misericordioso quiera "intervenir" en cualquier momento y donde sea que haya sufrimiento, la sabiduría y el discernimiento espiritual deben entrar en juego. Algunas veces lo mejor que puede hacer por amor es mantenerse al margen y observar, aun cuando sea doloroso.
4. Cuando un alma herida del sexo opuesto viene a su camino, lo que debe hacer, es designar a esa persona un dador misericordioso de su mismo sexo o aconsejarle junto con su cónyuge. Hay demasiado potencial que su compasión pueda ser confundida con un interés sexual o romántico —especialmente por parte de los que están sufriendo o están carentes de amor— lo que sólo traerá problemas más grandes a ambos.

5. Como una persona equipada para prodigar atención, amor y apoyo a aquellos en necesidad, un cuidador tenderá a ser "suave" e intuitivo por naturaleza. Sin embargo, no es necesario que un dador misericordioso sea ingenuo. Jesús nos dijo que seamos astutos como serpientes y mansos como palomas[48]. Esté alerta al peligro de los que aparentan angustia o dolor. Podrían ser depredadores que buscan aprovecharse de su buena naturaleza y deseo de ayudar.
6. A pesar que su tendencia sea proteger los sentimientos de otros, nunca es una buena idea convertirse en "esclavo" de esos sentimientos. Viene un tiempo cuando la verdad se debe decir a los que necesitan oírla. Confrontar el pecado puede ser difícil para usted, pero puede ser justamente lo que esa persona necesita para ser liberada.
7. Cuídese de no apoyar a los rebeldes, ni a aquellos que tienen problemas con la autoridad. Si no es cuidadoso, puede terminar en el lado opuesto de donde Yahweh quiere que usted esté.
8. Al ser abiertos y aceptar diferencias personales, los cuidadores tienden a ser menos comprensivos con aquellos, que a su parecer, son insinceros e intolerantes. Al estar propenso a ofenderse en este asunto, un dador misericordioso debe estar alerta para que la falta de perdón no entre sigilosamente a su corazón. Refrene sus sentimientos y hágalos obedecer la Palabra: "*Perdonad y seréis perdonados*"[49].
9. Absténgase de juzgar a quienes no comparten la sensibilidad que usted posee. El cuerpo de Cristo está formado por muchos miembros, cada uno con su propia función. Al desarrollar un espíritu crítico, no cierre el círculo de personas con las que puede trabajar. Busque armonizar y balancear su don con otros.
10. Guárdese de sentirse no apreciado cuando otros no muestren o expresen aprecio por sus esfuerzos compasivos. Todo lo que haga, hágalo como para el Señor.

11. Mantenga su enfoque en el Señor y no en el hombre. Si usted "busca agradar a los hombres" sus esfuerzos continuamente quedarán cortos y terminarán en decepción. Sin embargo, si usted "busca agradar a Dios", su don encontrará su verdadera realización.

FIJANDO LAS COSAS DE MANERA RECTA

Aunque es verdad que a cada creyente le han sido dadas "*...preciosas y maravillosas promesas...*" para ser "*participes de la naturaleza divina*", esa naturaleza es sólo una característica de aquellos que también "*...han escapado de la corrupción que hay en el mundo por causa de los malos deseos*"[50]. En otras palabras, los cristianos carnales, aquellos que no se han entregado completamente a Yahweh, ni caminan con Él, van a manifestar una corrupción del ADN espiritual que Él les ha dado, y mostrarán su don de una manera distorsionada y atenuada. El antídoto para esta condición no saludable —una especie de "terapia de genes" si desea llamarlo así— es simplemente aprender a caminar en la clase de amor de Dios. Para hacer eso, debemos estar dispuestos a aprender cómo permanecer en Su presencia. Haciendo esto, experimentaremos una obra sobrenatural de restauración, que sea capaz de transformar las torceduras y distorsiones de nuestra naturaleza y hacernos regresar al patrón que Yahweh planeó antes de nuestro nacimiento.

A la mayoría de nosotros nos falta mucho camino por recorrer, para darnos cuenta de todo el potencial de nuestro paquete de gracia. Somos como "las ramas retorcidas caminando" que vi en la visión que comparti anteriormente. Si parece que usted está muy lejos de siquiera ser un poco "recto", no sea engañado por el enemigo creyendo que simplemente no tiene "lo que se necesita" para mejorar. Eso, mi amigo, está muy lejos de la verdad.

Cada uno de nosotros necesita empezar siendo honesto sobre los hechos de nuestra condición espiritual y evitar el engaño que viene cuando nos miramos a través de "lentes color de rosa" o sea con una perspectiva demasiado positiva. Incluso cuando esos hechos son negativos, las buenas noticias son que hay una verdad espiritual que cancela esos hechos —una que lo capacita para que sea el vencedor que Dios siempre quiso que fuera. Si usted en verdad es un hijo del Altísimo Dios, que ha hecho a Jesucristo el Señor de su vida, usted ha sido equipado con la fuerza más poderosa del universo: "... *el amor de Dios [que] ha sido derramado en [sus] corazones por el Espíritu Santo.*"[51]. Esta fuerza irresistible como dice la Escritura dice: "...*nunca falla*"[52]. Nunca se queda corta y nunca se enfrenta con nada a lo que no pueda sobrevivir o vencer; en otras palabras, ¡no puede ser derrotada!

Una vez que usted se ha arraigado en esta maravillosa verdad, que es una ley espiritual que gobierna el universo entero, se dará cuenta que en cualquier condición en la que se encuentre, usted sí tiene lo "que necesita". La gracia, unción y autoridad de su don innato fluirán e incluso florecerán, cuando permanezca y camine en la clase de amor de Dios. Su don llegará a reflejar la gloria para la que fue creado. Será un testimonio viviente de la revelación del misterio: "...que ha estado oculto por edades y generaciones... que es Cristo en vosotros, la esperanza de gloria."[53]

Preguntas: Capítulo Cinco

1. ¿Cuáles cree que son los principales "retorcimientos" ("trastornos") o "traumas" en su interior, que han venido de su crianza o su pasado?

____

____

____

____

2. ¡Cuán parecido es el hombre a la madera en su condición _____________ (no redimida)!

3. Todos somos una obra en proceso. Nadie ha "_____________" al lugar de alcanzar todo el potencial de sus dones innatos.

4. Las "deformidades" en nuestro interior son heridas del alma o _______________ (generalmente mentales) que resultan de una influencia dañina o maligna de nuestro pasado.

5. Una razón muy importante para considerar los rasgos negativos, es que tal investigación puede ser extremadamente útil para evaluar la _____________ condición espiritual de una persona.

6. Reconocer un problema en nuestro desarrollo espiritual es el primer paso para _____________.

7. Si usted ha experimentado el trato de un profeta inmaduro, que ha actuado sin importarle sus sentimientos, puede sentirse

_______________ y juzgado.

8. Un profeta carnal puede fácilmente volverse ____________ y negativo en su perspectiva.

9. Un profeta inmaduro puede tener dificultad para encontrar o aceptar ___________ para él mismo.

10. Cuando una necesidad es de inmediata evidencia para un siervo, puede desarrollar ___________________ con la gente a su alrededor, porque a su juicio, pasa por alto esas necesidades.

11. Un ministro poco saludable también puede llegar a estar tan ocupado cuidando de las necesidades prácticas, que ______________ su propia relación con Yahweh

12. Una de las batallas más grandes de un siervo en crecimiento, es encontrar su verdadera ______________, afirmación y aprobación en su Hacedor.

13. Un maestro falto de madurez puede ser tentado a "pensar de sí mismo más de lo que debería" y ser susceptible al pecado de ___________.

14. Una dificultad para un maestro poco saludable, tiene que ver con la ________________ relacionada con el sentido interno de insuficiencia y falta de mérito.

15. Si un maestro cree lo que Jesucristo dijo: "sin mi nada podéis hacer", entonces descubrirá que puede operar en su don con total _________________ —pero sólo si está confiando verdaderamente en Dios.

16. Un exhortador tiene la tendencia a evitar la enseñanza doctrinal

densa, optando por mensajes más ligeros, mensajes inspiradores de ____________ inmediata o práctica.

17. Un exhortador inmaduro puede tener un problema para mantener sus ________________ en orden y perseverar en situaciones desafiantes.

18. Cuando los motivos de un exhortador inmaduro no son puros, puede ______________ las emociones del pueblo, tocando sus "fibras más sensibles".

19. Si un dador es débil o está incapacitado en su fe, con seguridad tendrá dificultad para ____________ en el Señor como su fuente de provisión.

20. La pareja inseparable del _________ y __________ es capaz de obstaculizar y quizá incluso apagar el don de alguien con el ADN espiritual de dador.

21. Una tendencia en los dadores menos desarrollados es la insensibilidad o indiferencia que resulta de una falta de ______________.

22. Muchos que son menos desarrollados en su don de liderazgo encontrarán extremadamente __________ jugar un "papel secundario".

23. Si un líder está demasiado enfocado en el proyecto, y no tiene ______________ sobre las necesidades de las otras personas involucradas, ellas pueden terminar sintiéndose como "peones en un tablero de ajedrez".

24. Un líder inmaduro puede decidir delegar tareas para _________ unas pocas responsabilidades personales, cuando en realidad son suyas.

25. Un dador misericordioso puede llegar a estar demasiado ____________ con la gente y sus heridas, lo cual puede nublar su juicio.

26. El dador misericordioso debe cuidar y vigilar que su deseo por aliviar el dolor del herido, no termine permitiendo un mal comportamiento o el ____________ que creó la situación dolorosa en un comienzo.

27. Si no es cuidadoso, un dador misericordioso puede ser una victima de depredadores que buscan aprovecharse de su buena ______________ y deseo de ayudar.

28. Un antídoto para los cristianos carnales que muestran su don de una manera distorsionada y atenuada es simplemente aprender a caminar en la clase de amor de ________.

Capítulo Seis

RETRATO DE LOS SIETE DONES INNATOS

◈ ◈ ◈

Los Dones Mostrados en Personajes Bíblicos

PERSONAJES BÍBLICOS COBRAN VIDA

Nuestro amoroso Padre está interesado en las relaciones. Él no está "allá afuera" en algún lugar remoto, en alguna esquina del universo con un letrero gigante que dice "no molestar" como algunos filósofos han afirmado con necedad. Lejos de ello, Dios el Padre está siempre disponible e involucrado en todo lo que se refiere a nosotros.

Después de haber creado los cielos y la tierra, pero justo antes de sentarse a tomar un descanso, el Señor decidió diseñar un ser muy similar a Él Mismo, un ser con un toque divino. Debido a su similitud con su Creador, este ser sería capaz de relacionarse con Dios personalmente. Así fue como el Señor hizo al primer hombre, Adán, y a su esposa Eva. Al poco tiempo de ser creados, paseaban juntos durante el frescor del día[1].

Como se puede ver, el hombre no fue hecho únicamente para ocupar el primer lugar en el planeta —gobernando y reinando sobre el resto de la creación— sino también para ser un amigo, alguien con quien el Señor pueda relacionarse cercanamente. Dios vio que era "bueno" y hasta refrescante caminar y conversar con Su compañero menor. Ese es nuestro Dios relacional.

El Libro que nuestro Hacedor nos ha dejado refleja Su profundo deseo por la interacción y en el se encuentra cientos de historias que narran las experiencias de hombres y mujeres y de los altibajos en su relación con Él. En las páginas de la Escritura encontramos hijos e hijas de Adán reales, seres humanos de carne y hueso, que experimentaron luchas, triunfos y derrotas. A través de sus vidas aprendemos cómo se relacionaban con su Creador. Leemos acerca de unos pocos siervos preciosos que desearon honestamente y de todo corazón conocer al Señor y ser enseñados en sus caminos. Sin embargo, hubo muchos otros que estaban conformes viviendo en su ignorancia. Mientras algunos buscaron de todo corazón complacer al Señor, otros fueron indiferentes o rebeldes con Él. No obstante, el corazón de la Biblia muestra que Dios no sólo tiene cuidado de nosotros, sino que Él siempre ha deseado y buscado una relación activa con nosotros.

¿No habría que alegrarse de que nuestro Padre celestial no solamente proveyera un libro lleno de reglas, un "manual de instrucciones" lleno de cosas para hacer y no hacer? Cuán aburrido y sin vida sería eso —y cuán diferente es nuestro Dios, el Autor de la vida. Un libro así no haría mucho para inspirarnos. Sin embargo, el maravilloso Dios al que servimos tomó la decisión de proveernos con un Libro que de tapa a tapa está lleno de historias concernientes a casi toda condición humana, un libro de revelación divina inimaginable. Hay relatos de hazañas valientes y enseñanzas que revelan los secretos y los misterios de las edades. Las Escrituras hacen un recuento de las narrativas sobre hombres y mujeres, piadosos y sabios, así como de algunos impíos, necios y malvados. En sus páginas hay narraciones panorámicas del levantamiento y caída de naciones y civilizaciones, al igual que una aguda visión celestial de lo que está preparado para el futuro de la humanidad, a medida que la historia se desarrolla.

A excepción de nuestro Salvador, cada una de las personas que aparece en la Biblia tuvo fortalezas, debilidades y problemas de carácter como nosotros. Aun los más ejemplares fueron meramente hombres mortales que tuvieron necesidad de un Redentor. Por ejemplo, Elías, un gran y santo profeta, fue descrito de esta forma: "*Elías fue tan humano como nosotros somos*"[2].

Todos y cada uno de los descendientes de Adán fueron dotados por el Creador con dones especiales. Descubrimos a través de las Escrituras que todos fueron creados por igual, con ciertas actitudes y acciones que tipifica un don innato en particular.

En este capítulo, examinaremos siete personajes de la Biblia, uno por cada don innato, y al hacerlo descubriremos qué los movía a cada uno, y a la vez obtendremos un entendimiento más profundo de ellos. Sus motivaciones, actitudes y habilidades serán clarificadas a través de la iluminación del ADN espiritual de su don predominante. Conforme vayamos observando a estos personajes en términos de su naturaleza interna, una nueva revelación se manifestará en lo relacionado a su comportamiento externo visible. Nos identificaremos mejor con cada uno de ellos cuando los reconozcamos como las personas reales[3] que fueron. Llegaremos a apreciar sus condiciones espirituales así como la naturaleza de la tarea que Dios les asignó.

> *El Señor dio ADN espiritual a estos siete personajes y a nosotros y suplió todo de Su providencial almacén —un lugar donde el futuro y todos los destinos son conocidos.*

Como nosotros, cada uno de estos siete personajes bíblicos, fue escogido por su Creador para cumplir un propósito el cual, por supuesto, Él ya conocía de antemano. De acuerdo con Su propósito, el Señor dotó a estos individuos y suplió todo de Su providencial almacén —un lugar donde el futuro y todos los destinos fuesen conocidos. Cada uno de ellos vivió en un tiempo y lugar particular para cumplir tareas específicas. Sus dones y llamados únicos, se intersectaron con su destino divino y por esa causa llegaron a descubrir sus verdaderos propósitos. Por sus ejemplos, podemos comprobar que Dios también tiene un plan y un destino para cada uno de nosotros.

1. PEDRO, EL PROFETA[4]

Un atributo primario del don innato del profeta es la habilidad poco común para discernir la realidad espiritual y verbalizarla. Como tal, la persona con esta dotación profética está equipada mediante su ADN espiritual para ver dentro de la esfera espiritual con mayor facilidad que otros. De los doce discípulos que Jesús escogió para que lo acompañaran a través de Galilea y Judea, Simón Pedro fue el primero en declarar con certeza que Aquél a quien ellos habían estado siguiendo era en realidad "*… el Mesías, el Hijo del Dios viviente*"[5]. Al escuchar esta declaración de labios de Pedro, Jesús reconoció esa verdad y observó que esa revelación que Pedro había tenido venia de "*… Mi Padre en el Cielo… [y que] no lo había aprendido de ningún ser humano*"[6]. Pedro ciertamente era alguien dotado con el don de profecía que fue usado por el Señor de una manera especial para poner en marcha un mover espiritual que se ha extendido hasta el día de hoy.

Por su habilidad persuasiva de profeta, Simón Pedro valientemente proclamó un mensaje tan convincente el día de Pentecostés que un diluvio de nuevos creyentes fueron introducidos en el Reino de Dios.[7] Su mensaje fue convincente no sólo por el "bautismo en fuego" que había recibido, sino también por su don innato de profeta que le permitió aprehender aquellas verdades espirituales que habían estado escondidas por épocas y darlas a conocer a la multitud. Su predicación fue tan convincente que en cuestión de pocos días, a pesar de la intensa persecución por parte de las autoridades, la iglesia floreció y aumentó a muchos miles. Debido a la poderosa unción sobre su don innato de profecía, Pedro se convirtió en el portavoz principal de la iglesia primitiva.

La audacia con la que Simón Pedro predicó fue desplegada poco tiempo después ante el concilio que gobernaba, el Sanedrín, cuando con audacia los acusó y responsabilizó por haber condenado a muerte al Mesías. La fuerza interior que impulsaba a Pedro a actuar tan valientemente y proclamar la verdad a los poderosos, sin considerar las consecuencias que esto pudiera traer sobre su cabeza, era su ADN espiritual de profeta.

Algunas veces Pedro demostraba ser impulsivo, pero cuando estaba enrumbado en un curso de acción no era disuadido por la adversidad u oposición. Un buen ejemplo de esto fue cuando él y los otros discípulos estaban cruzando el Mar de Galilea avanzada la noche y vieron a Jesús a una corta distancia de su bote acercándoseles, caminando sobre el agua.[8] Mientras los otros discípulos estaban atemorizados pensando que era un fantasma, Pedro le gritó al Maestro diciendo, "*si eres tú verdaderamente, llámame para ir a ti*". Después que Jesús le dijo que se acercara, Simón Pedro saltó fuera del bote y empezó a caminar hacia Jesús. No fue hasta cuando él puso su mirada en las olas agitadas bajo sus pies que se desesperó y empezó a hundirse en el agua. Jesús se inclinó y agarró su mano, después ambos subieron a la barca.

En este incidente Pedro demostró lo que un hombre es capaz de hacer cuando tiene sus ojos "puestos en Jesús". Con su hazaña desafió la ley de la naturaleza. Pedro demostró su confianza de todo corazón en Aquél que lo llamó y estuvo dispuesto a correr el riesgo, a pesar de las consecuencias. Esta combinación de audacia mezclada con obediencia es un rasgo del don de profecía.

Las acciones y actitudes del apóstol Pedro tienen sentido a la luz de la orientación vertical que es una característica esencial del ADN espiritual de un profeta.

Los defectos de Pedro nunca fueron escondidos en los Evangelios. Él está retratado con sus peculiaridades y virtudes, sus momentos de debilidad y de victoria. El retrato general que emerge en primer lugar es que Simón Pedro complacía a Dios. Sin embargo, su osadía impetuosa afloraba mayormente por su pasión por hacer las cosas bien ante los ojos de su Señor y su completa lealtad a la verdad. A excepción de pocas circunstancias donde su fe falló, Pedro estaba dispuesto a entregarlo todo por causa de su completo compromiso hacia Yahweh. Esto fue demostrado una y otra vez, como en aquel episodio cuando Jesús término de dar una enseñanza muy dura la cual al ser malinterpretada causó que muchos de sus seguidores lo abandonaran. Luego, Yeshúa preguntó a sus discípulos si ellos también querían irse. Como de costumbre, Pedro se levantó y habló por todos los discípulos y dijo, "*¿Señor, a quién iremos? Tú tienes palabras de Vida eterna*"[9]. Pedro era el discípulo que reconocía el valor de la verdad y era, sin duda, devoto de ella. La verdad personificada en Cristo Jesús había ganado la eterna lealtad de Pedro.

Las acciones y actitudes de Simón Pedro tienen sentido a la luz de la orientación vertical que es una característica esencial del ADN espiritual de un profeta. Vez tras vez Pedro mostró que su primer punto de referencia estaba dirigido hacia Dios y no horizontalmente hacia el hombre. La alta estima que Simón Pedro tenía por la naturaleza de Dios en Yeshúa, hizo que él rechazará la solo idea que el Mesías pediera ser lastimado. Tan irónico como puede parecer, fue el asombro de Pedro por el Santo de Israel que causó su reacción y la reprimenda de Jesús cuando le explicó que el Mesías necesitaba sufrir en manos de los líderes religiosos y ser condenado a muerte.[10]

De forma similar, el aprecio y reverencia de Pedro hacia el Maestro, así como su sentido de indignidad, hizo que se negara al lavamiento de sus pies por Jesús en el Aposento Alto.[11] Que el Señor tomara la humilde posición de un sirviente era más de lo que la mente de Pedro podía entender. Sin embargo, una vez que Jesús le informó a Su ávido discípulo que su negativa lo descalificaría para ser parte de lo que el Señor estaba haciendo, Pedro cambió su tono completamente —¡Inmediatamente le pidió al Maestro que lavara sus manos, y su cabeza también! En este episodio podemos ver de nuevo el ADN espiritual del don de profecía en Pedro: un extraordinario deseo para complacer al Señor, una sensibilidad extrema para no fallar o perder la voluntad de Dios, y un deseo de cambiar rápidamente de curso para alinearse con los propósitos de Dios.

Simón Pedro también reveló una gran habilidad y disposición para reconocer sus faltas, aunque, como muchos profetas, tenía dificultad para recibir perdón. Después de reconocer su error, al dudar cuando Jesús le ordenó que saliera a las aguas profundas para pescar, Pedro cayó de rodillas ante el Señor y confesó su pecado.[12]

Sin embargo, en otra ocasión Simón Pedro encontró gran dificultad para aceptar su fracaso. Había negado al Maestro tres veces la noche que Jesús fue arrestado, justo como lo había predicho Yeshúa, y la culpa de Pedro fue tan abrumadora que abatido dejó el ministerio al cual Jesús lo había llamado y retornó a su vida anterior como pescador. Jesús entendió cuán difícil había sido para Simón Pedro el recibir perdón y sanidad emocional. Para ofrecerle ánimo e iniciar el proceso de restauración, Jesús fue a la orilla del lago donde Pedro estaba pescando y le preguntó tres veces si lo amaba a Él —una por cada vez que lo había negado la noche de su arresto. Cuando Simón Pedro declaró su amor hacia el Señor tres veces, inició el camino a la recuperación. Pedro fue fortalecido y nunca más fue arrastrado por la vergüenza y la culpa. Él siguió adelante hacia el cumplimiento del gran destino al cual Jesús lo había llamado —para ser "la roca"— y dejar un legado perdurable de fuerza para todos aquellos que seguirían sus pasos.

Otros personajes bíblicos con el don innato de profecía:

- Juan el Bautista: *Lucas 3:2-20, 7:18-29; Mateo 21:32*
- Ana: *Lucas 2:36-38*
- María: *Mateo 1&2, Marcos 6:3; Lucas 1:26-56; Hechos 1:14*
- Ananías: *Hechos 9:10-17, 22:12-16*
- Oseas: *Oseas 1-14*
- Jeremías: *Jeremías 1-52*
- Isaías: *Isaías 1-66*
- Jonás: *Jonás 1-4*

2. MARTA, LA SERVIDORA[13]

Casi todos los cristianos están familiarizados con la historia de Marta, cuando invitó a Jesús a su casa y se mostró extremadamente preocupada por cuidar de Él y de sus discípulos. A partir de su actitud podemos obtener mucha revelación del don innato del servidor, principalmente en lo relativo a la necesidad de Marta por crecer en su don.[14]

No es casualidad que este episodio esté precedido del relato en el que conversaban Jesús y un escriba respecto a las implicaciones de seguir el

Gran Mandamiento —amar a Yahweh y a nuestro prójimo.[15] En ese intercambio el ensimismado experto en las Leyes de Moisés preguntó acerca de la importancia de la segunda parte del mandamiento, "*ama a tu prójimo como a ti mismo*". En respuesta, Jesús compartió con él la Parábola del Buen Samaritano, la que vívidamente retrató al erudito cargado de reglas. Le explicó la esencia real del mandamiento, la cual era difícil de entender.

El punto principal de esa parábola es que "el amor al prójimo" implica extender genuina compasión y generosidad hacia cualquiera que llegue a cruzarse en nuestro camino, aunque ello requiera sacrificio o superar barreras sociales. El amor de una persona por su prójimo, refleja su amor por Yahweh; y el deseo del Señor para nosotros es que Su ilimitado amor sea manifestado en nuestras actitudes y acciones hacia todos aquellos con quien tengamos contacto.

Habiendo ilustrado esta verdad acerca del Gran Mandamiento, el escritor del evangelio de Lucas continúa con la misma idea describiendo las actitudes y acciones de Marta y María, dos hermanas que eran buenas amigas de Jesús.[16] Cuando Jesús aceptó la invitación de Marta a entrar, ella pronto se dio cuenta que sus muchos invitados necesitarían ser alimentados, así que hizo lo que una servidora normalmente haría en tal situación —ella empezó a afanarse más y más. Marta era una "hacedora" y por lo tanto quería demostrar su afecto preparando a sus amigos la comida y haciéndoles sentir en casa. Hizo lo que era normal para ella —operar en su don.

Mientras Marta dejaba todo preparado y listo, María estaba cómodamente sentada a los pies de Jesús, escuchando todas sus palabras. De acuerdo con las normas sociales de esos tiempos, las acciones de María eran altamente inapropiadas. En los tiempos bíblicos a las mujeres se les desmotivaba a aprender y ella estaba rompiendo tales restricciones. Primeramente, por ser mujer, su lugar estaba en la cocina preparando la comida y no sentada con los hombres, escuchando a Jesús. María estaba fuera de lugar por estar sentada escuchando a Yeshúa compartir los secretos del Reino en vez de ayudar a su hermana en el cuidado de sus invitados.

No pasó mucho tiempo antes que la paciencia de Marta con su hermana se agotara. Como una mujer dotada con este don ministerial, ella veía los actos de servicio como una verdadera demostración de amor. ¿Cuán desconsiderada podría ser María? ¡Ella ni siquiera estaba dispuesta a brindarle una mano a su hermana! Sin embargo, si consideramos la frustración de Marta, al igual que la reacción que tuvo Jesús del asunto, queda claro que, mezclado con su autocompasión, lo que Marta estaba haciendo era "proyectar su don" —es decir, estaba tratando de imponer la actitud y preocupación de su don de servicio a María. Todas las frustraciones acumuladas de Marta se derramaron cuando ella amargamente se quejó con Jesús, "*Señor, ¿no te da cuidado que mi hermana me deje servir sola? Dile, pues, que me ayude*"[17]. Piense sobre ello: Marta estaba acusando a Yeshúa el Mesías, un amigo de confianza, ¡de no ser comprensivo *Él mismo!*

Jesús, intentando afirmar a Marta, Su amor y afecto por ella, empezó Su respuesta repitiendo su nombre, "*Marta, Marta...*" Haciendo esto, Él estaba tratando con la inseguridad que tienen muchos con el don inherente de servicio —pues ellos necesitan sentirse apreciados. Al repetir su nombre Yeshúa estaba diciendo simplemente, "Marta, Yo *si* té aprecio a ti".

Viendo la gran preocupación que Marta tenía por realizar las tareas pendientes, Jesús observó en ella, una debilidad muy común entre los que están dotados con el don de servicio. El observó que ella estaba "*ansiosa y molesta por muchas cosas*"[18]. Marta se había enfocado tanto en lo que necesitaba realizar en ese momento, que estaba en peligro de perder el enfoque del propósito de su servicio. Quería que todos los invitados se sintieran en casa. Es irónico que por invitar al Príncipe de Paz a quedarse en su casa, ella entró en tal estado de agitación que se quedo sin paz.

En este punto Jesús reprendió a Marta por tener prioridades equivocadas al igual que por tratar de imponérselas a su hermana. Jesús le dijo: "*Sólo hay una cosa por la que vale la pena preocuparse; María la ha descubierto, y no le será quitada*"[19]. Aunque Marta se preocupaba mucho por Jesús, ella había permitido que su actividad llegara a interponerse

entre ellos. Su tono acusador también indicaba que había llegado al punto de estar espiritualmente cansada. Las "preocupaciones de este mundo" se habían apoderado de su mente y su corazón. Con ello se le agotó la paciencia y anidó resentimiento.

No obstante, como Jesús lo había indicado, a pesar de la aparente urgencia por las tareas del momento, las prioridades de Dios no podían ser descuidadas ni arrojadas al viento. María, que con toda seguridad estaba dotada con el don de compasión, no podía ser privada de la oportunidad de pasar tiempo con el Señor.[20] A ella se le era permitido operar en su don innato, y no había necesidad que ella llegara a estar agotada y turbada como su hermana. María, quien estaba deslumbrada por Jesús, podía continuar recargando sus "baterías espirituales" ante Su presencia. Ella había descubierto "*la única cosa por la que vale la pena preocuparse*".

Marta, como muchos con el don inherente de servicio, se había desenfocado cuando permitió que sus ocupaciones interfirieran en su relación con el Señor. Si estaba sirviendo a Jesús, tendría que haberse fijado más en su corazón los intereses de Él que su propia necesidad de servir. No se puede negar que había mucho por hacer. Si Marta en verdad hubiera apreciado quién estaba bajo su techo, habría separado algún tiempo para disfrutar la presencia de Yeshúa y por lo tanto hubiera entrado en Su reposo.

Sin embargo, aparentemente la tendencia de Marta era a ser porfiada, puesto que trataba de obligar a María a amoldarse a su propio don de servicio. Pero es claro que el ADN espiritual de María era muy diferente al de su hermana. No importaba cuán irritada Marta encontrara que fuera; María reaccionaría de acuerdo a su propio don frente a la situación de tener invitados inesperados. Después de todo, Yahweh también le había dado a María una constitución espiritual única para sus propósitos.

Con los casos de Marta y María, Lucas amplía el punto al que quería llegar Jesús con la Parábola del Buen Samaritano. Este episodio muestra cómo el Gran Mandamiento se debe manifestar en la vida diaria de todos. El contraste entre las actitudes de las hermanas y sus diferentes reacciones ante la misma situación, revela dramáticamente la importancia de cómo el Señor debe estar en el centro del corazón de todo lo que hacemos. Al amarlo a Él primero, somos capaces de cumplir nuestro llamado de servicio. No importa cuán noble y autosacrificado parezca nuestro servicio, si no fluye desde el amor de Dios, entonces será vano.

Otros servidores bíblicos son:

- Felipe (el "Diacono"): *Juan 1:43-45,6:5-7, 12:21-22; Hechos 6:5, 8:5-40, 21:8-9*
- La suegra de Pedro: *Mateo 8:14-15*
- Febe: *Romanos 16:1-2*
- Rut: *libro de Rut*
- Esteban: *Hechos 6:1-7:60*
- Dorcas: *Hechos 9:36, 39*

3 ESDRAS, EL MAESTRO[21]

Esdras[22] fue un "hombre del Libro", o sea un hombre dedicado a la Palabra de Dios. Era un sacerdote y escriba que nació durante la cautividad Babilónica de Judea, varias décadas después que Jerusalén fuera saqueada y quemada por la fuerza armada de Nabucodonosor. Temprano en la vida de Esdras, en virtud de un decreto dictado por el Rey Ciro de Persia, que permitía que los hebreos retornaran a Jerusalén, Zorobabel guió una gran caravana de sus conciudadanos judíos de regreso a Judá para iniciar la reconstrucción del Templo. Sin embargo, el Señor tenía otro plan para Esdras en este tiempo. Así, en lugar de retornar a su tierra ancestral con una primer oleada de personas, Esdras pasó muchos años en el territorio cautivo estudiando la Ley —conocida como la Torá— aprendiendo los caminos de Yahweh, y recopilando un juego completo de las Sagradas Escrituras.[23] No fue sino hasta después de terminar su tarea y estar adecuadamente preparado, que el Señor le permitió a Esdras ir a Judea.

Esdras fue un buscador de la verdad desde sus primeros años.

Esdras fue un buscador de la verdad desde sus primeros años. Conforme el crecía en su entendimiento de las Escrituras y desarrollaba su habilidad como maestro, ganaba reputación por su sabiduría, dedicación e integridad —al punto que su renombre se extendió hasta la corte de Artajerjes, el rey de Persia. Después de ello, se allanó el camino para Esdras y cuando el tiempo fue propicio, solicitó el respaldo del rey para guiar a un segundo grupo de hebreos hacia Jerusalén.

El rey Artajerjes respondió a su petición con un grado de bondad tan alto que sobrepasó toda expectativa. El rey endosó la misión del "*maestro erudito del Dios de los Cielos*"[24] dictando un decreto oficial favorable. Esto incluía entre sus beneficios el financiamiento de la expedición y el amoblado del Templo con casi cuatro toneladas de oro y veinticinco toneladas de plata.[25] Todos estos beneficios provinieron de las propias arcas del rey. Con certeza, como se ha señalado con frecuencia con respecto a Esdras y su ministerio, "*¡la mano del Señor estaba sobre él!*"[26]. Así debería ser el testimonio de cualquiera que ha madurado en su don innato y está caminando en su llamado.

Las Escrituras nos informan que Esdras era un "*escriba preparado*", uno que dedicó toda su vida no sólo a estudiar la Torá sino también a explicársela a otros.[27] Su anhelo por entendimiento y búsqueda de los caminos de Dios, hizo que caminara en el favor de Dios y de los hombres. Por causa de esto, fue capaz de persuadir a unos cinco mil hombres, mujeres y niños con diferentes estilos de vida, a dejar sus hogares y caminar mil cuatrocientos cincuenta kilómetros a través del desierto, en un viaje que les tomó cuatro meses, hasta llegar a Israel, el lugar donde Yahweh había planeado bendecir a Su pueblo.

Agrupar tal cantidad de personas no era una hazaña pequeña ya que, después de la decadencia y la caída de Judá. Con varias generaciones inmersas en los caminos paganos de Babilonia y Persia, solamente un pequeño remanente de hebreos había conservado un ligero entendimiento de las Leyes de Moisés y de los caminos del Santo de Israel. Aunque el Templo en Jerusalén había sido reconstruido, el pueblo de Dios —"*la niña de sus ojos*"[28]— estaba todavía muy alejado de Él en sus corazones y en sus mentes.

Fue por esta razón que Esdras había sido preparado y comisionado para realizar la segunda fase del proceso de restauración que fue iniciado por Zorobabel unos sesenta años antes. Usando su don innato de maestro, Yahweh había escogido a Esdras para dejar libre a Su pueblo de la corrupción, rebeldía e idolatría. Esdras estaba destinado a ser el principal instrumento en la restauración del remanente restablecido en Judea. El desarrollo de su don inherente requirió décadas para alcanzar su madurez. Implicó no sólo estar familiarizado con las escrituras de Moisés y tener la habilidad para exponer el resto de las Sagradas Escrituras, sino también poseer el entendimiento del corazón de Dios para ayudar a Su pueblo a escapar de las ataduras que los mantenía en esclavitud.

La importancia del ministerio de Esdras como maestro puede ser verdaderamente apreciada cuando consideramos el papel fundamental que jugó en la historia judía. Yahweh ya no elegiría hablar más a Israel por medio de sus profetas.[29] A partir de los tiempos de Esdras en adelante, el don de enseñanza fue el método clave por el cual Dios corrigió y sostuvo a la nación hebrea.[30] Al usar a Esdras para restaurar a Su pueblo, el Señor estaba introduciendo una nueva forma de producir cambios necesarios en ellos por medio del ministerio de la enseñanza.

El impacto de la instrucción de Esdras en el pueblo de Judea, fue notablemente profundo y de larga duración. Cuando la magnitud de la rebeldía de los exiliados repatriados se volvía cada vez mayor y evidente, el dolor desgarrador del líder quedó expuesto ante la congregación. Esdras se rasgó sus vestiduras, se arrancó el cabello, y lloró en agonía, exponiendo su caso delante del Señor. Una inmensa multitud se congregó para ver este espectáculo, y la asamblea entera no sólo fue movida a derramar lágrimas de arrepentimiento, sino que cada uno de ellos hizo un voto solemne de cambiar sus caminos —y así lo hicieron.[31]

Un tiempo después, mientras Esdras guiaba a la gente en alabanza y adoración, la congregación fue movida a responder levantando las manos hacia Yahweh y cayeron de rodillas con sus rostros a tierra en adoración. Después, mientras Esdras y Nehemías abrían las Escrituras y la exponían, el pueblo se dio cuenta de la magnitud de su estado pecaminoso y empezó a llorar delante del Señor.[32]

Sin embargo, por ser la Fiesta del Tabernáculo, Esdras y Nehemías exhortaron a la congregación a secarse las lágrimas y a regocijarse en el Señor. Se trataba de un tiempo de agradecimiento. Cuando la gente entendió, estaban tan conmovida por la enseñanza, que cada uno de ellos retornó a su casa e hizo una tienda con ramas, y celebró por siete días como estaba prescrito en la Ley de Moisés. Considerando que, desde los tiempos de Josué, los hijos de Israel no lo habían hecho por cientos de años, estaba claro que el remanente del pueblo de Dios estaba ahora entrando en un verdadero despertar espiritual.

La parte más difícil del proceso de la restauración, requirió que Esdras emitiera una palabra fuerte a la congregación que causó mucho dolor, pero también que los encaminara al arrepentimiento y sanidad espiritual. Muchos, incluyendo los sacerdotes y los levitas, habían tomado esposas de entre los paganos que habitaban la tierra, lo cual claramente violaba un mandato contenido en la Ley de Moisés.[33] La ley pretendía preservar a Israel como un pueblo santo ante el Señor. Yahweh usó palabras fuertes para referirse a su maldad señalando que la tierra de los hebreos se había vuelto como, "*...una tierra contaminada, contaminada con las vulgaridades obscenas de la gente que vivían allí: lo han llenado con su putrefacción moral de un extremo al otro*"[34].

Esdras, como muchos dotados con el don de maestro, encontró difícil confrontar este pecado que obviamente estaba carcomiendo la fibra moral del pueblo de Dios. No obstante, por ello el Señor trajo al lado de Esdras a Secanías, un animador que le ayudó en estos momentos de prueba a encontrar la fuerza necesaria para confrontar la decadencia moral de Judá.[35] Él pronunció un mensaje a toda la congregación, exhortándola a realizar un pacto que los comprometía a "poner de lado" a sus esposas extranjeras e hijos (es decir, divorciarse) —caso contrario, ellos mismos serian removidos de en medio de la congregación.

Esdras, como muchos dotados con el don de maestro, encontró difícil confrontar el pecado.

Aunque dicho acuerdo causó un inimaginable duelo en las familias afectadas, esta fue una medida necesaria y dolorosa que ayudaría a traer la verdadera restauración espiritual en el pueblo de Dios.[36] Como resultado de su obediencia, la nación de Israel fue fortalecida y la plaga moral que había asolado el territorio fue virtualmente erradicada.

Con un poco de ayuda, Esdras demostró que podía ser tan valiente como diligente y sagaz. Probó estar tan comprometido con la justicia, como lo estaba con la sabiduría. Por causa de su ardiente deseo para instruir a los hijos hebreos en los caminos del Señor, se convirtió en su verdadero "padre espiritual". Su rol ejemplar como maestro fue el resultado no sólo de los tiempos de prueba que vivió, sino también de su sed insaciable por la verdad. Esdras estaba dotado con una extraordinaria habilidad para enseñar. Entendió que un impacto perdurable vendría sobre el pueblo que él amaba, si les enseñaba con palabras y acciones.[37]

Esdras claramente demostró la importancia del don de maestro en el proceso de restauración del pueblo de Dios, el mismo que luego los llevaría a un avivamiento. Asimismo, vemos en Esdras el potencial que este don tiene para impactar futuras generaciones. Su don de maestro probó que había un efecto duradero en la semilla natural de Abraham, es decir en los hebreos . A medida que nosotros que somos semilla espiritual de Abraham, lleguemos a apreciar y a dar debido honor a las cualidades que Esdras desplegó como maestro, seremos impulsados como iglesia hacia el cumplimiento de la profecía de "*la restauración de todas las cosas*"[38]. Naturalmente esto apresurará el retorno de nuestro Señor Jesús.

Otros maestros bíblicos:

- Salomón: *Proverbios y Eclesiastés*
- Lucas: *Evangelios de Lucas y Hechos*
- Tomás: *Juan 20:24-29*
- Apolos: *Hechos 18:24-28 y 1 de Corintios 3:6*
- Aquila y Priscila: *Hechos 18:1-3, Romanos 16:3-5, 1 Corintios 16:19, 2 Timoteo 4:19*
- Timoteo: *1 & 2 Timoteo; Hechos 16:1-3; 1 Corintios 4:17, 16:10-11*

4. BERNABÉ, EL ANIMADOR

Bernabé aparece en las Escrituras por primera vez, poco tiempo después del día de Pentecostés, cuando la iglesia en Jerusalén acababa de multiplicarse dramáticamente a unos cinco mil nuevos creyentes.[39] Durante este gran derramamiento del Espíritu Santo una gran cantidad de los santos, que eran dueños de propiedades, vendieron algunas de sus posesiones para atender las necesidades de los pobres en la congregación que crecía rápidamente.[40] En este contexto, la Escritura menciona por nombre sólo a una persona que vendió su terreno: "*José, a quien los apóstoles pusieron por sobrenombre Bernabé (que significa, 'Hijo de consolación') quien era de la tribu de Levi y vino de isla de Chipre*"[41].

En esta primera mención de Bernabé, descubrimos que su nombre verdadero era realmente "José de Chipre", un apóstol con un trasfondo Levítico. Era tan altamente reconocido como un animador que los otros apóstoles le pusieron por nombre "Hijo de consolación" —un sobrenombre que iba a quedarse con él por el resto de su vida.[42] Indudablemente a Bernabé se le conoce por la colecta que hizo para los pobres, ese destacado ejemplo que dio a otros al vender su propiedad, pero también por persuadir a otros a hacer lo mismo.

En varios episodios del libro de los Hechos, vemos que Bernabé fue un pionero en la iglesia emergente, uno que con su don siempre daba ánimo y motivación a los creyentes. Asimismo, fue usado en forma poderosa por el Señor como un líder clave en el desarrollo de la iglesia en Antioquia, al igual que como un misionero en Asia Menor y en la isla de Chipre. Bernabé, también jugó un papel importante en el desarrollo espiritual de su primo Juan Marcos,[43] y además fue un mentor y animador para el apóstol Pablo.

La Escritura nos dice que Bernabé era un hombre "*lleno del Espíritu Santo y fuerte en la fe*" y que muchos fueron traídos al Señor a través de él.[44] Aunque mucho de su ministerio lo desarrolló en una época de oposición y persecución, el don de motivador que estaba en Bernabé, no sólo lo habilitó para perseverar y superar la hostilidad, sino también para ayudar a otros a hacer lo mismo. Al parecer estas cualidades eran evidentes a los ancianos de la iglesia en Jerusalén, porque cuando fue el tiempo de mandar a un líder que ayudara a la naciente iglesia en la ciudad clave de Antioquia, ellos escogieron a Bernabé.[45] Como resultado de la elección sabia de los apóstoles, poco tiempo después, la congregación de ese lugar creció significativamente, y llegó a ser la segunda en influencia después de la iglesia de Jerusalén.

Una y otra vez Bernabé demostró un rasgo típico del don innato del animador —una genuina preocupación por el desarrollo espiritual de otros.

Una y otra vez Bernabé demostró un rasgo típico del don innato del animador —una genuina preocupación por el desarrollo espiritual de otros. Por ejemplo, cuando Saulo retornó a Jerusalén después de su dramática conversión en el camino a Damasco, muchos discípulos desconfiaban de él debido a su furiosa oposición hacia la iglesia en días pasados y por el sufrimiento que causó sus acciones. Sin embargo, Bernabé acogió a Saulo "bajo sus alas" y les habló a los apóstoles en Jerusalén acerca de la genuina conversión de Saulo. En poco tiempo Saulo fue aceptado como uno de ellos, saliendo junto con él a predicar en el nombre de Yeshúa.[46]

Varios años más tarde, conforme aumentaba la carga de actividades de la floreciente iglesia de Antioquia, Bernabé se acercó nuevamente a Saulo. Esta vez fue para traerlo desde Tarso, ciudad natal de Saulo, hasta Antioquia, para que formara parte del equipo ministerial que estaba desarrollando. Bajo la hábil guía y ánimo de Bernabé, Saulo y la totalidad de los líderes de la iglesia crecieron —tanto así que después de cuatro años de servir en ella como mentor, la iglesia en Antioquia fue capaz de enviar fuera un grupo de misioneros, convirtiéndose en la primera iglesia después de Jerusalén que logró hacer esto. En una ocasión, mientras los líderes de la iglesia ayunaban y ministraban a Yahweh, el Espíritu Santo les indicó que separasen a Bernabé y Saulo para enviarlos a servir en una obra a la cual el Señor los estaba llamando: un viaje misionero a Asia Menor y a Chipre.[47]

Cuando Bernabé y Saulo salieron en ese primer viaje misionero, llevaron con ellos a Juan Marcos, el primo menor de Bernabé, que era de Jerusalén, para que los ayudara. La Escritura no nos dice por qué, pero durante el viaje Juan Marcos decidió dejarlos y regresar a Jerusalén.[48] Este incidente causó mucha fricción entre Bernabé y Pablo, lo cual se hizo evidente unos tres años mas tarde, antes de salir a su segundo viaje misionero.[49] Bernabé, dotado con el don de animar, quiso darle a su primo una segunda oportunidad para redimirse invitándolo a ir con ellos para ayudar. Sin embargo, Pablo tomó una posición más severa: "*Juan Marcos nos falló antes y por lo tanto no se puede confiar en él una segunda vez*"[50].

Como exhortador, Bernabé se enfocó en el potencial de Juan Marcos y estaba inclinado a creer que su primo podría trabajar bien en el ministerio bajo su guía. La disputa se volvió tan fuerte que causó un alejamiento temporal entre los dos apóstoles. Aunque ellos habían planeado seguir los pasos de su primer viaje, para ver cómo estaban los santos en cada ciudad, Bernabé se dirigió hacia su isla natal de Chipre con Juan Marcos a su lado, mientras que Pablo terminó haciendo un viaje más extenso: atravesó Siria, Asia Menor, Macedonia e incluso Atenas —asistido por Silas y el joven Timoteo, a quienes recogió en el camino.[51]

Obviamente el segundo viaje misionero de Pablo abrió una tremenda puerta para el reino de Dios, porque fue en este viaje que las Buenas Nuevas de Jesucristo fueron llevadas por primera vez a Europa. Al mismo tiempo, bajo la tutela de Bernabé, Juan Marcos llegó a ser el evangelista que más tarde escribiría el Evangelio de Marcos, el cual sería un legado para toda la iglesia no sólo como testimonio de su autor, Juan Marcos, sino también como un fruto del ánimo e instrucción que recibió de Bernabé, su mentor.[52] De hecho, aunque no existe un "Evangelio de Bernabé" en la Biblia, es justo decir que él y su don inherente de animador tuvieron una influencia en la Escritura en por lo menos la mitad del Nuevo Testamento. De sus veintisiete libros, trece fueron escritos por el apóstol Pablo y uno fue escrito por Juan Marcos —ambos hombres que experimentaron la huella indeleble del ministerio de Bernabé en sus vidas.

El apóstol Bernabé alcanzó su propio destino como una persona dotada con el don innato de animar y fue grandemente usado de varias maneras en el avance del reino de Dios. A Pablo le fue útil, porque le ayudó a allanar el camino para un ministerio que no sólo llevaría el evangelio a Asia Menor, sino también a Europa —y aun al centro del corazón del imperio Romano. En un sentido, ya que Bernabé desinteresadamente le permitió a Pablo estar al mando o "liderar" durante su ministerio, Pablo fue capaz de llegar mucho más lejos de lo que hubiera podido llegar solo, si esto no hubiera sucedido.

Bernabé fue un arma poderosa en las manos del Señor, porque caminó en humildad y vivió una vida llena del Espíritu Santo en forma extraordinaria.[53] Parte de su legado es el vívido ejemplo que nos dio de lo que significa habitar en la clase de amor de Dios y caminar en Su poder. Como animador, Bernabé continuamente buscaba el bienestar espiritual de aquellos que el Señor había puesto a su alrededor. Además, fue capaz de superar conflictos, obstáculos, adversidad y mucha persecución. Demostró una mentalidad de reino y se aseguró que en todas sus acciones el Señor recibiera el honor y la gloria. Bernabé vivió conforme al buen nombre que otros le habían dado, y es un buen ejemplo que todos nosotros haríamos bien en seguir.

Otros animadores (exhortadores) bíblicos:

- Silas: *Hechos 15:2-40, 16:25, 17:4, 10-15; 1 Pedro 5:12*
- Tito: *2 Corintios 2:13, 7:6,13-14, 8:6-23, 12:18; Gálatas 2:1,3; 2 Timoteo 4:10; el Libro de Tito*
- Santiago: *Santiago 1:1-13*
- Aarón: *Éxodo, Levíticos, y Números*

5. ABRAHAM, EL DADOR

La historia de Abraham se inicia en Génesis cuando ya había alcanzado los setenta y cinco años de edad. En ese tiempo Abram[54] estaba viviendo en Mesopotamia, y allí recibió instrucciones del Señor para que dejase la casa de sus padres y la tierra de su parentela. Él debía ir "*a la tierra que Yo [Dios] te mostraré*" y allí se convertiría en "*una gran nación*" para ser usado como instrumento de bendición para toda la humanidad. Así fue que Abram, antes que pusiera un pie en el territorio de Canaán, recibió la confirmación —una promesa incondicional— de parte del Señor que le decía, "Y*o te bendeciré y engrandeceré tu nombre, y serás bendición… y en ti serán benditas todas las familias de la tierra*"[55].

¿Comprendería Abraham la sorprendente promesa que recibió del Señor? Probablemente no, porque la magnitud de la palabra y sus ramificaciones de largo alcance iban más allá del razonamiento y capacidad del ser humano. Sin embargo, por causa de su confianza en Aquél que le había dado la promesa, Abram creería una y otra vez durante toda su vida que había sido "bendecido para ser de bendición". De hecho, el "padre de nuestra fe"[56] es un ejemplo de generosidad a todos los dadores, ya sea que su don innato predominante sea el de compartir o no.

Poco después que Abram llegara a Canaán, se extendió una gran hambruna que, junto con su esposa Sarai[57] y otros más, lo obligó a irse a Egipto, para encontrar sustento. Pese al tiempo difícil, el Señor le permitió prosperar. Como se vería después, Abram halló favor ante Faraón, de tal modo que ya a su retorno de Egipto "*...era rico en ganado, plata y oro*"[58]. Incluso en los tiempos de adversidad, la habilidad de este dotado con el don inherente de dar, solo por estar "en el lugar correcto y en el tiempo preciso", hizo que las bendiciones de prosperidad llegaran a su camino.

El pacto eterno de bendición que Dios hizo con Abram fue la fuente de su gran fe en cuanto a la provisión del Señor. El registro de Abram tratando con todos a su alrededor —su generosidad de espíritu— puede ser entendido mejor a la luz de su creencia en la gran promesa que había recibido.

Por ejemplo, cuando Abram retornó a Canaán, tenía tanto ganado que surgió un problema entre sus pastores y los de su sobrino Lot, porque no había suficiente pastizal para ambos rebaños. Para evitar conflictos, Abram generosamente le sugirió a Lot que escogiera primero una porción del terreno para apacentar su rebaño, y *luego*, del territorio que quedara, Abram seleccionaría la tierra para apacentar su rebaño. A través de esta actitud desprendida de Abram hacia su sobrino, comprendemos que sus ojos veían a Yahweh Yireh como su fuente de provisión. La Escritura registra que Lot puso sus ojos en el rico y bien irrigado Valle del Jordán[59] y tomó su rebaño y bajó hacia Sodoma. Después que Lot partió, Dios *Mismo* instruyó a Abram a "*levantar [sus] ojos*" y mirar tan lejos como podía ver en todas las direcciones, porque esa tierra sería su posesión y de su descendencia por siempre.[60] Este hecho nos muestra un claro contraste entre el egoísmo de Lot, que finalmente terminó en destrucción, y la abundante bendición eterna que Dios tenía reservada para Abram y para todos aquellos que, hasta hoy, comparten su fe.

La confianza de Abram en Yahweh Yireh y la "actitud de gratitud" nacida de él, se evidencia en su respuesta a casi todas las dificultades que enfrentó. Luego, cuando Lot fue tomado cautivo por el ejército del Rey Quedorlaomer, Abram armó militarmente a más de tres cientos sirvientes de su casa para rescatarlo. Él los guió, junto con un gran ejercito de guerreros en batalla, para hacer frente a Quedorlaomer y sus aliados. Abram persiguió a sus enemigos a una gran distancia y el Señor los entregó en sus manos. Él dio muerte a los reyes enemigos, rescató a Lot, y retornó victorioso con el botín de los reyes derrotados.

A su regreso Abram usó la ocasión triunfante para honrar al Señor. En la celebración de victoria, le dio el diezmo del botín de guerra a su principal aliado, el sacerdote-rey Melquisedec, y entregó el resto del lote a los hombres que pelearon a su lado, y al rey de Sodoma. Abram rehusó tomar parte de lo saqueado y usó el evento para declarar públicamente ante la asamblea de los paganos que "*el más alto Dios, el poseedor de los cielos y la tierra*" fue Él que les había dado la victoria.[61] Él quería que todos supieran que su éxito no se debía a su genialidad militar, sino al Señor con quién él tenía un pacto. Adonai había cumplido su palabra; Abram fue capaz de bendecir a sus aliados con riquezas, y sus enemigos fueron derrotados. La confianza de Abram no estaba en sus propias habilidades, ni en las riquezas que había obtenido, sino en la provisión de su Dios, que dio cumplimiento a sus promesas.

La hospitalidad es otro atributo notable en las personas dotadas con el don legado de compartir. Cuando Abram tenía noventa y nueve años,[62] una tarde, poco después de haber recibido la promesa de un hijo a través de su esposa Sarah, y que su nombre fuera cambiado por Abraham (es decir, "*padre de muchas naciones*"), él estaba sentado frente a su tienda, cuando el Señor se le apareció. Mientras estaba sentado en la presencia del Señor, Abraham levantó la mirada y observó a tres extraños a una corta distancia. La Escritura señala que en ese momento, Abraham miró a esos tres extraños y dejó al Señor "en el aire", esperando, pues *corrió* para saludar a los visitantes y humildemente se inclinó delante de ellos.[63] Debió de haber sido toda una escena ver a un hombre de noventa y nueve años corriendo para saludar a tres extraños.

No se nos dice lo que el Señor compartió con Abraham, pero

evidentemente, lo que haya sido, le causó un gran afán por hospedar a los visitantes. Como era un día muy caluroso, Abraham los invitó para que se refrescaran. Cuando ellos aceptaron, con la ayuda de Sarah, rápidamente armó Abraham un gran banquete para sus invitados. Aunque Abraham tenía muchos sirvientes que podían haberle ayudado a preparar la comida, él personalmente seleccionó el ganado engordado, le pidió a Sarah que hiciera pan, y luego de preparar toda la comida, les sirvió. Sin embargo, no sólo los extraños fueron los únicos en ser bendecidos esa tarde. Después de la comida, uno de ellos le dio a Abraham una palabra profética acerca de su esposa —¡que el próximo año, por este tiempo, ella estaría sosteniendo en sus brazos un niño recién nacido! Sarah, quien hacía mucho tiempo había pasado la edad fértil, efectivamente concibió un hijo, Isaac, el muy esperado "hijo de la promesa," como se le predijo.[64]

Aunque el Señor había bendecido a Abraham con fortuna y muchas posesiones a través de su vida, vivía contento como un "extranjero y peregrino" en la tierra que Dios le había dado por heredad.

Aunque el Señor había bendecido a Abraham con fortuna y muchas posesiones a través de su vida, vivía contento como un "extranjero y peregrino"[65] en la tierra que Dios le había dado por heredad. Él mostró una peculiar falta de interés por la comodidad que el mundo a su alrededor le podía ofrecer. Aunque Abraham ciertamente tenía los recursos para "establecerse" y construir un palacio para sí mismo y para su familia en Canaán, su estilo de vida reflejó la sensibilidad espiritual de su corazón. El *escogió* habitar en una carpa —al igual que su hijo Isaac y su nieto Jacobo.[66] Fue solamente cuando murió Sarah, que necesitó un lugar para enterrar su cuerpo y por ello Abraham compró una parcela de tierra en Canaán, la cueva de uno de sus vecinos Heteos.

Desde el tiempo en que Abraham recibió la promesa de la bendición en Mesopotamia tuvo un corazón de peregrino. Él puso su afecto y sus ojos más allá del horizonte de esta vida. Miró la ciudad celestial "*cuyo edificador y creador es Dios*"[67]. Durante su travesía en esta tierra Abraham llegó a ser un "*amigo de Dios*"[68] y él valoró esta amistad sobre todas las otras cosas.

Otros dadores bíblicos son:

- Bernabé: *Hechos 4:36,37*
- Epafras: *Colosenses 1:7, 4:12; Filemón 23*
- Zaqueo: *Lucas 19:1-10*
- María de Betania: *Juan 11:1-12:8*
- La viuda pobre: *Marcos 12:41-44*
- Creyentes en Macedonia: *2 Corintios 8:1-7*

6. NEHEMÍAS, EL LÍDER

La historia de la reconstrucción de los muros en ruinas de Jerusalén ilustra un dramático panorama de uno de los más sobresalientes ejemplos del don de liderazgo que encontramos en la Biblia.[69] Era un tiempo de gran desánimo para Israel. Aunque un remanente de hebreos había podido regresar a Judá desde el exilio después de setenta largos años, gracias a un decreto dado por el rey de Persia, las puertas de la cuidad todavía estaban carbonizadas y podridas y sus murallas amontonadas en ruinas.

Fue en este momento que Nehemías,[70] un judío que había sido elevado a una de las más altas posiciones del Imperio Persa, oyó acerca de la difícil situación de sus compatriotas en Jerusalén. Él estaba sirviendo en un lugar de confianza como copero de la corte del rey Artajerjes, en Susa capital Persia. Las noticias del sufrimiento del remanente Judío en la lejana Jerusalén entristeció a Nehemías tanto que lloró. Fue en ese momento que decidió dedicar un tiempo a buscar del Señor por medio de ayuno y oración. Este tiempo de consagración probó ser la clave de la increíble historia de la reconstrucción de los muros de Jerusalén.

Después de cuatro meses dedicados a la oración, la mano de Yahweh estaba sobre Nehemías como líder. El Señor le dio suficiente coraje para que en el tiempo propicio pudiera traer el asunto ante el Rey Artajerjes. El rey estaba tan conmovido por la petición de Nehemías que le concedió el permiso para "ausentarse" del palacio real con el propósito de guiar a su pueblo en el trabajo de reconstrucción. Además, el rey decidió enviar documentos junto con Nehemías para brindarle un pase seguro hacia Judá junto con la totalidad de su séquito. Además de eso, el rey le concedió madera de su bosque para realizar el proyecto.[71] Está muy claro que Nehemías no sólo era un líder con una visión, sino también con un plan. En poco tiempo consiguió el respaldo del monarca más poderoso de la tierra, para reconstruir las murallas de Jerusalén. Aunque nunca había visto Jerusalén, viajaría hacia allá con suficiente material para asegurar la finalización del proyecto. Él había presentado su plan ante el rey Artajerjes en forma tan exitosa que incluso el rey mandó jinetes de su propia caballería para proteger a Nehemías y a su grupo durante su viaje.

A su llegada a Jerusalén, Nehemías desplegó gran sabiduría y habilidad en su planificación y destreza motivacional. Después de sus primeros días allí, bajo la oscuridad de la noche, discretamente inspeccionó las murallas destruidas alrededor de la ciudad, antes de revelar el propósito de su visita. Nehemías realizó este acercamiento clandestino para no alertar a los ciudadanos y líderes con la noticia de su intención de reconstruir las murallas de la ciudad, porque era probable que si esto sucedía muchos hubieran tratado de levantar argumentos en contra de él. Después de evaluar la magnitud del esfuerzo necesario para la reconstrucción, Nehemías se presentó delante de los habitantes de Jerusalén para compartirles la visión y el plan que había dentro de él. Aunque había llegado recientemente de la lejana Susa, Nehemías les habló a sus compatriotas en términos de "nuestro" problema y les manifestó la necesidad de realizar un trabajo compartido para remover la desgracia de las murallas en ruinas. Tan eficazmente presentó la visión para restaurar los muros, que la gente respondió rotundamente: "*¡Levantémonos y construyamos!*"[72].

Como una persona dotada con el don de liderazgo, Nehemías también probó ser brillante en organizar el trabajo. Sabiamente dividió el inmenso trabajo de reconstrucción de las murallas en pequeñas secciones, haciendo que varias familias, comunidades, trabajadores de las provincias, grupos de interés, y comerciantes, sean responsables de la construcción de la puerta o sección particular de la muralla que más se relacionaba a su propio interés. Por su agudo entendimiento de la naturaleza humana, fue capaz de nutrir el espíritu de equipo en cada grupo e integrarlos en ese compañerismo que nace de la noción de un propósito mayor, hasta la culminación del proyecto en su totalidad. Las habilidades motivacionales y organizacionales de Nehemías tuvieron éxito porque logró reclutar a casi toda la ciudadanía de Jerusalén y sus alrededores[73] para el trabajo de construcción, incluyendo algunas mujeres.[74]

Nehemías, como una persona piadosa con el don inherente de liderazgo, entendió que su papel en la restauración de las murallas era una asignación directa del Señor.

Nehemías, como una persona piadosa con el don inherente de liderazgo, entendió que su papel en la restauración de las murallas era una asignación directa del Señor. Así como su propia participación había sido precedida por oración consagrada, la construcción en sí, también tendría que ser santificada. Enlistó al sumo sacerdote Eliasib, junto con el resto de los sacerdotes, para consagrar toda la obra antes de dar inicio a la reconstrucción. Su tarea era edificar la Puerta de las Ovejas —a través de la cual pasarían los animales para los sacrificios en el Templo— así como la sección adyacente al muro. Es evidente que lo más importante en la mente de Nehemías era la convicción de que todo el proyecto tenía que ser un esfuerzo santo, y como tal, tenía que construirse sobre el sólido fundamento de principios y prioridades piadosos. Por esa razón, la labor del proyecto necesitaba ser santificada.

Los esfuerzos de Nehemías por restaurar la viabilidad y fuerza de Jerusalén como una ciudad-estado, provocaron oposición en varios círculos. Sanbalat, el gobernador de Samaria, estaba indignado desde el primer día que Nehemías puso un pie en Jerusalén porque se dio cuenta que él había llegado para cuidar los intereses de los hijos de Israel, un pueblo al que despreciaba profundamente.[75] El esfuerzo por reconstruir las murallas, inicialmente fue objeto de burlas por parte de Sanbalat y sus seguidores, pero su desprecio pronto se tornaría en pánico, cuando fue evidente que la obra avanzaba rápidamente. Fue allí cuando los enemigos de Israel se unieron para crear tantos problemas como les fueran posibles, dispuestos incluso a combatir contra Jerusalén.

En la fase de oposición Nehemías, como un líder maduro en su don innato, probó ser imperturbable. Nunca vaciló acerca del sentido de su misión, y rehusó ser atrasado o desviado del curso de su propósito. Nehemías contrarrestó todos los movimientos de sus enemigos con oración, y el Señor le dio un plan que consistía en establecer una guardia de vigilancia durante las veinticuatro horas del día. La mitad de los hombres habilidosos y los obreros trabajan con una herramienta en una mano y un arma en la otra; la otra mitad vigilaba sus espaldas.[76]

Por cada artimaña que el enemigo de los hijos de Israel ideaba contra ellos, Nehemías recibía el discernimiento y entendimiento necesarios para frustrar su intento de traición. Sus enemigos iniciaron una campaña coordinada para desalentar a todos los que participaban en la construcción del muro, pero Nehemías continuamente daba palabras de ánimo a los obreros, fortaleciendo su confianza y recordándoles que la mano de protección de Dios estaba sobre ellos. Cuando Sanbalat vio que cada uno de sus movimientos fallaba, invitó a Nehemías a reunirse con él fuera de Jerusalén — lo cual, por supuesto, el hombre de Dios rehusó absolutamente. Nehemías, manteniéndose firme en su llamado y seguro en su autoridad respondió a Sanbalat diciendo: "*Yo estoy involucrado en una gran obra, por lo que no puedo ir; ¿por qué debo dejar de trabajar para venir a reunirme contigo?*"[77].

La obra de Yahweh continuaba conforme el pueblo de Dios se mantenía en sus labores. Jerusalén se iba fortaleciendo mientras sus murallas se reconstruían. Las murallas que habían sido escombros por tantos años, se habían reconstruido ¡en solamente cincuenta y dos días! Ahora con muros fuertes e impenetrables, Jerusalén ya no sería vulnerable a sus enemigos, ni avergonzada por su debilidad.

Nehemías probó ser un líder decisivo y un hacedor. La mano de Dios estaba sobre todo lo que hacía. Él demostró las características del don innato de liderazgo desde el principio hasta el fin. Los muros de

Jerusalén se levantaron firmes y altos nuevamente.

Otros personajes bíblicos con el don de presidir son:

- José: *Génesis 30-40*
- Débora: *Jueces 4-5*
- David: *1 Samuel 16-31, 1 Reyes 1-2, 1 Crónicas 10:13-30*
- Santiago: *Mateo 13:55; Marcos 6:3; Hechos 12:17, 15:13, 21:18; 1 Corintios 15:7; Gálatas 1:19*
- Jairo: *Mateo 9:18, Marcos 5:22-43, Lucas 8:41-45*

7. EL BUEN SAMARITANO, DON DE MISERICORDIA

La historia del Buen Samaritano es un retrato revelador del don innato de misericordia en acción. Jesús contó esta parábola para ilustrar el sencillo mensaje que Dios desea que cada uno de nosotros tratemos al necesitado y afligido con consideración y compasión, sin reservas ni parcialidad.

Un experto en la Ley de Moisés, poco antes le había preguntado a Jesús quién estaba incluido en la categoría de "prójimo" dentro del mandamiento de Dios "Amarás a tu prójimo como a ti mismo"[78].

> *Respondiendo Jesús, dijo: Un hombre descendía de Jerusalén a Jericó, y cayó en manos de ladrones, los cuales le despojaron; e hiriéndole, se fueron, dejándole medio muerto. Aconteció que descendió un sacerdote por aquel camino, y viéndole, paso de largo. Asimismo un levita, llegando cerca de aquel lugar, y viéndole, paso de largo. Pero un samaritano, que iba de camino, vino cerca de él, y viéndole, fue movido a misericordia; y acercándose, vendo sus heridas, echándoles aceite y vino; y poniéndole en su cabalgadura, lo llevo al mesón, y cuidó de él. Otro día al partir, sacó dos denarios, y los dio al mesonero, y le dijo: Cuídamelo; y todo lo que gastes de más, yo te lo pagaré cuando regrese. ¿Quién, pues, de estos tres te parece que fue el prójimo del que cayó en manos de los ladrones? (Lucas 10:30-36)*

En esta parábola tanto el sacerdote como el levita decidieron no involucrarse en la difícil situación de un compatriota golpeado y ensangrentado, que estaba tirado en el camino medio muerto. Al evadirlo y pasar al otro lado del camino, cada uno mostró cuán superficiales e insinceras eran sus creencias. Digámoslo con claridad: aunque cada uno de los hombres tenía conocimiento del Señor en sus cabezas por las Escrituras, tanto el sacerdote como el levita tenían sus corazones lejos de Él.

Sólo el samaritano, miembro de una secta de Judíos "mestizos" odiados, fue movido a compasión cuando se acercó a esta triste escena. El corazón del samaritano se dolió por aquel desconocido brutalmente golpeado, despojado de sus ropas, y abandonado a muerte por los ladrones. El don de misericordia que estaba dentro de él, hizo que el samaritano estuviera tan preocupado por el bienestar del hombre herido que desvió su camino para asegurarse que el hombre esté sano y salvo.

Con seguridad, el samaritano ya había hecho sus planes para ese día. Estaba de viaje y ciertamente no pensaba ser interrumpido por aquella espantosa escena. Sin embargo, su respuesta ante tan grave necesidad, fue sentir compasión. Se conmovió tanto, que puso de lado su propia agenda y decidió sacrificar sus propios planes para ayudar a ese hombre en angustia. Lo primero que hizo fue cubrir la necesidad inmediata del hombre que estaba delante de él, vendar sus heridas. El Samaritano encontró algunas telas, aceite y vino entre sus provisiones, y con ellos curó las heridas del extraño.

> *El ejemplo del Buen Samaritano nos muestra que hay un costo cuando ejercitamos el don de misericordia.*

Aunque el horario de ese día ya se había arruinado, el samaritano tomó tiempo para entregar algunos de sus bienes para el tratamiento del hombre. En otras palabras, el samaritano decidió entregar su comodidad personal también. El extranjero herido necesitaba ser llevado a un lugar seguro para recuperarse, lo que significaba que el samaritano tendría que entregar su propio medio de transporte para permitirle al hombre lastimado montarse en él. Puso al hombre "sobre su propia bestia" y caminó a su lado para mantenerlo estable hasta que llegaran al lugar.

En este punto, el samaritano cuidó del extraño herido durante la noche y pagó al posadero el monto correspondiente a dos días de hospedaje, para que el hombre lastimado pudiera continuar su recuperación. ¡Todo esto fue hecho por una persona que era un perfecto desconocido al samaritano hasta el día anterior!

El ejemplo del Buen Samaritano nos muestra que hay un costo cuando ejercitamos el don de misericordia. La empatía que sintió, hizo que sirviera al hombre en sufrimiento de manera sacrificial. El sacerdote y el levita se dejaron guiar por los fríos cálculos de sus cabezas. No fue así con el samaritano. Por el contrario, fue guiado por su corazón y estuvo dispuesto a hacer cualquier cosa, con tal de aliviar el sufrimiento y restaurar el bienestar del afligido. A él no le importó que le costara su propio tiempo, su bienestar, algunos bienes o, incluso, sus finanzas —¡No importaba! Si significaba cuidar de alguien de otra cultura o grupo religioso que despreciaba a los suyos —¡Tampoco importaba! Esto es el don de misericordia en acción.

Otros personajes bíblicos dotados de misericordia:

- Juan el Apóstol: *El Evangelio de Juan y 1, 2 & 3 Juan*
- Oseas: *Libro de Oseas*
- Jeremías: *Libro de Jeremías y Lamentaciones; llamado por otros "el profeta llorón"*
- Rut: *Libro de Rut*
- Dorcas (Tabita): *Hechos 9:36*
- Onesiforo: *2 Timoteo 1:16-18*

Preguntas: Capítulo Seis

1. El Libro que nuestro Hacedor nos ha dado refleja Su profundo deseo por la ________________.

2. Cada una de los personas que aparece en la Biblia tuvo fortalezas, ______________, y problemas de carácter como nosotros.

3. Cada uno de los personajes bíblicos fue escogido por su Creador para cumplir un ______________ el cual, por supuesto, Él ya conocía de antemano.

4. **Pedro** demostró una combinación de audacia mezclada con ______________ que es un rasgo del don innato de profecía.

5. La osadía impetuosa que Pedro desplegó afloraba mayormente de su pasión por hacer las cosas bien antes los ojos de su Señor y su completa ____________ a la verdad.

6. Simón Pedro reveló una gran habilidad y disposición para reconocer sus faltas, aunque, como muchos profetas, tenía dificultad para ____________ perdón.

7. **Marta** era una mujer dotada con un don ministerial, veía los actos de servicio como una ______________ demostración de amor.

8. La gran preocupación que Marta tenía por realizar las tareas pendientes que Jesús observó en ella, es una ________________ muy común entre los que están dotados con el don de servicio

9. Marta, como muchos con el don inherente de servicio, se había desenfocado cuando permitió que sus ocupaciones interfirieran en su _______________ con el Señor.

10. Esdras fue un buscador de la ___________ desde sus primeros años.

11. Conforme Esdras crecía en su entendimiento de las Escrituras y desarrollaba su habilidad como un _____________.

12. Esdras claramente demostró la importancia del don de maestro en el proceso de restauración del pueblo de Dios, los llevaría a un avivamiento, e impactando futuras ________________.

13. Bernabé fue un pionero en la iglesia emergente, uno que con su don siempre daba ánimo y ______________ a los creyentes.

14. Una y otra vez Bernabé demostró un rasgo típico del don innato del animador —una genuina preocupación por el ________________ espiritual de otros.

15. Bernabé alcanzó su propio destino como un animador y fue grandemente usado por el Señor en el ____________ del reino de Dios.

16. Abraham, "el padre de nuestra fe", es un ejemplo de ______________ a todos los dadores.

17. Abraham mostró una peculiar ___________ de interés por la comodidad que el mundo a su alrededor le podía ofrecer.

18. La hospitalidad de Abraham hacia los tres extranjeros resultó en una bendición con una ______________ que un año después Sarah daría a luz el hijo varón que ellos estaban esperando hace tanto tiempo.

19. Es muy claro que **Nehemías** no sólo era un líder con una visión, sino también con un _________.

20. Nehemías desplegó gran sabiduría y habilidad en su planificación y destreza ________________.

21. Nehemías probó ser brillante en ____________ el inmenso trabajo de reconstrucción de las murallas de Jerusalén.

22. El corazón del Buen Samaritano se dolió por aquel _______________ brutalmente golpeado, despojado de sus ropas, y abandonado a muerte por los ladrones.

23. El ejemplo del Buen Samaritano nos muestra que hay un ___________ cuando ejercitamos el don de misericordia.

24. El samaritano guiado por su corazón y estuvo dispuesto a hacer cualquier cosa, con tal de ______________ el sufrimiento y restaurar el bienestar del afligido.

Capítulo Siete

EL RETRATO DE LA PERFECCIÓN

◈ ◈ ◈

Jesucristo y los Dones Innatos

¡Jesucristo es digno de toda alabanza! El hecho que usted se haya dado o no cuenta que verdaderamente Él es "*el camino, la verdad y la vida*", como Él mismo dijo,[1] no tiene ninguna relevancia en la excelencia de quien es Él y siempre será. No hay nadie como Él —ni nunca lo habrá. Es magnífico, más allá de toda comparación.

Ponderar la majestuosidad de Emanuel —"Dios con nosotros"— nos lleva rápidamente a un lugar de entendimiento. Yahweh, el Señor del Universo, no es el indiferente Hacedor de los filósofos. Él es el Único Todopoderoso que nos ama tanto como para habernos enviado a Su único Hijo. Yeshúa vino a nosotros con brazos extendidos, queriendo abrazarnos y derramar sin medida el afecto de Su cálido corazón sobre nosotros.

Jesús también vivió para complacer a Su Padre. Estaba dispuesto a servir a propósitos eternos; llegó a nosotros en humildad, en forma de un hombre simple. Nació entre campesinos, estuvo en casa con la gente común. El plan del Padre involucró su sufrimiento en manos de los injustos, muriendo en humillación y vergüenza. Todo eso estaba bien para Él, porque creyó en nosotros y, sobre todo, porque le importábamos.

¿Cómo pudo Jesús vivir una vida tan llena de sabiduría, gracia y misericordia tal como leemos en las Sagradas Escrituras? Definitivamente, Él fue designado para Su misión terrenal "*antes de la fundación del mundo*"[2], pero, ¿Cómo pudo el Hijo del Hombre vivir tan inigualable perfección? Después de todo, ¿No se "vació Él Mismo" al renunciar a sus privilegios Divinos, cuando nació como ser humano?[3] La excelencia de Su carácter y la pureza de sus motivos ciertamente son de origen divino, pero fueron realizados por Cristo Jesús como *hombre*. Cada aspecto de Su carácter fue formado por el ADN espiritual dentro de Él. La abismal diferencia entre nuestro Salvador y el resto de la humanidad fue la *medida* de gracia que estaba sobre Él. Operar a la perfección en todos los siete dones innatos como lo hizo, es sobrenatural —más allá de la capacidad del hombre mortal. Afortunadamente para nosotros, Él fue transparente en su forma de vivir. Era sensible a la voz del Padre en todo tiempo y sometió su voluntad al plan de Su Padre. Con sensibilidad espiritual y obediencia, Yeshúa desarrolló sus dones a una madurez *completa*.

Es intrigante cómo los caracteres retratados en las páginas de la Biblia crecen en profundidad cuando los vemos en términos de sus dones innatos. Aun los llamados "héroes" de la fe, son descritos en las Escrituras con "manchas y arrugas", permitiéndonos saber que ellos en realidad fueron seres humanos como nosotros. Abraham, es un ejemplo. Era increíble en fe y generosidad de espíritu, pero tuvo lapsos momentáneos en su juicio que causaron conflicto y dificultades y su testimonio aun permanece hasta hoy. En Yeshúa, no obstante, nosotros vemos y entendemos cómo se ve cada uno de los dones cuando están siendo plenamente operados y empoderados por el Espíritu Santo. Contrario a todos los otros personajes, cuyas imperfecciones se hacen más grandes a medida que los miramos más de cerca; la magnificencia de la persona de Jesús se vuelve aun más resplandeciente. Conforme miramos sus dones innatos, a través del lente de las Escrituras, descubrimos una verdad que es simplemente asombrosa. ¡Jesús operó en cada don a la perfección!

Si reflexionamos acerca de lo maravilloso de esta revelación interna, aunque sea sólo por un momento, llegaremos a una mayor apreciación de quién era en realidad el Hijo del Hombre. Era humanamente imposible para cualquiera viajar por tan arduo sendero, bendecir a tantos a lo largo del camino y sobre todo hacerlo sin ninguna falta. Aunque los despiadados legalistas y críticos fueron rápidos para señalar las áreas en donde parecía que había quebrantado la Ley —como por ejemplo, realizar milagros en día sábado o tocar a un "inmundo" leproso— Él únicamente estaba mostrándonos, cuán *inmenso* es realmente el corazón de Dios. Nuestro Padre celestial nos ama más allá de los límites de nuestra raquítica imaginación. Aunque algunos encuentran confort perverso en la noción equivocada que Yahweh está más preocupado en la adherencia de la humanidad a una lista de "hacer y no hacer" establecida por Moisés, Yeshúa reveló que los mayores propósitos de Yahweh están centrados en Su amor. La asombrosa verdad es que ¡Jesús nos reveló esto simplemente al operar en Su Dones Innatos!

Los ojos de nuestro entendimiento son iluminados. Conforme vemos la perfección en la que operó Jesús en todos los dones inherentes, encontramos prueba irrefutable que Él es Emanuel, Dios con nosotros. Ningún otro más que Dios en la carne, podría haber logrado semejante hazaña. Es más, la mente humana es incapaz de concebir un carácter tan perfecto como el de Jesús el Mesías. Si pudiéramos buscar en la totalidad de la literatura y el drama teatral de toda la civilización humana, al igual que el registro de la historia, ninguna otra persona podría brillar tanto como el Nazareno llamado Jesús. Lo más asombroso es que nunca señaló, ni siquiera una vez, Su propia perfección. En lugar de eso, dio todo el honor y la gloria a Yahweh, Su Padre.

Conforme vemos la perfección en la que operó Jesús en todos los dones inherentes, encontramos prueba irrefutable que Él es Emanuel, Dios con nosotros.

La divina inspiración de la Escritura es también avalada por los relatos de Yeshúa operando en cada uno de los dones a la perfección. En los Evangelios se registran por lo menos siete instancias por cada uno de los siete dones innatos. Ya que los escritores de los Evangelios, indudablemente, no tenían conocimiento de los dones innatos cuando ellos estaban escribiendo, es evidente que el mismo Espíritu Santo los inspiró para que incluyeran estas incidencias particulares en el ministerio de Jesús. A través de sus relatos podemos encontrar que Yeshúa hizo lo que era imposible para el ser humano —¡operar en todos los siete dones innatos a la perfección!

1. JESÚS EL PROFETA

> *"...porque el testimonio de Jesús es el espíritu de la profecía". Apocalipsis 19:10*

Todo lo que Jesús hizo fue espiritualmente discernido. De acuerdo a Su propio testimonio, Él nunca inició nada basado en sus cinco sentidos naturales. Lo que observaba y oía en la esfera espiritual —eso era lo que hacía.

Todo estaba basado en Su relación con Yahweh. De acuerdo a las propias palabras de Yeshúa "*...el hijo no puede hacer nada por él mismo, a menos que sea algo que ve hacer al Padre, porque lo que el Padre hace, esas cosas también hace el Hijo*"[4]. En pocas palabras, el Hijo vivía en un continuo estado de dependencia, confiando en la dirección de Su Padre. Vivió y ministró siguiendo las iniciativas del cielo. Tenía una manera de ser totalmente diferente.

Jesús, dotado con el don de profecía, tuvo un "*radar espiritual*", con el que podía discernir en cualquier momento los corazones de los hombres. Los Evangelios describen numerosas ocasiones cuando leyó las mentes de sus discípulos, así como lo que pensaban los Fariseos y Saduceos, sus enemigos implacables.[5] Tenía la habilidad de percibir cuando otros estaban extrayendo de Su unción, como cuando estaba en medio de una multitud y una mujer con flujo de sangre lo tocó, y fue sanada de manera instantánea.[6]

Jesús, dotado con el don de profecía, tuvo un "radar espiritual", con el que podía discernir en cualquier momento los corazones de los hombres.

Jesús nunca retrocedió cuando la verdad provocaba controversia. Él confrontó la hipocresía frontalmente, como cuando llamó a los escribas y Fariseos "*nido de víboras*" y "*sepulcros blanqueados*"[7]. Aun en los últimos días de Su ministerio, confrontó la impiedad en forma audaz y valiente. Por esa audacia el Mesías expulsó del Templo a los vendedores y cambistas tras haber convertido la casa de Su Padre, la "*casa de oración*", en "*una cueva de ladrones...*"[8]. Él volcó las mesas con un látigo en Su mano. El León de la Tribu de Judá no tenía ningún reparo en defender el buen nombre de Su Padre —especialmente cuando se paró en contra de las pretensiones religiosas y la corrupción.

Jesús era una luz brillante alumbrando en la oscuridad. A través de Su propia presencia, las mentiras y la decepción fueron sacadas a la luz. Las fuerzas de la oscuridad se confabularon en Su contra. Trataban de desaparecerlo, simplemente porque era la Luz. Él fue el blanco de las intrigas de los líderes religiosos. Una y otra vez conspiraban para destruir Su reputación y Su vida, siendo tan necios incluso, como para declarar que Su poder era demoniaco.[9] Pero Jesús, el Ungido, era el campeón incomparable en el ambiente espiritual. Discerniendo sus maquinaciones, y siempre prevaleció. Las palabras que hablaba abrumaban el poder de la oscuridad, porque verdaderamente Él era la Palabra hecha Carne.[10] Por cierto, conquistó hasta las mismas fuerzas de la muerte y del infierno.[11]

Las multitudes, buscando una señal o recibir un toque, siguieron a Jesús donde quiera que fuera. En medio de todo esto, el Maestro mantuvo una perspectiva celestial durante el crecimiento de Su popularidad, nunca se desvió del camino angosto. Hubo momentos en que la muchedumbre demandaba Su atención, sin embargo, Yeshúa fue capaz de encontrar respiro y soledad.[12] Cuando le era necesario, se apartaba para tener comunión con el "Abba", porque su Padre también era Su mejor amigo. Entre sus doce discípulos habían tres —Pedro, Santiago y Juan— a quienes escogió para acompañarlo en sus momentos especiales. Sin embargo, en Su hora más angustiosa de necesidad, en el Jardín de Getsemaní, estos tres le fallaron miserablemente. Todo lo que les pidió fue que lo apoyaran durante Su tiempo de tribulación.[13] Esto pareció ser demasiado para sus mejores amigos, por lo que, después de una hora de oración quedaron profundamente dormidos.

Fue el don de profecía de Jesús lo que provocó Su más furiosa oposición. Para los impostores religiosos fue demasiado ver revelada la maldad de sus corazones impíos, no lo pudieron manejar. En lugar de aceptar la Verdad, decidieron vengarse enviando a Su propio Mesías a una muerte agonizante. En realidad, a pesar de ello, Yeshúa fue por Su propia voluntad porque Su sufrimiento había sido ordenado por el Padre. Nuestro amoroso Salvador abrazó el sufrimiento por nuestro propio bien. El extendió Su gracia debido a nuestra necesidad de ser perdonados.

2. JESÚS EL MINISTRO

"...el Hijo del Hombre no vino a ser servido, sino para servir, y para dar Su vida como un sacrificio por muchos". Marcos 10:45

El profeta Isaías dio un mensaje claro a Israel, diciendo que su esperado Mesías vendría como un siervo sufriente. Yahweh anunció a través de los profetas que "*... [el] Único Justo, Mi siervo, justificará a los muchos...*" pero también sería "*...despreciado y rechazado por el hombre*"[14]. Esta revelación asombrosa concerniente al Prometido de Israel fue bastante clara, pero muy pocos fueron capaces de comprenderla: el Mesías vendría como el siervo de Yahweh, pero sería rechazado por el mismo pueblo al que fue enviado.

Las circunstancias del nacimiento de Jesucristo presagiaban, la humildad que caracterizaría Su vida y ministerio, y el duro rechazo que experimentaría en manos de los líderes de Israel. Él llegó a este mundo en un humilde pesebre de Belén porque, como se registra en las Escrituras, no había lugar en el mesón local esa noche.[15] Este humilde comienzo para el Mesías prometido, fue un indicio temprano que el Hijo unigénito del Padre viviría y ministraría como un verdadero siervo y que encontraría poca aceptación durante su estancia. También dio a entender el proceso que Yahweh usaría para desarrollar el don de servicio en Él, entrenando al Hijo del Hombre en la mansedumbre y la sumisión durante su crecimiento, así como sensibilizándolo con las necesidades de la gente ordinaria a lo largo del camino.

Es evidente que Jesús estaba equipado para ayudar a quienes ministraba de manera práctica y nunca buscó reconocimiento para Él Mismo o aprobación del hombre. Fue entrenado en las habilidades prácticas, trabajando con sus manos como un carpintero —aprendiendo el oficio de José, Su padre terrenal.

Es evidente que Jesús estaba equipado para ayudar a quienes ministraba de manera práctica y nunca buscó reconocimiento para Él Mismo o aprobación del hombre.

Cuando Jesucristo enseñó, Su énfasis apuntaba a vivir una vida pura y simple, siendo Su propia vida el mayor ejemplo. Las cualidades de humildad y simpleza fueron también la base de Su enseñanza cuando se dirigía a las multitudes. En el Sermón del Monte, muy cerca al inicio de Su ministerio, Él habló acerca de cuán bendecido es ser "*...humilde de espíritu... manso... misericordioso... [y] puro de corazón*"[16]. Cuando Jesús terminó Su mensaje, quiso asegurarse que sus palabras, pese a que eran contrarias al punto de vista mundano o egoísta, no fueran tomadas como elevado idealismo, sino más bien como un fundamento sabio y sólido sobre el cual se pudiera edificar una vida: "*Pero cualquiera que oye Mis enseñanzas y no las obedece es un insensato, como una persona quien construye su casa sobre la arena*"[17]. Las filosofías vanas y la supuesta sabiduría de este mundo tienen muy poco en común con las verdades sencillas, pero duraderas que Jesús impartió. Al final, cuando todo lo demás haya fallado, sus palabras serán las que permanecerán.

El Mesías enseñó a sus discípulos y a otros sobre la importancia de la abnegación y la humildad; con frecuencia señaló Su propia servidumbre como un ejemplo. Su vida estaba abierta para que ellos la pudieran ver, e invitó a sus seguidores diciendo: "*Tomen mi yugo... y aprendan de Mí...*"[18]. El yugo al cual se refería Jesús era Su sumisión a la voluntad del Padre y Su disponibilidad para ser dirigido por Yahweh. Muchos otros rasgos del don innato de ministro están simbolizados también por el yugo, pero la idea básica que Yeshúa quería compartir con los Doce era la noción de ministerio como un servicio humilde.

Una señal de un ministro verdadero es la obediencia, es decir, la medida que indica si una persona está buscando su propia voluntad o la de otro que está sobre él en autoridad. Yeshúa mostró continuamente sumisión al Padre. Un día en Capernaúm, hizo una sorprendente revelación a la muchedumbre acerca de Él Mismo, concerniente a Su origen y propósito: "*Yo he venido desde los cielos, no para hacer mi propia voluntad, sino la voluntad del quien me envío*"[19]. El Hijo del Hombre estaba en una misión que había sido ordenada en el cielo, y el escuchar y obedecer la voz de Su Padre eran los medios a través de los cuales había de cumplir esa asignación. Encontrar la voluntad y el propósito del Padre en toda circunstancia, era de suprema importancia. Aunque la obediencia de Yeshúa fue probada una y otra vez, y siempre fue encontrado fiel y verdadero en todos sus caminos. Incluso cuando enfrentó Su último desafío, sometiéndose al sufrimiento y vergüenza de la cruz en el Calvario, el Mesías fue victorioso a causa de Su obediencia como siervo —en una misión de lo alto.[20]

Hay una forma correcta y otra incorrecta de hacer las cosas, incluso al operar en los dones. Yeshúa nunca se impuso a Sí Mismo o impuso sus dones sobre alguien con necesidad o reacio a recibir de Él. Por ejemplo, a un hombre paralítico que por muchos años había estado esperando por su sanidad, cerca del pozo de Betesda, le preguntó: "*¿Quieres ser sano?*"[21]. Por supuesto, en esta instancia y muchas otras, la buena disposición del Maestro y la habilidad para liberarlo y sanarlo nunca estuvieron en duda. Sin embargo, en ocasiones, la incredulidad de aquellos en necesidad pudo bloquear la capacidad del Señor para ayudar.[22] La sabiduría del Hijo del Hombre al acercarse a los hombres contiene una lección para todos los que están dotados con el don de servicio (ministerio): nunca permita que su entusiasmo para ayudar tome preeminencia sobre la buena voluntad de un receptor por recibir.

Jesucristo vivió su vida como Él Mismo la enseñó: el camino a la grandeza es a través del servicio hacia los demás.[23] Aunque su fama se entendió a lo largo y ancho debido a las poderosas maravillas que realizó, Yeshúa nunca buscó por Sí Mismo ser el centro de atención. Su motivación fue siempre glorificar a Su Padre y ayudar a la gente en necesidad. Hubo momentos en los que incluso ministraba en secreto, para no atraer la atención, diciéndoles a quienes habían sido sanados que no lo dijeran a nadie. Hasta hubo ocasiones en que el Maestro ministraba en forma incógnita, tanto que la persona sanada no sabía qué manos la había sanado.[24]

La importancia de servicio fue retratada dramáticamente por el Maestro una noche justo antes de ser crucificado. Yeshúa y sus doce discípulos estaban reunidos en el Aposento Alto para compartir la cena. Sabiendo que solamente tendría unas cuantas horas más con ellos, Jesús escogió compartir una experiencia que sus discípulos jamás olvidarían. Justo antes de la cena, Él se despojó de su túnica, echó agua en un recipiente y, con una toalla en la mano, empezó a lavar los pies a cada uno de los discípulos.[25] Esto fue ciertamente el más sorprendente y extraño giro de los eventos para sus seguidores —¡el Rabí Yeshúa tomando el humillante papel de un sirviente!

Esta muestra sorprendente de servidumbre, derrumbó para siempre la idea que los discípulos se habían hecho sobre la forma de servir a Yahweh. El ejemplo del Mesías tenía la intención de dejar una huella indeleble en sus mentes acerca de la lección que había enfatizado durante el tiempo que ellos ministraron juntos —que Él no había venido para ser servido, sino para servir.[26] Y aun después que los Doce habían sido testigos que Jesús sacrificaba sus propias necesidades, a menudo por el bien de los demás, y observaban que la ganancia personal no tenía ningún lugar en Su agenda, esta escena los dejó en un estado de shock.

La lección del Maestro fue tan íntima y personal que la realidad del servicio estaba empezando a abrirse paso en cada uno de ellos. El egoísmo, la ambición personal y la discordia tendrían que ser desarraigados de sus corazones. Esta comprensión fue alarmante pero al mismo tiempo les trajo liberación sobre su manera de ver al Mesías. Desde esa noche en adelante, aquellos a quienes Él había escogido, nunca serían capaces de olvidar que "Yeshúa el Mesías" era también "Yeshúa el Siervo" —y que además ellos estaban siendo llamados para servir.

3. JESÚS EL MAESTRO

Él enseñó verdades concernientes al reino de Dios y la vida eterna. "Vosotros me llamáis 'El Rabí' y 'El Maestro,' y decís bien, porque lo soy". Juan 13:13 (WNT)

El don innato de enseñanza en la vida de Yeshúa fue simplemente asombroso. A la edad de doce años, cuando la mayoría de los niños estaría jugando, ¡Jesús fue encontrado por sus padres instruyendo a los líderes de Israel en el Templo de Jerusalén![27]. El evangelio de Lucas registra que justo después de la Pascua, en un tiempo en que algunos de los grandes maestros de Israel se encontraban reunidos en el Templo, Jesús estaba sentado en medio de ellos "*...oyéndoles y preguntándoles*" y "*todos los que le oían estaban asombrados, maravillados y perplejos por su inteligencia, entendimiento y respuestas*"[28]. Este episodio del joven Jesús "enseñando a los maestros" fue tan extraordinario que las Sagradas Escrituras lo registran como el único incidente durante los años de crecimiento del Mesías.

Jesús había estado en una búsqueda de la verdad desde sus primeros años. En el mismo inicio de su ministerio, después de haber sido probado por el diablo en el desierto, se puso de pie en la Sinagoga en Nazaret y leyó una porción de las Escrituras del libro de Isaías, que dice:

El Espíritu del Señor está sobre mí, por cuanto Me ha ungido para dar buenas nuevas a los pobres; Me ha enviado a sanar a los quebrantados de corazón; a pregonar libertad a los cautivos, y dar vista a los ciegos; a poner en libertad a los oprimidos; a predicar el año agradable del Señor.[29]

Al concluir Su lectura el Hijo del Hombre le dijo a la congregación, "*Hoy se ha cumplido esta Escritura que han oído*". Claramente, Yeshúa había estado buscando en las Escrituras a lo largo de los años para descubrir la verdad acerca de Su llamado. En algún momento durante su búsqueda, Jesús había llegado a una conclusión dramática sobre quién era Él realmente. Desde ese momento en adelante, la autoridad con la que enseñó y las verdades de Su mensaje fueron tan convincentes que muchas veces sus oyentes se asombraban por Su enseñanza. Incluso en Nazaret, su ciudad natal, Yeshúa fue recibido con mucho escepticismo. La gente lo conocía simplemente como el hijo de José el carpintero y María. Los pobladores se maravillaron y se preguntaban: "*¿De dónde consiguió toda esta sabiduría?*"[30]. Definitivamente, esa fue una reacción común. Sus enseñanzas fueron tan extraordinarias que, al ir de pueblo en pueblo en Galilea, enseñando en las sinagogas, el asombro fue la reacción más común[31].

Lo mismo pasó en Jerusalén, donde fue forzado a permanecer fuera de la vista del público, porque los líderes religiosos tramaban matarlo.[32] La Escritura registra que mientras enseñaba, «*Los judíos estaban sorprendidos, diciendo, "¿Cómo fue que este hombre aprendió, sin haber sido educado?"*»[33]. A pesar que ellos se oponían a Él amargamente, el liderazgo no podía negar la sabiduría y el entendimiento con los cuales enseñaba. Es más, Nicodemo, un miembro del Sanedrín que gobernaba sobre Israel, vino a Jesús una noche y dijo, "*Rabí, todos sabemos que eres un maestro venido directamente de Dios*"[34]. No obstante, a pesar de tan humilde confesión, el sistema religioso probó ser incapaz de comprender que la fuente de Su autoridad y poder, fluyó de la verdad inherente de sus enseñanzas, de los dones con los que Él había sido dotado, y de Su estrecha relación con Yahweh.

Uno de los aspectos más obvio del ministerio de Jesús fue Su habilidad para atraer multitudes. Cuando se realizaba un evento especial donde Él enseñaría, tal como el Sermón del Monte,[35] miles venían de cerca y de lejos para oírlo. El Maestro tenía una capacidad incomparable para capturar el corazón y la imaginación de la gente. Debido a su revelación interna única y su don especial, impartió las verdades más enigmáticas y misteriosas de manera tan simple y comprensible que los agricultores y los comerciantes podían entender su significado. Por ejemplo, para hablar acerca de la esfera invisible del reino de Dios, ilustró sus puntos con cosas de la vida cotidiana con las que la gente común se relacionaba. Habló de elementos del hogar, tales como la sal y la levadura, y usó animales como las ovejas y las cabras para ilustrar Su punto. Sus historias trataban sobre actividades que eran familiares para todos —sembrar y cosechar, trillar, echar la red y recibir un salario.

El Maestro enseñaba con sencillez, sin embargo, sus enseñanzas contenían verdades insondables y profundas que necesitaban ser descubiertas. En el caso de las parábolas de Jesús siempre tenían varios niveles de significado; las verdades más profundas las enseñaba sólo a las personas cercanas a Él, como sus doce discípulos. De esto podemos deducir que uno de sus propósitos era llevar al pueblo hacia la verdad. La sabiduría de los métodos de enseñanza de Yeshúa se aprecia mejor, cuando se entiende que sus historias habitualmente dirigían al oyente hacia la verdad, pero requería que los oyentes se involucren de tal manera que puedan sacar sus propias conclusiones.

El aspecto del don de enseñanza de Jesús que más enfurecía a los Fariseos era su abstención de juzgar la inmoralidad.[36] A diferencia de los líderes religiosos exigentes de Su época, el foco principal del Nazareno estaba en los asuntos del corazón, y no en el comportamiento externo. Su enseñanza se dirigía a la raíz del pecado en lugar que a sus hojas o su fruto. Él modeló justicia con todos, enseñó misericordia, y reservó Su condenación para la hipocresía y opresión religiosa. Sin embargo, a pesar de todos sus esfuerzos, los agobiantes líderes religiosos de Israel fueron incapaces de refutar sus enseñanzas. Ellos estaban confundidos siempre porque, como les dijo, "*...Mi enseñanza no es Mía, sino del que Me envió*"[37]. Yeshúa expuso el fingimiento de su auto justicia para que todos lo vieran y denunció la pesada atadura religiosa que imponían en el pueblo de Dios. La honestidad de Jesús les resultaba intolerable, por eso siempre trataban de silenciarlo a Él y a sus seguidores.

El aspecto del don de enseñanza de Jesús que más enfurecía a los Fariseos era su abstención de juzgar la inmoralidad.

Por definición, un rabí o un maestro, debía tener al menos un discípulo o aprendiz.[38] Como era la costumbre entre los maestros de Israel en Su época, El Rabi[39] Yeshúa escogió los discípulos que lo seguirían. Los doce hombres jóvenes que escogió, fueron aquellos que habían sido ignorados y pasados por alto por otros rabinos.[40] Fue sobre estos, que lo habían dejado todo para seguirle, sobre los que Yeshúa invirtió la mayor parte de Su tiempo y esfuerzo.[41] Con estos doce hombres comprometidos, compartió el significado oculto de las parábolas que fue velado a los demás.

Debido a su relación cercana con el Padre, Jesús tuvo muchas cosas que compartir. Empleó cada oportunidad para enseñar y modeló a sus discípulos la verdadera esencia de sus enseñanzas. Los discípulos vivieron con Él, aprendiendo cada día de Su ejemplo, Su instrucción e incluso sus reprensiones.[42] El Maestro fue capaz de impartir enseñanzas cruciales que cambiarían la vida de sus discípulos a fin de que ellos, y todas las generaciones espirituales que vinieran después de ellos, tuvieran siempre la disposición de ir hasta los confines de la tierra para entregar Su mensaje.

4. JESUCRISTO EL MOTIVADOR

Él motivó a sus discípulos y a todos los que estuvieron en contacto con Él, para crecer en madurez espiritual.

La habilidad de Jesús con las palabras era muy renombrada. Grandes multitudes se formaban cuando se anunciaba que Él hablaría. Un día cuando Yeshúa estaba en Jerusalén, el sumo sacerdote y los Fariseos decidieron tomar medidas drásticas contra Su creciente influencia sobre el pueblo. Decidieron arrestarlo y llevarlo al Templo para ser cuestionado. Cuando los guardias del Templo que fueron enviados para arrestarlo, regresaron con las manos vacías, los exasperados líderes les cuestionaron acerca de su fracaso. Avergonzados, los oficiales del Templo ofrecieron esta excusa, "*¿Han escuchado la forma cómo Él habla? Nunca antes habíamos oído a un hombre hablar así*". Las autoridades confundidas respondieron con sarcasmo, "*¿Se dejaron llevar ustedes también como el resto de la turba?*"[43]. Al fallar en traer a Jesús a sus superiores en el Templo, los guardias comprobaron el efecto notable que las palabras de Jesús tenían sobre casi toda la gente.

Yeshúa se encontró con todo tipo de personas mientras Él ministraba, incluyendo poseídos por demonios, cobradores de impuesto corruptos, mujeres de mala reputación y leprosos. Él los trataba a todos con bondad. Su amabilidad hacia los pecadores y los marginados sociales hizo que ¡los líderes religiosos acusaran al propio Mesías de ser un pecador![44]. Aunque muchos a quienes ministró fueron rechazados por sus vecinos y clasificados como "pecadores" por la gente religiosa, Jesús demostró ser amigo de todos.

Por ejemplo, un día en que Yeshúa estaba viajando por Samaria, se detuvo en un pueblo donde encontró una mujer del lugar sacando agua del pozo.[45] Jesús inició una conversación con ella. De acuerdo con las costumbres de aquellos días, era altamente inapropiado para un hombre hebreo hablar con una mujer samaritana, especialmente en público. Discutieron sobre asuntos espirituales y de problemas en su vida. Jesús le dio consejo santo. Sin embargo, cuando los discípulos se acercaron y los vieron hablando, la Escritura dice que, "*ellos estaban sorprendidos. Ellos no podían creer que Él haya estado hablando con ese tipo de mujer*"[46]. Jesús, dotado con el don de exhortador, siendo el tipo de persona que "no conoce ningún extraño" y no prejuicioso por naturaleza, no se molestó en lo mínimo por la reacción de ellos. Él estaba más preocupado por el bienestar espiritual de la mujer y por ayudarla a cambiar el curso de su vida, que por encajar en el molde de la conformidad social, o cumplir las expectativas de sus discípulos.

Dondequiera que Jesús iba, y en casi todo lo que hizo, mostró una preocupación por el desarrollo espiritual de quienes lo rodeaban. Ya sea predicando en una reunión pública, aconsejando personalmente o en grupos pequeños, Yeshúa ayudó continuamente a las personas a alcanzar un mayor nivel de comprensión espiritual. Como ya hemos visto, uno de los muchos ejemplos fue cuando Nicodemo, un miembro del concilio gobernante, se acercó al Maestro bajo el amparo de la oscuridad, buscando guía espiritual. Jesús fue abierto y honesto con Nicodemo y le dio una lección básica del reino de Dios. Le explicó detalladamente la necesidad de nacer de nuevo, le enseñó sobre el amor del Padre por la humanidad y destacó muchos otros aspectos claves necesarios para comprender los caminos de Yahweh. Este líder espiritual de Israel fue elevado a un nivel totalmente nuevo, y a partir de esta sesión de consejería nocturna y secreta, se convirtió en un seguidor secreto de Jesús.[47]

Cuando una persona está desanimada, un exhortador se pondrá en acción para ayudar y dar una solución. Cuando Yeshúa predijo que Simón Pedro lo negaría tres veces la noche que fue arrestado, Pedro audazmente proclamó, "*Aunque tenga que morir contigo, yo no te negaré*"[48]. Como todos ya sabemos, las palabras del Señor resultaron ser verdaderas. Pedro terminó jurando profanamente ante Dios, afirmando falsamente que no conocía a su amigo Jesús, y su negación casi instantáneamente produjo gran humillación y una herida profunda en él. La Escritura simplemente dice que "*él lloró amargamente*"[49]; pero sabemos por las acciones de Pedro que después, sufrió de vergüenza abrumadora. La audacia y confianza que tenía en sí mismo, habían colapsado en auto-recriminación y culpa.

Al parecer, el remordimiento atormentaba su conciencia día y noche, porque no pasó mucho tiempo antes que Simón Pedro tomara la decisión de volver a su antiguo oficio de pesca. Evidentemente, pensó que al hacerlo dejaría atrás su decepción y fracaso. Sin embargo, Yeshúa no iba a dejar a Su amigo en tal estado de confusión y pesar. Como un animador, el Mesías vino a Pedro mientras estaba pescando y le preguntó tres veces —una vez por cada negación— si le amaba. Por supuesto, el amor de Pedro no estaba en duda, a pesar de su terrible falla en la fatídica noche del juicio al Maestro. Jesús forzó a Pedro a afirmar su amor, para que pudiera comenzar el camino hacia la recuperación.

Jesús demostró una capacidad inigualable para tomar la verdad espiritual y ponerla en pocas palabras, a fin de que pudiera ser recordada y puesta en obra.

Jesús demostró una capacidad inigualable para tomar la verdad espiritual y ponerla en pocas palabras, a fin de que pudiera ser recordada y puesta en obra. Compartió parte de su guía en pasos prácticos para desarrollar el área espiritual. Otros consejos proveyeron indicadores básicos, por los cuales sus seguidores podrían desarrollar prioridades divinas. Éstos son sólo cuatro de una multitud de ejemplos:

- El modelo de oración que Yeshúa dio a sus discípulos, que comienza con "P*adre nuestro que está en los cielos…*" fue dado para enseñar un patrón para la oración.[50]
- Jesús dirige a "buscar primero el reino de Dios y Su justicia…" da un resumen con dos puntos simples de cómo un seguidor debe priorizar los asuntos de su vida personal.[51]
- Las instrucciones del Maestro para "tener fe en Dios", "hablarle a la montaña" con firme confianza, y caminar en perdón, son pautas para activar nuestra fe y si se ponen en práctica, ayudarán a superar problemas intratables.[52]
- La Gran Comisión fue una declaración de misión para los seguidores de Yeshúa, así como los principios generales por los cuales el Reino de Dios debe avanzar.

A lo largo de Su ministerio, el Mesías hizo exhortaciones positivas con la intención de quebrar las barreras del pensamiento carnal y para desafiar a todos los que le oían a crecer a un mayor nivel de madurez espiritual. Uno de los ejemplos más grandes registrados en la Escritura fue el Sermón del Monte, donde animó al pueblo de Dios: "*… amen a sus enemigos… hagan el bien… bendigan… presten… sean misericordiosos… no juzguen…*"[53]. El "amigo de todos" tiene una palabra de aliento para cada uno de nosotros. ¡Qué amigo tenemos en Jesús, nuestro animador!

5. YESHÚA EL DADOR

Él se entregó a sí mismo "en rescate por muchos" y continuamente daba mientras Él ministraba.

Compartir era una forma de vida para Yeshúa. El Hijo del Hombre dio de Sí Mismo y todo lo que tenía por el espíritu de generosidad que había dentro de Él. El Señor estaba tan dedicado a dar, que ni siquiera tenía un lugar propio para Sí Mismo. No tenía un lugar donde encontrar un respiro después de todos sus viajes. Jesús dijo, "*Las zorras tienen guaridas y las aves tienen nidos, pero el Hijo del Hombre no tiene ningún lugar donde recostar su cabeza*"[54]. El Mesías tenía muy presente que Su estancia aquí en la tierra sería breve, por lo que no le dio ni un momento de reflexión a las cosas temporales. Su atención se centró en el cumplimiento de Su misión.

Nuestro Salvador les dijo a sus discípulos que Él sólo hacía cosas que veía hacer a Su Padre.[55] Yeshúa vio toda Su propia vida aquí en la tierra como un regalo de Dios para la humanidad. Le dijo a Nicodemo que "*de tal manera amó Dios al mundo que dio a Su hijo unigénito...*"[56]. Jesús estaba refiriéndose a Sí Mismo como el Hijo que había sido dado por Dios. El Padre lo había dado para cualquiera que estuviera dispuesto a recibirlo.

Durante el tiempo que Yeshúa vivió en la tierra, derramó Su vida por todos nosotros. Él nos dio Su todo, hasta Su último aliento, mientras colgaba de la cruz. Puso Su propia espalda para ser azotada por nuestra sanidad y se ofreció Él Mismo como un sacrificio. Había entregado Su propia vida en rescate por muchos. Gracias a eso, la salvación ahora está disponible para todos.

Las Escrituras nos dicen que el Hijo de Dios, voluntariamente, lo entregó todo por nuestro beneficio. El apóstol Pablo escribió, "*Porque ya conocéis la gracia de nuestro Señor Jesucristo, que siendo rico, por nosotros se hizo pobre, para que vosotros con su pobreza fuerais enriquecidos*"[57]. Nuestro digno Salvador hizo todo esto por una humanidad que ni siquiera lo merece. Verdaderamente, ésta es la clase de amor de Dios en acción —derramándose abundantemente sobre aquellos que no merecen nada.

> *A través de su vida y acciones, Yeshúa nos brindó un ejemplo como dador. También nos enseñó a ser dadores.*

A través de su vida y acciones, Yeshúa nos brindó un ejemplo como dador. También nos enseñó a ser dadores. Nos dijo que acumular "cosas" era para los no creyentes.[58] Instruyó a los Suyos para que "*no acumulen tesoros para ustedes en esta tierra… sino acumulen tesoros en los cielos…*"[59]. El dilema que todo el mundo debe enfrentar es que "*nadie puede servir a dos señores… no podéis servir a Dios y a las riquezas*"[60].

Jesús nos dejó Su palabra y sus acciones para seguirlas. Habló acerca de los "*…engaños de las riquezas*"[61] y nos enseñó que debemos dar con un motivo puro, uno que haga sonreír a Dios. Cuando compartimos lo que tenemos con los necesitados, no debemos hacerlo para ser admirados por los demás, presumiendo para atraer la atención sobre nosotros mismos; tampoco debemos permitir que nuestra mano izquierda sepa lo que hace nuestra mano derecha. Cuando una persona da como para el Señor, Él es quien le recompensará.[62]

El tipo de generosidad que nuestro Salvador nos enseñó sólo puede ser entendida a la luz de la magnitud del regalo que hemos recibido. La parábola que ilustró este punto, fue la de un hombre al que se le perdonó una deuda enorme, la cual nunca hubiera podido pagar.[63] Cada uno del que ha recibido el regalo gratis bajado del cielo —la salvación a través de nuestro Señor Jesucristo— es como este hombre. El "Perdón" ésta en el corazón mismo del mensaje de las Buenas Nuevas. Es esencial para nosotros valorar la inmensa generosidad gracias a la cual somos beneficiados. Con corazones llenos de gratitud, debemos dar a los demás, conforme a la misma gran medida con la que ya hemos sido "per-don-ados". La falta de generosidad de nuestra parte refleja una falta de gratitud y resultará en nuestro propio dolor y pérdida.

Yeshúa se refirió a Su propio estándar de generosidad varias veces en Su mensaje del Sermón del Monte. Si un seguidor realmente presta atención a las palabras del Maestro, está claro que tendrá que sumergirse en la clase de amor de Dios, para poner el estándar de Jesús en práctica: "*Denle a todo el que les pide [el que está en necesidad], y al que toma tus bienes, no le pidas, ni exijas que te lo devuelva*"[64]. La actitud de Jesús ante las necesidades de los demás y nuestras propias posesiones, es 180 grados opuesta al sistema de este mundo y al punto de vista de la mayoría de cristianos. No obstante, nuestro Señor lo dio como una instrucción para cualquier persona que le sigue: den sin medida y no esperen nada a cambio.

Afortunadamente Jesús no lo dejó allí. Sólo unos pocos versículos después Yeshúa prometió: "*Dad, y se os dará; medida buena, apretada, remecida y rebosando darán en vuestro regazo; porque con la misma medida con que medís, os volverán a medir*"[65]. La revelación interna al combinar ambas declaraciones de Jesús, es que nosotros debemos dar con un corazón puro pero sabemos que nuestro dar no es en vano. Hay una recompensa al dar, y se mide de acuerdo a la medida con la que hemos dado.

Cuando la unción de Yahweh opera a través de alguien dotado con el don innato de compartir, Él tiene una manera de proveer, incluso cuando una fuente de recurso no es evidente. Un día Jesús y sus discípulos decidieron ir a un lugar alejado, fuera de la ciudad, para tomar un descanso.[66] Sin embargo, la noticia que Yeshúa estaba cerca comenzó a extenderse alrededor. No pasó mucho tiempo para que una gran multitud, de más de cinco mil, se presentara. Ellos querían escuchar las enseñanzas del Maestro. A pesar que esta inesperada multitud había arruinado sus planes de tomar un descanso, Yeshúa sintió compasión por los que habían venido a oírle. Les dio una improvisada enseñanza que duró hasta después del mediodía.

Después que terminó de hablar, la gente tenía hambre y no había ningún lugar cercano para conseguir alimento. Los discípulos preguntaron a su alrededor y descubrieron que había muy poco a la mano —solamente cinco panes y dos pescados que llevaba un muchacho. Sin inmutarse, el Salvador tomó los panes en sus manos, los levantó ofreciéndolos a Dios y los bendijo. Entonces Jesús partió el pan en pedazos pequeños y se los dio a sus discípulos, los que en seguida distribuyeron el pan entre el pueblo. Jesucristo repitió el proceso haciendo lo mismo con los dos peces. Cuando todo estaba repartido, la gente comió hasta quedar saciada —los cinco mil. Después, los discípulos recogieron los sobrantes y ¡llenaron doce cestos con ellos! La multiplicación de la cual fueron testigos ese día mostró que, sin importar la circunstancia, cuando el poder de Dios está operando a través de un dador, las necesidades serán suplidas.

El don innato de dar que Jesús demostró, no fue solamente para los días cuando ministraba en la tierra. Yeshúa Mismo fue, en realidad, el supremo don del Padre para todos nosotros. Por medio de Él todas las promesas de Dios son Si y Amén.[67] Gracias a Jesucristo, nosotros experimentamos una bendición generacional como "*los verdaderos hijos de Abraham. [Nosotros] somos sus herederos, y las promesas de Dios a Abraham nos pertenecen*"[68]. Además de eso, el "paquete completo" de nuestro don incluye el privilegio para nosotros, sus hijos e hijas espirituales, de entrar a la presencia de Dios y vivir con Él por la eternidad. Verdaderamente, el impacto del don innato de dar de Yeshúa es para todas las generaciones y para todos los tiempos.

6. JESÚS EL LÍDER

Él tomó dominio y autoridad sobre todas las cosas que estaban en oposición con los propósitos del reino.

La personalidad dinámica de Yeshúa fue tan convincente como las verdades que Él reveló. La mayoría de las personas a quienes se dirigió eran como muchos en nuestros días —tibios y con intereses egocéntricos. Sin embargo, ellos también querían experimentar más en sus vidas. La presencia vital del Mesías tenía una forma de impactar a los que estaban a Su alrededor. Su personalidad vibrante estuvo marcada con el "sello de aprobación" del Espíritu de Yahweh; señales y prodigios lo siguieron a dondequiera que Él fue.

Jesús fue equipado con Su don de liderazgo para hacer que las cosas se lleven a cabo. Era un hombre de acción con una misión del cielo. La imagen popular que tenemos hoy en día acerca de su persona está muy lejos de la realidad de Su imponente presencia. Vivió en una era en la que no había sistemas de sonido y Su voz era lo suficientemente fuerte para ser escuchado por una multitud de más de cinco mil personas.[69] Tenía tanto poder de resistencia que podía caminar largas distancias en los angostos caminos polvorientos de Judea y Galilea. Tan pronto como llegaba a Su destino, multitudes expectantes se reunían para oír

Su predicación. Aparte de separar tiempo para descansar y orar, el Hijo del Hombre nunca permitió que la fatiga dictara Su agenda o interfiriera con el cuidado de las necesidades de la gente.

Jesús le presentó a sus seguidores una visión convincente que nunca fue prevista para los tímidos. El plan que se les presentó, exigía una participación activa de su parte. Tenían que dejar sus comodidades e ir por todo el mundo a predicar las Buenas Nuevas del reino de Dios. Además, el mandato del Maestro requería sacrificio personal de parte de todos los que irían en Su nombre. Tendría un costo diario, porque Él dijo, "*Si alguien quiere ser mi seguidor, tiene que alejarse de sus actitudes egoístas, tomar su cruz cada día, y seguirme*"[70]. Pero Su visión también contenía grandes recompensas: la promesa de Su Espíritu, estar lleno de la plenitud de Dios, permanecer en Su presencia ahora y por la eternidad, así como recompensas más allá de la imaginación o comprensión.[71]

Parte del don de liderazgo consiste en la organización y administración. Yeshúa nunca hizo las cosas "de cualquier manera", ni guió a sus seguidores arbitrariamente.

Parte del don de liderazgo consiste en la organización y administración. Yeshúa nunca hizo las cosas "de cualquier manera", ni guió a sus seguidores arbitrariamente. Su gran propósito requería un plan y una organización que involucrara a sus seguidores en sus diferentes niveles de compromiso. En primer lugar, el Salvador compartió con las multitudes Su visión acerca de las Buenas Nuevas del reino de Dios. Entre la multitud, eligió a setenta para un entrenamiento especial y los envió de dos en dos a los pueblos y aldeas de Galilea, proclamando el evangelio del reino.[72]

Sin embargo para nosotros, más conocidos que los setenta, son sus doce discípulos.[73] Jesús escogió a estas personas para ser sus socios cercanos, aquellos a quienes dedicara la mayor parte de Su tiempo y esfuerzo. Ellos vivieron con Él, y Jesús les compartió secretos especiales, y los entrenó en todos los sentidos. Estos habrían de ser sus líderes que harían avanzar el reino de Dios cuando Él fuera quitado de en medio de ellos. Dentro de los doce discípulos, había un grupo de tres, con quienes compartió experiencias especiales y revelaciones que cambiaron sus vidas. Los tres —Pedro, Santiago y Juan— fueron de Su "círculo íntimo" de amigos. Lo acompañaron en ocasiones extraordinarias, como cuando subió a un monte y se transfiguró, lo mismo cuando agonizó en oración en el Huerto de Getsemaní.[74]

Cada uno de estos grupos —los tres, los doce, los setenta y la multitud— formaron círculos concéntricos a Su alrededor. Su nivel de acceso a Jesús y la intimidad con Él es lo que los definió. El círculo más externo era la multitud que recibía sus enseñanzas y mensajes en general. El segundo círculo estaba compuesto por aquellos que estaban dispuestos a servir y seguir Su guía. Dentro de ese círculo estaban aquellos escogidos, quienes un día habrían de dirigir la iglesia como apóstoles. El circulo más interno era el grupo especial de tres, quienes estaban más cerca de su corazón y a quienes se les dio revelación única.

Autoridad y dominio son parte del ADN espiritual de un líder. Yeshúa demostró Su autoridad sobre la maldad, las fuerzas de la naturaleza y el poder de las tinieblas espirituales a lo largo de Su ministerio. Un excelente ejemplo fue cuando se encontró cara a cara con aquellos que estaban profanando el Templo, convirtiéndolo en una feria.[75] El sacrilegio de los vendedores ambulantes y de los cambistas que saqueaban la casa de Su Padre, lo llenó de indignación. Así que Jesús hizo un látigo y los expulsó masivamente del Templo. Mientras Él volcaba sus mesas, los vendedores ambulantes huyeron temerosos, y nadie se atrevió a levantar ni siquiera una moneda de los centenares esparcidos por todas partes. ¡El Hijo del Altísimo se había hecho cargo!

Una instancia aun más reveladora del dominio de Jesús fue cuando la naturaleza misma se vio forzada a inclinar su rodilla ante la autoridad del Maestro. Una noche Yeshúa y los Doce estaban en el Mar de Galilea cuando de repente una violenta tormenta se levantó de la nada.[76] El viento soplaba muy fuerte y las olas golpeaban sin cesar, una tras otra, embraveciéndose, tanto así que el barco estaba en peligro de hundirse. La ferocidad de la tormenta puso a los discípulos en un estado de pánico, pero Jesús estaba profundamente dormido durante toda la conmoción. Temiendo por sus vidas, los discípulos despertaron al Maestro pidiéndole que hiciera algo —cualquier cosa. Y Él hizo algo: Él habló. Reprendió al viento y le habló a las olas, "*¡Paz, estad quietos!*"[77]. Tan pronto como pronunció esas palabras, los enfurecidos vientos y las olas turbulentas disminuyeron en obediencia. Jesús y los discípulos continuaron su viaje a través de un mar tranquilo ahora. La fuerza maligna detrás de la tormenta se había visto obligada a ceder y desistir. Tal era la autoridad de Jesús.

Muy temprano, a la mañana siguiente, Yeshúa y Su grupo llegaron a Gadara, al otro lado de Galilea, donde fueron desafiados immediatamente por otro sorprendente encuentro cuando desembarcaron.[78] Un hombre desnudo, atormentado por espíritus inmundos, se acercó amenazadoramente apenas llegaron a la orilla. Esta alma demente que había aterrorizado la región entera por años con su desenfreno. Estaba poseído por espíritus inmundos, quienes lo obligaban a vivir sin ropa entre las tumbas del cementerio de Gadara. El Salvador miró fija e intensamente al hombre y ordenó, "*¡Tú espíritu inmundo, sal de este hombre!*"[79]. Un demonio enloquecido gruñó diciendo, "*¿Qué tengo yo que ver contigo, Jesús, Hijo del Dios Altísimo? ¡Te imploro por Dios que no me atormentes!*"[80].

Por tal respuesta, vemos que el espíritu depravado, implorándole a Jesús que no lo atormentara, reconoció inmediatamente la autoridad de Jesús sobre él. De hecho, el demonio había sido reducido a un estado miserable con tan sólo ver la autoridad de Yeshúa. De inmediato, él y las huestes de espíritus demoníacos con él fueron expulsados, y el hombre que había sido atormentado por tanto tiempo fue restaurado a su sano juicio.

7. JESÚS EL DADOR DE MISERICORDIA

> *"Porque no tenemos un sumo sacerdote que no pueda compadecerse de nuestras debilidades…" Hebreos 4:15 (NASB)*

Yeshúa no podía haber sido más diferente del mundo en el cual nació. ¡El Hijo del Hombre era cálido y cariñoso! Era como si todas las características de Su ADN espiritual hubieran sido infundidas con un espíritu de compasión. En el centro mismo del ser de nuestro Salvador estaba el don innato de misericordia, que hizo que cuidara profundamente de la gente y se preocupara por sus innumerables aflicciones. Su corazón de compasión lo impulsaba a seguir adelante y traer bienestar al mundo dolido. Por otro lado, el tirano cruel, que tiene este mundo en sus garras de muerte, es implacable en su opresión e iniquidad. El "dios de este mundo" produce enfermedades, muerte y destrucción donde quiera que él reine. Su historia está llena de esquemas despiadados y relatos de aflicción.

La agenda para el ministerio terrenal de Yeshúa fue ordenada en la eternidad. La misericordia de lo alto había establecido Su curso. El plan fue declarado en existencia por medio del profeta Isaías ocho siglos antes que el Nazareno proclamara Su misión:

> *El espíritu de Jehová el Señor está sobre mí, porque me ungió Jehová; me ha enviado a predicar buenas nuevas a los abatidos, a vendar a los quebrantados de corazón, a publicar libertad a los cautivos, y a los presos apertura de la cárcel, a proclamar el año de la buena voluntad de Jehová…*[81]

Jesús fue ungido para mostrar el corazón del Padre a un pueblo al que Yahweh tenía toda la intención de bendecir. Cuando el Hijo enrolló los manuscritos en la sinagoga después de leer las profecías de Isaías y anunció su cumplimiento en Sí Mismo, un movimiento se puso en marcha y el enemigo nunca sería capaz de pararlo o detenerlo. En ese trascendental día en Nazaret, el tren de la fe había partido de su estación. Impulsado por la compasión, Yeshúa alcanzó Su propósito inicial en el momento que completó Su viaje terrenal. Este mismo tren de la fe un día va alcanzar su destino final —llevando las Buenas Nuevas del reino de Dios hasta lo último de la tierra.

En unidad con el propósito del Padre, Yeshúa era movido continuamente por la compasión

En unidad con el propósito del Padre, Yeshúa era movido continuamente por la compasión. Cuando Jesús se acercaba a la aldea de Naín en Galilea, vio a una mujer cerca del portón, liderando el cortejo fúnebre de su único hijo.[82] Movido a compasión, al ver de duelo a la madre, el Salvador la consoló suavemente en tono reconfortante, "*No llores*". Los portadores del féretro detuvieron su camino. Jesús tocó el féretro diciendo, "*¡Joven, levántate!*". Lágrimas de dolor se tornaron en gritos de gozo cuando el muchacho se incorporó y empezó a hablar. Yeshúa había sentido el dolor de la madre, y la Fuente de amor se manifestó ese día.

Los niños siempre ocuparon un lugar especial en el corazón de Jesús. Se sintieron atraídos como corderitos hacia la fuerza viril del Buen Pastor, con ganas de ser recogidos y abrazados en sus brazos amorosos. A veces los pequeños buscaron con entusiasmo un lugar en Su regazo, a lo que Yeshúa alegremente consintió. Las Escrituras registran que sus discípulos trataron de evitar que los padres llevaran a sus pequeños hacia Jesús, tratando a los niños como si fueran nada más que una molestia. De acuerdo con su forma de pensar, el Maestro estaba en una misión enviada del cielo. Tenía un mensaje que entregar a la gente, y eso era lo que realmente importaba. Sin embargo, Yeshúa replicando su manera equivocada de pensar, corrigió el desatino.

> *Viéndolo Jesús, se indignó, y les dijo "Dejad a los niños venir a mí, y no se lo impidáis; porque de los tales es el reino de Dios. De cierto os digo, que él que no reciba el reino de Dios como un niño, no entrará en él"*[83].

Jesús vio a los niños como mucho más que una molestia que se debería tolerar. Los valoraba por sus comportamientos inocentes, así como por su ejemplo de fe expectante y sin dudas. Los menores eran considerados por el Maestro como dignos. Los tomaba en sus brazos y valorándolos, los abrazaba afectuosamente y los bendecía.

Los Evangelios registran también la extraordinaria compasión del Mesías hacia las mujeres. Durante Su tiempo, las mujeres estaban sometidas a un trato de segunda clase en casi todos los aspectos. En muchos sentidos, el sistema religioso hizo aun más difícil la situación de la mujer. El corazón de Yeshúa simpatizó con estas maltratadas hijas de Abraham. Las Escrituras dejan claro que cuando se presentó una situación en la cual tuvo la oportunidad de aliviar el sufrimiento de una mujer, aunque sus acciones le llevaron a ir en contra de las costumbres y tradiciones imperantes, siempre optó por la misericordia. Jesús estaba gobernado por un corazón compasivo, y por esta causa llegó a ser despreciado por los rigurosos religiosos de esa época.

Un suceso similar ocurrió un sábado, cuando Jesús fue invitado a enseñar en la sinagoga de Capernaúm.[84] Cuando estaba frente a la congregación exponiendo sobre la Torá, notó a una mujer en la parte de atrás, encorvada y afligida por una condición de incapacidad. Estaba tan doblada que no podía mirar hacia arriba. El corazón del Maestro se volcó hacia ella por el dolor y la humillación que la abatía. En ese momento decidió que ya era suficiente —Él pondría fin a su aflicción. Interrumpiendo la lección, la llamó para que pasara al frente desde la sección de las mujeres en la parte de atrás de la sinagoga. Mientras ponía Su mano sobre ella declaró, "*¡Mujer, eres libre de tu enfermedad!*"[85]. En ese mismo instante ella recibió su sanidad y por primera vez en dieciocho años pudo pararse derecha. Inmediatamente empezó a alabar al Señor y estalló una celebración bulliciosa.

Sin embargo, el líder de la sinagoga y otros viendo lo que había pasado, sintieron mucho desagrado. Jesús había sanado en un sábado, y de acuerdo a sus tradiciones, había violado la Ley de Moisés por "trabajar" en el día de reposo. Pero Yeshúa no quiso saber nada de sus tonterías. Los puso en vergüenza al señalar que no veían nada malo en dar agua a sus bueyes o mulas en el día de reposo, pero sí se llenaron de indignación cuando una hija de Abraham fue puesta en libertad, por el solo hecho que su liberación llegara un sábado. Sólo les quedó bajar sus rostros, avergonzados.

Los Evangelios están llenos con gran cantidad de ejemplos en la cual la compasión mana dentro del Mesías conforme se paseaba por Galilea y Judea. Por ejemplo Él fue movido con gran simpatía ante la patética situación de un leproso quién se arrastró de rodillas ante Jesús pidiendo ser sanado.[86] Aunque los leprosos deberían evitar contacto con los humanos debido a que eran considerados como "inmundo" de acuerdo a la Ley, Jesús alcanzó con compasión y el hombre considerado "intocable" por la Ley de inmediato recibió su sanidad por el toque del Maestro.

En otra ocasión, después que Su amigo Lázaro muriera, María cayó a sus pies llorando por la pérdida de su hermano. Mientras otros sollozaban en el fondo, María estaba totalmente consternada. El momento estaba cargado de emoción al punto de hacer brotar lágrimas de los ojos de Yeshúa. Era como si el Señor de amor no podía mirar el dolor sin que ese dolor llegara a ser Suyo. "*Cuando Jesús vio a María llorando, y los judíos que venían con ella llorando… Jesús lloró*"[87].

Cerca del final de Su ministerio, mientras Jesús se acercaba a Jerusalén por última vez, se quedó mirando la ciudad, considerando su destino. Reflexionaba sobre la terrible devastación que sobrevendría a la ciudad de David por no haber reconocido la hora de su visitación. Exclamó:

> *¡Jerusalén, Jerusalén, que matas a los profetas, y apedreas a los que te son enviados! ¡Cuántas veces quise juntar a tus hijos, como polluelos debajo de las alas, y no quisiste!*[88]

El Mesías había derramado Su corazón y estaba deseando dar Su vida por el pueblo al que fue enviado, sin embargo, ¡ellos fallaron en reconocerlo! Lucas, el escritor del evangelio que lleva su nombre registró: "Y cuando llegó cerca, viendo la ciudad, lloró sobre ella"[89]. Era una tragedia que no tenía que haber sucedido. La misión de Jesús a lo largo de Su caminar había sido determinada por un corazón de compasión. Él era el amor personificado, ¡y aun así no pudieron percibir quién era! Incluso cuando estaba colgado en la cruz, Su corazón todavía se extendía hacia los demás y oraba: "*Padre, perdónales porque no saben lo que hacen*"[90]. En un mundo cruel y lleno de miseria y dureza de corazón, Jesús mostró lo único que llena el corazón del Padre –*¡la compasión!*

Preguntas: Capítulo Siete

1. La abismal diferencia entre nuestro Salvador y el resto de la humanidad fue la medida de ____________ que estaba sobre Él.

2. Conforme vemos la perfección en la que operó Jesús en todos los dones inherentes, encontramos ___________ irrefutable que Él es Emanuel, Dios con Nosotros.

3. La divina inspiración de la Escritura es avalada por los relatos de Yeshúa operando en cada uno de los dones a la _________________.

4. Jesús, dotado con el don de profecía, tuvo un "radar espiritual", con el que podía discernir en cualquier momento los _______________ de los hombres.

5. Jesús nunca retrocedió cuando la __________ provocaba controversia.

6. Fue el don de ________________ de Jesús lo que provocó Su más furiosa oposición.

7. El humilde comienzo del Mesías prometido, al nacer en un humilde establo en Belén, fue un indicio temprano que el unigénito del Padre viviría y _______________ como un verdadero siervo.

8. El Maestro enseñó a sus discípulos y a otros sobre la importancia de la abnegación y la _________________; con frecuencia señaló Su propia servidumbre como ejemplo.

9. Una señal de un ministro verdadero es la _______________, es decir, la medida que indica si una persona está buscando su propia

voluntad o la de otro que está por sobre él en autoridad.

10. El episodio del joven Jesús "enseñando a los maestros" fue tan extraordinario que las Sagradas Escrituras lo registran como el único incidente durante los años de ____________________ del Mesías.

11. El Maestro enseñaba con sencillez, sin embargo, sus enseñanzas contenían verdades insondables y profundas que necesitaban ser ________________.

12. El aspecto del don de enseñanza de Jesús que más enfurecía a los Fariseos era su abstención de ____________ la inmoralidad.

13. Yeshúa se encontró con todo tipo de personas mientras Él ministraba, incluyendo poseídos por demonios, cobradores de impuesto corruptos, mujeres de mala reputación y leprosos. Él los trataba a todos con ___________.

14. Dondequiera que Jesús iba, y en casi todo lo que hizo, mostró una preocupación por el _______________ espiritual de quienes lo rodeaban.

15. Jesús demostró una capacidad inigualable para tomar la verdad ______________ y ponerla en pocas palabras, a fin de que pudiera ser recordada y puesta en obra.

16. A través de su vida y acciones, Yeshúa nos brindó un _____________ como dador.

17. El tipo de generosidad que nuestro Salvador nos enseñó sólo puede ser entendido a la luz de la magnitud del ___________ que hemos recibido.

18. Yeshúa se refirió a Su propio estándar de ________________

varias veces en Su mensaje del Sermón del Monte.

19. Yeshúa fue equipado con Su don de liderazgo para hacer que las cosas se ____________ a cabo.

20. Su gran propósito requería un plan y una _____________¬_____ que involucrara a sus seguidores en sus diferentes niveles de compromiso.

21. Yeshúa demostró Su _____________ sobre la maldad, las fuerzas de la naturaleza y el poder de las tinieblas espirituales a lo largo de Su ministerio.

22. En el centro mismo del ser de nuestro Salvador estaba el don innato de misericordia, que hizo que cuidara profundamente de la gente y se preocupara por sus innumerables _______________.

23. En unidad con el propósito del Padre, Yeshúa era movido continuamente por la _____________.

24. El Mesías había derramado Su corazón y estaba deseando dar Su vida por el pueblo al que fue enviado, sin embargo, ¡ellos fallaron en __________________!

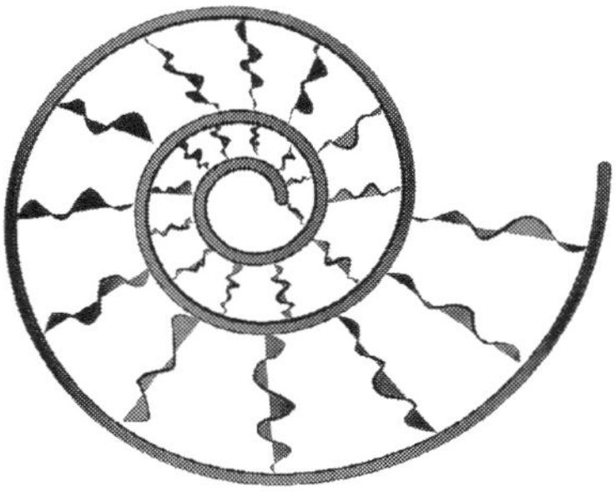

PARTE TRES: SU PROPÓSITO

"Porque Dios nos ha salvado y nos llamó a vivir una vida santa. Lo hizo, no porque lo merecíamos, sino porque este fue Su plan desde antes del inicio del tiempo —para mostrarnos Su gracia a través de Cristo Jesús". 2 Timoteo 1:9 (NLT)

La Iglesia – La Novia de Cristo

Capítulo Ocho

LAS IGLESIA DOTADA

◈ ◈ ◈

Un Mosaico por Diseño

"Porque así como el cuerpo es uno, y tiene muchos miembros, pero todos los miembros del cuerpo, aunque son muchos, constituyen un solo cuerpo, así también es Cristo". 1Corintios 12:12 (LBLA)

El cuerpo del Mesías fue diseñado para estar interconectado y ser interdependiente. Cada miembro ha sido dotado con un ADN espiritual particular que le permite realizar una función necesaria en el cuerpo. Una parte elemental del plan de Yahweh es que Su pueblo dependa los unos de los otros por el bienestar general de la iglesia, el cuerpo de Jesucristo aquí en la tierra. Ninguno de los seguidores de Jesucristo individualmente es capaz de suplir todas las funciones necesarias por la iglesia. Esa verdad básica es obvia, pero las implicaciones de la misma no son enteramente entendidas o apreciadas por muchos. Para tener un cuadro más claro de lo que el Señor tiene en mente para Su pueblo, permítanos considerar en primer lugar, lo que el ministerio debe ser en una asamblea local de creyentes.

MINISTERIO CORPORAL – LA FORMA CÓMO DIOS HACE LAS COSAS

"Cada uno debería usar cualquier don que ha recibido para servir a otros, administrando fielmente la gracia de Dios en sus variadas formas". 1Pedro 4:10 (NVI)

Se espera que la iglesia funcione como un cuerpo físico, con todas las partes conformadas por creyentes dotados por un área particular de servicio. El don que está dentro de cada miembro individual —personalidad, talentos y unción— debe complementar al de los otros, y contribuir al bienestar del cuerpo global. A pesar que mucho puede ser determinado por lo que se ve externamente (el comportamiento de una persona, y los talentos e intereses obvios) también es importante lo que hay en el interior. La mayoría de los hijos de Dios son extremadamente inmaduros en lo que concierne a su potencial. Ellos son verdaderamente "diamantes en bruto", algo como "el buda de oro" de la siguiente historia:

En un templo cercano a la capital histórica de Tailandia, una vez se levantó una enorme estatua de barro de Buda. A pesar de su apariencia rudimentaria, había sido cuidada durante varios siglos y llegó a ser reverenciada por su longevidad. A mediados de 1950, la estatua de tres metros de alto estaba siendo movida por un equipo muy pesado a una nueva ubicación. Durante el proceso resbaló y cayó al suelo y se partió en uno de sus lados. Inmediatamente, un monje corrió a la estatua y tomó una linterna y alumbró dentro del agujero. Mientras miraba detenidamente en el interior, lo que vio fue ¡un relejo brillante de oro! Dentro de esta estatua de barro se encontraba una de las más grandes y radiantes estatuas de oro jamás creada en el sureste de Asia. Al pasar el tiempo la gente había olvidado simplemente que el buda de oro había sido cubierto con barro para que no sea robado por un ejército invasor. Ahora, que ha sido descubierta, la estatua de cinco toneladas y media, brilla mientras los peregrinos la visitan de todas partes del mundo.[1]

¿No valemos nosotros los redimidos mucho más que este ídolo pagano? Y sin embargo el potencial dentro de muchos de nosotros pasa en gran parte inadvertido y no lo apreciamos. Tenemos una riqueza de recursos innatos no descubierta, porque la mayoría de nosotros no estamos dispuestos a cavar más allá de la superficie de nuestro "barro" exterior. Casi todos, nos enfocamos en lo obvio, y miramos por el espejo retrovisor nuestro pasado, para determinar de lo que somos capaces y a dónde nos dirigimos. Miramos lo natural en lugar de mirar al interior para ver lo que se ha puesto allí de manera sobrenatural. Por estas razones, la mayoría de nosotros vivimos muy por debajo de nuestro potencial personal, y por esto el cuerpo de Cristo sufre.

De acuerdo con la carta de Pablo a la iglesia de Éfeso, el ministerio quíntuple de la iglesia —apóstol, profeta, evangelista, pastor y maestro— ha sido dado al cuerpo por Yeshúa para equipar a los creyentes, "*a hacer el trabajo del ministerio*"[2]. Por lo tanto, el rol principal de un pastor, así como el de los otros "dones de equipamiento", es entrenar — preparando al pueblo de Dios para hacer Su obra. De hecho, preparar creyentes para una vida de servicio está en el primer lugar de la lista de responsabilidades laborales de un pastor. Predicar y otras actividades son importantes, pero éstas no son la preocupación más grande o la prioridad de Dios.

¿A QUÉ SE PARECE ESTE CUERPO?

La responsabilidad para entrenar a las personas empieza por conocer y entender —sus motivaciones, trasfondo, personalidad, fortalezas y debilidades. ¡Qué mosaico tan impresionante ha creado Dios! Tiene una multitud de sombras y colores; cada uno tiene su lugar, y trae profundidad espiritual a la compleja obra maestra en la tierra llamada el "cuerpo del Mesías".

Este mosaico sobrenatural es tan diverso como los colores en un arcoíris. Cada gradación representa un aspecto del ADN espiritual que Yahweh ha distribuido en todo Su cuerpo. Después de todo, la diversidad es un concepto que inició nuestro Creador Dios. La biodiversidad que vemos en el mundo natural es apenas un reflejo de la complejidad encontrada en el campo espiritual. La iglesia ha sido diseñada para operar en el asombroso potencial que nos ha sido mostrado por el Maestro mientras ministraba aquí en la tierra como el Hijo del Hombre. La variedad de dones en Su cuerpo y su potencial están muy lejos de nuestra comprensión limitada, y está esperando ser liberada en muchas formas.

Otra imagen de la iglesia que emerge de la Escritura es el de la novia de Cristo. Por ejemplo, el apóstol Pablo exhortaba a los esposos a amar a sus esposas "*... así como Cristo amó a su iglesia y se dio a Sí mismo por ella*"[3]. También en Apocalipsis recibimos un vistazo de la fiesta de bodas del Cordero, cuando la iglesia estará vestida de lino fino.[4] Con estas imágenes en mente, una iglesia diversa que es al mismo tiempo el cuerpo y la novia del Mesías, consideraremos el rol que cada don innato tiene para cumplir los propósitos de Dios.

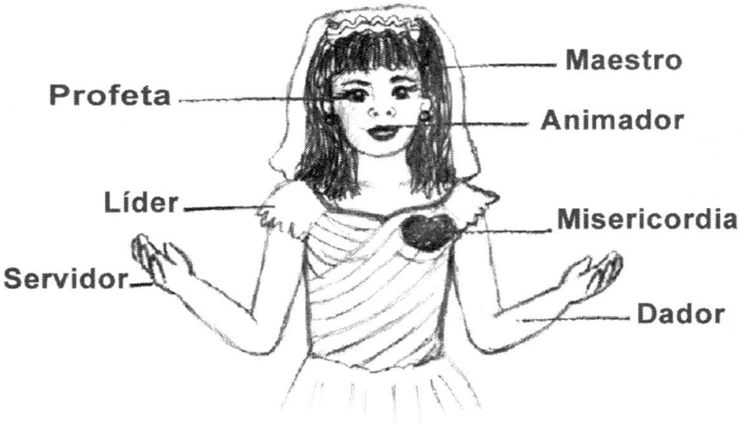

El don innato de **profeta** trae al cuerpo los *ojos* del discernimiento espiritual. Aquellos que operan en este don, son como "vigías en una torre" para el pueblo de Dios cuando vienen los peligros espirituales. Huelen la hipocresía y el pecado oculto, y no se quedan callados sobre esto y lo sacan a la luz. Los dobles estándares no pasan inadvertidos a los ojos del profeta. Un cuerpo local sin este don es vulnerable a cualquiera que trate de infiltrarse en la iglesia con una agenda escondida. El profeta no rehúye de los asuntos que otros preferirían meter debajo de la alfombra. Cuando se encuentra injusticia, la víctima normalmente encontrará que el abogado defensor en su esquina es alguien con el don innato de profecía.

Cuando este don es mal apreciado o malentendido probablemente la congregación llegará a estar relajada con respecto al pecado y en la falta de auto examen. La disciplina en la iglesia también sufrirá. Si el profeta está dispuesto a ser un jugador del equipo y caminar guiado por el Espíritu Santo, servirá como el agente de limpieza que puede purificar el cuerpo. La contaminación y la corrupción no pueden coexistir cuando este don está en operación. Cuando la necesidad aparece, la gracia del profeta podrá quitar el poder debilitador del pecado y emergerá un cuerpo más saludable y más fuerte.

Una razón por la que las encuestas en los Estados Unidos y en otras partes han mostrado una mínima diferencia entre el comportamiento de los cristianos y el del mundo se debe a nosotros, la iglesia, no le hemos dado el lugar apropiado al profeta.

El don innato de **ministro** (siervo) opera como las *manos* del cuerpo. Sin estas personas con "buenas manos", las cosas prácticas que se necesitan hacer en cada congregación —desde la más pequeña hasta la más grande— languidecerán. Es más, un ministerio simplemente no puede crecer bien, ni siquiera sobrevivir, sin aquellos que estén dispuestos a "dar una mano" y atender cualquier cosa que se necesite hacer. Justo al inicio de la iglesia primitiva, las necesidades eran entendidas por los apóstoles de modo que "*...siete hombres de comportamiento honesto, llenos del Espíritu Santo y sabiduría...*" tuvieron que ser escogidos para que la iglesia pueda seguir floreciendo.[5] Esos tres atributos —ser honesto, ser llenos del Espíritu, y caminar en sabiduría— son la prueba positiva que el don de servicio es un llamado mucho más alto de lo que generalmente se cree. Podemos pensar que "servir a las mesas" es una tarea insignificante, pero el Señor la consideró tan importante que Él escogió de entre aquellos siete siervos al primer mártir de la iglesia, Esteban. Él predicó en la cuna religiosa de Jerusalén, un mensaje que trajo tanta convicción, tanto que algunos de ellos, enfurecidos, tomaron rocas y lo apedrearon. Mientras que el don de servicio puede ser simbolizado por las manos, también es verdad que este don funciona a su vez como el impulso vital de cualquier asamblea local. Como todo líder sabe, sin la persona detrás de la escena "cuidando el negocio", el caos probablemente reinará. De la misma manera como Jesús, en el Aposento Alto, lavó los pies a los discípulos, la iglesia local debe aprender a elevar el servicio a un nivel de mayor dignidad. Los líderes tienen que reconocer el rol vital que juegan estos "héroes no reconocidos" o el trabajo del ministerio entero será seriamente entorpecido.

El don innato de **maestro** es como el *cerebro* para el cuerpo. Este don mantiene a la iglesia sobre el fundamento firme de la Palabra y la sana doctrina. De esta manera el cuerpo es edificado y es capaz de alcanzar nuevas alturas. El impacto positivo del maestro es maximizado cuando es capaz de discernir el corazón de Dios e impartir Su consejo con integridad, sabiduría y entendimiento. Un maestro verdadero es un buscador de la verdad. Él es más efectivo cuando es capaz de recibir entendimiento y revelación fresca y al mismo tiempo poder transmitir ese conocimiento en una forma que cambie corazones, mentes y vidas. Para cumplir esto, el maestro debe tener la habilidad de alcanzar al pueblo de Dios "donde ellos se encuentren" y moverlos hacia adelante, a un entendimiento mayor. Ya que este don tiene influencia sobre la dirección a la que el cuerpo se está dirigiendo, es crucial para un maestro, mantener prioridades piadosas, oír la voz de Yahweh, y caminar en integridad. La humildad y la obediencia pueden ser un problema para algunos maestros debido a la tendencia a la posesión de conocimiento mencionada en la Escritura, que puede resultar en un ego inflado.[6] Debido a los tiempos peligrosos en los que vivimos, la enseñanza de fórmulas y principios añejos, sin importar cuán bien envueltas estén, es insuficiente para la alimentación correcta del rebaño de Dios.

Debido a los tiempos peligrosos en que vivimos, la enseñanza de fórmulas y principios añejos, sin importar cuán bien envueltas estén, es insuficiente para la alimentación correcta del rebaño de Dios.

El rol del **motivador** en el cuerpo, es representado por la *boca* debido a la expresividad conectada a este don. La actitud positiva y el panorama del exhortador son cruciales para sacar adelante al cuerpo de Cristo cuando pasa por tiempos difíciles. Un exhortador efectivo no sólo es capaz de levantar los espíritus de aquellos que se sienten abrumados por las circunstancias, sino que también puede impartir una actitud vencedora que lleve a una vida victoriosa. Para los motivadores, ninguna montaña es demasiada alta para conquistarla y ninguno de los problemas de la vida es demasiado grande para detenernos cuando Dios está con nosotros. Las habilidades persuasivas de este don pueden ser decisivas para traer un cambio real en el corazón y la vida de la gente, especialmente si al motivador se le considera alguien genuino. Su amistad puede ser contagiosa, y ayudará a que aquellos que se sienten menos conectados con el cuerpo sean atraídos a una comunión más cercana. Por lo cual, la orientación de un motivador hacia las personas es uno de los elementos vitales para promover una comunidad cálida y afectuosa. Sin el motivador, una iglesia local estará limitada en su habilidad para nutrir y lograr el crecimiento espiritual personal.

Este don es también un elemento necesario para el crecimiento y la expansión global de la iglesia. Los motivadores tienen la tendencia de "salirse del camino" al permitir que estándares y emociones subjetivas tengan la preeminencia en sus vidas. Por eso, es importante que este don sea balanceado con el don del maestro, el cual guardará al motivador de caminar por el desierto del engaño y el error.

El **dador** sirve como los *brazos* del cuerpo. Este don vital promueve un espíritu de generosidad, y capacita a la iglesia para recibir y compartir provisión. La unción sobre el dador atrae y libera recursos para ser usados en los propósitos del reino. Si no fuera por este don, el cuerpo sería severamente obstaculizado para alcanzar y extenderse a los necesitados. El valor de compartir en pro de la salud y el crecimiento de la iglesia, fue demostrado muchas veces en la iglesia primitiva, según lo señala el libro de los Hechos. Justo después del día de Pentecostés, tras la salvación de tres mil personas:

> *Todos los creyentes se reunían en un solo lugar y compartían todas las cosas que tenían. Vendieron sus propiedades y sus posesiones y compartían el dinero, según la necesidad de cada uno. Cada día alababan juntos en el Templo, reuniéndose en los hogares para la Cena del Señor, y compartían sus alimentos con gran gozo y generosidad —todo el tiempo alabando a Dios y disfrutando la bondad de toda la gente. Y cada día el Señor añadía en sus reuniones aquellos que iban siendo salvos.*[7]

En estos cuatro versos la palabra "compartían" se menciona tres veces, junto con "gran gozo", "generosidad" y "bondad". Es claro que el compañerismo sincero experimentado por estos nuevos creyentes, fue un ingrediente especial que contribuyó al crecimiento explosivo de la iglesia emergente. ¡Cuán diferentes son los valores y las maneras de pensar de los creyentes el día de hoy, cuando son comparados con el que debería ser nuestro modelo a seguir en el crecimiento de la iglesia! Mientras que muchos líderes contemporáneos intentan vender "nuevos paradigmas" para extender el reino de Dios, podemos estar seguros que estos versos de Hechos y otros versos similares no están allí sólo para rellenar espacio. El don de dar fue dado para afectar al cuerpo más profundamente de lo que es el caso actualmente. En lugar que el pueblo de Dios busque un siempre huidizo avivamiento, quizás debería buscar una restauración de los dones y cualidades que se han perdido, incluyendo un verdadero entendimiento del don de compartir.

El don de **liderar** en el cuerpo, es simbolizado por los *hombros*. Los hombros representan fuerza y responsabilidad. Por ejemplo, refiriéndose al Mesías prometido, el profeta Isaías dijo: "*…y el gobierno será sobre sus hombros…*"[8]. Esenciales para el aspecto de presidir son el dominio y la autoridad. El don de liderar y su unción imparten estas cualidades al cuerpo. Aunque a cada creyente le ha sido dado autoridad por el Mesías,[9] una unción específica de gobierno es introducida en cada aspecto del ADN espiritual del líder. Un líder dinámico ha sido dotado especialmente para impartir visión y está preparado para pensar de manera estratégica. Estas dos cualidades son necesarias para el avance del reino de Dios. En este sentido, el don de liderar es crucial para establecer nuevas obras y puede promover el desarrollo de una unción apostólica dentro del cuerpo.

Sin la dirección provista por el don de liderazgo, una asamblea local tenderá a vagar sin rumbo, buscando su propósito, y perderá su sentido de misión. Las habilidades organizacionales de este don son cruciales para lograr las metas que el Señor ha establecido ante la iglesia. Una cosa es tener visión, pero otra muy diferente es dar los pasos necesarios para llegar allí. En estos tiempos Yahweh está enfatizando la necesidad de restaurar la autoridad apostólica y el liderazgo de su iglesia. Aquellos con el don de liderazgo están abriendo nuevos caminos que al final darán lugar al regreso de nuestro Señor.

El don de **misericordia** es como el *corazón* para el cuerpo. La expresión colectiva de la presencia de Dios en la comunidad, la iglesia local, tiene que estar firmemente "*enraizada y fundada en amor*"[10]. La compasión es la expresión del amor de Jesús para los perdidos y los heridos. Es el poder sanador de misericordia que trae plenitud a Su cuerpo. A causa de la misericordia la asamblea local alcanza a ministrar al oprimido, al marginado, al herido y al desesperado.

Un cuerpo físico es incapaz de funcionar sin un corazón, y pasa lo mismo con una congregación. Sin una presencia vibrante del don de compasión, una iglesia local estará en un estado crítico o morirá. Yeshúa advirtió a la iglesia de Éfeso que estaba en peligro de perder su candelero porque había dejado su primer amor.[11] El primer amor para cada creyente y la asamblea local deben siempre ser el amor al Padre y un amor unos por otros. Sin misericordia y compasión una iglesia puede parecer exitosa, incluso estar creciendo en membresía, así como en los programas y actividades, pero todavía así fallar en cumplir el propósito para el cual fue creada.

Todo el ministerio de Jesús fluía en la compasión, y así debe ser con la iglesia local. Sin esta gracia, a la atmosfera de una congregación le faltará calidez y será incapaz de producir fruto duradero. Los "tiempos peligrosos" de los cuales hablaba el apóstol Pablo[12] están sobre el mundo. Permita que el don de gracia tenga preeminencia en el cuerpo.

BUENO Y MUY BUENO

Todo el cuerpo del Mesías funcionando junto, en armonía, es la meta obvia de la iglesia. Desde los orígenes, el Señor ha mostrado un favor especial hacia aquellas cosas que son Suyas, hasta que lleguen a un estado de plenitud o finalización. El primer capítulo de Génesis describe cada fase de la creación. Él llamó la luz a existencia y cuando fue hecha, la Escritura dice, que "*Él vio que era bueno*"[13]. Y así fue en cada paso a lo largo del proceso. Después que cada parte de la creación entró en existencia, el Señor "vio que era bueno".

Adán y Eva fueron la culminación de su obra creadora. Habiéndolos hecho a Su imagen y semejanza, ellos tendrían dominio sobre toda creación. Ahora que el trabajo de Elohim había llegado a su plenitud, la Biblia dice en este punto que: "*...Dios vio que **todo** lo que Él había hecho fue **muy bueno***"[14]. La creación en su plenitud fue más que sus partes. Fue más grandioso que la suma de todo lo que había precedido.

El relato de Génesis muestra un principio perdurable relacionado con el patrón de bendición de Dios: un grado mayor de favor descansa sobre la plenitud o totalidad, que sobre sus componentes.[15] Sucede lo mismo con la *nueva* creación en Cristo Jesús.[16] Cada uno es un miembro del cuerpo del Señor y una parte constituyente del todo. Conforme un miembro individual se desarrolle en sus dones y contribuya al funcionamiento global del cuerpo, es declarado por Yahweh como "bueno". Por ejemplo, cuando un profeta discierne una amenaza espiritual y la trae al conocimiento de la asamblea local, Dios declara que eso es "bueno". Cuando un miembro con el don innato de misericordia alcanza y ministra a los desamparados, el Señor también declara eso como "bueno". Y así es con cada miembro que contribuya con sus dones y talentos al cumplimiento de los propósitos de Dios. Es más, cuando los miembros trabajan juntos en

Hay una unción especial que viene con la unidad y la armonía. Cuando los miembros trabajan juntos en armonía, Dios declara que esto es "muy bueno".

armonía, Dios declara que esto es "*muy bueno*". Hay una unción especial que viene con este tipo de unidad y armonía. Está verdad fue expresada en un salmo escrito por el Rey David:

> "*¡Mirad cuán bueno y cuán delicioso es habitar los hermanos juntos en armonía! Es como el buen óleo sobre la cabeza, el cual desciende sobre la barba, la barba de Aarón, y baja hasta el borde de sus vestiduras*"[17].

Esta unción especial colectiva, simbolizada por el aceite descendiendo por la barba de Aarón como "hermanos que habitan en unidad", es la clave para entender el crecimiento dinámico y el poder exhibido en los primeros días de la iglesia. Lucas escribió en el libro de los Hechos, que justo después del día de Pentecostés, los nuevos creyentes sintieron "*un sobrecogimiento*", *y mientras se reunían* "*...el Señor (continuaba)... añadiendo día a día los que habían de ser salvos*"[18]. La unidad produce los resultados que todos anhelamos.

PORQUE ÉL ES, NOSOTROS SOMOS

> *"Por esto, se ha perfeccionado el amor en nosotros, para que tengamos confianza en el día del juicio; pues como* ***Él es, así somos nosotros*** *en este mundo". 1Juan 4:17 (NASB)*

Yeshúa nos provee el ejemplo perfecto de los dones operando en armonía. Obviamente cada uno de los sietes dones innatos fueron integrados en Su persona de tal manera que el don correcto se manifestaba en el momento apropiado. Es así como debe ser en la iglesia. Por ejemplo, cuando el pecado se levanta en el cuerpo, los otros dones necesitan abrir camino, para que el profeta traiga un diagnóstico correcto del mal espiritual. Una vez que el arrepentimiento genuino suceda, el don del motivador y el dador misericordioso deben salir al frente para traer restauración. Para una recuperación a largo plazo, el maestro necesitará hacer un seguimiento para mantener las cosas en curso. En otras palabras, todos los dones trabajan juntos de manera armoniosa por el bienestar y la plenitud del cuerpo.

Así como Jesús provee el modelo para que todos los dones trabajen en unidad, Él también provee la unción para terminar el trabajo. Aunque los sietes dones inherentes residan en varios miembros del cuerpo, ellos todavía deben ser manifestados para ser usados de alguna manera. El Espíritu Santo se moverá sobre cada creyente de una manera o en un tiempo diferente que sobre otro creyente. Los dos factores principales son el ADN espiritual de la persona y su nivel de madurez. En otras palabras, hay una interacción entre el don dentro de ellos, el nivel de desarrollo espiritual y la unción de Dios.

La madurez espiritual de los creyentes afectará significativamente la manera cómo el Espíritu puede moverse en una congregación. Si un creyente es un niño o adolescente espiritual, entonces, se encontrará limitado en la ministración de su don. El niño espiritual estará más preocupado en recibir un toque del Espíritu Santo, que en llevar a cabo los propósitos de Dios o servir a otros en el cuerpo. Disfrutará la presencia de una unción colectiva, y tenderá a buscar experiencias o manifestaciones en lugar de buscar ser usado por Yahweh para el bien de otros. Se enfocará más sobre sí mismo. Si su desarrollo se queda en un estado de estancamiento, se volverá parte del perpetuo "club bendíceme" dentro de la iglesia.

Otros que se mueven más allá de esta condición inmadura, entrarán a una etapa de adolescencia espiritual, donde los motivos permanecerán mezclados. El estorbo principal para tal persona, es que opera más para suplir sus propias necesidades personales, que para suplir las necesidades de otros. Es más probable que esta persona tenga algunos problemas personales que no ha reconocido ni resuelto. Estos problemas pueden ser heridas emocionales, asuntos de carácter, o una pobre imagen propia. No haber sido liberado de fortalezas y heridas espirituales, resultará en una situación en la que un creyente puede desear servir, pero está limitado en su capacidad de hacerlo.

El nivel más alto de la unción y el servicio, se encontrará entre aquellos que han trabajado en la mayoría de problemas de su adolescencia espiritual y han salido victoriosos. Ellos se están dirigiendo a la madurez. Tal adulto espiritual ha aprendido el secreto de sacar al "yo" del camino y permitir a Cristo (al Ungido y Su unción) vivir a través de él.[19]

No se trata que todos los problemas hayan sido resueltos, pero si esta persona está dependiendo de Yahweh y está suficientemente consagrada a sus propósitos, funcionará como una bendición para otros, como Dios lo planeó.

Aparte de proveer el modelo para la armonía y la integración de los dones inherentes, y suplir la unción para su operación en el cuerpo, Jesús nos ha dado Su Espíritu, que nos capacita para caminar en la clase de amor de Dios. Este es el ingrediente más importante para que la iglesia lleve a cabo su destino, ya que sólo el amor de Dios da la habilidad para vencer los conflictos, divisiones y toda forma de pecado. La mejor manera que tienen los enemigos de Yahweh para traer abajo a una congregación, es reducir la habilidad de los creyentes de caminar en Su amor. La unción colectiva y la atmósfera espiritual menguarán. Esto puede traer lo contrario de lo que ocurrió después del derramamiento del Espíritu Santo en el día de Pentecostés y durante los primeros días de la iglesia. Es por esta razón que Jesucristo hace una reprensión tan firme en Su mensaje a la iglesia de Éfeso por haber dejado su primer amor.[20] Claramente, es más importante para Yeshúa operar en Su amor que en lograr grandes hazañas en Su nombre *sin* Él. Los resultados a largo plazo de lo que parecen ser logros reales para el reino probablemente terminen siendo efímeros si no estaban basados en la clase de amor de Dios.

> *Los resultados de lo que pueden parecer logros reales para el reino, posiblemente terminen siendo efímeros, si no están basados en la clase de amor de Dios.*

LA DOTACIÓN DE PASTOR Y EL LÍDER

Un requisito básico para un ministerio pastoral exitoso a los ojos de Dios, es que un pastor tenga un corazón para sus ovejas. Una vez que esa condición ha sido cumplida, la Escritura dice, que un pastor será más efectivo cuando opere con integridad, discernimiento y destreza.[21] La primera cualidad, integridad, está relacionada con la pureza de sus motivos, así como con su habilidad de llevar a cabo lo que sabe que es correcto. La segunda característica, discernimiento, está conectada a su habilidad para entender a la gente que él está guiando así como su sensibilidad a la guía del Espíritu Santo. La tercera cualidad, destreza, está asociada con la habilidad del pastor para actuar con sabiduría al guiar.

La integridad de cualquier líder depende de su total bienestar como persona. Sobre todo lo demás, él debe estar "enraizado y fundamentado en amor". Es seguro que será estorbado en desarrollar su don, si hay fortalezas en su mente o heridas en su corazón. La integridad personal de un pastor, y la fuerza de carácter que ésta representa, es uno de los atributos más importantes que puede poseer. Esta cualidad puede ser desarrollada al mirar en el espejo de la Escritura y ser transformado cuando el Espíritu Santo trate nuestro corazón. Como sucede con todos, el líder debe "tomar su cruz diariamente" y desarrollar intimidad con su Creador. Como parte de su llamado debe tener una preocupación genuina por el bienestar de la gente también. Un barómetro verdadero de su éxito como pastor tiene que ver más con su relación con Dios y su prójimo, y menos con el número de seguidores. De manera lamentable, muchos en la iglesia han estado más enfocados en "centavos y cantidades" que en la integridad —y la iglesia ha sufrido por esto. El discernimiento de un pastor es altamente dependiente de su habilidad para entender y relacionarse con la gente, tanto con aquellos cercanos a él como con el rebaño en general. Dios lo ha hecho responsable de todos. Para funcionar de forma competente en una capacidad de liderazgo, debe ser capaz de tratar con una amplia variedad de tipos de personalidad y entender sus motivaciones y habilidades escondidas. Conforme aprende a depender del Espíritu Santo el pastor recibirá mucha ayuda.

Un barómetro verdadero de su éxito como pastor tiene que ver más con su relación con Dios y su prójimo, y menos con el número de seguidores.

También, si su preocupación por la gente es genuina, conocerá más de aquellos que están bajo su cuidado y verá más de lo que sólo muestran en la superficie. Aunque es verdad que los dones, talentos, e intereses de su gente se harán más evidentes mientras los conoce mejor, la mayoría de personas tienen mucho mayor potencial dentro de ellos que está escondido. Descubrir las habilidades ocultas en la gente, es parte de su responsabilidad como pastor. A él se le ha asignado la tarea de equipar al pueblo de Dios para que haga el "*trabajo del ministerio*"[22]. Al llevar a cabo esa obligación, el pastor debe estar bien familiarizado con aquellos por quienes él es responsable. Sólo de esa manera podrá evaluar su ADN espiritual, entender su potencial no realizado, y proveer la capacitación y oportunidades necesarias para que ellos crezcan en su don.

La destreza del líder dependerá de muchos factores, incluyendo su habilidad para mantener una visión clara y un propósito ante la gente así como motivarlos a involucrarse en esa visión. Igual de importante es su capacidad para entender las necesidades de las personas, localizar sus habilidades y ubicarlos para que ellos puedan cumplir su función en el cuerpo de Cristo. Si un líder no es diestro en alguna de estas áreas, el ministerio sufrirá. También, si el líder tiene una imagen defectuosa de "cómo se ve" el liderazgo, también, será inefectivo.

Jesús nos proveyó la imagen más verdadera de liderazgo. Fue el Buen Pastor que cuidó por Su rebaño. Él fue el líder-siervo humilde, quien lavó los pies de sus discípulos. También fue aquel que dedicó la mayor parte de su tiempo y esfuerzo para capacitar a aquellos que había escogido para continuar el ministerio. Yeshúa entendió, no sólo su propósito y destino, sino que Él también apreció el hecho que necesitaría dejar un legado para completar la visión que Yahweh le había dado. Aquellos más cercanos a Él serán quienes lleven el mensaje del reino de Dios a los extremos más lejanos del mundo.

Si el cuerpo de Cristo del presente día aquí en la tierra va a cumplir su destino, aquellos en el liderazgo deben enfocarse en desarrollar los dones innatos de la gente encomendada en sus manos. Los líderes deben imitar la manera en la que Jesús lideró. Un verdadero líder estará igual de preocupado en ayudar a que otros alcancen el destino dado por Dios para sus vidas, como en desarrollar su propio don. "*Equipar a los santos para que hagan el trabajo del ministerio*" debe estar cerca o en el primer lugar de su agenda.

La iglesia local fue diseñada para ser un cuerpo con muchos miembros y no "el espectáculo de un solo hombre" —con la congregación como espectadores— lo cual ha sucedido en muchos casos. Esto sucede en algunas iglesias locales, no sólo no es escritural, sino también disfuncional. Para que la iglesia se mueva hacia su potencial, el pueblo de Dios necesita ser capacitado con los dones de equipamiento: aquellos que son llamados por Yahweh para servir como apóstoles, profetas, evangelistas, pastores y maestros. El cristianismo verdadero del Nuevo Testamento será restaurado cuando el liderazgo desarrolle un claro grupo de prioridades en línea con el ejemplo de Jesús y los mandatos de la Escritura. Cuando la agenda de una iglesia, llena de actividades no esenciales, se alinea con las prioridades de Yahweh, ésta florecerá en su llamado y el cuerpo cumplirá su propósito trazado.

La iglesia local fue diseñada para ser un cuerpo con muchos miembros y no "el espectáculo de un solo hombre" —con la congregación como espectadores.

Para tener un ministerio efectivo, un líder debe darse cuenta que es tan importante entender las *debilidades* de su don, así como apreciar sus *fortalezas*. Por ejemplo, un dador misericordioso quien es un pastor, puede ser percibido por el rebaño como "débil", porque de manera constante es regido por su corazón más que por su cabeza. Esto puede causar grandes problemas porque si la gente no aprecia verdaderamente el don de misericordia que está en él, probablemente tampoco no respetarán su autoridad como debieran. Esto puede llevar a una confusión, provocando la frustración de la gente, y quizá, incluso, la rebeldía de ellos a su liderazgo.

Para evitar este tipo de dificultad, es esencial que tal pastor, cultive algunas amistades cercanas e integre un círculo interno de confidentes, que posean un don complementario, como el don de profecía o liderazgo.[23]

Tener ese tipo de amigos que pueden servir como consejeros, le ayudará en las áreas donde tienda a ser débil.[24]

Es esencial que un pastor cultive algunas amistades cercanas e integre en su círculo interno confidentes que posean un don complementario.

Por ejemplo, un profeta dotado podrá ver los problemas venir por el camino, aun antes que ellos aparezcan en el horizonte para el dador misericordioso. Así que en lugar de preguntar después del hecho: "¿qué lo golpeó?", el pastor podrá anticipar los problemas y tomar las medidas necesarias por adelantado con el consejo de su amigo. De la misma manera, cuando una situación difícil se levanta, el consejo confiable de alguien con el don de liderazgo proveerá el entendimiento y la sabiduría necesaria para que el pastor pase nadando por las aguas infestadas de tiburones y sobreviva.

Además de poder compartir problemas con amigos de confianza, el pastor debe tener también un equipo de liderazgo diverso. Para calificar en la admisión a este equipo, un hermano o una hermana debe mostrar compromiso con la visión del pastor. Debe mostrar, además, fidelidad en el servicio, fuerza de carácter, y un estilo de vida ejemplar. Una vez que estas cualidades han sido probadas, el pastor debe reflexionar sobre la composición de su equipo de liderazgo. La meta es desarrollar un equipo balanceado, que refleje no sólo las necesidades de la iglesia y la variedad de dones dentro de esta, sino también uno que provea por la necesidad de los dones faltantes. Por ejemplo, si el don principal del pastor es enseñar, quizá pueda tener una tendencia natural a rodearse con otros que enseñan. Esto no producirá un ambiente espiritual tan saludable como cuando conscientemente incluye a aquellos con el don de misericordia o de exhortación en el equipo de liderazgo, pues estos últimos añadirán pasión así como calidez con habilidades sociales ("don de gentes"). Haciendo esto, el pastor desarrollará un ambiente de iglesia más saludable y más productiva.

También, en algún punto, a medida que la iglesia local crece, será importante para el pastor considerar la mezcla de dones en cada área del ministerio. El pastor debe ser sabio en integrar los diferentes dones en sus planes, con varios dones representados en cada área del ministerio, para evitar las dificultades potenciales, así puede maximizar la efectividad de cada equipo. Por ejemplo, en áreas donde el don de compasión sería mayormente atraído, como una campaña en una prisión o visitas al hospital, los equipos no deben ser conformados *exclusivamente* de dadores misericordiosos. Claramente hay un papel para los motivadores, servidores, profetas y maestros también en esas campañas. A largo plazo, esto fortalecerá el esfuerzo del equipo al tener la perspectiva y las habilidades de una variedad de dones representados.

RELACIONES EN EL CUERPO

> *"Pero a cada uno de nosotros fue dada la gracia, conforme a la medida del don del Mesías". Efesios 4:7 (MNT)*

La tendencia natural de la mayoría de personas, incluyendo a los creyentes en Jesucristo, es asumir que su punto de vista es compartido también por otros, y cuando esto no sucede, presumir que algo está mal en la otra persona. Quizá la persona realmente no entienda la situación o quizás simplemente no es lo suficientemente sensible a ella.

Una vez que un creyente llega a tener un entendimiento mínimo de los dones innatos, debe tener claro que existen muchas diferencias en énfasis y opinión entre el pueblo de Dios. Estas diferencias resultan del paquete de gracia único que Él depositó en cada uno de nosotros. Es Yahweh quien creó la diversidad en el cuerpo del Mesías. La mezcla de dones es lo que provee la fuerza global del cuerpo. Esto también hace a la iglesia la atractiva novia que es, así como también el mosaico muy colorido al que fue llamada a ser. Nosotros como creyentes debemos estar abiertos a los dones y talentos de otros, así como valorar su contribución para llevar a cabo los propósitos de Dios aquí en la tierra. Los "*ojos de nuestro entendimiento*" necesitan ser alumbrados entre aquellos que todavía no se les ha sido revelado.[25]

El secreto para la armonía es operar en la clase de amor de Dios. Las muchas diferencias entre los dones deben ser vistas como aspectos complementarios de un todo, cada uno supliendo necesidades específicas. Si hay "pecado en el campamento" por ejemplo, no es el tiempo de encubrir o pasar por alto la situación enviando a un dador misericordioso. Quizá un profeta deba tomar la iniciativa, pero uno cuya motivación sea restaurar antes que simplemente exponer el pecado y denunciarlo. Mientras un profeta en desarrollo puede irritarse por la actitud tibia de un dador misericordioso hacia fallas morales, la realidad es que una actitud crítica necesita ser atenuada por la compasión.

Un maestro es un excelente complemento para un motivador, ya que constantemente estará alejando a un exhortador del peligroso lugar del engaño y el error. Al mismo tiempo, la disposición alegre del motivador tendrá un impacto positivo en un maestro, quien puede tender a alejarse de otros. El maestro puede tener un impacto positivo sobre un líder que está yendo en la dirección equivocada, si usa su don sabiamente. A través de presentar la verdad de una manera no confrontacional, él podrá persuadir al líder de cambiar de rumbo. El don de servicio se combinará de manera complementaria con todos los otros dones. Esto es válido para todos, pero es verdad en un menor grado, cuando el siervo se relaciona con un dador misericordioso.

La generosidad del dador se complementa con el ADN espiritual de todos los otros dones de una manera positiva. Sin embargo, la tendencia de algunos dadores hacia ser distantes significa que es probable que hagan una mejor combinación con una "persona sociable", como un motivador o un dador misericordioso. La calidez de cualquiera de estos dones balanceará el aislamiento de este tipo de dador. La combinación más fácil de un líder es con un ministro (siervo). Ya que el líder está dotado de una personalidad fuerte, a menos que esté bien desarrollado en su don, las dificultades pueden presentarse con otras combinaciones. Por otro lado, si un líder manifiesta el fruto del Espíritu en su vida, puede ser un elemento valioso en cualquier grupo y un complemento a los otros dones.

En realidad, si una persona con cualquiera de los paquetes de gracia está caminando en amor, entonces la compatibilidad no será un problema insuperable. Una excelente relación vertical con Yahweh asegurará una

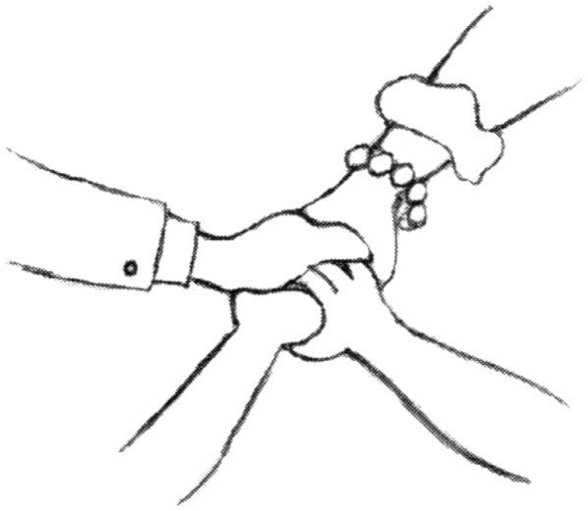

buena relación horizontal con otros, incluso, si hay una tendencia a que existan algunas "sacadas de quicio". El Espíritu Santo nos mostrará cómo maniobrar ante las dificultades y cómo trabajar con las personas y sus peculiaridades. Un espíritu religioso, por otro lado, tenderá a levantar barreras y causar que una persona se ofenda por diferencias que simplemente reflejan la grandeza de Dios. Tal persona habrá metido a Yahweh en la "caja" de su propia experiencia y entendimiento limitado. La gracia de Dios es más grande de lo que podemos imaginar. ¡Al habitar en su amor, nosotros seremos uno en la unidad que Él desea tan celosamente para su pueblo!

Preguntas: Capítulo Ocho

1. Cada miembro ha sido dotado con un ADN ____________ particular que le permite realizar una función necesaria en el cuerpo.

2. La mayoría de los hijos de Dios son extremadamente inmaduros en lo que concierne a su ____________.

3. El don innato de profecía trae los __________ del discernimiento espiritual al cuerpo y es como un "vigía en una torre" para el cuerpo de Cristo, cuando vienen los peligros espirituales.

4. Si el don innato de ___________ es mal apreciado o malentendido probablemente la congregación llegará a estar relajada con respecto al pecado y en la falta de auto examen.

5. El don innato de ministro opera como las __________ para el cuerpo.

6. El don de servicio es el impulso _______ de cualquier asamblea local.

7. El don innato de __________ sirve como el cerebro para el cuerpo.

8. El impacto positivo del maestro es maximizado cuando es capaz de discernir el corazón de Dios e impartir Su __________ con integridad, sabiduría y entendimiento.

9. El rol del motivador en el cuerpo es representado por la ________ debido a la expresividad conectada con este don.

10. La orientación de un motivador hacia las __________ es uno de los elementos vitales para promover una comunidad cálida y afectuosa.

11. El _______ sirve como los brazos del cuerpo.

12. En lugar que el pueblo de Dios busque un siempre huidizo avivamiento, quizás debería buscar una ________________ de los dones y cualidades que se han perdido, incluyendo un verdadero entendimiento del don de compartir.

13. El don de liderar en el cuerpo es simbolizado por los __________.

14. Aunque a cada creyente le ha sido dado autoridad por el Mesías, una unción específica de ____________ es introducida en cada aspecto del ADN espiritual del líder.

15. El don de ________________ es como el corazón para el cuerpo.

16. Un cuerpo físico es incapaz de funcionar sin un corazón y es lo mismo con una ____________.

17. Así como Jesús provee el modelo para que todos los dones trabajen en unidad, Él también provee la ____________ para terminar el trabajo.

18. El nivel más alto de unción y servicio, se encontrará entre aquellos que han trabajado en la mayoría de problemas de su ______________ espiritual y han salido victoriosos.

19. Los resultados a largo plazo de lo que parecen ser logros reales para el reino probablemente terminen siendo efímeros si no estaban basados en la clase de amor de _________.

20. Un _____________ básico para un ministerio pastoral exitoso a los ojos de Dios, es que un pastor tenga un corazón para sus ovejas.

21. Cuando la agenda de una iglesia, llena con actividades no esenciales, se alinea con las _________________ de Yahweh, ésta florecerá en su llamado y el cuerpo cumplirá su propósito trazado.

22. Además de poder compartir problemas con amigos de confianza, el pastor debe tener también un equipo de liderazgo __________.

23. Una vez que un creyente llega a tener un entendimiento mínimo de los dones innatos, debe tener claro que existen muchas ____________ en énfasis y opinión entre el pueblo de Dios que resultan del paquete de gracia único que Él ha depositado en cada uno de nosotros.

24. En realidad, si una persona con cualquiera de los paquetes de gracia está caminando en amor entonces la _________________ no será un problema insuperable.

Capítulo Nueve

LA VERDADERA VIDA ABUNDANTE

◈ ◈ ◈

La Restauración y el Caminar en Plenitud

ELIMINAR LA VENTAJA DEL ENEMIGO

> *"Por tanto, os ruego hermanos, por las misericordias de Dios, que presentéis vuestros cuerpos en sacrificio vivo, santo, agradable a Dios, que es vuestro servicio racional". Romanos 12:1 (RVG)*

¿Qué es un servicio racional para un cristiano? Se trata, mínimamente de presentar nuestro cuerpo como "un sacrificio vivo" a Dios. Esto es lo que el apóstol Pablo exhortó a los santos en Roma para que hicieran. Ya que Yahweh nos diseñó a cada uno de nosotros, nos redimió de la maldición del pecado, y nos compró con Su propia sangre,[1] presentarnos de nuevo ante Él como un sacrificio vivo sería una expectativa razonable. Varias otras versiones de la Biblia han traducido este conocido verso así: "*que presentéis todas [vuestras] facultades*"[2] a Dios, no solamente "vuestro cuerpo". Considerando el "primer mandamiento" que Jesús nos dio — amar a Dios con todo nuestro corazón, alma, mente y fuerza[3]— parece que dicha interpretación es apropiada.

El sacrificio que complace a Yahweh involucra más que sólo nuestros cuerpos. Debemos poner *todo* lo que somos —espíritu, alma y cuerpo— sobre el altar. Esto significa todo aquello con lo cual fuimos dotados. A pesar que este versículo es muy familiar para la mayoría de los creyentes, pareciera que la exhortación de Pablo ha sido ignorada por la mayoría de los miembros del cuerpo de Cristo. Da la impresión que lo que el apóstol llama "servicio razonable", es considerado por muchos como "por encima y más allá"; algo "no-razonable" o "irracional". Es lamentable que lo que el Señor quiso decir para nuestro mayor bienestar, ha sido visto por muchos miembros del cuerpo de Cristo como un requerimiento gravoso —algo puramente opcional. No obstante, para un seguidor del Mesías con una naturaleza rebelde, el primer mandamiento —amarás al Señor por sobre todas las cosas— es una inspiración. Tendrá que arrepentirse inmediatamente.

Lo que Yeshúa y Pablo han presentado no es complicado ni difícil. Hay una tendencia natural en nosotros, que se llama "naturaleza pecaminosa", que torna lo que es claro y simple en algo complicado y eso impide obedecer los mandatos del Señor. Él nos dijo que Su "yugo es fácil" y que Su "carga es ligera". Él nos invitó a "*probar y ver que el Señor es bueno*"[4]. ¿Tomáremos nosotros Su oferta?

Cuando comparamos las características de cada uno de los dones inherentes en su estado "subdesarrollado" o "negativo"[5] con la perfección en la que Jesucristo los demostró, nos quedamos cortos si decimos que a todos nosotros nos falta un largo camino para cumplir nuestro potencial y nuestro destino. Las distorsiones en el área del alma, en la naturaleza de todos fueron simbolizadas en lo que yo llamé al inicio del capítulo cinco: la visión de "las ramas retorcidas caminando". En la visión todo tipo de personas se ocupaban de sus actividades normales rutinarias, sin embargo las personas no lucían como seres humanos, sino como ramas de árboles curvadas y torcidas, lo que indicaba que estaban dañadas de alguna forma en su interior —en sus emociones, actitudes y también en otras áreas. El significado de esto implica que cada uno de nosotros tiene heridas que han afectado nuestro corazón y nuestra mente, heridas que necesitan ser sanadas. Cada una de estas representa una fortaleza que debe ser derribada si es que vamos a movernos hacia lo mejor de Dios.[6] Esto es parte de lo que significa llegar a ser un "sacrificio vivo".

Yeshúa hizo una valiente declaración al expresar que el enemigo de nuestra alma no tenía ningún poder sobre Él.[7] De esta declaración se desprende comúnmente que satanás no tenía ninguna autoridad sobre Jesús, porque caminó en la perfección y sin pecado. Tal conclusión está enteramente garantizada, pero Su testimonio también tiene implicaciones adicionales que van más allá de eso. Aunque nuestro Salvador experimentó rechazo y humillación, y muchos pecaron contra Él de otras incontables maneras diferentes, el mal perpetrado contra Él no produjo heridas en Su alma. En otras palabras, Jesús nunca fue herido en sus emociones, mente o voluntad por ninguna cosa que viniera en contra de Él. Debido a esto, el Maestro no estaba gobernado de ninguna manera por las heridas que tuvo que soportar. Si lo que sufrió hubiera causado alguna deformidad en Su interior, entonces el enemigo habría ganado poder sobre Él, lo que definitivamente no fue el caso. No existió ninguna posibilidad para que satanás pudiera sacar ventaja. Debido a que el espíritu de hombre dentro de Yeshúa gobernó sobre cada herida, fue capaz de caminar en la perfección sin pecado, así como también en la plenitud de sus dones. En realidad, Él era "la Rama que caminó derecha".

Si lo que Jesús sufrió hubiera causado alguna deformidad en Su interior, entonces el enemigo habría ganado poder sobre Él, lo que definitivamente no fue el caso.

Jesús fue capaz de lograr dominio sobre heridas potenciales en sus emociones, mente y voluntad como Hijo del Hombre. Aunque Él fue tentado de todas las formas así como nosotros lo somos —tentado a volverse resentido y amargado, albergar rencores, ser orgulloso, o tomar represalias en contra de Su detractores— estaba consciente que haciendo esto, le estaría dando a satanás una oportunidad para destruir los propósitos de Dios y Su propio destino. Yeshúa tomó en cuanta el costo y encontró que el plan de Su Padre era infinitamente más gratificante y satisfactorio que sucumbir a cualquier tentación, no importando cuán atractiva sea.

A la mayoría de los creyentes cristianos les encanta citar el verso escrito por el apóstol Juan, "*Amados, yo deseo que tú seas prosperado en todas las cosas, y que tengas salud, así como prospera tu alma*"[8]. Enfatizan más los beneficios de bendición financiera y salud prometidos, mientras que prestan poca atención al hecho que ambas promesas dependen de la prosperidad del alma. Ciertamente, si una persona está incapacitada en su voluntad, pensamientos, o emociones, estará adversamente afectado en todas las áreas de su vida —incluyendo sus finanzas y salud física. Por el contrario, a medida que los efectos perjudiciales de las heridas del alma son removidos, estas áreas también comenzarán a mejorar. Si una persona es negligente en hacer lo necesario para prosperar en su alma, entonces sus finanzas disminuirán y su salud sufrirá.

Una comparación interesante se puede hacer entre el fracaso de Israel y los cristianos de hoy que se enfocan en la "prosperidad" y la "salud", ignorando las fortalezas y heridas que los mantienen cautivos. En el caso del remanente de Israel tomaron la decisión de no centrarse en la prioridad dada por Dios para la reconstrucción del Templo. El resultado de esta decisión fue desistir trabajar juntos en la casa de Dios cuando terminaron de colocar los cimientos y cada uno siguió su propio camino dedicando sus esfuerzos en la construcción de su propia "prosperidad" personal. El profeta Hageo les dijo que mientras ellos descuidaran el Templo sus esfuerzos serían sin fruto.

> *¿Es para vosotros tiempo, para vosotros, de habitar en vuestras casas artesonadas, y esta casa está desierta? Pues así ha dicho Jehová de los ejércitos: Meditad bien sobre vuestros caminos. Sembráis mucho, y recogéis poco; coméis, y no os saciáis; bebéis, y no quedáis satisfechos; os vestís, y no os calentáis; y el que trabaja a jornal recibe su jornal en saco roto. Así ha dicho Jehová de los ejércitos: Meditad sobre vuestros caminos"*[9].

Lo que Dios estaba diciendo es que Su prioridad tenía que ser asumida por Su pueblo o Él se aseguraría que sus esfuerzos, sin importar cuánto lo intentaran, se reducirían a *nada*.[10] Si hablamos de la iglesia, el cuerpo físico de cada creyente es el templo del Espíritu Santo.[11] Si el alma de ese templo permanece en ruinas, no hay manera que el hijo de Dios pueda entrar en prosperidad. Un hijo (o hija) del Altísimo puede dedicarse por completo a una carrera, hacer grandes sacrificios en el servicio del Señor, o trabajar setenta horas a la semana por años, pero al final descubrir que todo ha sido en vano, si su alma no ha prosperado en primer lugar. Las fortalezas deben ser derribadas y las heridas emocionales deben ser sanadas antes de experimentar la verdadera prosperidad. Conforme este proceso de restauración se produzca, el hijo de Dios crecerá en su verdadero propósito, el cual es glorificar a Yahweh para el cumplimiento de su destino personal. Al poner todo lo que él es en el altar y ofreciéndolo como un "sacrificio vivo", el creyente se moverá inexorablemente hacia una mayor madurez en los dones que Dios ha puesto dentro de él.

TRUCOS DEL ENEMIGO

El enemigo de nuestra alma es un impostor. Él es un engañador que juega con nuestra mente y emociones para desviarnos de la voluntad de Dios. Sus estrategias son numerosas y es astuto. No obstante, nosotros como creyentes tenemos ventaja —siempre que dependamos del Espíritu Santo. El diablo ya ha sido derrotado y nosotros estamos llamados a caminar en esa poderosa verdad. Jesús nos ha dado toda autoridad sobre este enemigo confabulador de nuestra alma.

La arena principal de engaño del enemigo está en el ámbito del alma. Él es un maestro que domina la "realidad virtual". El diablo y sus secuaces nos presentan un panorama convincente de la realidad, generalmente alejado de la verdad. Cuando él y sus seguidores estén involucrados, tenga la seguridad que las apariencias serán engañosas. Aunque él es el "padre de mentiras" y no hay ninguna "verdad en él"[12],

> *La arena principal de engaño del enemigo, está en el ámbito del alma. Él es un maestro de la "realidad virtual".*

mientras permanezcamos en el Señor, no es rival para nosotros. Tenemos "Uno Mayor" que vive en nosotros[13] y estamos bien equipados para desvelar sus confabulaciones.

Una fortaleza es un área en la que el enemigo nos ha convencido de una de sus decepciones y ha ganado terreno. Algunos cristianos se han comprado la mentira de creer que ellos son capaces de desenmascarar por sí mismos los trucos del adversario. Esto es categóricamente falso. Ya que el diablo es una fuerza oscura, solamente la luz *sobrenatural* puede exponer sus mentiras. El Espíritu Santo en nosotros nos da la iluminación que necesitamos. Cuando formamos un equipo con Él, tenemos el poder de hacer brillar la luz en todos los lugares oscuros donde satanás ha puesto sus trampas. La luz siempre expulsa la obscuridad. Si dependemos de Él, la luz sobrenatural del Espíritu Santo nos revelará todo dispositivo y complot de nuestro malvado enemigo.

Tratar con una fortaleza a veces es como pelar una cebolla. Usted elimina la parte externa y encuentra capa sobre capa por debajo. A medida que pela la capa exterior, finalmente llega al centro, al corazón de la cebolla, y de manera asombrosa se da cuenta que casi no hay nada ahí. Algunas veces las fortalezas son como eso —están envueltas alrededor de un pequeño engaño que fue creído hace mucho tiempo. Está enterrado tan profundamente en el interior que tal vez ni siquiera podamos recordar cómo empezó todo. Pero está allí y controla los pensamientos y los sentimientos hasta el día en que nos confrontamos con la verdad. Todo comenzó con una mentira —quizás una muy pequeña, y no nos dimos cuenta.

Las fortalezas obvias son como la parte externa de una cebolla. Casi siempre son meramente un síntoma de un problema oculto y esencial. Por ejemplo, algunos cristianos que profesan "amar al Señor" gastan una cantidad ridícula de tiempo en lo que consideran pasatiempos "inofensivos" —actividades que no son necesariamente pecaminosas por sí mismas— pero que simplemente no edifican. Tal creyente puede estar involucrado en pasatiempos tales como: videojuegos, ver televisión, hablar por teléfono, chatear por Internet, o practicar deporte. Dichas distracciones consumen muchas horas cada semana. Sin embargo hay cristianos adultos que aducen no tener tiempo para reunirse con los hermanos de la iglesia o para asistir a un estudio bíblico. Personas así, quedan impedidas para experimentar la vida abundante que Dios tiene reservada para ellas.

Perder el tiempo en actividades triviales, en lugar de estar involucrados en actividades que benefician a uno mismo, a otros y al reino de Dios, es evidencia de problemas mucho más profundos. Aunque dicha persona probablemente no esté totalmente a la deriva, carece de dirección y un sentido de propósito. Tal falta de objetivo resulta de no establecer sus afectos o preferencias en las "cosas de arriba". Ciertamente, ser tibio para las cosas de Dios no es sabio, pero hay una razón fundamental para esto. Una cosa es segura: comenzó con un pecado que se convirtió en engaño y por ende ahora es una fortaleza.

Puede ser que alguien lo haya ofendido o puede que haya cometido pecado por sí mismo. Cualquiera sea el caso, en algún punto llegó a convertirse en una mentira, la que a su vez con el tiempo se convirtió en una fortaleza. Quizás la persona se sintió rechazada o abandonada en su niñez y está tratando de cubrir el dolor con actividades sin sentido. Tal vez él se sienta atrapado en una situación sin esperanza. O podría ser que la persona no está dispuesta a cumplir sus responsabilidades como conyugue o padre. Las posibilidades son casi infinitas, pero la causa principal o la raíz fue un pecado causado por una mentira que fue creída.

Muchos engaños en nuestras vidas han sido transmitidos involuntariamente por aquellos en quienes confiábamos más —nuestros padres, líderes religiosos, maestros o amigos. Ellos *pensaban* que velaban y tenían nuestros mejores intereses en sus corazones, pero no estaban conscientes que lo que nos enseñaban equivalía a "la sabiduría de este mundo". Parecía ser suficientemente creíble, así que nosotros nos tragamos sus consejos. Para deshacer el daño necesitamos una intervención divina. Tenemos grandes puntos ciegos y por definición no podemos verlos. Es más, ni siquiera sabemos lo que son. Tenemos falsas imágenes, ideas erróneas, incluso sentimientos equivocados. ¿Qué se puede hacer?

TRAYENDO RESTAURACIÓN

Una buena forma de comenzar el proceso de restauración es pedir al Señor que nos revele nuestros puntos ciegos. Él nos enseñará de la manera más gentil posible, porque es nuestro Padre amoroso que cuida de nosotros y desea que seamos libres de los engaños. Conforme este proceso se desarrolle, Yahweh se ocupará de los temas uno por uno en el orden que Él sabe que es mejor para nosotros. Incluso si hay un trauma involucrado en la raíz, Él utilizará un método en el que Su amor este presente en todo momento para sanar cualquier herida expuesta.[14]

A lo largo de las Escrituras vemos el deseo de Dios de hacer que Su pueblo esté saludable y completo en toda todo orden de cosas. Jesús dijo al comienzo de Su ministerio que Él vino a "*...sanar a los quebrantados de corazón, a predicar libertad a los cautivos... a poner en libertad a los oprimidos*"[15]. Dios anhela sanar toda herida o lesión que hayamos sufrido en manos del enemigo. Para mostrarnos cuánto significa nuestra liberación y sanidad, Yahweh escogió enviar a su Hijo amado y pagar por esto con Su vida. Lo menos que podemos hacer es estar agradecidos y recibir lo que Él le costó tanto.

Una vez que los puntos ciegos que crearon las fortalezas han sido revelados a la luz del Señor, los asuntos relacionados con el perdón también aparecerán en la escena. Si un pecado fue cometido contra una persona, entonces el pecador necesitará ser perdonado. Si la persona ha pecado contra sí mismo, necesitará pedir perdón al Señor y recibirlo. Prolongar durante décadas la ofensa o trauma original causará intenso dolor. Yeshua dijo que antes que intentemos arrojar una montaña a la mar, tendríamos que perdonar primero a las personas contra la cual tengamos algo.[16] Estos engaños que creímos, y que crearon fortalezas, pueden habernos causado inmenso dolor y sufrimiento y como resultado haber destruido las vidas de otras personas —todo por las mentiras producidas por el pecado que se convirtieron en fortalezas.

Nunca se podrá enfatizar lo suficiente la importancia del perdón. Si una persona es incapaz de perdonar, efectivamente bloqueará el poder de sanidad que Yeshúa ha puesto a disposición, y el enemigo seguirá teniendo una gran ventaja a través de la cual puede seguir acosando al creyente. La falta de perdón envenenará el corazón y creará amargura, haciendo imposible para la persona recibir la gracia sanadora de Dios. La luz del Espíritu Santo es necesaria para revelar las mentiras de satanás y, por el contrario, no perdonar extingue esa luz.

La falta de perdón le dará al enemigo una gran ventaja sobre el creyente, permitiéndole a satanás que lo acose.

En su tormento, a sus amigos que trajeron acusaciones contra él, Job respondió: "*...Yo hablaré con amargura de mi alma*"[17]. Job se había cansado de la vida misma y no pudo ver la luz al final del túnel después de haber perdido todo. Fue sólo cuando eligió orar por sus acusadores que fue restaurado —el Señor le devolvió el doble de todo lo que había perdido.[18] Jesús enseñó que, "*...si no perdona a su hermano sus ofensas con liberalidad de corazón*" usted será entregado a los verdugos.[19] La falta de perdón corroe nuestra relación con el Señor, y si nos aferramos a la amargura, como lo hizo Job, impulsado por el dolor y la miseria, vamos a reaccionar contra otros alrededor. En tales circunstancias, es imposible que el Señor logre nuestra restauración.

PONIENDO NUESTROS OJOS EN JESÚS

Una vez que una persona ha extendido su misericordia al perdonar a los que pecaron contra ella, debe volver su atención y buscar al Señor. Durante su tiempo de comunión en el "lugar secreto" con su Padre celestial, las áreas donde el enemigo había ganado terreno serán desveladas. Y conforme sean expuestas a la luz, la sanidad empezará a fluir en su vida.

El ejemplo de los hijos de Israel en el desierto demuestra una verdad acerca del proceso de sanidad. Mientras vagaban por el desierto, no dejaron de quejarse contra el Señor y contra Moisés, incluso después de haber sido advertidos muchas veces sobre sus murmuraciones.[20] Entonces Yahweh envió serpientes venenosas, las que mordieron a muchos de ellos. Temiendo por sus vidas, el pueblo vino a Moisés y confesó su pecado. A Moisés se le otorgó un método divino para liberar a los que fueron mordidos. Mandó a hacer una serpiente de bronce y la levantó en un poste. Aquellos que habían sido mordidos tenían que concentrar toda su atención en la imagen de bronce y el Señor los sanaría. Por supuesto, la tentación estaba en centrarse en el dolor de la mordedura venenosa y en su miedo a morir. Pero milagrosamente, cuando fijaron su mirada en la serpiente de bronce experimentaron sanidad.

¿Qué significa esto para nosotros en términos de ser sanados de las heridas de nuestra alma? Ante todo, saber que nuestra restauración nunca llegará si nos centramos en nuestras heridas. Es lo mismo con cualquier problema, centrándonos en la dificultad nunca veremos venir la solución. La sanidad que Yeshúa compró en la cruz del Calvario es para nuestra alma y para nuestro cuerpo físico. La salvación que Él compró fue para nuestro bienestar *total.* De hecho, esto está en el corazón mismo del mensaje del Evangelio. El trabajo realizado en el Calvario provee para todas nuestras necesidades.

La restauración nunca llegará si nos centramos en nuestras heridas. Cuando dejamos a un lado todo lo que nos distrae y nos agobia y "fijamos nuestros ojos en Jesús" la sanidad y la restauración comenzará a fluir.

Debemos dejar a un lado todo lo que nos distrae y nos agobia, y "*fijar nuestros ojos en Jesús*"[21]. Haciendo esto, la sanidad y la restauración comenzarán a fluir. No necesitamos comprender cómo sucede esto, justo como los hebreos no necesitaron entender las instrucciones que Moisés dio. Si ponemos nuestra confianza en Aquél que es el "autor y consumador" de nuestra fe, recibiremos todo lo que Él tiene reservado para nosotros.

Jesús no sólo es la "*Luz del mundo*"[22], Él es la luz que nosotros mismos necesitamos para nuestra propia travesía personal a través de la vida. El resplandor de Su luz fue vista por Pedro, Santiago y Juan cuando fueron llevados juntos a la cima del monte para una reunión de oración. Es significativo que esto sucediera unos días después que Jesús le afirmó a Pedro que era verdaderamente el Mesías, el "ungido"[23]. Las Escrituras nos revelan que después que Yeshúa empezó a orar con ellos, Su apariencia fue transformada repentinamente. Su rostro brilló como el sol y sus vestiduras se volvieron tan blancas como la luz. Este incidente asombroso no está incluido en tres de los Evangelios solamente para suscitar nuestro interés.[24] Está ahí para nuestra edificación. La imagen nos da una visión fugaz de Su gloriosa presencia y de Su luz. La última visión de Jesús en Su gloria mostrada en las Escrituras fue revelada al apóstol Juan en la Isla de Patmos.[25] Otra vez, Él irradiaba luz y brillaba. ¡Que gloriosa imagen!

Yahweh le dio al profeta Malaquías una palabra acerca de la radiante presencia de nuestro Salvador. La Biblia Amplificada describe el mensaje del Señor de esta forma:

> *Más a vosotros los que reverenciéis y teméis en adoración a mi nombre, se levantará el Sol de Justicia, surgen con sanidad en sus alas y sus rayos, y saldréis y brincareis como terneros [liberados] de la manada y saltareis de alegría.*[26]

El mensaje que Malaquías entregó es que Yeshúa se levantará como el sol de la mañana y Su resplandor brillará y será como rayos de luz que traerán sanidad.

En efecto, estos rayos de sol traen sanidad física y emocional. Su brillo disipa todas las obras de oscuridad. Toda angustia, dolor, pena, aflicción, carga y sufrimiento son ahuyentados. Las fortalezas del enemigo son arrasadas. Y, mientras esto sucede, brotará un gran gozo. Es como si fuéramos becerros liberados del establo para juguetear y correr en un prado verde.

Después de haber sido finalmente puesto en libertad, el creyente ahora puede descansar en la seguridad de que la labor ya ha sido terminada. Él es libre de los trucos debilitantes del enemigo, y la fortaleza es vencida. Ya no hay más ansiedad o miedo, sino una paz que "*sobrepasa todo entendimiento*". El hijo de Dios experimenta una genuina paz que lo mantiene vigilante sobre su corazón y su mente, lo que le permite entrar sin reserva en la presencia de Dios.[27] El descanso para nuestra alma que Jesús ofreció se convierte en una realidad viviente.[28]

En este proceso el creyente ha viajado a lo largo del camino hacia su destino. Lo que antes lo detuvo, ahora quedó en el pasado. Mientras mantenga sus ojos en Jesús y derribe las fortalezas que una vez lo detuvieron, se moverá hacia la dirección que Dios siempre había planeado para él —estar en íntima comunión con Él. Ahora puede ver su situación más cómo Dios la ve. Sus sentimientos están más sintonizados con la forma cómo siente Yahweh. Su espíritu está "enchufado más que nunca" al Espíritu Santo. El creyente se ha movido de "gloria en gloria" y se encuentra en un proceso de continua transformación y crecimiento.[29] Su alma está siendo restaurada al estado que Yahweh tenía en Su corazón y mente desde el principio mismo. A medida que cada fortaleza sea quitada, sus dones innatos florecerán y la voluntad de Dios se cumplirá en su vida.

VERDADERA VIDA ABUNDANTE

> *"Porque ha sido mi ayuda, y en la sombra de Sus alas yo canto con gozo". Salmos 63:7 (NASB)*

Cuando las fortalezas son derribadas una por una, hay una sensación de libertad y euforia. No hay nada que se le parezca. El creyente también puede tomar placer sabiendo que se está dirigiendo hacia su futuro ordenado por Dios. Saber que se encuentra en el camino correcto trae optimismo y también produce confianza.

A medida que vamos rompiendo toda barrera que obstaculiza nuestra relación con el Señor, nuestros ojos espirituales se vuelven más brillantes. La gloria de Su presencia alumbra nuestro camino y nos revela las cosas ocultas de Dios. El Señor se deleita en mostrarnos aquellas cosas secretas que alguna vez estuvieron veladas.

La relación que tenemos con el Amante de nuestra alma debe ser como la dulce fragancia del romance entre el rey y su amada en el

Cantar de los Cantares de Salomón. Nuestro Padre celestial nos ama fervientemente y desea que nuestros ojos y nuestro afecto estén fijos en Él. Yahweh nos ha buscado y traído a un lugar más alto. Su pasión por nosotros fue probada al pagar el precio entregando a su Hijo. Debemos estar tan ansiosos de escucharlo como la mujer Sulamita espera escuchar el sonido de la voz de su amante. Ya que fuimos creados el uno para el otro, nada debe interponerse entre nosotros. Nuestra alma debe abrigar las palabras "*Yo soy de mi amado y mi amado es mío...*"[30]. El deseo de nuestro corazón debe ser traerle gozo y entender sus necesidades.

¿No sabía usted que Dios tiene necesidades? Usted ha considerado, por supuesto, que Él nos creó a Su imagen y semejanza por compañía. ¿Ha sido un compañero fiel a Él? Si no es así, entonces ciertamente ya es momento de reconciliarse con el Amante de su alma.

Para que experimentemos de manera verdadera la vida abundante que Él tiene reservada para nosotros, necesitamos estar preparados aquí y ahora para pasar la eternidad con Dios. El gran YO SOY no es una "añadidura" a un estilo de vida egoísta. Él es un Dios celoso, que debe estar en primer lugar.[31] ¿Qué nos hace pensar que tendríamos la oportunidad de pasar la eternidad con Yahweh en el cielo, si ni siquiera hemos llegado a conocerlo aquí en la tierra?[32]

El gran YO SOY no es una "añadidura" a un estilo de vida egoísta. Él es un Dios celoso, que debe estar en primer lugar.

Cualquier cosa que nos ha impedido conocerlo, debe salir del camino. Nuestro deseo tiene que ser para nuestro Padre celestial y pasar tiempo en comunión con Él. Tenemos que llegar a conocer mejor Su Palabra y obedecer sus mandamientos. A medida que aprendamos a amar lo que Él ama, seremos atraídos más cerca de Él, como nunca antes. Si Lo hemos mantenido a distancia debido a nuestras ocupaciones, necesitamos cambiar nuestras prioridades. Y si hemos dicho en lo profundo de nuestros corazones que no somos dignos de una persona como nuestro Padre amoroso, entonces no hemos apreciado el don de justicia que Él nos ha dado.

El cambio necesario solamente llegará cuando nosotros permanezcamos en Él y meditemos en Su Palabra. Se inicia en el interior conforme nuestro corazón y mente vayan siendo transformados. A medida que entremos a través del portal de la alabanza, encontraremos que Su amor transformador está más allá de lo que hemos imaginado. En realidad nos ama tanto como Él dejó dicho en Su palabra. Sabíamos de eso en nuestra cabeza, pero ahora lo hemos experimentado. Este es el resultado de la verdadera adoración. Al empaparnos en Su presencia, esas cosas desagradables que se habían adherido a nosotros, empiezan a desprenderse. Es un proceso amoroso en el que las manchas o imperfecciones son removidas con mayor facilidad, a medida que pasemos más tiempo empapándonos en Su presencia.

Vivir una vida abundante significa caminar hacia nuestro destino y cumplir el propósito por el cual fuimos creados.

Se ha dicho que algunos tienen una mentalidad tan celestial que no son útiles aquí en la tierra. Nuestro Maestro nos mostró cómo ser una persona con mentalidad celestial y también ser útil aquí en la tierra. Vivir una vida abundante significa caminar hacia nuestro destino y cumplir el propósito por el cual fuimos creados. Es estar siendo guiado por el gran amor que ha sido enviado desde los cielos. La vida abundante se manifiesta también a través de actos extraordinarios de compasión. Hace estas dos cosas: alcanza hacia arriba, y hacia afuera.

Nunca permita que cosas u ocupaciones interfieran en el camino de la verdadera abundancia. ¿Por qué un santo de Dios permitiría que "las cosas" lo mantengan alejado de las verdaderas riquezas que su Padre celestial tiene guardado para él? Persiga el plan de Dios para su vida. No se ocupe tanto sirviéndole, al punto de perder "la mejor parte"; estar con Él en la intimidad de Su presencia. Al poner el reino de Dios y Su justicia primero, caminaremos en lo milagroso y hablaremos con el Eterno.

Él es Aquél que tiene sus mejores intereses en Su corazón, y Su plan incluye que usted sea prosperado en todas las áreas de su vida. El Rey David dijo lo siguiente acerca de la bondad de Yahweh:

> *¡Cuán grande es tu bondad! Que has guardado grandes bendiciones para aquellos que te honran. ¡Has hecho tanto por aquellos que han venido a ti por protección, bendiciéndolos delante de un mundo que está observando!* [33]

Aquellos que reverencian al Señor, los que confían en Él y en Su provisión, serán grandemente bendecidos. Conforme permanezcamos en Él, nuestra prosperidad no sólo será nuestro secreto personal —sino que llegará a ser obvio a todos, "*delante de un mundo que está observando*".

El mundo tiene sus ojos sobre nosotros. Al habitar en la presencia del Señor, el mundo observará que una reproducción verdadera de Jesucristo se está formando en nuestras vidas. Mientras que las perspectivas por el futuro del mundo siguen atenuándose, el resplandor de las promesas de Dios manifestadas a través de nosotros brillarán aún más. Conforme permanezcamos en Él, nuestras vidas serán cada vez más un reflejo de Su gloria. Pronto llegará un día en que la profecía de Isaías se manifestará plenamente en nuestras vidas.

> *Levántate, resplandece; porque ha venido tu luz, y la gloria del Señor ha nacido sobre ti. Porque he aquí, las tinieblas cubrirán la tierra, y oscuridad profunda al pueblo; más sobre ti amanecerá el Señor y sobre ti aparecerá Su gloria. Las naciones vendrán a tu luz, y los reyes al resplandor de tu amanecer.* [34]

¿Han estado tocando a su puerta los no convertidos y poderosos recientemente? Lo harán, a medida que reflejemos Su gloria. Conforme el mundo vaya entrando en la época de oscuridad espiritual de la que habló Isaías, nosotros brillaremos con Su luz a causa de Su presencia. El reflejo glorioso de su luz en nuestras vidas estará allí para que todos lo vean. El espíritu que está en nosotros emanará abundancia. El hecho que siendo personas ordinarias, tengamos poderes extraordinarios, despertará la curiosidad del mundo. *Esto es* la esencia de una verdadera vida abundante —irradiar Su gloria, para que todo el mundo la pueda ver.

Preguntas: Capítulo Nueve

1. Ya que Yahweh nos diseñó a cada uno de nosotros, nos redimió de la maldición del pecado, y nos compró con Su propia sangre, presentarnos de nuevo ante Él como un sacrificio vivo sería una expectativa ________________.

2. Debemos poner _________ lo que somos —espíritu, alma y cuerpo— sobre el altar. Esto significa todo aquello con lo cual fuimos dotados.

3. Nuestro Salvador experimentó rechazo y humillación, y muchos pecaron contra Él de otras incontables maneras diferentes, pero el mal perpetrado contra Él no produjo heridas en Su ________.

4. Debido a que el espíritu de hombre dentro de Yeshúa gobernó sobre cada herida, fue capaz de caminar en la perfección sin pecado, así como también en la _____________ de sus dones.

5. Ciertamente, si una persona está incapacitada en su voluntad, pensamientos, o emociones, estará adversamente afectado en todas las áreas de su vida —incluyendo sus ____________ y salud física.

6. Jesús fue capaz de lograr dominio sobre __________ potenciales en sus emociones, mente y voluntad como Hijo del Hombre.

7. Conforme el proceso de restauración se produzca, el hijo de Dios crecerá en su verdadero propósito, el cual es _________________ a Yahweh para el cumplimiento de su destino personal.

8. El enemigo de nuestra alma es un impostor. Él es un _______________ que juega con nuestra mente y emociones para desviarnos de la voluntad de Dios.

9. La arena ________________ de engaño del enemigo está en el ámbito del alma.

10. Una fortaleza en una área en la que el enemigo nos ha ____________ de una de sus decepciones.

11. Muchos ________________ en nuestras vidas han sido transmitidos involuntariamente por aquellos en quienes confiábamos más —nuestros padres, líderes religiosos, maestros o amigos.

12. Ya que el diablo es una fuerza oscura, solamente la ________ *sobrenatural* puede exponer sus mentiras.

13. Si dependemos de Él, la luz sobrenatural del _________ _________ nos revelará todo dispositivo y complot de nuestro malvado enemigo.

14. Las fortalezas obvias son como la parte externa de una cebolla. Casi siempre son meramente un ____________ de un problema oculto y esencial.

15. Puede ser que alguien lo haya ofendido o puede que haya cometido pecado por sí mismo. En algún punto llegó a convertirse en una mentira, la que a su vez con el tiempo se convirtió en una ______________.

16. Una buena forma de comenzar el proceso de ________________ es pedir al Señor que nos revele nuestros puntos ciegos.

17. La sanidad que Yeshúa compró en la cruz del Calvario es para nuestra alma y para nuestro cuerpo físico. La salvación que Él compró fue para nuestro _____________ total.

18. Debemos dejar a un lado __________ lo que nos distrae y nos

agobia, y "fijar nuestros ojos en Jesús".

19. Mientras mantenga sus ojos en Jesús y derribe las fortalezas que una vez lo detuvieron, se moverá hacia la dirección que Dios siempre había planeado para usted —estar en íntima ______________ con Él.

20. Para que experimentemos de manera verdadera la vida abundante que Él tiene reservada para nosotros, necesitamos estar preparados *aquí y ahora* para pasar la ______________ con Dios.

21. Al ________________ en Su presencia, las cosas desagradables que se han adherido a nosotros, empezarán a desprenderse.

22. Nuestro Maestro nos mostró cómo ser una persona con mentalidad ____________ y también ser útil aquí en la tierra.

23. Al poner el reino de Dios y Su justicia primero, ____________ en lo milagroso y hablaremos con el Eterno.

24. Nunca permita que _________ u ocupaciones interfieran en el camino de la verdadera abundancia.

Capítulo Diez

ABRAZANDO SU DESTINO

◈ ◈ ◈

Madurar en Su Don

"Estando persuadido de esto, que el que comenzó en vosotros la buena obra, la perfeccionará hasta el día de Jesucristo". Filipenses 1:6

PROFUNDIZANDO SUS RAICES Y CRECIENDO EN ÉL

Muchas cosas sucedieron en la iglesia de Éfeso del primer siglo. Pablo vivió y enseñó allí por tres años, y su hijo espiritual, Timoteo, también pastoreó el rebaño durante muchos años. Además de eso, se dice que el apóstol Juan habría establecido su ministerio en Éfeso por años durante la última parte de su vida, antes de ser exiliado a la isla de Patmos. Ciertamente el Señor había derramado muchísimo de Sí en los santos que vivían en Éfeso.

Pablo sentía una gran carga por la iglesia en Éfeso, en razón de su larga estancia con el pueblo de Dios allí. Su carta a los Efesios revela su deseo apasionado para que los santos lleguen a una mayor comprensión de la inmensidad del amor del Padre por ellos.[1] En su carta, en medio de la magnificente oración por los creyentes, *Pablo imploraba "... que Cristo habite en sus corazones a través de la fe; y que ustedes, arraigados y cimentados en el amor... puedan llegar... a conocer el amor de Cristo que sobre pasa todo conocimiento...*"[2].

En otras palabras, el ferviente deseo de Pablo fue que el Mesías residiera en el interior de ellos y que sean "*arraigados y cimentados en [Su] amor*". De esta manera, los creyentes desarrollarían una relación íntima con Yeshúa y extraerían el sustento de Su amor. El deseo del apóstol era que esta relación de amor creciera mucho más allá de lo que los Efesios siquiera podían concebir.

La carga del apóstol por los santos en Éfeso del primer siglo es la misma preocupación de Yahweh por Su pueblo en todas partes y en todo tiempo. Debemos estar "arraigados y cimentados en amor". ¡Nuestro bienestar espiritual depende de esto!

El crecimiento de un árbol depende de su sistema de raíces. Es a través de la estructura de la raíz que el árbol está anclado al suelo y es capaz de extraer los necesarios nutrientes y la humedad de la tierra necesarios para su supervivencia. Como lo dijo el profeta Isaías, nosotros deberíamos ser llamados "*...árboles de justicia, plantío de Jehová...*"[3] Por el hecho que estamos "arraigados y cimentados" en el amor del Padre, entramos en una mayor comprensión de nuestra total dependencia de Él. Es Yahweh quien nos ha establecido, y es por Él que somos sostenidos. Pablo lo expresó de manera muy clara a los atenienses: "*Porque en Él vivimos, nos movemos y tenemos nuestro ser...*"[4]. Una vez que el creyente capta sólo un vistazo de esta realidad espiritual, su manera de ser será trasformada, y será capaz de crecer e incluso florecer.

Hay tres tipos básicos de cristianos y éstos se desarrollan en formas notablemente diferentes después de entrar en el reino de Dios. La diferencia esencial entre estos tipos depende, como hemos dicho, de la "estructura de su raíz" espiritual. La realidad espiritual de cada tipo, está adecuadamente representada por los tres sistemas básicos de raíces que se encuentran entre las variedades de árboles en todo el mundo.

El *primer tipo* de cristiano es uno que ha tomado en serio la instrucción de Yeshúa de "permanecer en Él"[5]. Este es el creyente que ha

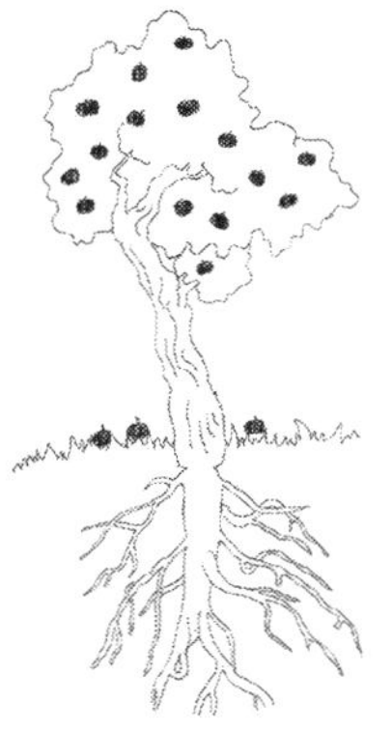

desarrollado una estrecha relación con el Señor y ha echado una "raíz principal" hacia abajo en lo profundo de la tierra para recibir su sustento espiritual. Raíces más pequeñas salen de la raíz primaria, pero es la raíz principal —su conexión con Jesucristo— la que sostiene su vida y todo lo que hace. La principal fuente de fuerza va hacia lo profundo, alcanzando tierra fértil, muy por debajo de la superficie, y extrae la humedad y los nutrientes que simplemente no están disponibles para las dos otras estructuras de raíces. La raíz principal es capaz de sostener a este creyente, incluso si hay una sequía espiritual a través todo el territorio. Este creyente de "raíz principal" es firme y seguro como una roca y se desarrollará en su don como ha sido provisto por Dios. A medida que extrae su fuerza para toda situación en la vida por estar "*arraigado y cimentado en amor*", es capaz de ir mucho más allá de los otros dos tipos de sistemas de raíces en el cumplimiento de su destino. Además, cuando todo esté dicho y hecho, su trabajo será verdaderamente "del Señor" y el fruto de su vida como creyente perdurará.

El *segundo tipo* de creyente es mucho más común que el de los creyentes de "raíz principal". El caminar de esta persona con el Señor no es tan profundo como el del primer tipo, pero es capaz de producir fruto para el reino. La estructura de la raíz que tipifica a esta segunda clase de cristiano es más complicada que el simple sistema de raíz principal. Los científicos de árboles lo llaman el sistema de "raíz corazón". En esta estructura, muchas raíces de diferentes tamaños se envían hacia afuera y hacia abajo en todas las direcciones. Este tipo de patrón de raíces dispersas tipifica al creyente que tiene muchos rasgos encomiables como cristiano. Comúnmente, esta persona hará algunas o varias de las cosas que los cristianos deberían estar haciendo y han desarrollado al menos algunas pocas prioridades agradables al Señor —tal vez él estudio de la

Palabra con regularidad, una aceptable vida de oración, incluso puede ser un miembro activo del cuerpo de Cristo. Aunque se quede corto en algunas áreas de su caminar, por lo menos la orientación principal de este cristiano no es hacia el mundo: quiere crecer en el Señor y desea poner sus dones y talentos a disposición del reino de Dios.

Cuando este creyente de "raíz corazón" madura, el fruto en su vida puede empezar a parecerse al de los creyentes de "raíz principal". Es más, dependiendo de sus dones, talentos, y el entendimiento de los principios bíblicos, este cristiano puede producir aún más fruto que el primer tipo de creyente. El mayor defecto de este cristiano, no obstante, es que el fruto que manifiesta a través de su vida, será más un producto del esfuerzo propio que del fruto de una aventura junto con Yahweh. Sus habilidades pueden ser perfeccionadas, y puede lograr mucho; pero la verdad es que una parte o la mayoría de lo que ha producido al final se contará como "*madera, heno y hojarasca*"[6]. Sus actividades por naturaleza, son religiosas, y no nacen de una relación. Debido a que ha sido autosuficiente y nunca dependió verdaderamente de la guía del Señor, lo que él ha hecho está basado en lo que "parece ser bueno", pero no tiene que ver mucho con las prioridades de Dios. El problema principal del creyente proviene de no estar "*arraigado y cimentado en amor*". Es sólo por tener una estrecha relación con el Señor que esto se logra. Se necesitan "encuentros cercanos del primer tipo" —acercándose más a Dios y experimentando Su amor.

La *tercera clase* de cristiano, está representado por una estructura de raíz poco profunda. Las raíces de este sistema de "raíz plana" van en todas las direcciones, pero todas están cerca de la superficie. El cristiano representado por este patrón superficial tiene una orientación más mundana que aquellos creyentes de "raíz corazón", ya que nunca han sometido más que una pequeña porción de su vida al Señor. Básicamente, tiene "un pie en el mundo y el otro en la iglesia" y por lo general

nunca ha desarrollado buena disciplina cristiana en su vida —como la oración regular o la meditación en la Palabra.

Los cristianos de "raíz plana" pueden experimentar un "toque" del Señor de vez en cuando, pero debido a que su relación con Yahweh es tan superficial, saben muy poco de las dimensiones del gran amor de Dios. Comúnmente tendrá poco fruto que mostrar en términos de una vida cambiada o edificando el reino de Dios. Los dones y talentos de este tercer tipo de creyente pueden estar desarrollados o no, pero lo cierto es que si se han desarrollado, ellos los usaran más para sus propios intereses que para los propósitos del reino. Como regla general, el cristiano de "raíz plana" sabe muy poco acerca de la auto-negación y usualmente no está dispuesto a aplicar la Palabra en su vida, si le "cuesta" algo. Será capaz de sobrevivir como cristiano, y no quedarse en el camino, si permanece suficientemente cerca de un ambiente cristiano amigable. En resumen, el creyente de "raíz plana" carece de una pasión por las cosas de Dios, ha experimentado poco o nada de la presencia de Dios, y carece del poder y la visión para vivir una vida cristiana victoriosa.

El modelo de "raíz principal" para la vida cristiana es el que Jesús demostró a través de Su vida y también el que enseñó a Sus discípulos para que lo siguieran.[7] Jesús desarrolló Sus dones y cumplió Su destino por estar "*arraigado y cimentado en amor*". ¿Por qué es que mucho del cristianismo en nuestro día opera de acuerdo al modelo de "raíz corazón"? Es muy típico que las "exitosas" iglesias evangélicas sufran de agendas sobrecargadas llenas de eventos y programas, lo cual también es un reflejo de la mayor parte de las vidas personales de los creyentes. Es evidente por el fruto que está siendo producido en este ambiente espiritual, que la agenda de tales iglesias, al igual que nuestra propia agenda personal, están siendo establecidas de acuerdo a prioridades diferentes de aquellas que están en el corazón del Señor.

El modelo de "raíz principal" para la vida cristiana, es el que Jesús demostró a través de Su vida y también el que enseñó a sus discípulos para que lo siguieran.

La diferencia entre el enfoque de "raíz principal" y el de "raíz corazón" en la vida cristiana se encuentra claramente en el contraste entre María sentada a los pies del Maestro, absorbiendo cada una de Sus palabras, y Marta corriendo alrededor haciendo todo lo posible para servirle. Lamentablemente, ha habido una lucha constante de voluntades entre la cabeza de la iglesia —el Señor Jesucristo— y muchos miembros de Su cuerpo, la iglesia. Su instrucción es clara, permanecer en Él. Desde esa condición de permanecer entonces podemos "hacer ministerio". ¿Hemos llegado a estar tan llenos de "nosotros mismos" qué hemos encontrado una mejor manera de seguir Sus instrucciones?

Sorprende darse cuenta que a pesar del ferviente deseo de Pablo para que la iglesia llegue a una mayor comprensión de la inmensidad del amor de Dios, al final se conformaron con las "buenas obras". Muchos años después de la carta de Pablo a ellos, el Señor Mismo se dirigió a la iglesia de Éfeso como lo registra Juan en el Apocalipsis.[8] Yeshúa elogió a la iglesia por sus muchas obras buenas, incluso por su discernimiento espiritual. Sin embargo, reprendió severamente a los santos por haber dejado lo que es más importante —su "primer amor". En otras palabras, tenían excelentes programas y eventos. Eran creyentes maduros con la habilidad de discernir y juzgar muchas cosas de forma correcta. Pero aun con tantas cosas dignas de elogio, su falla por no prestar atención a la advertencia de hacer las cosas a Su manera, estaba a punto de poner en peligro sus mismos testimonios. Esto es lo que el Señor tenía que decir acerca de su fracaso para que vuelvan a estar "arraigados y cimentados en amor":

> *Recuerda, por tanto, la altura de dónde has caído, arrepiéntete ahora mismo, y has como hiciste al principio, sino —si no te arrepientes— vendré y quitare tu candelabro de su lugar.*[9]

Jesús se estaba refiriendo a algo más que el haber perdido la pasión que antes sintieron. En realidad, el texto indica que Él se estaba refiriendo a que ellos habían dejado lo que era de primordial importancia. Su "hacer" no se basaba en su "ser" —ya no estaban arraigados y cimentados en Él.

Lo que caracterizó a la iglesia en Éfeso, también es verdad para muchos creyentes hoy. El potencial de nuestro ADN espiritual no puede ser realizado sin el amor de Dios presente en nuestras vidas. Esa es la manera en que fuimos hechos. El paquete de gracia de nuestros dones innatos no puede desarrollarse sin la clase de amor de Dios.

En el caso de ambos, el cristiano de "raíz principal" y el creyente de "raíz corazón", tienen potencial de crecimiento. Sin embargo, el potencial a largo-plazo del primer tipo es mucho mayor, ya que es como Dios lo ha instruido: está "*arraigado y cimentado en amor*". Su fruto permanecerá y quedará clasificado en la variedad de "*oro, plata y piedras preciosas*"[10].

El problema más grande con el cristiano de "raíz corazón" es que Dios no es realmente su enfoque, aun si está convencido de lo contrario. La tendencia es justificarse a sí mismo con una actitud defensiva como: "Estoy haciendo esto [lo que sea] para el Señor, ¿qué quieres decir con que no es para Él?". La realidad, sin embargo, es que los motivos del creyente de "raíz corazón" están centrados principalmente *en sí mismo* —la necesidad de sentirse digno, una sensación bipolar de culpa y obligación, búsqueda de reconocimiento, y cosas similares. Una diferencia básica entre los dos enfoques es que el primero actúa en obediencia a la voluntad revelada de Dios y el otro representa una mezcla de motivos. Todo ministerio debe hacerse de esta manera: *desde Él, a través de nosotros, hacia los demás.* Si el flujo no se ha iniciado con la verdadera Fuente, su origen es el "yo". La única forma de lograr el máximo potencial de nuestros dones a largo plazo y llegar a nuestro destino, es hacer las cosas a Su manera.

Todo ministerio debe hacerse de esta manera: desde Él, a través de nosotros, hacia los demás. Si el flujo no se ha iniciado con la verdadera Fuente, su origen es el "yo".

Para un cristiano que está más acostumbrado a depender de su propio entendimiento en lugar de confiar en Yahweh, la única forma de mejorar es arrepentirse, someter su voluntad a la del Señor, y haga las cosas a la manera de Dios. Crecer cada vez más en Su gran amor debe ser nuestra motivación. Hay una recompensa maravillosa para los que lo hacen así:

> *El justo florecerá como la palmera; crecerá como el cedro en el Líbano. Plantados en la casa del Señor, ellos florecerán en los atrios de nuestro Dios. Aun en la vejez fructificarán; estarán llenos de savia y muy verdes...*[11]

Las palmeras y árboles de cedro en el Líbano son conocidos por su capacidad de crecer muy alto. El Señor nos ha prometido que vamos a florecer si estamos "plantados" en Su presencia. Él aumentará nuestra estatura y nos llevará a nuevas alturas. Además, mientras que la mayoría de los árboles frutales tienden a disminuir su producción conforme pasan los años, este no es el caso con las palmeras. La mayoría de las palmeras no dan fruto hasta que llegan a la madurez, lo que puede tomar muchos años. Sin embargo, una vez que la palmera empieza a producir, ¡la fruta se vuelve cada vez más dulce con el paso de los años! El justo "*florecerá como la palmera... como el cedro en el Líbano...en los atrios de nuestro Dios*". Vamos a crecer y a subir a nuevas alturas, y nuestros últimos años serán más productivos y aún más dulces que los años anteriores. ¡Esa es la manera de Dios!

ATRAIDO POR EL MUNDO

> *"La tentación viene de nuestros propios deseos, los que nos seducen y nos arrastran lejos". Santiago 1:14 (NLT)*

Cuando sufrimos por heridas del alma y cuando nuestro pensamiento está equivocado, le damos oportunidad al enemigo para acosarnos. No obstante, hay un tercer problema que es igualmente grave. Esta ocurre cuando nos dejamos seducir por cualquier cosa que nos aleja del Dios vivo y verdadero.

Hay un refrán que dice: "No suba la escalera del éxito sólo para darse cuenta que está apoyada en la pared equivocada". La mayoría de las personas viven sus vidas de tal manera que demuestra que están ciegos a la verdad de este dicho. No consideran primero lo que Dios tiene reservado en su almacén para ellos; sólo saben lo que *ellos* quieren. "*Mi* voluntad sea hecha" podría ser su lema. Sus vidas reflejan una búsqueda egoísta de un potencial gratificante por las cosas efímeras. Le pasó al Rey Salomón. Después de buscar por décadas el significado para su vida, llegó a la inevitable conclusión que "*todo es vanidad*"[12].

Salomón era un "creyente" que consideramos exitoso según el estándar mundano. Yahweh le había dado una gran sabiduría en sus primeros años. Conocía más sobre los principios de Dios que nadie en su época. Después de todo, escribió la mayoría del libro de Proverbios. Pero, reflexionando, nos damos cuenta que aun los preceptos bíblicos sólo llevan a una persona hasta cierto punto. Es indudable que hay más involucrado en encontrar la verdadera realización.

Entonces, ¿qué es lo que pudo haber causado incluso que un rey "sabio", de quien se decía había sido el hombre más rico que jamás caminó sobre la tierra, perseguir cosas que resultaron al final atormentar su espíritu y estar vacío de significado?[13]. Su problema básico fue que mientras Salomón sabía mucho *a cerca* de Dios, *se alejó* de la Fuente de todas sus bendiciones. Su relación con el Señor cayó junto al camino conforme aumentó en riquezas, mujeres, y renombre.

Verdaderamente, "*...gran ganancia es la piedad acompañada de contentamiento*"[14]. Juan, el apóstol del amor, escribió: "*Porque el mundo solo ofrece una ansia por el placer físico, una ansia por todo lo que vemos, y orgullo en nuestros logros y posesiones. Estos no son del Padre, sino de este mundo*"[15]. Hay un enemigo al acecho dentro de nosotros. Se manifiesta a sí mismo con un deseo de "ganar más" —más de este mundo. Su objetivo es encontrar significado y renombre a través de ambiciones mundanas. Es seducido por lo que complace los sentidos o excita la mente. Es un enemigo que nació en el egoísmo y la desobediencia. Su lugar de nacimiento fue el Jardín del Edén y nació del "padre de las mentiras".

Para vencer a este enemigo traicionero tenemos que someternos a Yahweh, porque Su camino es el mejor. Él no es un gruñón mata-gozo, como algunos pueden imaginarlo, sino el Amante de nuestra alma. El deseo de Dios es nuestro bienestar integral y verdadera realización, no sólo como un destino, sino también como algo que vamos a experimentar en nuestra travesía. Él quiere que el viaje esté lleno de gozo, bendición y abundancia —y promete recompensas eternas al final. Si usted está manejando un carro y ve que el camino en que está no es lo que esperaba, y no le llevará donde usted quiere ir, ¿por qué no poner el pie en el freno y da una vuelta al carro? Hay un camino mejor.

En nuestra búsqueda de significado y felicidad, ¿por qué no consultar a nuestro Hacedor? Él sabe cómo estamos "ensamblados". El conoce el camino para llegar a donde vamos. Él tiene el mapa del camino y quiere guiarlo a lo largo del viaje para que usted evite desviarse de nuevo por caminos que no tienen salida.

Él es el Dios que conoce "*el fin desde el principio*"[16], ya que el Señor tiene sus mejores intereses en Su corazón, usted debe averiguar con Él, cómo llegar a ser exitoso. En primer lugar, usted debe aprender a dejar de lado sus propias nociones de lo que significa el éxito. Si usted todavía no ha encontrado verdadero significado, sepa que cumplir el destino que Yahweh ha planeado para usted, es el único éxito real que existe en este lado de la eternidad. Él lo tiene "*... todo planeado — planes para cuidar de ti, no te abandonará; planes para darle el futuro que usted espera*"[17].

Su éxito es un asunto del corazón y también de la cabeza. Renueve su mente con la Palabra hasta que esté convencido en lo profundo de su corazón que ir en pos de cualquier cosa que se interpone entre usted y Dios, sólo lo hundirá. La mentira que empezó en el Jardín del Edén fue que el hombre podría encontrar satisfacción fuera de Yahweh. No obstante, cuando usted observa la vida desde la perspectiva de la vital importancia de una relación intima con el Señor, usted será capaz de estar de acuerdo con el apóstol Pablo cuando dijo "*...todo lo demás no tiene ningún valor cuando se compara con el valor infinito de conocer a Cristo Jesús mi Señor, por quien lo he desechado todo, contándolo como basura, para que yo pudiera ganar a Cristo*"[18].

LLAMADO PARA SER USTED MISMO

"No deje que el mundo a su alrededor le apriete en su propio molde, pero deje que Dios re-moldee su mente desde dentro, de modo que usted pueda probar en la práctica que el plan de Dios para usted es bueno, cumpla todas sus exigencias y avance hacia la meta de la verdadera madurez". (Romanos 12:2, PNT)

Imitación es Limitación

Las personas más frustradas en el mundo son aquellas que están tratando de ser alguien más de lo que en realidad son o hacer algo a lo que nunca fueron llamadas a hacer. Si una persona realmente aprecia el valor de su singularidad, evitará mucha decepción y frustración en su vida. Se dará cuenta que lo mejor para cualquier persona es ser lo que Yahweh ha diseñado que sea. Cumplir el potencial que está en su interior es su máximo llamado.

En el primer capítulo hicimos una analogía sobre cómo podemos discernir nuestro propósito mediante la observación de nuestro diseño ordenado por Dios. Podemos ver, por ejemplo, que el propósito de un vehículo, un bote o un carro, puede ser determinado mediante la observación de sus características. Un carro tiene ruedas, que demuestran que fue hecho para transitar por el suelo. Un bote tiene un casco hermético, y por lo tanto podemos deducir que fue hecho para viajar por el agua.

Llevemos la analogía un poco más lejos para establecer un punto acerca de la singularidad de nuestro llamado. Como todos sabemos, hay muchos tipos de botes y barcos. Por ejemplo, sabemos que hay canoas, cruceros de cabina, veleros, barcos petroleros, sub-marinos, remolcadores, y los portaviones. No tendría ningún sentido para un tipo de bote o barco tratar de cumplir el propósito del otro tipo. ¡Una canoa simplemente no puede cumplir la función de un portaviones!

Un problema con muchos seres humanos es la tendencia a emular a otros que tienen dotaciones similares, pero con un llamado completamente diferente. Por ejemplo, usted puede ser un evangelista al igual

Un creyente evitará mucha desilusión cuando se da cuenta que lo mejor para su vida es ser lo que Yahweh le ha hecho ser.

que Reinhard Bonnke, pero por otro lado, es probable que usted no sea justo como Reinhard Bonnke! Él es una versión "portaviones" de un evangelista. Ese es su propósito y llamado y fue diseñado de acuerdo a eso. Sin embargo, quizá su llamado es ser un tipo de evangelista "crucero de cabina". Usted no viaja en alta mar; usualmente se queda cerca de su puerto de origen. Por lo general, usted ministra en su área local, pero de vez en cuando va a una provincia cercana. Usted es efectivo en lo que hace y el fruto de su ministerio va a durar por la eternidad. Su llamado no es un "menor" llamado que el del evangelista Bonnke, es sólo uno diferente —aquel para el que usted fue diseñado.

Hay un lugar en el reino de Dios para ambos tipos de llamados y también para muchos otros. Dios tiene evangelistas "sub-marinos" que han sido llamados para trabajar con la iglesia subterránea en el mundo Musulmán. Asimismo tiene evangelistas "remolcadores" que trabajan en estrecha colaboración con otros evangelistas en un papel de soporte. Al igual que tiene evangelistas "canoas" quienes están específicamente llamados para evangelizar de uno-a-uno o estar emparejado con otro para evangelismo en la calle. Un evangelista "crucero de cabina" puede alcanzar personas que Reinhard Bonnke nunca alcanzaría. Aunque usted nunca tenga la oportunidad de predicarle a millones en Nigeria, no por eso usted es un evangelista insignificante. Lo que Dios tenía en su mente cuando lo hizo, no es menos especial que lo que Él tenía en mente para Reinhard Bonnke.

No hay nada malo en tener modelos de roles que han establecido estándares altos a los cuales usted aspira. La emulación de otros que han demostrado ser dignos es encomiable. No importa en qué campo de actividad, siempre tendremos predecesores que han establecido un buen precedente para seguir. El error que se comete a menudo es creer que para tener éxito tenemos que obtener su mismo nivel de logro. La única ambición personal que un cristiano debe tener es la de ser fiel en el área al cual se le ha llamado, teniendo en cuenta que su responsabilidad es con su Padre amoroso, quien no es de ninguna manera un tirano.[19] Si bien esforzarse por la excelencia es un deseo dado por Dios, el motivo básico detrás de tal esfuerzo debe ser el de avanzar el reino de Dios y traer gloria a nuestro Hacedor. El auto-enaltecimiento es una forma de orgullo que, al final, puede causar la caída de cualquier persona.[20]

Alineamiento con su Misión

Las únicas expectativas que una persona madura debería tratar de cumplir son aquellas que se han desarrollado después de haber consultado con Yahweh. Algunos cristianos tienen la noción errónea que el único llamado digno en la vida es uno que involucra el servicio a tiempo completo dentro de la iglesia. Como sabemos la predicación y la enseñanza de Jesús se centraron en las Buenas Nuevas del reino de Dios, y Su instrucción a Sus seguidores fue llevar ese mismo mensaje al mundo,[21] es una perspectiva limitada y defectuosa considerar el ministerio público como un llamado menor.

Debemos ser sal y luz al mundo. Con el fin de atraer a aquellos que aún no han entrado al reino de Dios, tenemos la imperiosa necesidad de llevar el evangelio a ellos, estén donde estén —en la escuela o el trabajo, la tienda o el centro comercial, en eventos deportivos, y en cualquier lugar donde sus necesidades e intereses los lleven.

José sirvió al propósito del Señor como un supervisor para el Faraón y el primer ministro de Egipto.[22] El poderoso profeta Daniel fue el segundo en comando después del rey de Babilonia y después bajo el rey del imperio Persa. Pablo trabajó con sus manos haciendo carpas durante ciertos períodos de su ministerio. También demostró ser muy eficaz en la promoción del reino de Dios desde la celda de la cárcel en Macedonia, así como cuando estaba bajo arresto domiciliario en Roma.[23] En otras palabras, con una mentalidad adecuada, alineada con los pensamientos de Dios, una persona puede ser usada poderosamente por Dios para cumplir Sus propósitos en cualquier lugar donde se encuentre.

Si sus dones y llamado son para ser un mecánico de autos o un plomero, entonces sírvale al Señor con todo su corazón en su oficio. Si usted ha trabajado toda su vida como un agricultor o un ganadero, hágalo para la gloria de Dios. Aspire a hacer solamente lo que Yahweh se ha propuesto para usted. Fuera de Su voluntad, usted sólo producirá resultados escasos.

Usted encontrará provisión, y prosperidad en la medida que complazca al Señor con su obediencia, haciendo precisamente lo que ha sido llamado a hacer.

Usted encontrará provisión, y prosperará a medida que complace al Señor a través de su obediencia, haciendo lo que ha sido llamado a hacer. Limitar Su reinado a ciertas áreas, es más un reflejo de inseguridad o inmadurez en un creyente. Está más en línea con una visión pagana del mundo que busca limitar la influencia cristiana. Debido a que "*… la tierra es del Señor y la plenitud de la misma*"[24], no excluya ningún campo de actividad para llegar a estar bajo la jurisdicción de Su reino. ¡Llevar luz al mundo es lo que estamos llamados a hacer!

VIVIENDO DESDE EL INTERIOR

La simple verdad es que demasiados cristianos que profesan "conocer" al Señor solamente tienen un leve conocimiento de Él. Es como si dijeran, "Hola, Jesús", mientras asienten sus cabezas y pasan, dirigiéndose a sus propios asuntos. Pero no me estoy refiriendo sólo a los cristianos "raíz plana", aquellos que están contentos con vivir en lo "superficial" de su fe y no están dispuestos a asumir un mayor papel en el cuerpo de Cristo. Más bien, son los que llevan sobre sus hombros la carga del ministerio los que aún no han entrado en estrecha comunión con el Único que nos ha llamado "amigo"[25]. Sin duda, son Sus siervos y están activos en el ministerio —usualmente demasiado ocupados para tomar el tiempo para consultar con el "cuartel general".

Estos últimos requieren un proceso mayor de maduración antes de graduarse y de subir a niveles más altos de fe. Pero no necesita tomar años para lograrlo. Lo que se requiere es tomar la cruz de abnegación. Con seguridad la carne gritará "¡Ay!" Y su ego querrá decirle "¡De ninguna manera!". Pero si realmente busca progreso espiritual, será necesario que quite todas las capas de contaminación que nublan su visión e insensibilizan su corazón.

Introspección. Reflexión. Escuchar. Atender. Hacer. Cada uno de ellos es una parte necesaria del proceso. Necesitamos también renovar nuestra mente con la Palabra. Así es de simple. Pero hay que hacerlo con fe para ver resultados.

Conforme pasamos por las etapas de la vida las preguntas básicas que nos hacemos a nosotros mismos tienden a cambiar. La mayoría de los niños se pregunta a sí mismo, "¿Qué quiero ser yo cuando sea mayor de edad?". Después, a medida que pasan sus años y llega la adolescencia, se hace preguntas más prominentes como "¿Dónde calzo yo?" y "¿Quién soy yo, realmente?". En la edad adulta, preguntas como "¿Qué es lo que yo quiero lograr en la vida?" y "¿Cómo puedo hacer yo la diferencia?" llegan a ser el foco de muchos. Años más adelante, algunas de las preguntas más importantes serán: "¿He hecho yo una diferencia?" y "¿Dejaré un legado cuando me haya ido?". En verdad, la mayoría de nosotros de manera consciente o no, hacemos estas preguntas, pero un dialogo interno, introspectivo, sucede dentro de cada uno que nos hace reflexionar.

Antes que las preguntas concernientes a nuestro propósito y significado se puedan contestar, hay que conocer el ADN espiritual que el Señor programó en nuestro interior. Su destino está dentro de usted, pero depende de usted descubrirlo y llegar allí. No hay forma que usted pueda llegar a su destino por su propia cuenta. En realidad, usted necesitará toda la ayuda posible que pueda conseguir. Mientras usted todavía esté tratando de entender todo esto, el enemigo hará incontables intentos de sembrar confusión en su vida; procurará sacarlo del camino para que usted termine en una zanja. Debido a que el enemigo opera en el ámbito sobrenatural, así como en lo natural, usted tiene que estar "conectado" con el Altísimo para tener alguna oportunidad.

Por esta razón Yeshúa dijo, "*Porque estrecha es la puerta, y angosto es el camino que lleva a la vida, y pocos son los que la hallan*"[26]. Muchos cristianos leen a la carrera estos conocidos pasajes, pensando, "Por supuesto, yo estoy contado entre esa pequeña cantidad". Probablemente ese sea el caso, pero ¡Cuidado! Podrían quedar sorprendidos al final. Tan sólo unos momentos después de haber dicho a la multitud reunida que no hay muchos que lo iban a lograr, Jesús dijo que algunos vendrán diciendo "Señor, Señor" en su intento de entrar en el reino de Dios, pero serán rechazados debido a que Él no los conoce.

Un individuo puede estar involucrado en todo tipo de actividades religiosas en el nombre del Señor y sin embargo no conocerle de una manera personal. A menos que un creyente esté desarrollando su relación con el Señor día-a-día, y siguiendo Sus instrucciones, puede que no termine en la eternidad con Yeshúa, como él cree. Es posible que esté en desacuerdo con esto, pero eso fue lo que le dijo Jesucristo a sus oyentes en el Sermón del Monte.[27] Incluso si una persona logra llegar al cielo, sus recompensas en la eternidad serán pocas o casi ninguna.[28] ¿No es mucho más simple aprender a "permanecer en Él", como nos ha instruido? Entonces no hay ninguna conjetura involucrada.

Sea usted un estudiante, un banquero, un profeta, una mesera, o un pastor, su llamado máximo en esta vida es estar en comunión con su Hacedor.

Él nos ha llamado de las tinieblas a la luz para que podamos ser partícipes de Su naturaleza divina.[29] Desarrollar una vida más profunda en Él, es el camino para alcanzarlo. Sea usted un estudiante, un banquero, un profeta, una mesera, o un pastor, su llamado máximo en esta vida es estar en comunión con su Hacedor.

EL TIEMPO PARA LA RESTAURACIÓN

Todos y cada uno de nosotros tiene una necesidad de sentirse importante: "¡Yo soy alguien!".¿No cree que mucho más importante es que el Señor del universo lo hiciera de la forma que es, a fin de que sea parte de sus planes a través de las edades? En efecto, ¡no hay nada mejor que eso!

Estos son tiempos emocionantes para vivir como cristianos. Antiguas profecías concernientes al reino de Dios y la nación de Israel están siendo cumplidas frente a nuestros propios ojos.[30] El profeta Isaías ya lo predijo. Será un tiempo en que el mundo se sumergirá en una profunda oscuridad, mientras la gloria de la presencia del Señor brillará sobre Su pueblo.[31]

En pocas palabras, usted no podría haber nacido en un mejor tiempo que el de ahora para tomar parte en el plan de Dios. El conocimiento de revelación está fluyendo como nunca antes, y nosotros estamos viviendo en los "*tiempos de refrigerio*", según como el apóstol Pedro dijo, vendrán "*... de la presencia del Señor*"[32]. Este mismo período, del cual habló el apóstol, es también "*... el día de la restauración de todas las cosas, acerca de lo cual Dios habló por boca de sus santos profetas desde tiempos antiguos*"[33].

Esta es la gran final en la cual todas las cosas están volviendo a su estado original. Incluso nuestro ADN espiritual está siendo restaurado en medio de este proceso. Delante de nosotros tenemos el patrón divino —Jesucristo. A medida que fijamos nuestra mirada hacia Su gloria, estamos siendo transformados. Lo que por nuestra cuenta seríamos incapaces de alcanzar, en Cristo alcanzará su plena realización. Debido a esto, podemos reflejar Su gloria al mundo.

Este es nuestro "tiempo de refrigerio" en el que todas las cosas están siendo restauradas porque hemos "*...venido de la presencia del Señor*".

Nosotros somos especiales y estamos viviendo en un tiempo extraordinario. Si solamente pudiéramos captar el inmenso significado de esta gran verdad, haría toda la diferencia en nuestra actitud y perspectiva. Seremos vigorizados para hacer los trabajos a los cuales Él nos ha llamado. Tendremos la pasión necesaria para romper toda la apatía y alienación que nos rodea. Perseveraremos y venceremos los obstáculos que el enemigo coloca en nuestro camino. Buscaremos complacer al Señor como nunca antes. ¡Nosotros llegaremos a nuestro destino!

Preguntas: Capítulo Diez

1. El ferviente deseo del apóstol Pablo fue que el Mesías residiera en el interior de los creyentes en Éfeso y que sean "_______________ *y cimentados en [Su] amor*".

2. Un cristiano quien ha tomado en serio la instrucción de Yeshúa de "_______________ en Él" es uno que ha desarrollado una estrecha relación con el Señor y echado una "raíz principal" hacia abajo en la tierra para recibir su sustento espiritual.

3. El creyente de "raíz principal" es firme y seguro como una roca y se desarrollará en su ___________ como ha sido previsto por Dios.

4. A medida que un cristiano de "raíz principal" extrae su ___________ para toda situación en la vida por estar "*arraigado y cimentado en amor*", es capaz de ir mucho más allá de los otros dos tipos de sistemas de raíces en el cumplimiento de su destino.

5. El mayor defecto de un creyente de "raíz corazón" es que el fruto que manifiesta a través de su vida será más un producto del esfuerzo __________ que del fruto de una aventura junto con Yahweh.

6. Lo que necesita el creyente de "raíz corazón" son "encuentros cercanos del primer tipo" —acercándose más a Dios y ___________________ Su amor.

7. El cristiano de "raíz plana" puede experimentar un "toque" del Señor de vez en cuando, pero debido a que su relación con Yahweh es tan ______________, sabe muy poco de las dimensiones del gran amor de Dios.

8. Como regla general, el cristiano de "raíz plana" sabe muy poco acerca

de la auto-negación y usualmente no está dispuesto a aplicar la Palabra en su vida si esto le "__________" algo.

9. El creyente de "raíz plana" carece de una pasión por las cosas de Dios, ha experimentado poco o nada de la presencia de Dios, y carece del poder y la visión para vivir una vida cristiana ________________.

10. El modelo de "raíz ______________" para la vida cristiana es el que Jesús demostró a través de Su vida y también el que Él enseñó a Sus discípulos para que siguieran.

11. Todo ministerio debe hacerse de esta manera: ___________ *Él, a través de nosotros,* __________ *los demás*. Si el flujo no se ha iniciado con la verdadera Fuente, su origen es el "yo".

12. La única forma de lograr el máximo potencial de nuestros dones en el largo plazo y llegar a nuestro destino, es hacer las cosas a _____ manera.

13. Nosotros le hemos dado __________________ al enemigo para acosarnos cuando sufrimos por heridas del alma y cuando nuestro pensamiento está equivocado.

14. En nuestra búsqueda de significado y felicidad, ¿por qué no ______________ con nuestro Hacedor?

15. Cumplir el ____________ que Yahweh ha planeado para usted es el único éxito real que existe en este lado de la eternidad.

16. Las personas más ________________ en el mundo son aquellas que están tratando de ser alguien más de lo que en realidad son o hacer algo a lo que nunca fueron llamadas a hacer.

17. Un problema con muchos seres humanos es la tendencia a emular a

otros que tienen ______________ similares, pero con un llamado completamente diferente.

18. Las únicas________________ que una persona madura debería tratar de cumplir son aquellas que se han desarrollado después de haber consultado con Yahweh.

19. Con el fin de atraer a aquellos que aún no han entrado al reino de Dios, tenemos la imperiosa necesidad de _________ el evangelio a ellos, estén donde estén.

20. Con una ______________ adecuada, alineada con los pensamientos de Dios, una persona puede ser usada poderosamente por Dios para cumplir Sus propósitos en cualquier lugar donde se encuentre.

21. Usted encontrará provisión, y prosperará a medida que complace al Señor a través de su _______________, haciendo lo que ha sido llamado a hacer.

22. La simple verdad es que demasiados cristianos quienes profesan "____________" al Señor solamente tienen un leve conocimiento de Él.

23. Un individuo puede estar involucrado en todo tipo de actividades religiosas en el nombre del Señor y sin embargo no conocerle de una manera ______________.

24. ¿Cuál tipo de creyente te describe mejor? (seleccione uno opción) el Creyente de "raíz principal" _____ el Creyente de "raíz corazón" _____ o el Creyente de "raíz plana" _____.

APENDICE A

◈ ◈ ◈

Dos Tipos de Profetas, Dos tipos de Maestros

Cuando leemos las Escrituras es importante mantener en nuestra mente el simple hecho de que una palabra puede tener dos (o más) diferentes significados, sobre todo si se usa en varios contextos. Aunque todo el tiempo nos enfrentamos en nuestra vida diaria a ejemplos como estos, normalmente no le damos mucha importancia. He aquí algunos ejemplos.

Si le dijera a usted:

- "En nuestro ministerio, en la parte **este** del país, entrenamos pastores y líderes", le estoy informando que entrenamos y equiparemos a esos individuos.
- Sin embargo, si digo que, "acabo de ver a **este** hermano tomar el tren para ir a Roma", le estaría comunicando que la persona se subió a un vagón.

Ahora si yo le informara:

- "Voy a sacar dinero del **banco** que esta en la esquina". Le estoy hablando de una institución financiera donde tengo ahorros.

- Por otro lado, si digo que, "Vi al hermano sentarse en el **banco** en la primera fila". Le estoy diciendo que el hermano se sentó en un asiento en que pueden sentarse varias personas en la iglesia.

Para dar un tercer ejemplo y final, yo le he dicho que:

- "No debemos ser piedra de tropiezo para aquellos que fueron adictos al **vino**", significa que debemos ser de buen testimonio para los rehabilitados.
- Sin embargo, si digo: "Que Jesús **vino** hace dos mil años y estamos esperando Su retorno en nuestra generación", le estoy informando que nuestro Salvador Jesús nació en Belén al inicio de nuestra época y regresará pronto.

En cada par de oraciones se usa la misma palabra, pero con significados totalmente diferentes.

Docenas de palabras usamos todo el tiempo que tienen dos o más significados. No es exclusivo para la lengua hispana; es igual para todos los lenguajes, incluyendo el griego en la cual el Nuevo Testamento fue escrito.

Esto es crucial cuando consideramos los diferentes dones espirituales que se mencionan en la Biblia, porque hay dos instancias en el Nuevo Testamento donde se usa la misma palabra para describir dos dones diferentes: el don de "profecía" y el don de "maestro". Hay un don innato de "profecía"[1] al igual que un don de manifestación de "profecía",[2] y además esta el don innato de "maestro"[3] al igual que el don de equipamiento de "maestro"[4].

Como hemos visto en los ejemplos anteriores, aunque se usa la misma palabra, no significa necesariamente que tiene el mismo significado o que sean el mismo don. De hecho, el don innato llamado "profecía" es muy diferente al don de manifestación de "profecía"[5] y, de manera similar, alguien que esta dotado con un don innato de "maestro" no es igual que alguien que se le ha dado el don de equipamiento de "maestro".

Esto se torna mas claro conforme consideramos las diferencias fundamentales entre los tres grupos de dones. Los dones innatos son en realidad acerca de "quienes somos", o con más precisión, "Dios nos creo para que seamos". Se refiere a nuestro "ADN espiritual", que incluye rasgos y características de nuestra personalidad, motivaciones, habilidades y talentos. Por otro lado, cada uno de los "dones de manifestación" representa uno de las varias operaciones del Espíritu Santo —o "lo que Él hace a través de usted, conforme a Su voluntad"— en un tiempo y lugar determinado. Adicionalmente a los dos grupos de dones, un creyente pudo haber sido llamado por Dios también para ser dotado con un don de equipamiento, que es también otro asunto. Como uno dotado del "don de equipamiento", una persona es llamada por Yeshúa para ministrarle a su cuerpo. El propósito aquí es entrenar a los santos para el servicio y traer a cada uno a la madurez por medio de la fe.

Así que, "profecía" como un don innato es una "manera de ser" aunque profecía como un don de manifestación es un acto de "profetizar" o hablar como un oráculo de parte de Dios. Asimismo con el maestro; alguien con un don innato de maestro ha sido diseñado por Dios con el ADN espiritual que caracteriza ese don. No obstante, alguien con el don de equipamiento de maestro es una persona que Jesucristo ha llamado y preparado para que enseñe a Su cuerpo, y funciona de esa manera. Si bien alguien con un *don de equipamiento de maestro*, puede tener el don innato de la enseñanza como su don principal, aunque esto no es un prerrequisito. A pesar que Dios ha dado un don primario a todas las personas que han nacido, varios con el don innato de maestro —aquellos que no han nacido de nuevo— no cualifican necesariamente para ser llamados por Yeshúa a servir como un *maestro de equipamiento.* Un prerrequisito para que alguien sea llamado en cualquiera de los dones de equipamiento es formar parte de la familia de Dios por medio de un nuevo nacimiento.

APENDICE B

◈ ◈ ◈

Clave de Respuestas por Cada Capítulo

Capítulo Uno

1. tesoro
2. conocía
3. mente
4. espiritual
5. antes
6. espíritu, alma
7. planeado
8. rasgos
9. diseño
10. espiritual
11. ADN
12. creación

Capítulo Dos

1. buscar
2. dentro
3. secreto
4. propósito
5. consejo
6. espiritual
7. significado
8. experimento
9. manifestación
10. espirituales
11. toda
12. motivacionales
13. innatos
14. humildad
15. descubrir

Capítulo Tres

1. glorificar
2. vea, motivada
3. vital
4. propósito
5. gracia
6. color
7. corazón
8. entendimiento
9. armonía
10. particular
11. importante
12. entrenar
13. adecuado
14. confort
15. dones
16. bendición
17. equipo

Capítulo Quatro

1. siete, espiritual
2. verdades
3. Dios
4. prácticas
5. largo
6. honestidad
7. verdad
8. Escrituras, cambios
9. experimentarla
10. sana
11. animar
12. corazón
13. confianza
14. canal
15. proveedor
16. generacional
17. recursos
18. nato
19. lealtad
20. autoridad
21. sentimientos
22. corazón
23. emocional

Capítulo Cinco

2. natural
3. llegado
4. fortalezas
5. verdadera
6. resolverlo
7. condenado
8. pesimista
9. perdón
10. resentimientos
11. descuida
12. identidad
13. orgullo
14. inseguridad
15. confianza
16. aplicación
17. prioridades
18. manipular
19. confiar
20. temor, duda
21. compasión
22. difícil
23. sensibilidad
24. evadir
25. identificar
26. pecado
27. naturaleza
28. Dios

Capítulo Seis

1. interacción
2. debilidades
3. propósito
4. obediencia
5. lealtad
6. recibir
7. verdadera
8. debilidad
9. relación
10. verdad
11. maestro
12. generaciones
13. motivación
14. desarrollo
15. avance
16. generosidad
17. falta
18. profecía
19. plan
20. motivacional
21. organizar
22. extraño
23. costo
24. aliviar

Capítulo Siete

1. gracia
2. prueba
3. perfección
4. corazones
5. verdad
6. profecía
7. ministraría
8. humildad
9. obediencia
10. crecimiento
11. descubiertas
12. juzgar
13. bondad
14. desarrollo
15. espiritual
16. ejemplo
17. regalo
18. generosidad
19. lleven
20. organización
21. autoridad
22. aflicciones
23. compasión
24. reconocerlo

Capítulo Ocho

1. espiritual
2. potencial
3. ojos
4. profecía
5. manos
6. vital
7. maestro
8. consejo
9. boca
10. personas
11. dador
12. restauración
13. hombros
14. gobernar
15. misericordia
16. congregación
17. unción
18. adolescencia
19. Dios
20. requisito
21. prioridades
22. diverso
23. diferencias
24. compatibilidad

Capítulo Nueve

1. razonable
2. todo
3. alma
4. plenitud
5. finanzas
6. heridas
7. glorificar
8. engañador
9. principal
10. convencido
11. engaños
12. luz
13. Espíritu Santo
14. síntoma
15. fortaleza
16. restauración
17. bienestar
18. todo
19. comunión
20. eternidad
21. empaparnos
22. celestial
23. caminaremos
24. cosas

Capítulo Diez

1. arraigado
2. permanecer
3. don
4. fuerza
5. propio
6. experimentando
7. superficial
8. cuesta
9. victoriosa
10. principal
11. desde, hacia
12. Su
13. oportunidad
14. consultar
15. destino
16. frustrado
17. dotaciones
18. expectativas
19. llevar
20. mentalidad
21. obediencia
22. conocer
23. personal

NOTAS FINALES

◈ ◈ ◈

La Portada

1 Nota del Editor: Este fascinante animal, gracias a su sofisticación, controla su flotabilidad llenando o vaciando de agua o gas sus cámaras interiores. Posee un pico duro capaz de perforar conchas y capacidad de desplazarse por propulsión a chorro. La concha del nautilo es similar a la de algunos caracoles. Su concha se halla dividida en cámaras, viviendo el animal siempre en la cámara frontal mayor. No obstante, las otras cámaras son igualmente importantes, ya que el animal las utiliza para controlar su flotabilidad, bien para moverse cerca de la superficie, o para sumergirse hasta el fondo del océano.

Prefacio

1 El libro más ilustre sobre el tema, disponible en Español también, es "Su Don Espiritual: Cómo Descubrir y Poner en Practica el Don que Dios Le Dio" por Don and Katie Fortune (Miami, FL: Editorial Patmos, 2009).

Capítulo 1: El Misterio del Tesoro Dentro de Nosotros

1 Jeremías 1:5.
2 Véase Hechos 10:34.
3 Salmos 139:13,14,16 (GWT).
4 Véase Juan 4:24.
5 Tales frases como "hombre exterior" y "hombre interior" se refieren a la humanidad —tanto al hombre como a la mujer.
6 También referido como a "mente y corazón" en la versión de la Biblia Nueva Tra-

ducción en Inglés.

7 Estoy evitando el uso y la repetición de frases poco prácticas que se refieren a los dos géneros, como a "él o ella", aunque cada observación, a menos que se exprese de otra manera, se aplica igualmente tanto al hombre como a la mujer.

Capítulo 2: Apreciando Nuestros Dones Innatos

1 Véase Mateo 6:33.

2 En 1 Corintios 12:7-11. Cada uno de estos tres grupos de dones en la Biblia es "espiritual" ya que fueron dados por Dios quien es Espíritu. Por eso resulta inapropiado elevar el grupo de dones de 1 Corintios 12 al lugar de los "dones espirituales". Es como catalogáramos a los otros dos grupos de dones como menos espirituales, lo que está lejos de la verdad.

3 Efesios 4:11-12. Aunque cada una de las etiquetas usadas para describir estos dos grupos de dones son un poco imprecisas, usar el término "dones de manifestación" para los dones referidos en 1 Corintios 12, quizá sea lo mejor —al menos provee el sentido que estos nueve dones involucran una operación o manifestación del Espíritu Santo. El término "dones de equipamiento" grafica de la mejor manera el propósito para el cual estos cinco dones en Efesios 4 fueron dados a la iglesia: para equipar a los santos.

4 El término "dones innatos" enfatiza el hecho que ellos han sido dados u otorgados —tanto al creyente individual y también corporativamente al cuerpo de Cristo. También trae con él un sentido de su naturaleza esencial o intrínseca. El término más común, "dones motivacionales", es inadecuado porque está limitado a sólo un aspecto de la naturaleza profunda de estos dones.

5 Romanos 12: 6-8 (LBLA).

6 Los nombres de los dones innatos en paréntesis son los nombres de los dones correspondientes usados en varias de las traducciones aparte de la Biblia de las Américas (LBLA).

7 Véase Apéndice A, que clarifica la diferencia entre "profecía" como un don innato y la "profecía" como un don de manifestación, así como la diferencia entre el don innato de "enseñanza" como el don innato de "maestro".

Capítulo 3: Añadir Mayor Dimensión

1 Cuando el apóstol Pablo señala que "… tenemos dones que difieren de acuerdo a la gracia que se nos ha dado…" la palabra traducida allí como "dones" era la palabra griega 'carisma' en el texto original.

2 Romanos 12:3 (LBLA).

3 Véase Romanos 12: 4-5 y 1 Corintios 12:12.

4 Efesios 4:11-12.

5 Oseas 4:6.

Capítulo 4: Las Cosas Buenas Vienen en Sietes

1 Este ambiente incluye el ambiente espiritual así como las influencias de la familia, en aspectos socio-económicos y culturales.

2 En 1 Corintios 13:1.

3 Véase Hechos 17:11.
4 Véase 2 Timoteo 4:3.
5 Obviamente otros factores han sido involucrados, como su humildad, siguiendo la guía del Espíritu Santo, y la obediencia a las instrucciones de Dios.
6 Este don tiene cuatro otros nombres por el que se le conoce también como el don de administrar, organizar, gobernar y facilitar.
7 A lo que se refiere aquí por "la clase de amor de Dios" es ágape en el griego. Es un tipo de amor que está mucho más allá del amor humano, o incluso del entendimiento humano.
8 Pablo les dijo a los creyentes en Roma que "... el amor de Dios ha sido derramado en nuestros corazones por el Espíritu Santo, quien nos ha sido dado" (Romanos 5:5).

Capítulo 5: Creciendo en la Gracia

1 Jeremías 17:9.
2 Mateo 15:19 (NASB).
3 1 Samuel 16:7 (LBLA).
4 "Por lo tanto, si algún hombre está en Cristo, es una nueva criatura: las cosas viejas pasaron, he aquí, todas son hechas nuevas" (2 Corintios 5:17).
5 "Porque a aquellos que conoció previamente, también los predestinó para llegar a ser conformados a la imagen de Su Hijo, para que Él sea el primogénito entre muchos hermanos" (Romanos 8:29, NASB).
6 El Señor desea que cada uno de Sus hijos se desarrollen para llegar a ser "... maduros en el Señor, estando a la altura del estándar pleno y completo de Cristo" (Efesios 4:13, NLT).
7 Jesucristo advirtió que, "Muchos me dirán... Señor, Señor, ¿no profetizamos en tu nombre y en tu nombre echamos fuera demonios?... Y luego les declararé, nunca los conocí: apártense de mí, hacedores de iniquidad" (Mateo 7:22-23, énfasis añadido).
8 Jesús le dijo a sus discípulos, "permanezcan en mí y yo en ustedes. Como la rama no puede llevar fruto por sí misma, a menos que permanezca en la vid; tampoco ustedes, a menos que permanezcan en mí" (Juan 15: 4). Juzgando por el alto porcentaje de "cristianos casuales" de hoy, muchos están tratando de caminar el camino cristiano en su propio poder, lo que es "infructífero".
9 El Apóstol Pablo nos instruye que "... los dones y el llamado de Dios son irrevocables" (Romanos 11: 29) lo que significa que Dios ha elegido no quitar ninguno de los dones que Él dio —y eso se aplica incluso si la persona no está caminando cerca de Él. Sin embargo, Jesús advierte las consecuencias nefastas para muchos "cristianos" engañados quienes fracasan por no permanecer en Él; el Señor les dirá "apártense" porque "nunca los conocí" aun cuando ellos hubieran hecho muchas "obras maravillosas" (Mateo 7:22-23).
10 El enfoque más apropiado en tal situación es dado por el apóstol Pablo: "Incluso si un hombre fuera encontrado en algún pecado, mis hermanos, los espirituales entre ustedes deben rápidamente guiarle de regreso al camino correcto, sin ningún sentimiento de superioridad más bien estando en guardia ustedes mismos contra

alguna tentación" (Gálatas 6:1, PNT).

11 Dar por hecho que "el amor de Dios ha sido derramado en nuestros corazones a través del Espíritu Santo Quien nos ha sido dado..." una realidad viviente en tu caminar diario (Romanos 5:5b).

12 Romanos 12:3.

13 El apóstol Pablo escribió en 1 Corintios 8:1b que "... el conocimiento envanece, pero el amor edifica", por lo que se estaba refiriendo a la tendencia del conocimiento a producir un ego inflado.

14 Juan 15:5.

15 Eclesiastés 3:1.

16 Génesis 13:13, 19: 5,24.

17 1 Samuel 2:22.

18 1 Samuel 2:34, 4:11.

19 Véase Santiago 3:1.

20 Véase Hechos 17:10-11.

21 Así como Dios usó a un burro para hablarle al profeta Balaán en Números 22:1-35.

22 Véase 2 Timoteo 4:3,4.

23 Puedes encontrar una parte importante del relato triste del rey Saúl en 1 Samuel 15.

24 Proverbios 29:25 (NLT). El secreto de una trampa es que está escondida o encubierta, porque si un pájaro o animal supiera lo que le está esperando, lo evitaría.

25 1 Samuel 30:6b "... David se animó y fortaleció en el Señor su Dios". Fue el mismo rey David quien se fortaleció en el Señor. No mire a otros —tome usted la iniciativa, porque se le ha prometido que si "se acerca a Dios... Él se acercará a usted" (Santiago 4:8, MKJV).

26 Salmo 138:2b dice, "...porque has magnificado tu palabra sobre todo tu nombre".

27 1 Corintios 13:4: "el amor es paciente..."

28 1 Tesalonicenses 5:14b: "... sean pacientes con todos los hombres".

29 Romanos 15:4-5 (NLT). "Tales cosas se escribieron hace tiempo en las Escrituras para que nos sirvan de enseñanza. Y las Escrituras nos dan esperanza y ánimo mientras esperamos con paciencia hasta que se cumplan las promesas de Dios. Que Dios, quien da esa paciencia y ese ánimo, los ayude a vivir en plena armonía unos con otros, como corresponde a los seguidores de Cristo Jesús".

30 Lucas 12:16-21.

31 Proverbios 11:24-25 (SRV).

32 Véase Josué 1:8.

33 Véase Juan 15:16.

34 Véase Mateo 28:19-20.

35 Véase Mateo 25:31-46. Jesús, hablando de los hechos de misericordia, hechos para aquellos a los que Él llama hermanos, dijo esto: "De cierto os digo que en cuanto lo hicisteis a uno de estos mis hermanos más pequeños, a mí lo hicisteis" (Mateo 25:40b).

36 Mateo 6:3.

37 Jesús advierte a todo creyente, "No os hagáis tesoros en la tierra, donde la polilla

y el orín corrompen, y donde ladrones minan y hurtan; sino haceos tesoros en el cielo, donde ni la polilla ni el orín corrompen, y donde ladrones no minan ni hurtan" (Mateo 6:19-20).

38 El apóstol Pablo animaba a los filipenses a dar "... (no) digo esto esperando que me envíen una ofrenda. Más bien, quiero que ustedes reciban una recompensa por su bondad" (Filipenses 4:17, NLT). Desde la perspectiva de Dios (y eso es lo único que realmente cuenta) el dar es para nuestro propio beneficio.

39 En Su mensaje a la iglesia de Laodicea, Jesús los reprendió severamente por su actitud autosuficiente. "Porque tú dices: Yo soy rico, y me he enriquecido, y de ninguna cosa tengo necesidad; y no sabes que tú eres un desventurado, miserable, pobre, ciego y desnudo" (Apocalipsis 3:17). Los Cristianos deben darse cuenta que no viven por ellos mismos, porque han sido "... comprados con precio..." (1 Corintios 6:20).

40 Lucas 6:38 (MSG). "Entreguen sus vidas, y encontrarás que la vida se le devolverá... con bonificación y bendición. Dar, no conseguir, es el camino..."

41 Jesús lo puso de esta manera: "Porque donde esté vuestro tesoro, allí estará también vuestro corazón" (Mateo 6:21).

42 El consejo sabio del apóstol Pablo a Timoteo en relación a las riquezas fue el siguiente: "Pero gran ganancia es la piedad acompañada de contentamiento; porque nada hemos traído a este mundo, y sin duda nada podremos sacar. Así que, teniendo sustento y abrigo, estemos contentos con esto. Porque los que quieren enriquecerse caen en tentación y lazo, y en muchas codicias necias y dañosas, que hunden a los hombres en destrucción y perdición. Porque raíz de todos los males es el amor al dinero, el cual codiciando algunos, se extraviaron de la fe, y fueron traspasados de muchos dolores" (1 Timoteo 6:6-10).

43 Esta habilidad es bien parecida a la del animador.

44 Véase Juan 15:5.

45 Jesús expresó Sus puntos de vista sobre el liderazgo a Sus discípulos cuando Él los reunió y dijo, "Ustedes saben que los gobernantes de este mundo tratan a su pueblo con prepotencia y los funcionarios hacen alarde de su autoridad frente a los súbditos. Pero entre ustedes será diferente. El que quiera ser líder entre ustedes deberá ser sirviente..." (Mateo 20:25-26, NLT).

46 Mateo 7:12 (NASB).

47 Jesús aconsejó a la multitud reunida en el Sermón del Monte a "Dad, y se os dará; medida buena, apretada, remecida y rebosando darán en vuestro regazo; porque con la misma medida con que medís, os volverán a medir". (Lucas 6:38). Esta ley espiritual eterna se aplica en todos los aspectos.

48 Mateo 10:16. "He aquí, yo os envío como a ovejas en medio de lobos; sed, pues, prudentes como serpientes, y sencillos como palomas".

49 Lucas 6:37. "No juzguéis, y no seréis juzgados; no condenéis, y no seréis condenados; perdonad, y seréis perdonados".

50 Véase 2 Pedro 1:4 (NBLH).

51 Véase Romanos 5:5b.

52 1 Corintios 13:8a.

53 La carta de Pablo a la iglesia en Colosos revela la magnífica verdad que el "... mis-

terio que había estado oculto desde los siglos y edades… ahora ha sido manifestado a Sus santos… que es Cristo en vosotros, la esperanza de gloria" (Colosenses 1: 26-27). El Cristos (la palabra griega traducida como Cristo) a la cual Pablo se está refiriendo, es tanto la unción (de Cristo) en nosotros y la persona de Cristo, por el Espíritu Santo que habita en nuestro interior, quien mora (toma residencia) dentro. De hecho, es por razón de esta unción que somos llamados "cristianos" (literalmente, "pequeños ungidos").

Capítulo 6: Retrato de los Siete Dones Innatos

1 Véase Génesis 3:8.

2 Santiago 5:17 (NLT).

3 Obviamente el Buen Samaritano en la parábola de Jesús, ilustrando el don de misericordia, puede no haber sido una persona real, pero de hecho tenía un parangón con la realidad.

4 Véase Hechos 2:14, 2:23, 3:12, 4:8, 5:3-10, 5:29-42, 11:4; Mateo 14:28, 15:15, 16:16, 16:33, 17:4, 18:21, 19: 27; Lucas 5:8; y Juan 6:38, 6:67-69, 13:6.

5 Esta declaración es hecha en Mateo 16:16. En Juan 6:69, que ocurrió anteriormente, Pedro proclamó que Jesús era "el Santo de Dios", una frase que contenía la misma importancia para los hebreos del primer siglo (NLT).

6 Mateo 16:17 (NLT).

7 Una gran convicción fue traída a miles en el día de Pentecostés cuando Pedro señaló, "…éste (Jesús), entregado por el determinado consejo y anticipado conocimiento de Dios, prendisteis y matasteis por manos de inicuos, crucificándole" (Hechos 2:23).

8 Esta historia de Jesús y Pedro caminando sobre el agua se registra en Mateo 14:24-33.

9 Este incidente se describe en Juan 6:60-69.

10 Mateo 16:21-23.

11 Véase Juan 13:4-9.

12 Véase Lucas 5:4-9. Después que Pedro no había pescado mucho sino sólo unos pececitos trabajando toda la noche, siguió el consejo de Jesús y pescó tantos peces que sus redes y las de otros pescadores se llenaran hasta el punto de romperse. Después de esto, Pedro "… cayó a los pies de Jesús diciendo, apártate de mí porque soy hombre pecador, oh Señor".

13 Véase Lucas 10:38-42; Juan 11:1-45, 12:1-11.

14 Esta historia se cuenta en los últimos cinco versos de Lucas capítulo 10 (Lucas 10: 38-42).

15 Véase Lucas 10:25-37.

16 Véase Juan 11:1-45 y Juan 12:1-11.

17 Lucas 10:40 (NASB).

18 Lucas 10:41 (AMP). Varias traducciones usan una frase alternativa aquí, "preocupada y molesta".

19 Lucas 10:42 (NLT).

20 Por la poca información que tenemos en la Escritura sobre María, parece que su don innato era el de misericordia. Muchas veces las personas con este don, son

adoradores. A pesar que la actitud de adoración de María hacia el Señor sólo se insinúa durante este incidente, llegó a ser la pieza central de atención de una situación posterior cuando ella derramó un ungüento precioso en los pies de Jesús y los secó con sus cabellos. (Juan 12:3).

21 Véase Esdras 7:1-10:44; Nehemías 8:1-10:39.

22 El nombre de Esdras significa "ayuda" o "ayudador" en hebreo.

23 Todo la Torá a excepción de unas pocas copias habían sido destruidas después de la caída de Jerusalén. Esdras trabajó arduamente por muchos años, uniendo una versión completa de las Escrituras a partir de los manuscritos existentes.

24 Esdras 7:12(MSG).

25 Esdras 8:26.

26 Esta misma observación acerca de la mano del Señor puesta sobre él fue hecha seis veces en el libro de Esdras y dos veces en Nehemías.

27 "Y Esdras había preparado su corazón para buscar la ley del Señor, y para hacerla, y para enseñar estatutos y ordenanzas en Israel" (Esdras 7:9).

28 Véase Deuteronomio 32:10, Salmos 17:8 y Proverbios 7:2.

29 Los últimos tres profetas en dirigirse a Judá —Hageo, Zacarías, y Malaquías— fueron contemporáneos de Esdras. Desde ese tiempo en adelante, la nación de Israel entraría a un periodo conocido por los cristianos como los "cuatrocientos años de silencio", hasta el tiempo de Juan el Bautista, el precursor de Jesucristo.

30 Fue también un tiempo en el cual las sinagogas empezaron a ser organizadas en toda la diáspora. El rol de la sinagoga en la vida judía y la enseñanza que se impartieron allí, llegaron a ser cada vez más importantes, mientras la adoración en el Templo menguaba.

31 Esta dramática escena se registra en detalle en Esdras 9:1-10:44.

32 Nehemías 8:6-9.

33 Véase Deuteronomio 7:3.

34 Esdras 9:11 (MSG).

35 La esencia de sus palabras de ánimo para Esdras fue: "...aún hay esperanza para Israel... Levántate, porque esta es tu obligación, y nosotros estaremos contigo; esfuérzate, y pon mano a la obra" (Esdras 10: 2,4).

36 Esta acción fue necesaria únicamente por la contaminación espiritual que las esposas extranjeras paganas e idolatras habían causado. Esto no tiene relación con matrimonios entre diferentes grupos étnicos, cuando ambas partes son creyentes. Sin embargo, en el caso del matrimonio entre un creyente y no creyente, Dios aún mantiene los mismos parámetros estrictos como Él lo tenía en el Antiguo Testamento. Un cristiano creyente nunca debe entrar a tal relación porque el resultado será que él o ella se unan en "yugo desigual" (Véase 2 Corintios 6:14).

37 Hay un contraste sorprendente entre el ejemplo de Esdras, quien enseñó por sus acciones así como por sus palabras, y Salomón, quien, a pesar que tenía un gran entendimiento, trajo corrupción a Israel por casarse con paganas idolatras construyendo alianzas desastrosas para el reino.

38 Véase Hechos 3:21.

39 También fue un tiempo de grandes milagros y persecución. Un hombre que había estado paralítico desde su nacimiento, acababa de ser sanado en la Puerta La Her-

mosa cerca del Templo, y los apóstoles Pedro y Juan fueron liberados por la resolución del sanedrín después de haber sido encarcelados por su predicación. De acuerdo a Hechos 4:4 el número de hombres quienes se habían convertido en creyentes hasta ese momento era aproximadamente cinco mil.

40 Véase Hechos 4:34-35.

41 Hechos 4:36 (NLT). A pesar que la mayoría de traducciones no se refieren a Bernabé como un apóstol en este verso, en Hechos 14:14 y 1 Corintios 9:5-6 en casi todas las traducciones se le refiere como apóstol.

42 Otras traducciones se refieren a él como "El Hijo de Consolación", "Hijo de Exhortación", "uno que anima a otros" o "Hijo de Consuelo".

43 Colosenses 4:10 informa que Juan Marcos era pariente de Bernabé, y algunas traducciones se refieren a él como su primo. Él es reconocido por los eruditos de la Biblia como el autor del evangelio de Marcos.

44 Véase Hechos 11:24.

45 En este tiempo, Antioquía era la tercera ciudad más grande en el Imperio Romano.

46 Véase Hechos 9:26-28.

47 Véase Hechos 13:1-3.

48 Véase Hechos 13:13.

49 Lucas, el autor del libro de los Hechos, empieza a referirse a Saulo como Pablo durante el primer viaje misionero. Véase Hechos 13:9.

50 El componente más fuerte del paquete de gracia de Pablo fue el don innato de profeta.

51 Más adelante Pablo implícitamente reconoció que Bernabé había hecho lo correcto en no darse por vencido sobre Juan Marcos cuando escribió que él había sido "útil" para el ministerio de Pablo (2 Timoteo 4:11).

52 A pesar que el evangelio de Marcos fue compuesto por un autor anónimo, se le atribuye al evangelista Juan Marcos fechándolo hacia comienzos del segundo siglo. Se dice que fue el primero de los evangelios en escribirse y estuvo basado en el informe de primera mano del apóstol Pedro.

53 Véase Hechos 14:12. La presencia y poder de Bernabé impresionaron tanto a los paganos cuando ministraba en su viaje misionero por Asia Menor. Tanto así que algunos dijeron que él era Zeus (Júpiter), la más poderosa de sus deidades. También creían que Pablo era Hermes (Mercurio), el mensajero de los dioses, porque era el orador principal.

54 El nombre que Abraham recibió en su nacimiento fue "Abram", lo que significa en hebreo "padre exaltado" en hebreo. Sin embargo, Yahweh cambió su nombre a "Abraham", que significa "padre de muchos naciones", como parte del pacto que Él hizo con él cuando Abram tenía noventa y nueve años (véase Génesis 17:5).

55 Véase Génesis 12:1-3.

56 Véase Hechos 7:2, Romanos 4:1, 12, 16 y Santiago 2:21.

57 La esposa de Abram se llamaba "Sarai", que en hebreo significa "mi princesa". Su nombre fue cambiado por el Señor a "Sarah" veinticuatro años después de su llegada a Canaán desde Mesopotamia. Este cambio de nombre ocurrió en el tiempo del pacto hecho entre el Señor y Abram, cuando su nombre fue cambiado a Abraham (véase Génesis 17:15). El nuevo nombre "Sarah" significa "princesa",

y ya no sería sólo la princesa de unos cuantos (su familia) sino una princesa para muchos (humanidad).

58 Génesis 13:2.

59 Véase Génesis 13:10.

60 Véase Génesis 13:14-17.

61 Génesis 14:22-24.

62 En Génesis 17:1 vemos que Abraham tenía noventa y nueve años.

63 Véase Génesis 18:1-2.

64 Véase Génesis 18:10 y Romanos 9:9.

65 Abraham se refirió a sí mismo como un extranjero y forastero cuando se encontró con los hijos hititas para comprar una cueva para sepultar el cuerpo de Sarah (Génesis 23:4). El escritor de Hebreos dice lo mismo de Abraham en Hebreos 11:9.

66 Hebreos 11:9. "Por la fe habitó como extranjero en la tierra prometida como en tierra ajena, morando en tiendas con Isaac y Jacob, coherederos de la misma promesa".

67 Véase Hebreos 11:10.

68 "Y se cumplió la Escritura que dice: Abraham creyó a Dios, y le fue contado por justicia, y fue llamado amigo de Dios" (Santiago 2:23).

69 La historia inspiradora de Nehemías y la reconstrucción de los muros de Jerusalén se encuentra en Nehemías capítulos del 1-6.

70 Nehemías significa "Yahweh consuela" en hebreo.

71 Nehemías 2:7-8. Artajerjes proveyó cartas de autorización para el viaje de Nehemías a Judá así como una orden para el guarda del bosque del rey para que proveyera madera suficiente para las vigas de la fortaleza del templo, para construir los muros de Jerusalén y para la propia casa de Nehemías.

72 Nehemías 2:17-18.

73 Nehemías 3:5. Sólo fueron los nobles en medio de los tecoítas quienes rehusaron "ayudar" y ensuciarse las manos al involucrarse en la construcción.

74 Nehemías 3:12. Salum, uno de los gobernadores de Jerusalén, tenía la ayuda de sus hijas en el trabajo de la sección de los muros asignada a él.

75 Nehemías 2:10

76 Nehemías 4:9,16,17.

77 Nehemías 6:3 (NLT).

78 Justo antes que Jesús contara la historia de la parábola del Buen Samaritano el escriba había dicho, "Amarás al Señor tu Dios con todo tu corazón, y con toda tu alma, y con todas tus fuerzas, y con toda tu mente; y a tu prójimo como a ti mismo" (Lucas 10:27). Esta fue la única respuesta a la pregunta de Jesús, "¿Cómo lees en la ley?".

Capítulo 7: El Retrato de la Perfección

1 Véase Juan 14:6.

2 Véase 1 Pedro 1:20 (AMP). "Es verdad que Él fue escogido y predestinado (destinado y conocido de antemano) antes de la fundación del mundo…"

3 "… Él renunció a sus privilegios divinos; adoptó la humilde posición de un esclavo y nació como un ser humano. Cuando apareció en forma de hombre" (Fili-

penses 2: 7, NLT). La versión revisada pone este verso de otra manera: "(Él)... se vacío a sí mismo, tomando la forma de siervo, siendo hecho a la semejanza de los hombres..."

4 Juan 5:19 (NASB).

5 Por ejemplo, concerniente a sus discípulos, la Escritura dice, "Pero Jesús, como Él percibía los pensamientos de sus corazones..." (Lucas 9:47, AMP) y, en relación a los fariseos, "Y Jesús conocía sus pensamientos..." (Mateo 12:25).

6 Lucas 8:46 (MKJV). "Pero Jesús dijo... Alguien me ha tocado; porque yo he conocido que ha salido poder de mí".

7 Véase Mateo 12:34 y Mateo 23:27.

8 Mateo 21:13.

9 Véase Juan 8:52 y Marcos 3:22.

10 Véase Juan 1:14.

11 Véase 1 Corintios 15:55 y Apocalipsis 1:18.

12 Véase Mateo 14:23, Marcos 6:46 y Lucas 6:12.

13 La orientación principal del don innato de profeta es vertical hacia Dios. Como tal, un profeta normalmente tendrá sólo unos pocos amigos cercanos.

14 Véase Isaías 53:3,11.

15 Lucas 2:7.

16 Véase Mateo 5:3-8.

17 Véase Mateo 7:24-27 (NLT).

18 Mateo 11:29 (MKJV).

19 Véase Juan 6:38.

20 Filipenses 2:7-8 (NET). "Sino que se despojó a sí mismo, tomando forma de esclavo, hecho semejante a los hombres, y compartiendo en la naturaleza humana. Se humilló a sí mismo, haciéndose obediente hasta la muerte —hasta la muerte en la cruz".

21 Véase Juan 5:1-9.

22 Véase Mateo 13:58, Marcos 6:3-6 y Marcos 9:23-27.

23 Véase Mateo 20:26-28, Marcos 9:35 y Marcos 10:43.

24 Por ejemplo el incidente descrito en Juan 5:12-13.

25 Véase Juan 13:1-17. Considere también que Judas estaba entre los Doce, así que Yeshúa le lavó los pies al discípulo que pronto lo traicionaría para muerte.

26 Marcos 10:45 (NASB). "Porque incluso el mismo Hijo del Hombre no vino a ser servido, sino a servir, y a dar Su vida como rescate por muchos..."

27 Véase Lucas 2:40-49. Hay sólo una observación en los evangelios concerniente a los años de crecimiento del Mesías: "Y el Muchacho crecía y se volvía fuerte en espíritu, lleno con sabiduría; y la gracia (favor y bendición espiritual) de Dios estaba sobre Él" (Lucas 2: 40, AMP).

28 Véase Lucas 2:46-47 (AMP). Responder una pregunta con otra pregunta era una técnica de enseñanza comúnmente practicada en Israel en el tiempo de Jesús. La Escritura no indica específicamente si esto fue así en esta instancia, pero es probable que el Mesías haya estado comprometiendo al liderazgo con esta técnica de enseñanza más que buscando sus puntos de vista sobre la Torá.

29 Lucas 4:18-19 (NASB).

30 Marcos 6:2 (NLT).
31 Véase Mateo 4:23-24 y 12: 9; Marcos 1:22, 27, 29, 39; Lucas 4:15, 16, 44, 13:10.
32 Juan 7:1.
33 Juan 7:15 (NASB).
34 Véase Juan 3:2 (MSG).
35 Algunos tienen la idea equivocada que Yeshúa principalmente enseñó en grandes reuniones así como el Sermón del Monte. Su lugar de reunión publico normal, sin embargo, era enseñar en la sinagoga local del pueblo o donde quiera que se encontrase en ese tiempo. Véase Mateo 4:23,24; Marcos 1:39; Lucas 4:15.
36 Mientras que Jesús no predicaba abiertamente sobre la inmoralidad, con seguridad aconsejaba contra ella. Por ejemplo, cuando Él habló en privado con la mujer encontrada en el acto de adulterio, después que la había perdonado, Yeshúa le dijo, "Anda y no peques más". Otro ejemplo: después de sanar a un hombre en el estanque de Betesda Él le dijo "… no peques más, para que nada peor te suceda" (Juan 5: 14, NASB).
37 Juan 7:16.
38 Rabí es la palabra hebrea para "mi maestro", no sólo "maestro". La palabra en hebreo para discípulo es talmid.
39 Mientras quizás la mayoría de creyentes piensa en Jesús como el "carpintero de Nazaret", a Él se le refirió como maestro cuarenta y un veces en la Escritura, trece veces como rabí, y sólo una vez como carpintero.
40 Cada uno ya estaba comprometido en un negocio u ocupación cuando Jesús los llamó. Era una tradición en Israel que por la edad de quince años un hombre joven sea escogido bajo la tutela de un rabí local o estuviera ganándose la vida.
41 Véase Lucas 10:1,17. A parte de los "doce" había también un grupo de "setenta". Estos eran otros seguidores a quienes Jesús también capacitaba y enviaba. Estos setenta son mencionados en el evangelio de Lucas solamente. Algunas versiones de la Biblia se refieren a los "setenta y dos" en lugar de los "setenta" porque mientras algunos manuscritos antiguos griegos muestran haber sido "setenta", otros tienen el número de "otros discípulos" como setenta y dos.
42 El Rabí Yeshúa usó cinco métodos hebreos principales de enseñanza para entrenar a sus discípulos: modelado, instrucción, dirección, reprensión y agudización de habilidades.
43 Véase Juan 7:46-47 (MSG).
44 Véase Juan 9:16,24.
45 La historia de la mujer samaritana en el pozo se encuentra en Juan 4:4-30.
46 Véase Juan 4:27 (MSG).
47 Véase Juan 19:39. Nicodemo ayudó a sepultar el cuerpo del Mesías, después que fuera crucificado.
48 Mateo 26:35 (NASB).
49 Véase 29:75 y Lucas 22:62.
50 Véase Mateo 6:9-13 y Lucas 11:2-4. Este modelo de oración muchas veces es llamado "la oración del Señor" pero la definición más acertada es "la oración del discípulo" porque proveyó un patrón para que ellos usen.
51 Véase Mateo 6:33.

52 Véase Marcos 11:22-25.
53 Lucas 6:27-37.
54 Véase Mateo 8:20 y Lucas 9:58 (NASB).
55 Juan 5:19.
56 Juan 3:16.
57 2 Corintios 8:9 (NASB).
58 Mateo 6:32 (NASB). "Porque los gentiles buscan fervientemente todas estas cosas; pero tu Padre celestial conoce que necesitan todas estas cosas".
59 Mateo 6:19,20 (NASB).
60 Mateo 6:24 (NLT). De hecho, la dura realidad es que si una persona es amiga del mundo y su sistema, se ha hecho a sí mismo enemigo de Dios (véase Santiago 4:4).
61 Mateo 13:22.
62 Mateo 6:1-4.
63 Mateo 18:23-35. La Parábola del Siervo Malvado.
64 Lucas 6:30 (AMP).
65 Lucas 6:38 (MKJV).
66 La historia de la alimentación de los cinco mil se encuentra en Marcos 6:31-44.
67 2 Corintios 1:20.
68 Gálatas 3:29 (NLT).
69 El número de asistentes contabilizados en los varios eventos no incluían mujeres y niños.
70 Lucas 9:23 (NLT).
71 Véase Hechos 1:4-5; Efesios 3:19; Juan 3:15-16; Juan 15:4; Juan 17:3; Romanos 5:21; Romanos 6:23; 2 Corintios 5:1; 1 Juan 2:25; 1 Juan 5:11,13; y 1 Corintios 2:9.
72 Lucas 10:1-17.
73 Véase Marcos 3:13-14.
74 Véase Mateo 26:37; Marcos 9:2-9, 14:33.
75 Vemos a Jesús echando del Templo a los cambistas de dinero en Mateo 21:12-13; Marcos 11:15-17; Lucas 19:45,46; y Juan 2:14-16. Los evangelios sinópticos muestran que el incidente se llevó a cabo cerca del fin del ministerio del Mesías mientras Juan evidentemente describía otro incidente similar en el templo, el cual ocurrió cerca del principio del ministerio de Jesús.
76 El episodio de la tormenta feroz en el Mar de Galilea en Mateo 8:23-27, Marcos 4:35-42 y Lucas 8:22-25.
77 Cuando Jesús reprendió al viento Él realmente estaba reprendiendo a la fuerza detrás de la tormenta, el "príncipe de la potestad del aire" (Véase Efesios 2:2).
78 Este incidente en Gadara se describe en Mateo 8:28-34, Marcos 5:1-20 y Lucas 8:26-39.
79 Marcos 5:8 (NASB).
80 Marcos 5:7 (LBLA).
81 Isaías 61:1-2 (RV) Cuando Yeshúa leyó esta profecía Él omitió apropósito la última porción la cual habla de "... el día de la venganza de nuestro Dios...". Esta será cumplida en el tiempo de su segunda venida.
82 Lucas 7:11-17. La mujer era viuda. Ya que ella había perdido a su esposo y a su

hijo, quedó en una situación de desesperación, probablemente sin medios para mantenerse.

83 Marcos 10:14-15 (RV).

84 Lucas 13:10-17. Este es sólo uno de los muchos incidentes en el cual el Prometido se mostró a Sí Mismo sensible a la situación difícil de una mujer en necesidad.

85 Lucas 13:12 (NLT).

86 Este incidente se registra en Mateo 8:2-4 y en Marcos 1:40-44.

87 Juan 11:33,35.

88 Mateo 23:37.

89 Lucas 19:41.

90 Lucas 23:34.

Capítulo 8: La Iglesia Dotada

1 Esta historia verdadera del "buda de oro" escondido proviene de varias fuentes de Internet.

2 Véase Efesios 4:11-12 (ISV).

3 Efesios 5:25 (NASB).

4 Véase Apocalipsis 19:7-9.

5 Véase Hechos 6:1-4.

6 1 Corintios 8:1 (NET). "El conocimiento envanece, pero el amor edifica".

7 Hechos 2:44-47 (NLT).

8 Véase Isaías 9:6. Los modismos modernos también reflejan un concepto similar, como "Llevar una carga sobre los hombros" y tener "el peso del mundo en nuestros hombros".

9 Juan 1:12a (AMP). "Pero todos los que lo recibieron y le dieron la bienvenida, Él les dio autoridad (poder, privilegio, derecho) a llegar a ser hijos de Dios..." La autoridad de la iglesia fue también simbolizada por las llaves que Yeshúa prometió dar a Simón Pedro cuando Él dijo, "Y les daré las llaves del Reino de los Cielos. Lo que sea que prohíbas en la tierra será prohibido en el cielo, y lo que permitas en la tierra, será permitido en el cielo" (Mateo 16:19, NLT).

10 Efesios 3:17.

11 Véase Apocalipsis 2:4.

12 2 Timoteo 3:1. "También debes saber esto: que en los postreros días vendrán tiempos peligrosos".

13 Génesis 1:4.

14 Génesis 1:31 (MKJV).

15 Dr. Kelley Varner, Corporate Anointing (Shippensburg, PA: Destiny Image, 2002). El libro del Dr. Varner fue la fuente de varias revelaciones concernientes a la unción corporativa y la llenura.

16 Véase 2 Corintios 5:17.

17 Salmo 133:1-2 (NASB).

18 Hechos 2:43-47 (NASB).

19 En otras palabras, este creyente está viviendo el tipo de vida sobre la que el apóstol Pablo escribió en Gálatas 2:20: "Con Cristo estoy juntamente crucificado, y ya no vivo yo, mas vive Cristo en mí; y lo que ahora vivo en la carne, lo vivo en la fe del

Hijo de Dios, el cual me amó y se entregó a sí mismo por mí".

20 Véase Apocalipsis 2:1-7.

21 Salmo 78:72 (AMP). "Pues [David] era su pastor con un corazón integro; el los guió con el discernimiento y con destreza [la cual controlaba] sus manos". Este tema siempre fue retocado en el capítulo tres en la sección: «Liderar Requiere "Manos Hábiles"».

22 Véase Efesios 4:11-12.

23 El valor del consejo de aquellos quienes tienen una perspectiva diferente es reconocido en el proverbio, "Como el hierro se afila con hierro, así un amigo se afila con su amigo" (Proverbios 27:17, NLT).

24 Se necesita reconocer que las amistades cercanas no son comunes entre aquellos en la posición de liderazgo como los pastores. Lo ideal aquí es tener algunos amigos quienes puedan ofrecer un consejo sabio cuando se los requiera.

25 Véase Efesios 1:18.

Capítulo 9: La Verdadera Vida Abundante

1 Véase Hechos 20:28.

2 La WNT traduce el griego "...presenta todas tus facultades a Él..." lo que por supuesto incluye todo nuestro ser —nuestra mente, corazón, voluntad, dones, talentos y habilidades. Varias traducciones rinde este verso como tal, incluyendo la Biblia Amplificada, que dice, "YO LES SUPLICO por lo tanto, hermanos, y les ruego en vista de [todas] las misericordias de Dios, que hagan una dedicación decisiva de sus cuerpos [presentando todos sus miembros y facultades] como un sacrificio vivo, santo (devoto, consagrado) y bien agradable a Dios, que es su servicio razonable (racional, inteligente) y adoración espiritual" (Romanos 12:1, AMP).

3 "Amarás al Señor tu Dios con todo tu corazón, con toda tu alma, con toda tu mente y con todas tus fuerzas: este es el primer mandamiento" (Marcos 12: 30).

4 Salmo 34:8

5 Este análisis fue el tema del capítulo cinco.

6 2 Corintios 10:4-5.

7 Véase Juan 14:30. Varias versiones traducen este verso como él "no tiene poder sobre mí", "nada en mí", y "no tiene derecho sobre mí". La Biblia amplificada trae varias sombras de significado: "... porque el príncipe (genio malvado, gobernador) del mundo viene. Y Él no tiene derecho sobre Mí. [No tiene nada en común conmigo; no hay nada en Mí que le pertenezca a él, y no tiene poder sobre Mí.]".

8 3 Juan 1:2.

9 Hageo 1:4-7.

10 Esto es un recordatorio de lo que el Señor dijo en Salmo 127:1 (NASB). "A menos que el SEÑOR construya la casa, laboran en vano quienes la construyen; a menos que el SEÑOR guarde la ciudad, el vigilante se mantiene despierto en vano".

11 1 Corintios 6:19 (NLT). "¿No se dan cuenta de que su cuerpo es el templo del Espíritu Santo, quien vive en ustedes y les fue dado por Dios? Ustedes no se pertenecen a sí mismos..."

12 Véase Juan 8:44.

13 1 Juan 4:4 (NASB). "Ustedes son de Dios, hijitos, y los han vencido; porque

mayor es Él quien está dentro de ti que el que está en el mundo".
14 En algunos casos, el Señor usará a un consejero cristiano competente para ayudar a sanar las almas heridas. Su ministerio de sanidad no está limitado a enfermedades físicas sino que incluye todo por lo que Sus hijos están sufriendo.
15 Véase Lucas 4:18.
16 Véase Marcos 11:23-25.
17 Job 10:1.
18 Job 42:10.
19 Véase Mateo 18:34-35.
20 Véase Números 21:4-9.
21 Hebreos 12:2 (NASB). "Poniendo nuestros ojos en Jesús, el autor y perfeccionador de la fe, quien por el gozo puesto delante de Él, soportó la cruz, menospreciando la vergüenza, y se ha sentado a la diestra del trono de Dios".
22 Juan 8:12 (NLT). «Jesús habló una vez más al pueblo y dijo: "Yo soy la luz del mundo. Si ustedes Me siguen, no tendrán que andar en la oscuridad porque tendrán la luz que lleva a la vida"».
23 Véase Mateo 16:15-17.
24 Véase Mateo 17:1-9, Marcos 9:2-10 y Lucas 9:28-36.
25 Apocalipsis 1:14-15. "La cabeza y el cabello eran blancos como la lana, tan blancos como la nieve, y los ojos eran como llamas de fuego. Los pies eran como bronce pulido refinado en un horno, y su voz tronaba como potentes olas del mar".
26 Malaquías 4:2 (AMP).
27 Filipenses 4:7 (NLT). "Así experimentarán la paz de Dios, que supera todo lo que podemos entender. La paz de Dios cuidará su corazón y su mente mientras vivan en Cristo Jesús".
28 Mateo 11:28-30 (NLT). «Luego dijo Jesús, "Vengan a Mí, todos los que están cansados y llevan cargas pesadas, y yo les daré descanso. Toman Mi yugo sobre usted. Déjenme enseñarles, porque yo soy humilde y tierno de corazón, y encontrarán descanso para sus almas. Pues Mi yugo es fácil de llevar y la carga que les doy es liviana"».
29 El apóstol Pablo comentó sobre este proceso: "Pero todos nosotros, con rostro descubierto, contemplando como en un espejo la gloria del Señor, estamos siendo transformados a la misma imagen de gloria en gloria, justo como al Señor, el Espíritu" (2 Corintios 3:18, NASB). Porque somos nosotros quienes reflejamos Su gloria, la traducción Weymouth (WNT) de este verso se acerca más al significado original del texto griego: "Y todos nosotros, con rostros descubiertos, reflejando como espejos brillantes la gloria del Señor, estamos siendo transformados a la misma semejanza, de un radiante grado de santidad a otro, como proviniendo del Señor el Espíritu" (2 Corintios 3:18, WNT).
30 Cantares de Salomón (NASB).
31 El Señor dijo que Él es celoso al menos siete veces en las Escrituras. Véase Éxodo 20:5, 34:14; Deuteronomio 4:24, 5:9, 6:15; Josué 24:19; y Nahúm 1:2. Poner al Señor en el primer lugar es el Gran Mandamiento. Véase Deuteronomio 6:4-5; Mateo 22:36-38; Marcos 12:29-30, y Lucas 10:27.
32 Véase Mateo 7:22-23.

33 Salmo 31:19 (NLT).
34 Isaías 60:1-3 (NASB).

Capítulo 10: Abrazando Su Destino

1 Véase Efesios 3:14-19.
2 Efesios 3:16,17,19 (NASB).
3 Isaías 61:3b.
4 Hechos 17:28.
5 Véase Juan 15:4,5.
6 Véase 1 Corintios 3:12.
7 Véase Juan 5:19-20 y Juan 15:4-5.
8 Véase Apocalipsis 2:1-7.
9 Apocalipsis 2:5 (WNT).
10 Véase 1 Corintios 3:12.
11 Salmo 92: 12-14 (NASB).
12 Eclesiastés 1:2 y 12:8 (NASB). «"Vanidad de vanidades", dijo el predicador, "¡Vanidad de vanidades! Todo es vanidad"».
13 Eclesiastés 1:14, 2:11, 2:17, 2:26, 4:4, 4:16 y 6:9. Salomón, el hombre que "lo tenía todo", indicó cuán frustrado estaba con varias de sus búsquedas al decir que él encontró en ellas vanidad, irritación y consternación de espíritu.
14 1 Timoteo 6:6.
15 1 Juan 2:16 (NLT).
16 Véase Isaías 46:10.
17 Jeremías 29:11 (MSG).
18 Filipenses 3:8 (NLT).
19 Véase Mateo 11:30. Su "yugo es fácil" y Su "carga es ligera".
20 Proverbios 16:18 (RV). "Antes del quebrantamiento es la soberbia, Y antes de la caída la altivez de espíritu".
21 Véase Marcos 16:15 y Mateo 24:14.
22 Véase Génesis capítulos 39-47.
23 Véase Hechos 16:23-34 y Hechos 28:30-31.
24 1 Corintios 10: 26 (NLT).
25 Juan 15:14-15 (PNT). Jesús, hablando de Sus discípulos en el Aposento Alto, dijo, "Ustedes son mis amigos si hacen lo que les digo que hagan. No los llamaré más siervos, porque un siervo no comparte la confianza de su maestro. No, Yo les llamo amigos, ahora, porque les he dicho todo lo que he oído del Padre".
26 Mateo 7:14 (RV).
27 Véase Mateo 7:21-27.
28 Véase 1 Corintios 3:15.
29 Véase 2 Pedro 1:4.
30 Sólo por nombrar algunos: el derramamiento del Espíritu Santo sobre todas las naciones y pueblos (Joel 2:28-29 y Hechos 2:17-18), el conocimiento de Su gloria cubriendo la tierra entera (Habacuc 2:14), los enemigos de Israel formando una alianza contra ella para "erradicarla de la faz de la tierra" (Salmo 83:4), y el evangelio del reino llegando hasta los fines de la tierra (Mateo 24:14).

31 Véase Isaías 60:1-3.

32 Hechos 3:19 (NASB). El apóstol Pedro ilustra a sus oidores hebreos fuera del Templo en Jerusalén con el mensaje: "Por lo tanto, arrepiéntanse y vuélvanse, para que sus pecados sean limpiados, para que vengan tiempos de refrigerio de la presencia del Señor".

33 Hechos 3:21 (LBLA).

Apéndice A

1 En Romanos 12:6.

2 En 1 Corintios 12:10.

3 En Romanos 12:7.

4 En Efesios 4:11.

5 Para complicar las cosas aún más, entre los dones de equipamiento encontramos que hay un don de "profeta", que es otro don —diferente al don innato y al don de manifestación es el don de "profecía".

Harvest EQUiPPERS

...equipando para la Gran Cosecha

OTROS RECURSOS

De Pastor A Pastor —un juego de enseñanzas diseñado para el estudio personal de un pastor o un pastor en entrenamiento. Reflejando la experiencia de cinco décadas de ministerio pastoral del Dr. Adrian Rogers, es una herramienta que toca muchas áreas en la que todos los pastores pueden aprovechar. Viene a través de 12 DVDs y un manual; doblado en español y grabado en HD.

Escuela Internacional de Ministerio (**ISOM** – siglas en ingles) — una herramienta poderosa para capacitar a pastores y lideres de la iglesia en la Palabra de Dios. El énfasis del currículo es el ministerio práctico. Hay 10 módulos en formato DVD que consta de 32 jornadas. Diseñado para estudio grupal. Cada módulo viene con manuales y las sesiones de la versión "ISOM Express" están dobladas al castellano.

Mujeres de la Palabra — un curso que consta de 32 enseñanzas diseñado para fortelecer la fe de las hermanas de la iglesia. Las maestras son unas de las mejores en la iglesia global. En formato DVD y traducido de inglés al español, viene con manuales. Creado para estudio grupal.

16869058R00152

Made in the USA
Charleston, SC
14 January 2013

LE DALAÏ-LAMA
PARLE DE JÉSUS

LE DALAÏ-LAMA PARLE DE JÉSUS

Une perspective bouddhiste sur les enseignements de Jésus

Ouvrage traduit de l'anglais par Dominique LABLANCHE

Préface de Jean-Paul RIBES

Présentation de Robert KIELY

Postface du père Laurence FREEMAN O.S.B.

ÉDITIONS BREPOLS
23, rue des Grands-Augustins
F – 75006 Paris

*La traduction de Dominique Lablanche
a été relue par Anne Benson
au nom du Comité Padmakara en France.*

Titre original de l'ouvrage : *The Good Heart*

Couverture : studio Antilope
Photo de couverture : Gilles Bouquillon, © Gamma

ISBN 2-503-831 05-2

REMERCIEMENTS DE L'ÉDITEUR

L'éditeur tient à marquer sa reconnaissance à la Gere Foundation qui a bien voulu aider financièrement la réalisation de ce livre. Depuis des années, Richard Gere soutient les efforts de Sa Sainteté le Dalaï-lama pour mettre un terme aux souffrances du peuple tibétain et pour que leur patrie leur soit restituée. En même temps, Richard contribue à faire connaître le message de responsabilité universelle, de compassion et de paix de Sa Sainteté, dans ses prises de parole publiques et en aidant Wisdom Publications à publier les livres importants de Sa Sainteté. Nous louons ses efforts et apprécions son soutien.

Merci également aux amis et soutiens de longue date de Wisdom, les Drs Pendred E. Noyce et Leo X. Liu pour leur aide financière à la réalisation de ce livre.

Enfin, nous remercions tout spécialement Dom Laurence Freeman, bénédictin OSB, et la World Community for Christian Meditation de Londres d'avoir confié la publication de cet ouvrage important à Wisdom aux États-Unis et à Brepols en France.

NOTE AU LECTEUR

Ce livre explore les Évangiles avec le Dalaï-lama et les participants du Séminaire John Main 1994. Outre le compte rendu des interventions, on trouvera des éléments d'information sur les traditions chrétienne et bouddhique de manière à en faire un instrument efficace du futur dialogue interreligieux.

La partie centrale du livre est constituée d'une série de commentaires du Dalaï-lama sur des extraits des Évangiles. Chaque chapitre commence par la lecture et le commentaire d'un passage particulier par Sa Sainteté. La traduction française de la Bible choisie est celle des moines de Maredsous (Brepols, 1983).

La présentation de Robert Kiely évoque le climat dans lequel s'est déroulée cette rencontre. La dixième partie de cet ouvrage, écrite par Laurence Freeman, traite des conditions du dialogue interreligieux en général, et du dialogue entre chrétiens et bouddhistes en particulier.

Occasionnellement, apparaît la voix d'un narrateur qui décrit la scène (en italique dans le texte). Il s'agit de Robert Kiely qui a rendu compte des quelques temps forts qui ont ponctué le séminaire. A la fin de certains chapitres, on trouvera les comptes rendus des discussions entre des intervenants dont les noms sont mentionnés.

Dans la dernière partie du livre, des informations complémentaires permettent d'approfondir la compréhension des deux traditions spirituelles. Le père Laurence a rédigé la section intitulée *Le contexte chrétien* où il donne une interprétation chrétienne des passages commentés par le Dalaï-lama, et le *Glossaire des termes chrétiens* apparaissant dans le dialogue.

Geshe Thupten Jinpa, l'interprète du Dalaï-lama, a rédigé la section intitulée *Le contexte bouddhiste* qui présente quelques concepts centraux du bouddhisme, et le *Glossaire des termes bouddhiques*.

Tout au long du livre, mais surtout dans la dernière partie, des termes tibétains et sanskrits sont employés. La plupart du temps, les termes sanskrits ont été restitués sous leur forme savante appropriée, à l'exception des noms propres dont l'orthographe vise à faciliter la prononciation. Les termes tibétains sont orthographiés phonétiquement, dans le même but. Les orthographes savantes de tous les noms, propres et communs, figurent dans le *Glossaire des termes bouddhiques*.

Le tableau ci-contre aidera à prononcer les termes sanskrits.

Sanskrit	Français	Sanskrit	Français
a	a	ā	a long
i	i	ī	i long
u	ou	ū	ou long
ṛ et ṝ	r	ḷ et ḹ	l
ṃ	m	ṅ	ng
c et ch	tch	ñ	gn
ñ, ñh, t et th	t	ḍ	d
ṇ	n	ś et ṣ	ch

PRÉFACE

Un homme parle. Sa voix est celle d'une tradition spirituelle plus de deux fois millénaire, le Dharma, la « bonne loi » enseignée par le Bouddha.

Autour de lui sont rassemblés des disciples du Christ. Ils l'ont invité à lire et à commenter « la bonne nouvelle », l'Évangile annoncé par Jésus.

Entre eux naît plus qu'un dialogue ; voici un de ces moments privilégiés où l'unité fondamentale du genre humain s'affirme et se ressent, par les mots aussi bien que dans le silence.

Il n'est pas question de gommer ou d'occulter ses différences mais de les célébrer, sachant qu'à travers elles de nouvelles convergences, voire des complémentarités viendront se dessiner.

Le yack doit rester yack et le mouton doit garder sa tête de mouton, comme le rappelle un proverbe tibétain, cité par le Dalaï-lama. Mais vouloir faire de sa diversité richesse, trouver au sein du multiple la même quête de l'unique, esquisser une « ère de l'Esprit » loin des lieux communs, des sectarismes ou des afféteries à la mode, retracer en commun les sentiers anciens du voyage intérieur, sans pour autant refuser le monde moderne, le monde tel qu'il est, est-ce pure folie ? Sans doute. Mais le miracle de la simplicité, de la véracité qui vainc tous les obstacles, malgré la condescendance des uns ou les réticences des autres se met à opérer. Ce livre en est le produit. Il nous prouve l'existence d'un antipode au continent intégriste et à ses prosélytes ; un pays où l'universel refuse d'être l'uniforme et où les identités, même gravement menacées, récusent l'usage de la violence comme moyen de leur survie.

Ce propos s'adresse tout d'abord aux chrétiens et aux bouddhistes. L' esprit de la rencontre d' Assise dès 1986 avait donné le ton ; voici la méthode en application.

En clair : après vingt siècles de piètre communication, souvenons-nous des erreurs et des contresens sur le bouddhisme qui prévalurent de Rubrouck jusqu'à des temps extrêmement récents. On va suspendre tout jugement a priori, toute idée reçue pour s'exercer à une lecture en commun d'un texte fondamental : l'Évangile. On ne s'attardera guère sur l'historicité des messagers pour s'attacher entièrement au message. Non qu'il soit sans intérêt de rechercher dans l'Histoire les traces et les échos que les paroles de l'Ainsi-venu (Tathagata) ont suscités dans la Palestine qui verra naître Jésus, et plus généralement dans la Méditerranée gréco-romaine. De jeunes chercheurs en Histoire ou en philosophie y travaillent. Il s'agit ici d'une autre urgence. Un peu comme dans la parabole utilisée par le Bouddha, qui parle de cet homme atteint par une flèche et qui s'écroule à nos pieds. Irons-nous rechercher l'identité du tireur ? celle de l'armurier ? la qualité du bois dont est faite la flèche ? Non. Il nous faut immédiatement trouver un remède à la souffrance du blessé.

Eh bien là, nous pouvons dire que chrétiens et bouddhistes se retrouvent.

Entre le Rédempteur venu alléger le fardeau des humains en pardonnant les péchés du monde et le Bienheureux enseignant les Quatre Nobles Vérités et l'Octuple sentier pour sortir du cycle de la souffrance, on reconnaîtra, au moins une certaine communauté d'intention.

Plus précisément lorsque Jésus le thaumaturge relève les paralysés ou console les lépreux, ne leur dit-il pas : « Va, tes péchés te sont remis ? »

En d'autres termes : « Te voici à nouveau doté de l'esprit infiniment pur des origines, ton corps en témoigne. » Cette croyance en la pureté et en la liberté originelles de l'esprit est

PRÉSENTATION

Ce qu'il y a de rassurant, entre autres choses, chez Sa Sainteté le quatorzième Dalaï-lama, Tenzin Gyatso, c'est qu'en dehors des temps de méditation, il semble incapable de rester assis sans bouger. S'exprimant dans l'amphithéâtre de la Middlesex University à Londres en septembre 1994, devant un auditoire de trois cent cinquante chrétiens auxquels s'était jointe une poignée de bouddhistes, son corps et son visage étaient l'illustration même de la doctrine bouddhiste du flux perpétuel. Non seulement ponctuait-il ses remarques de gestes appuyés de la main, de légers sourires, de mouvements de sourcils et de grands éclats de rire, mais il était constamment en train de replier ou d'agiter les extrémités des manches de son habit marron, de saisir le bras des invités assis à ses côtés sur l'estrade, de faire signe à des amis dans la salle, ou de feuilleter son programme pendant que son interprète rapportait un long propos.

Le prétexte de cette rencontre, que l'on peut sans exagération qualifier d'historique, était le John Main Seminar, un colloque annuel organisé par la World Community for Christian Meditation[1] en mémoire de John Main, le moine bénédictin irlandais qui enseigna la méditation selon la tradition de Jean Cassien et des Pères du désert, et qui fonda des centres de méditation chrétienne dans le monde entier. Chaque année des centaines de méditants originaires de presque tous les continents — principalement mais non exclusivement des catholiques romains et des anglicans — se réunissent pour assister à des conférences sur un certain nombre de sujets : éthique, spiritualité, écriture sainte, dialogue interconfessionnel et prière. Plusieurs personnalités ont ainsi animé ces rencontres au cours des années passées : Charles Taylor, philosophe canadien ; le frère Bede Griffiths, bénédictin anglais et fondateur d'un ashram en Inde ; et Jean Vanier, fondateur de L'Arche, le groupement de communautés chrétiennes laïques partageant leur vie avec des handicapés.[2]

L'invitation adressée au Dalaï-lama à venir commenter pour la première fois en public les Évangiles émanait de Dom Laurence Freeman, moine bénédictin, diplômé d'Oxford en littérature et moine du prieuré bénédictin olivétain de Cockfosters à Londres. Laurence Freeman a été le conférencier le plus actif et le plus marquant de la Communauté depuis la mort de Main en 1983.

Le Dalaï-lama reçut au préalable huit passages des écritures chrétiennes, parmi lesquels les Béatitudes et le Sermon sur la Montagne (Matthieu 5), la parabole du grain de sénevé sur le Royaume de Dieu (Marc 4), la Transfiguration (Luc 9) et la Résurrection (Jean 20). Toute liberté lui fut laissée dans la manière de présenter son commentaire. On l'avertit simplement que son auditoire serait composé de chrétiens (catholiques romains, anglicans et protestants)[3], anglophones pour la plupart et originaires de tous les continents, et à quelques exceptions près, pratiquant tous quotidiennement la méditation silencieuse.

Le Dalaï-lama n'étant pas seulement un chef religieux mais aussi un chef d'État, beaucoup craignaient, tout en souhaitant vivement l'entendre, qu'il ne puisse se dégager de l'emprise des journalistes et des collaborateurs de son entourage, pour se livrer en toute simplicité d'esprit et de cœur.

Le Dalaï-lama dissipa rapidement ces craintes, au surplus avec une aisance stupéfiante. Chaque matin de bonne heure, avant de prendre le petit déjeuner et d'entamer le programme chargé de la journée, il entrait avec ses moines dans la salle du séminaire plongée dans la pénombre, et en compagnie des chrétiens présents, il s'asseyait dans une immobilité parfaite et méditait pendant une demi-heure. Dans le silence, seulement rompu de temps à autres par un bruissement ou une toux, l'inquiétude cédait la place à un lien de confiance et d'accueil de ce qui allait advenir. Enfin, il penchait sa tête rasée sur le texte et, le suivant du doigt mot à mot à la manière des rabbins, il lisait : « Heureux ceux qui sont doux... Heureux les cœurs purs... Heureux les persécutés pour la justice... » On sentait l'assistance émue, presque bouleversée par la puissance de ces mots familiers remodulés et réaccordés par une voix tibétaine et une sensibilité bouddhiste.

Conscient des ravages opérés par la Chine sur la culture et le peuple tibétains et des propres souffrances du Dalaï-lama en tant que réfugié et exilé, il était impossible de ne pas percevoir les résonances déchirantes d'une telle lecture. Mais aussi critique que puisse être la situation politique, on sentait que ces trois jours de rencontre dépassaient le seul plan historique. Tous, nous étions venus écouter un maître spirituel et il nous était donné de vivre un événement profondément religieux, certes inscrit dans l'histoire, mais de portée plus large.

Le cadre régissant les rencontres du séminaire était suffisamment souple pour que s'instaure une atmosphère simple et détendue. Les sessions commençaient par un temps de méditation, puis Sa Sainteté lisait en anglais un passage de l'Écriture et le commentait. Venait ensuite un moment de discussion avec des invités, et la séance se terminait par des psalmodies et des prières. Après le déjeuner, une nouvelle séance reprenait selon un schéma identique. Mais cette description ne rend pas compte de l'état d'esprit et du climat réels de ces discussions. Au cours des lectures et des commentaires, le Dalaï-lama était assis à une table basse, entre deux autres personnes. A sa gauche, dans son habit blanc de bénédictin, se tenait Laurence Freeman qui tantôt prenait des notes, tantôt acquiesçait d'un signe de tête, souriait ou interrogeait du regard — exprimant inconsciemment les réactions de la salle. A sa droite se tenait Geshe Thupten Jinpa, le jeune et frêle moine bouddhiste tibétain en habit écarlate qui traduisait ses propos. Calme, concentré, attentif et parfaitement à l'aise, il traduisait le tibétain presque simultanément dans un anglais fluide. Son tact et sa modestie, appliqués à servir le maître sans aucune trace de servilité ont été pour tous un exemple constant de concentration quasi-parfaite et de dignité effacée.

De par cette organisation, et peut-être aussi à cause du comportement et de la manière de s'exprimer du Dalaï-lama, ce qui se présentait comme un monologue se transforma en réalité en dialogue et même, plus souvent, en conversation à trois. Ni Dom Laurence, ni Jinpa n'interrompaient le cours de ses propos, mais ils s'y trouvaient spontanément intégrés par Sa Sainteté qui, dans sa fougue, allait et venait de l'un à l'autre, quêtant une réaction, corrigeant une phrase, levant un sourcil interrogateur, ou détendant l'atmosphère par un rire. Au cours des discussions de groupe, où deux membres de l'assemblée étaient invités à prendre place sur l'estrade pour poser des questions, le fil serré de l'entretien éclatait en brins, divers mais solidaires, de pensée, de langue, d'accent, d'âge, de sexe, de tempérament et de croyance religieuse ; l'échange n'était cependant jamais confus. En tant qu'exilé et maître bouddhiste, le Dalaï-lama ne craint pas le changement ; il est même capable de calmer la nervosité des Occidentaux perdus dans les courants dérivants et inconnus. Comme tous les grands maîtres, il possède également l'art d'extraire de la conversation une bonne idée qui flottait inaperçue, sous la surface.

On a dit du Dalaï-lama qu'il était un homme simple. Bien que cela puisse passer pour un compliment, il est difficile de ne pas rattacher ce jugement à l'attitude plutôt condescendante des Occidentaux vis-à-vis des religions et des cultures de l'Orient, ne voyant en elles que traditions exotiques, et primitives sur le plan philosophique. Dans la mesure où il se montre direct, chaleureux et cordial, on peut dire en effet que le Dalaï-lama est un homme « simple ». Mais pour le reste, c'est un être subtil, vif, complexe, d'une intelligence et d'un savoir peu communs. Grâce à lui, trois qualités sont venues rehausser le discours spirituel. Ces qualités, tellement rares aujourd'hui dans les cercles chrétiens que l'assemblée en fut saisie de gratitude et de soulagement, sont la douceur, la clarté et le rire. S'il y a du bénédictin en lui, on y trouve également du franciscain, et une pointe de jésuite.[4]

Dès le départ, il mit son auditoire à l'aise en déclarant avec calme et douceur que son intention n'était pour rien au monde de « semer le doute » dans l'esprit des chrétiens au sujet de leur foi. Sans cesse, il recommanda d'approfondir la connaissance, et de se pénétrer de la valeur de ses propres traditions, soulignant que les sensibilités humaines et les cultures sont trop diverses pour justifier un « chemin » unique vers la Vérité. Avec douceur, mais constance et fermeté, il rejeta les suggestions selon lesquelles le bouddhisme et le christianisme seraient des langues différentes qui parlent des mêmes croyances essentielles. Concernant l'éthique et l'importance accordée à la compassion, la fraternité et le pardon, il admit des similitudes. Mais dans la mesure où le bouddhisme ne reconnaît ni dieu créateur ni sauveur personnel, se prétendre « bouddhiste-chrétien » c'est vouloir « greffer une tête de yak sur le corps d'un mouton ».

Jamais au cours des longues séances passées à lire et à commenter des textes d'une grande complexité théologique et à répondre à des questions délicates, le Dalaï-lama ne s'est départi de son étonnante clarté d'esprit. A un moment, il présenta les pratiques méditatives du bouddhisme mahayana comme des disciplines visant à maintenir la conscience éveillée et concentrée, et non « dispersée » ou « affaissée » dans la torpeur. Une des formes de respect qu'il témoigna pour son auditoire fut de lui accorder son attention. Il est rare qu'une personnalité, même religieuse, n'ait pas recours à un moment ou à un autre à des réponses « toutes faites ». Il arrive très probablement au Dalaï-lama de ne pas faire exception à la règle, mais il apparut clairement que sa présence de chaque instant aux Évangiles et à l'assemblée, à la fois de cœur et de raison, avait une régularité dans l'intensité dont peu de personnes sont capables. A la question de savoir quelles pratiques communes pouvaient réunir des fidèles professant des fois différentes sans mélanger des yaks et des moutons, il conseilla l'étude, la méditation et les pèlerinages. Il déclara ensuite être allé à Lourdes et avoir trouvé en ce lieu un tel rayonnement du sacré qu'il se prosterna et pria « tous les êtres saints » afin qu'ils conservent à ce lieu sa puissance de guérison. En ces instants, l'assemblée avait le souffle coupé, saisie de surprise et de plaisir devant ce geste de vénération à la fois si pur et si rigoureusement fidèle à la tradition bouddhique dont il était issu.

Dans ses réflexions sur la Transfiguration, il offrit un savant exposé sur la conception bouddhiste des miracles et des émanations surnaturelles. Sans la moindre trace de dogmatisme ou de piété sentimentale, il fit état d'une vieille tradition qui a su depuis longtemps adapter à un système hautement rationnel d'auto-discipline et de psychologie les témoignages d'expériences dépassant les limites habituelles de la raison et de la nature. Il nia modestement avoir fait lui-même de telles expériences, mais n'y voyait pas une raison de contester leur authenticité. En écoutant ces propos, les siècles de querelles chrétiennes sur les miracles et leurs explications possibles paraissaient pure folie.

Son interprétation de la rencontre de Marie-Madeleine et de Jésus dans le récit de résurrection rapporté par saint Jean fit monter les larmes aux yeux de beaucoup. Il serait difficile de dire exactement pourquoi. Certains eurent l'impression d'entendre ces mots pour la première fois, comme si leur tendresse, leur mystère et leur beauté, oubliés à force d'habitude, étaient rendus à la vie, tel un cadeau apporté par un messager qu'on n'attendait pas.

Confrontés au paradoxe philosophique ou religieux, ou à l'indicible, les Occidentaux deviennent graves. Les bouddhistes à l'évidence disposent d'un large éventail de réactions, et celle qui insuffla de l'entrain à cette conférence fut le rire. Le Dalaï-lama aime faire des plaisanteries sur les moines, les yaks, la réincarnation et les visions, mais souvent, un geste, une expression ou une pause dans le cours de la discussion — moment de gêne éventuelle — déclenchent chez lui des cascades d'un rire contagieux. Vers la fin du séminaire, alors que tout le monde commençait à sentir la fatigue de tant d'émotion concentrée, son magnifique interprète, Jinpa, le jeune moine qui avait gardé un calme surhumain tout au long de ces journées fut pris d'un rire incontrôlable qui le secouait de la tête au pied alors qu'il tentait de traduire une anecdote rapportée par Sa Sainteté. Répondant à la remarque selon laquelle certaines personnes ne pourraient pas méditer faute de temps, Sa Sainteté raconta l'histoire d'un moine qui promet à son élève de l'emmener en pique-nique, mais qui n'a jamais le temps de tenir sa promesse. Un jour, ils voient une procession marchant derrière un cadavre. « Où va-t-il ? » demande le moine à son disciple. La chute, que tout le monde attendit pendant cinq bonnes minutes, le temps que le traducteur, l'assistance et le Quatorzième Dalaï-lama se reprennent, était : « En pique-nique. »

Pour beaucoup de chrétiens, une conférence œcuménique, ou une messe, ce n'est pas un pique-nique. Mais il va de soi que la fête fait autant partie de la réalité et du symbolisme chrétiens que de ceux des autres religions. A cet égard, écouter le Dalaï-lama commenter les Évangiles fut une vraie fête. Chacun était frappé et surpris de voir à quel point « l'étranger » l'avait ému. L'exilé, l'homme dépourvu d'autorité sur les chrétiens hormis celle reçue de l'Esprit, était capable de montrer aux hommes de toutes les confessions les richesses de leur propre banquet.

Robert Kiely
Cambridge, Massachusetts.

PREMIÈRE PARTIE

DÉSIR D'HARMONIE

La salle de conférence de la Middlesex University dans le nord de Londres n'avait rien d'imposant : elle se limitait à un espace assez restreint et étroit garni de rangées de sièges en bois disposées en pente raide, qui claquaient et grinçaient au moindre mouvement d'un membre de l'assistance. De grandes affiches reprenant des propos calligraphiés de John Main avaient été accrochées entre les fenêtres qui s'ouvraient sur le ciel gris d'Angleterre. Quelques chaises, un petit tapis et un bouquet de fleurs avaient l'air d'avoir été abandonnés sur une estrade branlante. On aurait dit que ce lieu avait été construit à la hâte la nuit prédédente et que rien d'important ne pourrait s'y dérouler.

La salle frétillait d'impatience. Dans les rangs des laïcs anglais, canadiens et américains, s'étaient glissés quelques moines et moniales bouddhistes en habits safran et écarlate, leurs crânes lisses immobiles au milieu des mouvements de la foule. Des moines et des sœurs bénédictins, certains en noir, les Olivétains en blanc, occupaient les premiers rangs. On régla les caméras et les micros. Les gorges s'éclaircirent. Aucun orgue ni aucune trompette ne retentirent. Un petit groupe pénétra par une porte latérale et monta sur l'estrade. Au milieu s'avançait Sa Sainteté le Dalaï-lama, portant de bonnes chaussures confortables, enveloppé dans son habit écarlate et jaune, un large sourire aux lèvres, faisant signe de la tête et des mains, un peu timide mais manifestement heureux d'être là.

Il avait fait une entrée qui n'en était pas une, sans procession. Son arrivée était bien une non-procession bouddhiste. Un moment il était absent, le moment suivant il était là, et bien là.

Plusieurs discours de bienvenue furent prononcés, dont celui de la Lady Mayor d'Enfield, qui présenta son *borough* (arrondissement) comme « multiracial, multiculturel et multireligieux ». Ce quartier nord de Londres, attaché à maintenir l'harmonie dans le pluralisme, était tout à fait approprié pour que s'y tienne un séminaire réunissant deux grandes traditions religieuses.

Après les remarques du maire, Dom Laurence Freeman, O.S.B., se leva pour accueillir Sa Sainteté. En tant que directeur spirituel et professeur de la World Community for Christian Meditation, le père Laurence avait adressé l'invitation au Dalaï-lama et accueillait maintenant son invité. Doux et mesuré dans ses gestes, le père n'en rayonnait pas moins une énergie intellectuelle et spirituelle qui manifestement éveillait la sympathie et la curiosité de son invité d'honneur. La conférence avançant, l'affection entre les deux moines s'accrût à vue d'œil. Quand le père Laurence parlait, Sa Sainteté fixait avec attention son regard, comme il le faisait d'ailleurs sur tous ses interlocuteurs.

Dans ses remarques d'ouverture, le père développa un point qui allait devenir un thème central du séminaire — la nature réciproque de l'événement :

> **Père Laurence Freeman** : « Votre Sainteté, c'est pour moi un grand honneur de vous accueillir. Vous m'avez dit que vous vouliez apprendre de nous et nous sommes ici pour apprendre de vous également. C'est pour nous un grand privilège de vous avoir comme invité d'honneur du John Main Seminar, sur le thème choisi par vous, Le Bon Cœur, et que vous ayiez accepté avec ouverture d'esprit et générosité notre invitation à commenter les Évangiles.

« Dans la tradition chrétienne, les écritures sont appelées Saintes Écritures parce que nous croyons que la présence du Christ peut y être découverte, même dans la lecture des mots. Ce sont des mots humains, et par conséquent susceptibles d'être compris ou mal compris. Ces mots appellent l'interprétation par l'esprit afin que le cœur puisse saisir leur sens. Nous savons que vous représentez une riche et magnifique tradition bouddhiste qui a su affiner les instruments de l'esprit appliqués à la perception de la vérité. Nous sommes donc impatients de lire nos Saintes Écritures à travers le filtre de votre esprit et, avec vous, de porter sur elles un regard neuf.

« De même que nous, chrétiens, sommes certains de nous enrichir, nous espérons que tous les bouddhistes ici présents, et tous les adeptes de toutes les religions, repartiront plus riches de ce séminaire. Nous savons que la quête de la compréhension n'est pas seulement intellectuelle, mais qu'elle recherche la vraie connaissance intuitive, le *vipasyana*, l'expérience du sens des mots sacrés. L'un des grands professeurs de la théologie chrétienne, Thomas d'Aquin a dit que nous mettons notre foi non dans des énoncés mais dans les réalités dont les mots sont des indices. Ce qui compte c'est l'expérience, et non les seules idées réduites à elles-mêmes. Nous comprenons que le chemin de méditation que nous partagerons avec Votre Sainteté, en silence, durant ce séminaire, sera un chemin universel et unificateur nous faisant entrer dans cette expérience transverbale.

« John Main avait compris ce pouvoir unificateur du silence qui nous porte au-delà des mots. C'est pourquoi, dans ce séminaire, les moments sans doute les plus importants que nous passerons ensemble seront les moments de silence. Après que Sa Sainteté aura parlé, elle nous conduira à un temps de méditation. A chacun de ces temps, nous aurons la possibilité de dépasser l'intelligence discursive pour entrer dans cette vérité qui repose au cœur de la réalité. La méditation nous enrichit de tant de manières. Elle nous rend capables notamment de lire les écritures saintes du monde entier avec plus de sagesse et de sensibilité.

« Votre Sainteté, nous apprécions le don de votre *présence* à sa juste valeur. Si nous pouvons nous ouvrir à la réalité de la présence — celle que nous éprouverons dans les Écritures, celle que nous éprouverons quand vous nous ouvrirez votre esprit et votre cœur — sachons aussi faire grandir en nous l'esprit de paix et d'amitié.

« Au nom de notre Communauté présente dans le monde entier, je voudrais vous assurer que nous portons le peuple tibétain dans nos esprits et nos cœurs. Nous les sentons présents avec vous aujourd'hui. La Croix et la Résurrection du Christ sont au cœur de la foi chrétienne. Peut-être pouvons-nous voir dans l'histoire du Tibet et dans votre histoire personnelle que la Croix et la Résurrection sont des réalités humaines qui appartiennent à tous les peuples et ne sont pas la propriété d'une seule religion. Nous avons été témoins de la crucifixion du Tibet, mais nous avons vu également dans la résurrection de sa sagesse et de son enseignement, surtout grâce à Votre Sainteté, un don au monde entier.[5]

« Nous sommes ouverts au mystère de la réalité. Nous espérons et prions que dans le silence de la méditation, et dans les mots avec lesquels vous allez nous guider, nous pourrons entrer dans la plénitude de la conscience et de la lumière.[6] »

Le discours du père Laurence fut vivement applaudi. Le Dalaï-lama était radieux, appréciant la clarté des remarques de bienvenue et la chaleur manifeste de l'accueil qu'on lui avait réservé. Il prit la parole en anglais, revenant au tibétain de temps en temps si la nécessité s'en faisait sentir.

Le Dalaï-lama : « Frères et sœurs spirituels, c'est pour moi une grande joie et un grand privilège d'avoir la chance de participer à ce dialogue et d'ouvrir le John Main Seminar intitulé « Le Bon Cœur ». Qu'il me soit permis d'exprimer ma reconnaissance à tous ceux qui ont aidé à organiser cette rencontre.

« Je voudrais remercier la Lady Mayor pour ses chaleureux mots de bienvenue, et je me sens encouragé par son allusion à l'harmonie et à la compréhension qui règnent au sein des diverses communautés et traditions religieuses de ce *borough*, qu'elle décrit comme multiculturel, multiethnique et multireligieux. Je tiens à l'en remercier.

« J'ai connu le père John Main il y a de nombreuses années au Canada, et je fus frappé de rencontrer un représentant de la tradition chrétienne qui insistait sur l'importance de la méditation dans la pratique spirituelle. Aujourd'hui, en ouvrant ce séminaire, je pense qu'il est très important d'évoquer son souvenir.

« Je suis également heureux de voir tant de visages familiers et d'avoir l'occasion de rencontrer d'anciens et de nouveaux amis.

« Malgré les nombreuses avancées matérielles de notre planète, l'humanité est confrontée à de très, très nombreux problèmes dont quelques-uns sont en fait générés par nous-mêmes. C'est, pour une large part, notre attitude mentale — notre regard sur la vie et le monde — qui déterminera le futur — celui de l'humanité, celui du monde et celui de l'environnement. Beaucoup de choses dépendent de notre attitude mentale, à la fois dans les sphères publique et privée. Le bonheur de notre vie individuelle ou familiale dépend, en grande partie, de nous-mêmes. Bien sûr, les conditions matérielles de vie sont un facteur important pour mener une existence heureuse et bonne, mais notre attitude mentale est d'une importance égale, sinon plus grande.

« A l'approche du XXIe siècle, les traditions religieuses gardent plus que jamais leur pertinence. Pourtant, comme par le passé, des conflits et des crises apparaissent, au nom de traditions religieuses différentes. Ceci est vraiment très malheureux. Nous devons faire tout notre possible pour maîtriser cette situation. Par ma propre expérience, j'ai appris que la méthode la plus efficace pour dépasser ces conflits est le contact étroit et l'échange entre les tenants de croyances différentes, pas seulement à un niveau intellectuel, mais aussi par des expériences spirituelles profondes. C'est là une méthode puissante pour développer la compréhension et le respect mutuel. C'est au cours d'un échange que peut s'étabir une base solide pour construire une harmonie véritable.

« J'éprouve donc toujours un grand bonheur à participer à un dialogue religieux. Je m'apprête avec joie à passer ces quelques jours à parler avec vous et à pratiquer mon mauvais anglais ! Après quelques semaines de retraite à Dharamsala je constate qu'il est encore plus mauvais qu'avant, ces quelques jours me donneront une occasion tout à fait bienvenue de pratiquer.

« Comme je crois fortement que l'harmonie entre les religions est de la plus haute importance et de la plus haute nécessité, je voudrais maintenant proposer quelques idées sur les moyens de la réaliser. Je suggère d'abord d'encourager les rencontres entre savants de divers horizons religieux pour discuter des divergences et des similitudes de leurs traditions, pour favoriser l'empathie, et améliorer notre connaissance mutuelle. En second lieu, je suggère que nous encouragions les rencontres entre les fidèles des différentes religons qui ont une certaine expérience dans la vie spirituelle — ces personnes n'ont pas besoin d'être des savants, mais des pratiquants authentiques qui se réunissent pour partager les lumières qui leur sont venues de la pratique religieuse. Selon ma propre expérience, c'est un moyen efficace et puissant de s'éveiller réciproquement d'une manière directe et profonde.

« Certains d'entre vous connaissent déjà l'histoire de ma visite au grand monastère de Montserrat[7] en Espagne et de ma rencontre avec un moine bénédictin. Il vint spécialement me voir, et comme son anglais était encore plus mauvais que le mien je me sentis plus courageux pour parler le premier. Après déjeuner, nous restâmes quelque temps seul à seul, et j'appris que ce moine avait passé plusieurs années dans les montagnes juste derrière le monastère. Je lui demandai quelle type de contemplation il avait pratiqué au cours de ces années de solitude. Sa réponse fut simple : « Amour, amour, amour. » Quelle merveille ! Je suppose qu'il lui arrivait aussi de dormir. Mais durant toutes ces années il avait médité simplement sur l'amour. Et il ne méditait pas seulement sur le mot. Dans ses yeux je voyais la preuve d'une spiritualité et d'un amour profonds — comme je l'avais déjà senti chez Thomas Merton.

« Ces deux rencontres m'ont aidé à développer

une sincère vénération pour la tradition chrétienne et sa capacité à créér des personnes d'une telle bonté. Je crois que le but de toutes les grandes traditions religieuses n'est pas de construire de grands temples à l'extérieur, mais de créer des temples de bonté et de compassion *à intérieur*, dans nos cœurs. Toutes les grandes religions ont cette faculté. Plus nous aurons conscience de la valeur et de l'efficacité des autres traditions religieuses, plus profonds seront le respect et la vénération que nous leur porterons. Voilà le bon chemin à suivre si nous voulons promouvoir une compassion véritable et un esprit d'harmonie entre les religions.

« Outre les rencontres entre savants et pratiquants expérimentés, il nous paraît important également, surtout aux yeux du public, que les leaders des diverses religions se réunissent de temps en temps pour prier, comme lors de la rencontre d'Assise en 1986.[8] C'est un troisième moyen, simple et malgré tout efficace, de promouvoir la tolérance et la compréhension.

« Un quatrième moyen consiste pour les adeptes de religions différentes à partir ensemble en pèlerinage et à visiter les lieux saints des uns et des autres. Il y a quelques années, j'ai moi-même commencé à le faire en Inde. Depuis, j'ai eu l'occasion de me rendre à Lourdes[9] et à Jérusalem. Dans ces lieux, j'ai prié avec les adeptes de diverses religions, parfois en méditation silencieuse. Ces moments de prière et de méditation ont été pour moi de véritables expériences spirituelles. J'espère que mon cas servira d'exemple, constituera une sorte de précédent, afin qu'à l'avenir les gens considèrent comme une chose tout à fait normale d'aller ensemble en pèlerinage sur des lieux saints et de partager leurs diverses expériences religieuses.

« Pour terminer, je voudrais revenir sur le sujet de la méditation ainsi que vers mes frères et sœurs chrétiens qui pratiquent la méditation dans leur vie quotidienne. Je pense que cette pratique est extrêmement importante. L'Inde connaît la méditation du *samadhi,* « le calme mental, »,commune à toutes les religions indiennes comme l'hindouisme, le bouddhisme et le jaïnisme. Certains types de *vipasyana,* « méditation analytique »,sont communs à nombre de traditions de ces religions. On peut se demander pourquoi le *samadhi,* « le calme de l'esprit » est si important. Parce que le *samadhi,* ou méditation de focalisation, est le moyen de mobiliser l'esprit, de canaliser l'énergie mentale. Le *Samadhi* est considéré comme un élément essentiel de la pratique spirituelle de *toutes* les grandes traditions religieuses de l'Inde parce qu'il donne la possibilité de canaliser toute l'énergie mentale du pratiquant et de diriger l'esprit sur un objet particulier, de le concentrer sur un point unique.

« Je suis convaincu que si la prière, la méditation et la contemplation — qui est plus discursive et analytique — sont associés journellement, l'effet sur l'esprit et le cœur du pratiquant n'en sera que plus grand. La pratique religieuse vise en priorité à une transformation intérieure du pratiquant, à le faire passer d'un état d'esprit indiscipliné, rebelle, dispersé, à un état qui soit discipliné, dompté et équilibré. Une personne qui a développé la faculté de focaliser parfaitement son esprit sur un point aura forcément plus de facilité à atteindre cet objectif. Quand la méditation fait partie intégrante de votre vie spirituelle, vous êtes capable de réaliser cette transformation intérieure de manière plus efficace.

« Parvenu à ce nouvel état, vous découvrirez ensuite, en suivant votre propre tradition spirituelle, qu'une sorte d'humilité naturelle éclot en vous, qui vous permet de mieux communiquer avec les adeptes d'univers culturels et de traditions religieuses différents. Vous êtes en meilleure position pour apprécier la valeur et la richesse des autres traditions parce que vous avez vu cette valeur en vous plaçant à l'intérieur de votre propre tradition. Les gens ressentent souvent des sentiments d'exclusivisme à l'égard de leurs croyances religieuses — ma voie est la seule véritable — d'où naît l'appréhension de créer des liens avec d'autres personnes de religions différentes. Je pense que le meilleur moyen de vaincre cette force est de faire l'expérience de la valeur de sa propre voie par une vie méditative, ce qui permet ensuite de voir la valeur et le prix des autres traditions.

« Pour qu'un authentique esprit d'harmonie puissent s'appuyer sur de solides connaissances, je pense très important de connaître les différences fondamentales entre les traditions religieuses. Il est certes possible de comprendre en quoi les religions se séparent, tout en reconnaissant en même temps la valeur et les possibilités de chaque tradition. Ainsi, le pratiquant développera une perception équilibrée et harmonieuse. Certains pensent que le moyen le plus raisonnable d'atteindre l'harmonie et de résoudre les problèmes de l'intolérance religieuse est d'établir une religion universelle valable pour tous. Or, j'ai toujours pensé que nous devons avoir des traditions religieuses différentes parce que les êtres humains possèdent tant de dispositions mentales différentes : une religion ne peut tout bonnement pas satisfaire les besoins de tant d'individus. Si nous essayons d'unifier les religions du monde en une seule, nous allons perdre maintes qualités et richesses de chacune des traditions. C'est pourquoi je pense qu'il est préférable, malgré le nombre de conflits qui naissent au nom de la religion, de maintenir le pluralisme des traditions. Malheureusement, si la diversité est mieux à même de satisfaire les besoins des diverses dispositions mentales de l'humanité, cette diversité est par nature une source potentielle de conflits et de désaccords. C'est pourquoi les adeptes de toutes les traditions doivent redoubler d'effort pour dépasser l'intolérance et l'incompréhension et rechercher l'harmonie.

« Tels sont les quelques points que je jugeais utile de préciser au début de ce séminaire. Je suis maintenant impatient d'explorer des textes et des idées qui ne me sont pas familiers. Vous m'avez chargé d'une lourde responsabilité et j'essaierai de mon mieux de répondre à votre attente. Je considère que c'est vraiment un grand honneur et un grand privilège que vous me faites en me demandant de commenter des passages choisis de l'Écriture Sainte, une écriture qui, je l'admets volontiers, m'est mal connue. Je dois aussi admettre que c'est la première fois que je me livre à un tel exercice. Sera-ce un succès ou un échec, je l'ignore ! En tout cas, je ferai de mon mieux. Maintenant, je vais psalmodier quelques versets de bon augure, puis nous méditerons. »

La modestie, comme le sourire, n'était pas feinte. Les rires de l'assistance, quant à eux, exprimaient tantôt la surprise que provoquait un homme d'une telle simplicité, tantôt un désir d'amical encouragement. C'était le début d'un lien qui en quelques jours allait s'élever à un sommet de communion de sentiment et de pensée, dans le respect et l'amour.

On éteignit les lumières électriques et dans la faible lueur du jour pénétrant par les fenêtres, l'assistance se recueillit tandis que Sa Sainteté fermait les yeux et entonnait l'antique psalmodie tibétaine :

Comblés d'excellence comme une montagne d'or,
Les sauveurs des mondes triples, libérés des trois souillures
Sont les bouddhas, leurs yeux pareils à des lotus en fleurs ;
Ils sont la première bénédiction de bon augure pour le monde.

Les enseignements qu'ils ont dispensés sont sublimes et inébranlables,
Réputés dans les mondes triples, honorés également par les dieux et les hommes.
Ce saint enseignement octroie la paix à tous les êtres sensibles ;
C'est la deuxième bénédiction de bon augure pour le monde.

La communauté sacrée, enrichie par l'étude, est honorée
Par les hommes, les dieux et les demi-dieux.
Cette communauté suprême est modeste, quoique la demeure de la gloire ;
C'est la troisième bénédiction de bon augure pour le monde.

Le Maître est venu dans notre monde ;
L'enseignement brille comme les rayons du soleil ;
Les maîtres qui enseignent,
comme des frères, sont dans la concorde ;
Qu'il y ait donc des bénédictions de bon augure pour que les enseignements demeurent longtemps.[10]

Chant :
« Tout sera bien. Tout sera bien. Et toutes les choses dans leur diversité seront bien. »

Après trente minutes de méditation silencieuse, le père Laurence se leva et prit la parole :

« Pour conclure cette première séance, nous allons demander à Sa Sainteté d'allumer une des bougies de ce symbole d'unité, et ensuite différents invités appartenant à des traditions variées allumeront d'autres bougies à partir de la sienne.[11] Ces bougies brûleront pendant le séminaire et symboliseront l'unité et l'amitié qui lient nos religions. »

DEUXIÈME PARTIE

AIME TON ENNEMI

Évangile de Matthieu 5, 38-48

Le matin, Sa Sainteté arriva sans tarder. Avant de commenter un passage de l'Évangile selon Matthieu, il fit quelques remarques préliminaires. Tout au long du séminaire, il insista à maintes reprises sur le fait que son but n'était pas de convertir les chrétiens de l'assistance en bouddhistes, mais de présenter la perspective d'un moine bouddhiste sur les passages proposés.

Le Dalaï-lama : « Comme ce dialogue a été organisé par la World Community for Christian Meditation et que le public est en majorité constitué de chrétiens pratiquants sérieusement engagés dans une démarche de foi, ma présentation s'adressera en priorité à eux. J'essaierai d'expliquer quelles sont les techniques ou les méthodes bouddhiques susceptibles d'être adoptées par un chrétien pratiquant sans pour cela adhérer à la philosophie bouddhique profonde. Ces différences métaphysiques profondes entre les deux traditions apparaîtront sans doute au cours de la discussion de groupe.

« Mon souci principal est le suivant : comment puis-je aider ou servir le pratiquant chrétien ? Ce que je voudrais le moins au monde c'est semer le doute et le scepticisme dans les esprits. Comme je l'ai dit plus tôt, je suis absolument convaincu que la variété des traditions religieuses actuelles est précieuse et pertinente. D'après ma propre expérience, toutes les grandes traditions religieuses du monde parlent une langue et délivrent un message communs sur lesquels nous pouvons bâtir une véritable entente mutuelle.

« En général, je préfère que les gens ne s'écartent pas de la religion qui fait partie de leur culture et de leur héritage. Bien sûr, l'individu a parfaitement le droit de changer de religion *si* une autre lui paraît plus efficace ou appropriée à ses besoins spirituels. Mais, d'une manière générale, il est préférable de faire l'expérience de la valeur de sa propre tradition religieuse. Voici un exemple du genre de difficulté qu'un changement de religion peut créer : Dans une famille tibétaine, dans les années soixante, le père de famille décéda et la mère vint me voir quelque temps après. Elle me déclara que dans cette vie-ci elle était chrétienne, mais que dans la vie future il n'y avait pas d'autre alternative pour elle que d'être bouddhiste. Comme c'était compliqué ! Si vous êtes chrétien, il vaut mieux vous développer spirituellement dans le cadre de votre religion et être un bon et authentique chrétien. Si vous êtes bouddhiste, soyez un véritable bouddhiste. Ne soyez pas un moitié-moitié ! Cela ne fera que créer de la confusion dans votre esprit.

« Avant de commenter le texte, j'aimerais dire un mot sur la méditation. Le mot tibétain pour méditation est *gom*, qui évoque le développement d'une familiarité constante avec une pratique ou un objet particulier. Le processus de « familiarisation » est central parce l'affinement ou le développement de l'esprit est relatif à la croissance de la familiarité avec l'objet choisi. Par conséquent, c'est uniquement par une application constante des techniques méditatives et un entraînement constant de l'esprit que l'on peut escompter parvenir à une transformation intérieure qui mette de la discipline dans l'esprit. Dans la tradition tibétaine, il existe, grosso modo, deux grands types de méditation. L'une fait appel à une certaine dose d'analyse et de raisonnement ; on l'appelle méditation contemplative ou analytique. L'autre est plus un état d'absorption et de concentration ; on l'appelle méditation sur un point ou acte de positionner l'esprit.

« Prenons l'exemple d'une méditation sur l'amour et la compassion dans le contexte chrétien. En méditant de façon analytique, nous suivrions des lignes de pensée spécifiques, telles que : pour vraiment aimer Dieu, il faut manifester cet amour par l'acte d'aimer mes frères humains de manière authentique, d'aimer mon prochain. On peut aussi réfléchir sur la vie et l'exemple de Jésus Christ en personne, comment il a mené sa vie, comment il a œuvré pour le profit d'autres êtres sensibles, et comment ses actes ont illustré un mode de vie inspiré par la compassion. Ce type de processus réflexif constitue l'aspect analytique de la méditation sur la compassion. On peut méditer de manière analogue sur la patience et la tolérance.

« Grâce à ces réflexions vous serez de plus en plus convaincus de l'importance et de la valeur de la compassion et de la tolérance. Une fois parvenus à un certain point où vous vous sentez absolument convaincus du prix et de la nécessité de la compassion et de la tolérance, vous aurez la sensation d'être touchés, d'être transformés de l'intérieur. A ce stade, il faut concentrer votre esprit sur cette unique conviction, sans procéder à d'autre analyse. Plus exactement, l'esprit doit rester en équilibre parfait, concentré sur un point — c'est l'aspect d'absorption ou de maintien de la méditation sur la compassion. Ainsi les deux types de méditation trouvent leur application dans une même séance de méditation.

« Pourquoi sommes-nous capables, par l'application de telles techniques méditatives, non seulement de développer mais d'affiner la compassion ? Parce que la compassion est un type d'émotion qui détient un potentiel de développement. Il existe en gros deux types d'émotion. Les unes sont plutôt instinctuelles et non fondées sur la raison. Les autres, comme la compassion et la tolérance, sont moins instinctuelles et s'appuient solidement sur la raison et l'expérience. Quand on voit clairement les diverses raisons logiques de les développer et que l'on s'établit fermement dans la conviction des bénéfices qu'elles apportent, alors ces émotions sont affinées. Ce qui se passe alors est une jonction de l'intellect et du cœur. La compassion représente l'émotion, ou le cœur, et l'application de la méditation analytique appartient à l'intellect. Quand on est arrivé à ce stade d'état méditatif où la compassion est affinée, on assiste à une fusion spéciale de l'intellect et du cœur.

« Si maintenant on examine la nature de ces états méditatifs, on s'aperçoit qu'ils sont formés d'éléments différents. Ainsi, prenons l'exemple du processus analytique consistant à penser que nous sommes tous des êtres humains, des créatures du même Créateur et donc vraiment frères et sœurs. Dans ce cas, vous focalisez votre esprit sur un objet particulier. Autrement dit, votre subjectivité analytique se focalise sur l'idée ou le concept que vous analysez. Cependant, une fois parvenus à un état de concentration sur un seul point — quand vous ressentez cette transformation intérieure, cette compassion à l'intérieur de vous — il n'existe plus un esprit méditant et un objet médité. A la place, votre esprit méditant se déploie sous forme de compassion.

« J'en ai terminé avec les remarques préliminaires sur la méditation. Je vais maintenant lire l'Évangile.

« Vous l'avez appris : il a été dit : Œil pour œil, dent pour dent. *Mais moi je vous dis de ne pas résister au méchant. Si quelqu'un te frappe sur la joue droite, présente-lui l'autre aussi. Si quelqu'un veut te citer en justice pour avoir ta tunique, abandonne-lui aussi ton manteau. Si quelqu'un veut te contraindre à faire un mille avec lui, fais-en deux. Donne à qui te demande, et n'esquive pas celui qui veut t'emprunter. »* [Matthieu 5, 38-42]

Le Dalaï-lama : « Les pratiques de tolérance et de patience préconisées dans ce passage ressemblent à l'extrême aux pratiques de tolérance et de patience telles qu'elles sont préconisées par le bouddhisme en général. C'est particulièrement vrai du bouddhisme mahayana dans le contexte de *l'idéal du bodhisattva* qui encourage, si l'on nous fait du mal, à répondre par la non-violence et la compassion. A la limite, ce passage pourrait être introduit dans un traité bouddhique sans que l'on reconnaisse son origine chrétienne.

« Vous l'avez appris : il a été dit : Tu aimeras ton prochain, *et tu pourras haïr ton ennemi. Mais moi je vous dis : Aimez vos ennemis. [faites du bien à*

ceux qui vous haïssent], priez pour ceux qui vous [maltraitent et vous] persécutent. Vous serez ainsi les fils de votre Père du ciel, qui fait lever son soleil sur les méchants comme sur les bons, et fait pleuvoir sur les justes et sur les injustes. Si vous n'aimez que ceux qui vous aiment, quelle récompense méritez-vous ? Les publicains mêmes n'en font-ils pas autant ? Si vous ne saluez que vos frères, que faites-vous d'extraordinaire ? Les païens n'en font-ils pas autant ? Soyez donc parfaits comme votre Père céleste est parfait. » [Matthieu 5, 43-48]

« Ceci me rappelle un passage d'un traité bouddhique mahayana appelé le *Compendium des pratiques*[12] dans lequel Shantideva demande, « si vous ne pratiquez pas la compassion envers votre ennemi, envers qui la pratiquerez-vous ? » On sous-entend que même les animaux manifestent de l'amour, de la compassion et un sentiment d'empathie à l'égard de ceux qu'ils aiment. Si nous prétendons être des pratiquants de la spiritualité, engagés sur un chemin spirituel, nous devons nous montrer capables de faire mieux que les animaux.

« Cet extrait de l'Évangile me rappelle également les réflexions d'un autre traité mahayana appelé *La voie du Bodhisattva* (traduit en français sous le titre *La Marche vers l'éveil*, édit. Padmakara) dans lequel Shantideva affirme l'importance d'acquérir l'attitude correcte envers son ennemi. Si vous savez cultiver l'attitude juste, vos ennemis deviennent vos meilleurs maîtres sprirituels parce que leur présence vous donne l'occasion de progresser dans la tolérance, la patience et la compréhension. En acquérant plus de patience et de tolérance, il sera plus facile de développer votre aptitude à la compassion, et grâce à cela, votre altruisme. Ainsi, même pour la pratique de votre propre voie spirituelle, la présence d'un ennemi est cruciale. L'analogie établie par l'Évangile avec « le soleil qui brille sans discrimination » est très importante. Le soleil brille pour tous sans discrimination. Voilà une magnifique métaphore de la compassion. Elle fait comprendre ce qu'elle a d'impartial et de total.

« En lisant ces passages, je vois que l'Évangile met l'accent sur la pratique de la tolérance et valorise les sentiments d'impartialité envers toutes les créatures. A mon avis, afin de développer l'aptitude de chacun à la tolérance envers tous les êtres, et particulièrement envers un ennemi, il est une condition préalable importante qui est d'accueillir tout être avec équanimité. Si l'on vous dit que vous ne devriez pas être hostile à votre ennemi, que vous devriez l'aimer, cette affirmation seule ne va pas vous inciter à changer. Il est tout à fait naturel pour chacun d'entre nous de ressentir de l'hostilité à l'égard de ceux qui vous font du mal et de l'affection pour ceux qui vous aiment. C'est un sentiment humain naturel. Nous devons donc disposer de techniques efficaces pour nous aider à faire ce passage d'une partialité inhérente à notre nature à un état de plus grande équanimité.

« Plusieurs techniques spécifiques permettent de développer l'équanimité envers toute créature sensible. Dans un contexte bouddhiste, on peut faire appel au concept de renaissance pour nous aider à pratiquer l'équanimité. Néanmoins, comme nous discutons dans un contexte chrétien, sans doute est-il possible d'invoquer l'idée de Création selon laquelle toutes les créatures sont égales en ce qu'elles sont toutes des créations du même Dieu. A partir de cette croyance, on peut progresser dans l'équanimité. Juste avant cette séance, j'ai eu un bref entretien avec le père Laurence qui m'a expliqué que dans la théologie chrétienne, on pense que tous les êtres humains sont créés à l'image de Dieu — nous partageons tous une même nature divine. Ceci me semble tout à fait analogue à l'idée de nature de bouddha dans le bouddhisme. Cette croyance que tous les êtres humains participent de la même nature divine, nous fournit une base solide, une raison très puissante de croire qu'il est possible pour chacun de nous d'acquérir un authentique sens de l'équanimité à l'égard de tous les êtres.

« Cependant, nous ne devons pas considérer cette égalité d'âme comme une fin en soi. Nous ne devons pas non plus avoir le sentiment de poursuivre un état de totale apathie où nous n'aurions aucun sentiment ni aucune variabilité d'émotion envers nos ennemis ou nos amis. Ce n'est pas là le but que nous recherchons. Ce à quoi nous aspirons, d'abord et avant tout, c'est à poser les fondations, à disposer d'une sorte de champ libre où nous pourrons ensuite planter d'autres pensées. L'équanimité est ce terrain uniforme que nous préparons en premier lieu. Sur cette base, nous devons ensuite réfléchir aux mérites de la tolérance, de la patience, de l'amour et de la compassion envers tous. Il nous faut aussi examiner les inconvénients et les négativités de la pensée égocentrique, des émotions fluctuantes envers les amis et les ennemis, et les négativités résultant de la partialité envers d'autres êtres.

« Le point crucial réside dans la manière d'utiliser cette équanimité de base. Il est important de se concentrer sur les négativités de la colère et de la haine, qui constituent les principaux obstacles à l'épanouissement de notre aptitude à la compassion et à la tolérance. Il faut aussi réfléchir aux mérites et aux vertus de l'approfondissement de la tolérance et de la patience. Ceci peut se faire dans le contexte chrétien sans pour cela avoir recours à une quelconque croyance en la renaissance : Dieu a fait de vous un individu et vous a donné la liberté d'agir de manière compatible et en accord avec ses désirs — d'agir de manière éthique, de manière morale et de mener une vie digne d'un individu éthiquement discipliné et responsable. En éprouvant et en pratiquant la tolérance et la patience à l'égard de vos semblables, vous remplissez ce vœu : vous contentez votre Créateur. C'est, en un sens, le plus beau don, la plus belle offrande que vous puissiez faire au Créateur divin.

« Dans le bouddhisme, on trouve l'idée dite de l'*offrande de la pratique (drupai chöpa)* selon laquelle, de toutes les offrandes que l'on puisse faire à une personne que l'on vénère — offrandes matérielles, chants de louange et autres dons — la plus belle est celle de mener une vie conforme aux principes de cet être. Dans le contexte chrétien, en menant une vie éthiquement disciplinée, fondée sur la tolérance et la patience, vous faites, en un sens, un don merveilleux à votre Créateur. D'une certaine manière, c'est beaucoup plus efficace que de limiter sa pratique à la prière. Si vous priez sans vivre en conformité avec cette prière, ce n'est pas d'un grand profit.

« L'un des grands yogis du bouddhisme tibétain, Milarepa, affirme dans un de ses chants d'expérience spirituelle : « En ce qui concerne les offrandes matérielles, je suis démuni ; je n'ai rien à offrir. Ce que je puis offrir en abondance, c'est le don de ma réalisation spirituelle. » Nous voyons bien, en général, qu'une personne qui possède une énorme réserve de patience et de tolérance jouit d'un certain degré de tranquillité et de calme. Une telle personne est non seulement heureuse et plus stable émotionnellement, mais paraît aussi en meilleure santé physique et moins sujette à la maladie. Cette personne possède une forte volonté, un bon appétit et peut dormir avec une conscience claire. Tels sont les profits de la tolérance et de la patience que nous pouvons constater dans nos vies quotidiennes.

« L'une de mes convictions fondamentales est que la nature humaine de base est plus disposée à la compassion et à l'affection. La nature humaine de base est douce et non pas agressive et violente. Ceci est tout à fait conforme à ce que disait le père Laurence sur le fait que tous les êtres humains partagent la même nature divine. Je dirai de plus qu'en examinant le rapport entre l'esprit, ou la conscience, et le corps, on s'aperçoit que les attitudes, les émotions et les états d'esprit sains, comme la compassion, la tolérance et le pardon, sont fortement liés à la santé physique et au bien-être. Ils augmentent le bien-être physique, tandis que les attitudes et les émotions négatives ou malsaines comme la colère, la haine, les états d'esprit perturbés, minent la santé physique. Cette correspondance montre bien que notre nature humaine de base est plus proche des attitudes et des émotions saines.

« Après avoir réfléchi sur les vertus de la tolérance et de la patience et s'être convaincu de la nécessité de les développer et de les accroître en soi-même, il faut ensuite considérer les différents types et degrés de patience et de tolérance. Ainsi les traités bouddhiques décrivent-ils trois types de tolérance et de patience. Le premier est l'état d'indifférence inébranlable — on est capable de supporter la douleur ou la souffrance et de ne pas se laisser submerger par elles. Ceci est le premier niveau. Dans le second état, le pratiquant est non seulement capable de supporter de telles souffrances, mais il est, si nécessaire, prêt et même désireux d'assumer les épreuves, les peines et les souffrances du chemin spirituel. Ceci implique l'acceptation volontaire des épreuves pour atteindre un but plus élevé. Le troisième est un type de patience et de tolérance qui naît d'une ferme conviction quant à la nature de la réalité. Dans la pratique chrétienne, ce genre de patience serait fondé sur une foi solide dans les mystères de la Création. Bien que ces distinctions entre trois niveaux de tolérance soient le fait des auteurs bouddhistes, elles sont transposables dans le contexte chrétien. C'est particulièrement vrai du deuxième type de patience-tolérance — assumer délibérément les épreuves du chemin spirituel — dont il semble être question dans le passage suivant : les Béatitudes de l'Évangile de Matthieu. »

TROISIÈME PARTIE

LE SERMON SUR LA MONTAGNE : LES BÉATITUDES

Évangile de Matthieu 5, 1-10

« A la vue de ces foules, Jésus gravit la montagne. Il s'assit, et ses disciples s'approchèrent de lui. Alors il ouvrit la bouche et leur donna ces enseignements :
"Heureux ceux qui ont un cœur de pauvre : le royaume des cieux est à eux !
"Heureux ceux qui sont doux : ils posséderont la terre !
"Heureux ceux qui pleurent : ils seront consolés !
"Heureux ceux qui ont faim et soif de la justice : ils seront rassasiés !
"Heureux les miséricordieux : ils obtiendront miséricorde !
"Heureux les cœurs purs : ils verront Dieu !
"Heureux les pacifiques : ils seront appelés fils de Dieu !
"Heureux les persécutés pour la justice : le royaume des cieux est à eux ! » [Matthieu 5, 1-10]

Le Dalaï-lama : « A la lecture de ces lignes des Béatitudes, la première chose qui me vient à l'esprit est la suivante : Ce passage semble indiquer le simple fait que ceux qui désirent s'engager sur un chemin et accepter les épreuves et les souffrances qu'il implique recevront la récompense de leur engagement. A propos des textes enseignant cette tolérance qui exige de vous l'acceptation délibérée des épreuves, de la douleur et de la souffrance, il serait faux d'y voir l'affirmation qu'il est beau de souffrir, que la souffrance est ce que tous nous devons rechercher. Il va sans dire que je ne souscris pas à un tel point de vue. Je pense que le but de notre existence est de chercher le bonheur, de chercher à connaître la satisfaction et la plénitude. Cependant, comme les épreuves et les peines font naturellement partie de l'existence, il est capital d'avoir à leur égard un point de vue qui nous permette de les aborder de manière réaliste afin que nous puissions en retirer quelque profit.

« Si nous examinons la nature de la souffrance, nous constatons qu'il existe certains types de souffrance auxquels on peut trouver des solutions, et qui peuvent donc être surmontés. Une fois qu'on en a conscience, il faut chercher la solution et les moyens de vaincre la souffrance. Mais il existe aussi des types de souffrance qui sont inévitables et insurmontables, des faits naturels de l'existence. En pareils cas, il est important de développer un état d'esprit qui permette d'aborder la souffrance de manière réaliste. Ce faisant, vous parviendrez peut-être à accepter ces difficultés à mesure qu'elles surgissent. Une telle attitude vous protègera, pas nécessairement de la réalité physique de la souffrance, mais du fardeau psychologique supplémentaire et inutile qui consiste à lutter contre elle.

« L'une des approches les plus efficaces à l'égard

de la souffrance est exposée dans *La voie du Bodhisattva*. Si le problème est tel qu'il existe un moyen d'en sortir, il est inutile de se faire du souci. Si au contraire, il n'y a pas moyen d'en sortir, à quoi bon se faire du souci !

« Ces versets des Béatitudes me semblent également aborder la question du principe de causalité. Si le terme technique sanskrit de *karma* ne peut pas figurer dans le contexte biblique, le principe général de causalité, sous-jacent à la doctrine du karma, me semble être évoqué ici. Les versets impliquent que si vous agissez d'une certaine façon, alors vous ferez l'expérience d'un certain effet, et si vous n'agissez pas d'une certaine façon, vous ne connaîtrez pas un certain effet. Le principe de causalité est clairement contenu dans cet enseignement.

« Bien que toutes les grandes traditions spirituelles du monde n'abordent pas la question de la causalité sous l'angle de cycles de vies multiples, il semble néanmoins qu'il y ait un message central fondé sur le principe de causalité, commun à toutes ces traditions. A savoir que si vous faites le bien, vous en obtiendrez des résultats désirables, et si vous faites le mal, vous en obtiendrez des résultats indésirables. Ce message éthique fondamental semble inhérent à toutes les grandes traditions spirituelles.

« Accessoirement, il est très intéressant également de noter des similitudes stylistiques frappantes entre les écritures chrétiennes et bouddhiques. En préambule aux Béatitudes, l'Évangile note qu'à la vue des foules, Jésus gravit la montagne, s'assit, etc. On retrouve un début analogue dans nombre de *sutras*, les écritures saintes des bouddhistes. Les *sutras* rapportent qu'à un moment donné, le Bouddha visitait tel ou tel endroit, qu'il était entouré par un si grand nombre de disciples qu'il s'assit et commença son enseignement. Il y a donc une similitude intéressante dans la présentation de ces passages.

« L'un des concepts les plus difficiles dont il est question ici, surtout pour les bouddhistes, est celui d'un être divin, Dieu. Évidemment, on peut l'aborder en disant qu'il s'agit de quelque chose d'inexprimable, au-delà du langage et de la conceptualité. Mais il faut bien admettre qu'au niveau théorique, les idées de Dieu et de Création sont un point de divergence entre bouddhistes et chrétiens. Néanmoins, je crois que les raisons et les considérations qui conduisent à une telle croyance sont communes aux bouddhistes et aux chrétiens.

« Si l'on examine la nature de tous les phénomènes naturels, le bon sens nous dit que tout événement doit avoir une cause. Il doit y avoir certaines conditions et causes qui donnent naissance à un événement. Ce n'est pas seulement vrai de notre propre existence d'individu, mais aussi de l'univers cosmique tout entier. Pour le sens commun, accepter qu'une chose soit sans cause — qu'il s'agisse de l'univers ou de notre existence individuelle — est inacceptable. D' où la question qui suit : dans ce cas, si notre existence doit avoir une cause — si l'univers cosmique même à son échelle doit avoir une cause — d'où vient cette cause ? Et s'il s'ensuit que *cette* cause-là doit elle-même avoir une cause, alors nous régressons à l'infini.

« Pour surmonter cette difficulté de la régression infinie, il est utile de postuler un commencement, un Créateur et d'accepter certaines vérités concernant la nature du Créateur : il est indépendant, auto-créé, tout-puissant et n'exige aucune autre cause. Accepter un tel commencement nous aide à traiter le problème de la régression infinie.

« Si l'on postule un tel Créateur, et si l'on examine le processus de l'évolution à partir du Big-Bang et tout le mystère de l'univers, on peut tout à fait créditer le Créateur d'omnipotence. En outre, si l'on examine la nature de l'univers, on s'aperçoit qu'il ne fonctionne pas de manière totalement chaotique ou hasardeuse. Il semble qu'il y ait un ordre inhérent, un principe causal à l'œuvre. Par là, encore, il est possible de créditer le Créateur d'omniscience, comme si tout le processus ou la procédure était planifiée. Vues sous cet angle, toutes les créatures sont d'une certaine façon une manifestation de cette force divine. Et de ce point de vue, on peut dire, là encore, que le Créateur est l'*ultime* et la création le *relatif*, l'éphémère. En ce sens, on peut dire que le Créateur est la vérité absolue et ultime. Mais je ne sais pas ce que les théologiens chrétiens en penseraient !

« Personnellement, quand je considère l'idée de Création et la croyance en un Créateur divin, je me dis que l'effet principal de cette croyance est d'insuffler une motivation, un sentiment d'urgence dans l'engagement du pratiquant à devenir un homme bon, un homme éthiquement discipliné. Quand vous disposez d'un tel concept ou croyance, cela donne aussi un but à votre existence. C'est très utile pour développer les principes moraux.

« Voilà comment je comprends la théologie chrétienne ! »

Commentaire sur la lecture de l'Évangile

Père Laurence : Votre Sainteté, je voudrais vous remercier très sincèrement pour votre enseignement de ce matin. Je parle en mon nom, mais aussi, je pense, en celui de toutes les personnes présentes, en disant qu'il était très émouvant pour moi, chrétien, de vous écouter lire les mots de Jésus avec une telle pureté et une si profonde compréhension de leur sens. Comme nous arrivons maintenant à l'heure de notre première discussion de groupe, je voudrais vous présenter les intervenants. Robert Kiely est oblat bénédictin de notre communauté et professeur de littérature à la Harvard University, et Isabelle Glover, également oblate bénédictine de notre communauté, enseigne le sanskrit. Le propos de cette discussion est de nous permettre d'écouter plus attentivement la Parole qui nous a déjà touchés ce matin. L'idée n'est pas de chercher les différences mais simplement de réfléchir, dans un esprit aussi ouvert et généreux que possible, à la fois sur les similitudes et les différences intéressantes existant entre nos deux religions. Je demanderai à Bob Kiely de commencer par quelques mots d'introduction, puis nous entamerons la discussion.

Robert Kiely : Votre Sainteté, j'aimerais ajouter un mot aux remerciements du père Laurence. Sachant quelle a été votre vie et l'histoire de votre peuple au cours de ce siècle, j'ai été particulièrement ému quand vous avez lu les Béatitudes, et tout particulièrement : « Heureux ceux qui pleurent, car ils seront consolés » et « Heureux les persécutés pour la justice, car ils trouveront le royaume de Dieu. » Selon la croyance chrétienne, si l'écriture est lue par une personne qui possède un bon cœur, elle reprend vie pour tous. Pour moi, comme pour beaucoup d'entre nous ici, je pense, ces mots lus par vous ont eu cet effet.

L'une des questions que je voudrais aborder avec vous a trait à l'idée juive et chrétienne de l'Absolu entrant dans l'histoire, dans le temps. Les textes que vous avez lus, et tous les enseignements de Jésus d'une manière générale, les chrétiens les situent dans un contexte comprenant au moins trois déroulements historiques. Le premier est l'histoire de la vie de Jésus. Aucun chrétien ne reçoit son enseignement sans se souvenir que Jésus est né pauvre, qu'il était un Juif habitant un pays occupé, que sa vie publique, la période où il a enseigné les foules, a été très brève, qu'il a été persécuté, crucifié comme un criminel de droit commun et qu'il est ressuscité des morts. Pour les chrétiens, tel est le contexte premier, me semble-t-il.

En second lieu, nous ne séparons pas les Évangiles de l'histoire du peuple juif dont le récit fait partie de notre Écriture. C'est une histoire marquée par l'esclavage en Égypte, la libération sous la conduite de Moïse, le donateur de la Loi qu'il a lui-même reçue de Dieu, et pour finir, par la dispersion dans le monde. La troisième histoire est toujours celle de nos vies. Aussi les paroles de Jésus que nous méditons nous parviennent à travers des récits qui se déroulent dans le temps et dans l'histoire — personnelle, nationale et théologique dans la vie de Jésus lui-même. Je me demande quelles réflexions évoque en vous, moine bouddhiste, cet aspect temporel du christianisme, et s'il est possible de faire un rapprochement avec le bouddhisme.

Le Dalaï-lama : La comparaison entre deux traditions spirituelles anciennes comme le bouddhisme et le christianisme révèle une similitude frappante entre les récits des maîtres fondateurs — Jésus Christ dans le cas du christianisme et le Bouddha pour le bouddhisme. Je perçois un point commun très important : dans la vie même des maîtres fondateurs, est manifestée l'essence de leurs enseignements. Ainsi, dans la vie du Bouddha les Quatre Nobles Vérités représentent l'essence de l'enseignement : La vérité de la souffrance, la vérité de l'origine de la souffrance, la vérité de la cessation de la souffrance et la vérité de la voie conduisant à cette cessation. Ces Quatre Nobles Vérités sont très explicitement et clairement manifestées dans la vie du maître fondateur, le Bouddha lui-même. Je pense qu'il en est de même avec le Christ. En observant la vie de Jésus, on se rend compte qu' elle illustre toutes les pratiques et les enseignements essentiels du christianisme. Je perçois une autre similitude dans ces deux vies : c'est uniquement par les épreuves, l'application, l'engagement personnel et le ferme attachement à ses principes que l'on peut progresser spirituellement et atteindre la libération. Ceci me semble constituer un message commun et central.

Isabelle Glover : Votre Sainteté, vous avez mentionné la « renaissance ». De nombreux signes incitent à penser que, dans les premiers temps de l'Église chrétienne, la réincarnation était une croyance admise, qui aujourd'hui n'a plus cours dans la pensée chrétienne.[13] Pourriez-vous nous en dire plus à ce sujet ? Quelle est l'importance de l'enseignement sur la renaissance et le karma ?

Le Dalaï-lama : On m'a dit, en effet, que dans les premiers enseignements de l'Église, on pouvait interpréter certaines parties des Écritures de façon à montrer que la croyance en la renaissance n'était pas nécessairement incompatible avec la foi chrétienne. De ce fait, j'ai pris la liberté de discuter de cette question avec divers prêtres et chefs chrétiens — naturellement, je n'ai pas eu l'occasion de questionner Sa Sainteté le Pape en personne. Mais sinon, j'ai interrogé de nombreux pratiquants et prêtres chrétiens de tous horizons. Tous m'ont dit, unanimement, que cette croyance n'est pas acceptée dans la doctrine chrétienne, sans donner de raison spécifique quant à la raison pour laquelle ce concept de réincarnation ne trouverait pas sa place dans le contexte élargi de la foi et de la pratique chrétiennes. Cependant, il y a deux ans environ en Australie, lors de ma dernière rencontre avec le père Bede Griffiths (je l'ai rencontré plusieurs fois et je le connais personnellement), j'ai posé la même question. Je garde un souvenir précis de notre entrevue qui fut très émouvante. Il portait son habit de *saddhu* jaune safran. Il disait que du point de vue chrétien, la croyance en la renaissance minerait la foi et la pratique du chrétien. Quand vous acceptez que cette vie, que votre existence individuelle a été directement créée par le Créateur, qu'elle en est le don direct, cela crée immédiatement un lien très spécial entre vous, créature individuelle, et le Créateur. Ce rapport personnel direct donne un sentiment de proximité et d'intimité avec votre Créateur. Croire en la renaissance ébranlerait ce lien spécial avec le Créateur. Je trouve cette explication tout à fait convaincante.

Père Laurence : Votre Sainteté, je vois un rapport entre la question soulevée par Robert Kiely, et celle d'Isabelle, à propos de la relation entre temps et éternité, absolu et relatif. Pour les chrétiens, Dieu a aussi pour nom la Vérité. Or, tous les hommes savent par expérience que la vérité est une chose que l'on découvre petit à petit. La vérité est émergente. Elle se dévoile par phases au cours de la vie d'un individu, qu'il s'agisse d'une ou de plusieurs vies. Nous voyons bien également que la religion connaît une évolution historique. Il existe un noyau absolu dans les enseignements du Bouddha et de Jésus, mais leur vérité émerge dans l'histoire, par la réflexion. Sinon, nous n'aurions aucune raison de tenir un tel séminaire. Il y a toujours plus de vérité à découvrir. Pourriez-vous nous dire ce que vous pensez de cette idée de la vérité comme quelque chose qui est ici-et-maintenant en plénitude, mais dont, en même temps, nous faisons l'expérience petit à petit, par étapes ?

Le Dalaï-lama : La doctrine bouddhiste s'intéresse aussi à la question de la manifestation de la vérité ultime par étapes et dans une évolution historique, tout en étant, en même temps, absolue ou ultime. Il existe un passage dans le *Prajñaparamitasutra*, faisant partie d'un ensemble d'écrits appelés les *Sutras de la Perfection de la Sagesse*, qui traite spécifiquement de cette idée. Selon ce passage, que les bouddhas du passé ou du futur soient venus dans le monde ou non, et même qu'il y ait un bouddha existant dans le monde ou pas, la vérité du mode ultime d'être des choses et des événements sera toujours la même. La vérité est éternellement présente ; elle est toujours là. Cependant, ceci ne veut pas dire que tous les êtres vivants auront part à cette vérité — autrement dit, parviendront à la libération — spontanément ou sans aucun effort, parce que les individus doivent faire l'expérience de cette vérité graduellement. Nous devons donc faire une distinction entre l'existence réelle de la vérité d'un côté, et l'expérience de cette vérité de l'autre. C'est ici que l'on peut trouver le point de contact entre l'historicité et la nature absolue de la vérité.

Vous avez soulevé une question intéressante. Comment un principe absolu comme le Créateur divin peut-il se manifester dans une figure historique comme le Christ ? Quelle est la nature exacte de cette relation, et quels mécanismes pourraient expliquer le lien entre l'absolu, qui est intemporel, et une figure historique, qui est temporelle ? Dans le contexte bouddhiste, cette question serait abordée sous l'angle de la doctrine des *trois kayas*, les trois manifestations d'un être éveillé. Dans ce cadre, les manifestations physiques et historiques des êtres éveillés sont vues, en un certain sens, comme des émergences spontanées de l'état ultime et intemporel de *dharmakaya*, ou Corps de Vérité d'un bouddha.

Robert Kiely : Un autre moyen d'aborder cette question, surtout sous l'angle de la pratique et du culte quotidien, serait peut-être de rappeler les titres et noms que les chrétiens donnent à Jésus et les bouddhistes à Bouddha. L'un des paradoxes apparents du christianisme consiste en ce que nous appelons Jésus notre Frère et notre Rédempteur, ou notre Frère et notre Sauveur. En termes personnels, ceci peut signifier que nous sommes invités à aimer Jésus comme un être humain, comme un frère ou un époux. En même temps, nous croyons qu'il est notre sauveur, notre rédempteur, nous l'adorons comme Dieu. Ces noms nous rappellent que Jésus nous a donné la capacité de l'aimer de ces deux manières, qu'il verse sa divinité dans nos cœurs. Ceci correspond-il de près ou de loin avec les sentiments que les bouddhistes éprouvent à l'égard du Bouddha, et avec les noms qu'ils lui donnent ?

Le Dalaï-lama : Étant donné la diversité des traditions bouddhistes, il ne faut pas s'imaginer qu'il existe une tradition homogène, une voie définitive pour ainsi dire. Personnellement, je préfère me rattacher au Bouddha en tant que figure et personnalité historique — quelqu'un qui a porté la nature humaine à sa perfection et est devenu un être pleinement éveillé. Cependant, selon certaines écoles de pensée du bouddhisme, le Bouddha n'est pas seulement une figure historique, mais participe aussi d'une dimension intemporelle et infinie. Dans ce contexte, bien que le Bouddha soit une figure historique, l'historicité de Bouddha Shakyamouni serait considérée comme une démonstration habile de l'action compatissante de Bouddha se manifestant à partir de l'état intemporel et parfait du *dharmakaya*, ou Corps de Vérité. Bouddha Shakyamuni en tant que figure historique est le *nirmanakaya*, qui signifie Corps d'Émanation : une émanation assumée de manière à correspondre aux dispositions et aux besoins mentaux d'une époque, d'un lieu et d'un contexte particuliers. Cette émanation provient d'un état de pure essence appelé le *sambhogakaya*, l'état de jouissance parfaite, qui a, lui aussi, émergé de l'étendue intemporelle du *dharmakaya*. Cependant, si nous abordons toutes ces spécificités, nous n'en retirerons que des migraines et de la confusion !

Le moyen le plus simple de considérer Bouddha Shakyamouni sous l'angle historique est le suivant. Pour les bouddhistes, surtout ceux engagés dans la vie monastique, le Bouddha est celui qui a fondé la tradition monastique. Il est à l'origine de la lignée du monachisme bouddhique. Les moines et les nonnes pleinement ordonnés dans cette lignée doivent persévérer dans l'acceptation totale de leurs vœux d'ordination. Pour devenir un *bhiksu*, un moine pleinement ordonné, ou une *bhiksuni*, une nonne pleinement ordonnée, il faut être un être humain. Donc, si vous êtes en relation avec Bouddha en tant que moine pleinement ordonné, cela signifie que vous vous reliez à lui en tant que personne humaine dans l'histoire.

Isabelle Glover : Votre Sainteté, j'aimerais vous demander des explications à propos d'une expression que vous employez souvent : « examinez la nature de... » La plupart d'entre nous, je pense, n'est pas méthodique au point « d'examiner la nature des » choses. Comment, par exemple, pouvons-nous « examiner la nature de » la compassion ou de l'absence de compassion ?

Le Dalaï-lama : Par souci de commodité, l'approche bouddhique type ordonne et subdivise les phénomènes en différentes classes et catégories. Par exemple, les phénomènes mentaux se répartissent en différentes classes : conceptuels, et non-conceptuels, déformés et non-déformés, et ainsi de suite. Ainsi, dans la littérature bouddhique vous trouverez des listes entières de modalités et d'aspects variés de l'esprit, d'après ses diverses fonctions. Pour prendre un autre exemple, si vous examinez la nature de la compassion, vous essaierez d'abord de la définir, de comprendre ce que l'on entend exactement par « compassion ». Ensuite, vous pouvez vous poser des questions spécifiques pour affiner la classification. Quelles sont les ramifications de la compassion selon toutes les expériences possibles de l'état humain, sa phénoménologie ? Quelles sont les causes et les conditions qui donnent naissance à un tel état émotionnel ? Quelles sont les réactions émotionnelles caractéristiques quand vous ressentez de la compassion ? Quels sont les effets de votre compassion sur les autres ? etc. Par ces analyses vous commencez à mieux percevoir ce que pourrait être la compassion, ou ce qu'elle *est*.

En entrant plus profondément dans la littérature bouddhique, vous trouvez aussi des discussions sur les différents types de compassion. Par exemple, il existe un type de compassion où non seulement vous éprouvez de l'empathie pour l'objet de votre compassion, mais aussi un sentiment de responsabilité en ce sens que vous voulez soulager vous-même cette souffrance. C'est une compassion plus puissante que la simple empathie. De plus, les degrés de compassion varient en fonction des états d'esprit qui l'accompagnent. Ainsi, dans le contexte bouddhique, si vous avez une compréhension profonde et intime de la nature transitoire de la vie, alors votre compassion n'en sera que plus puissante, à cause de cette sagesse. De même, si en votre for intérieur, la saisie égoïste[14] est réduite de manière significative, naturellement votre compassion sera plus puissante.

Pour faire de telles distinctions, il faut d'abord développer un degré de discernement suffisant pour percevoir les différentes subtilités. De plus, si vous examinez un phénomène tel que la compassion, il ne faut pas supposer qu'il s'agit d'une entité unique. Une condition mentale correspond à de multiples aspects. Par exemple, la compassion étant un état émotionnel, participe de la conscience. Ce n'est pas un objet physique ; c'est un état affectif. Elle appartient donc au domaine de l'expérience, et possède ainsi la même nature que tous les autres états émotionnels. Pour prendre un autre exemple, examinons l'identité d'un individu particulier. Quand vous commencez une telle évaluation, vous vous rendez immédiatement compte de la complexité de cette personne. Une facette de l'identité de cette personne dérive de son milieu culturel, qui peut être soit européen, soit américain. Sur le plan du sexe, une personne est homme ou femme. L'identité découle aussi de son pays d'origine ou de sa religion. Vous voyez combien de distinctions on peut faire, pour ne s'en tenir qu'à l'identité d'une seule personne. C'est ainsi que l'on examine la nature de toute chose.

Père Laurence : L'entraînement et la pratique bouddhistes semblent requérir une grande part d'analyse rationnelle, et Votre Sainteté a dit que le grand don de la naissance humaine est le cerveau. Pourtant, on peut être compatissant sans être intelligent. Pouvez-vous m'aider à comprendre cela ? Est-il nécessaire d'être très intelligent et d'avoir un esprit bien exercé, instruit et précis pour parvenir à l'illumination ?

Le Dalaï-lama : Non, bien évidemment. Comme en toute chose, l'extrémisme est une erreur. Les écritures bouddhiques distinguent trois catégories de gens selon l'aptitude individuelle à la pratique spirituelle, en montrant quels types de personnes sont les mieux à même de tirer le maximum de profit d'une pratique spirituelle profonde. Vous me pardonnerez de ne pas citer la phrase exacte, mais elle dit en substance ceci : Normalement, les individus les mieux faits pour la pratique sont ceux qui ne sont pas uniquement doués sur le plan intellectuel, mais possèdent également une foi et une attention centrée sur un seul point, et qui ont la sagesse. Ces personnes sont les plus réceptives à la pratique spirituelle. Dans le deuxième groupe, on trouve des gens pas forcément d'une intelligence supérieure mais qui possèdent un appui inébranlable dans la foi. Les malheureux sont ceux de la troisième catégorie. Bien qu'ils puissent être très intelligents, ils sont toujours rongés par le scepticisme et le doute. Ils sont astucieux, mais ont tendance à se montrer hésitants, sceptiques, et ne peuvent jamais vraiment se fixer sur une chose. Ces gens sont désignés comme les moins réceptifs.

Quand nous parlons de niveau d'intelligence, nous envisageons un phénomène relatif. Quelqu'un peut être plus intelligent comparé à certains, et moins intelligent comparé à d'autres. En général, il semble avéré que toute foi ou conviction fondée sur une compréhension qui découle d'un raisonnement est très solide. Une telle conviction est ferme parce vous vous êtes convaincu de l'efficacité ou de la validité de l'idée en laquelle vous avez mis votre foi. Et cette conviction, par conséquent, est un moteur puissant de l'action. C'est pourquoi le bouddhisme affirme que l'intelligence est très importante dans le cheminement spirituel. Dans cette tradition, l'intelligence collabore avec le cœur, le côté émotionnel. Quand la foi et la compassion — dont la nature est plutôt celle d'états émotionnels — sont soutenues par une puissante conviction, fruit de la réflexion et de l'investigation, elles sont vraiment indéfectibles, tandis qu'une foi ou une compassion ment permanente. Cette doctrine est commune à toutes les écoles du bouddhisme.

Bien que cet enseignement soit général, le bouddhisme est traversé de courants philosophiques qui divergent sur le point de savoir ce qui, exactement, constitue la nature du moi ou de la personne. Certaines écoles bouddhistes identifient la personne à seulement un des agrégats psychophysiques, la conscience, d'autres à la totalité des agrégats, etc. D'autres écoles de pensée adoptent une position plus nominaliste, soutenant que la personne ou le moi est une pure dénomination.

Père Laurence : Le temps est peut-être bien choisi de nous arrêter pour méditer. Si Sa Sainteté veut bien allumer les bougies, nous allons nous lever, et ensuite nous commencerons notre méditation.

QUATRIÈME PARTIE

ÉQUANIMITÉ

Évangile de Marc 3, 31-35

« Survinrent sa mère et ses frères ; restés dehors, ils le firent appeler. La foule était assise autour de lui. On lui dit : « Ta mère, tes frères et tes sœurs sont là dehors, et te cherchent. » Il leur répondit : « Qui sont ma mère et mes frères ? » Et portant ses regards sur les gens assis autour de lui : « Voici, dit-il, ma mère et mes frères. Celui qui accomplit la volonté de Dieu, celui-là est mon frère, ma sœur et ma mère. » [Marc 3, 31-35]

Le Dalaï-lama : « La première pensée qui me vient à l'esprit à la lecture de ce passage est qu'il ne se contente pas de nous donner une définition de ce qu' est la compassion. Il décrit aussi les stades de développement d'une conscience donnant naissance à la compassion. Dans ce passage, par exemple, Jésus adopte une attitude où il n'accorde pas une importance particulière à sa propre mère, ou ses propres frères et sœurs. Selon moi, ceci nous montre que la compassion vraie et sincère est une compassion exempte d'attachement, exempte des limites de la partialité personnelle. Nous sommes très proches de l'idée bouddhiste de la compassion où il est entendu, encore une fois, que la véritable compassion doit être libre des entraves de l'attachement. Comme je l'ai souligné lors notre précédente discussion sur la nature de la compassion, la condition préalable à une compassion sincère est d'avoir un sentiment d'équanimité à l'égard de tous les êtres sensibles.

« Notre état d' esprit ordinaire est fortement entaché de partialité. Nous sommes distants vis-à-vis des personnes que nous jugeons inamicales ou hostiles, et nous éprouvons un sentiment disproportionné de proximité ou d'attachement envers ceux que nous considérons comme nos amis. Nous voyons bien combien notre réaction émotionnelle envers autrui est fluctuante et partiale. Tant que nous n'avons pas dominé ces préjugés, nous n'avons aucune possibilité de développer une authentique compassion. Quand bien même nous serions capables de ressentir une certaine compassion à l'égard d'autrui, elle restera entachée de partialité tant qu'elle n'est pas fondée sur une profonde équanimité, car il s'y mêle de l'attachement.

« Si vous observez bien la compassion mêlée d'attachement, aussi intense et solide que puisse être ce mélange émotionnel, vous vous rendrez compte qu'il s'appuie sur la projection de qualités positives sur l'objet de votre compassion — que l'objet soit un ami proche, un membre de la famille ou qui que ce soit. Vos sentiments changeront également au gré de vos changements d'attitude à l'égard de cet objet. Ainsi par exemple, dans la relation avec un ami, un jour, brutalement, vous n'arrivez plus à voir en lui les bonnes qualités que vous aviez perçues auparavant, et cette nouvelle attitude va immédiatement affecter vos sentiments à son égard. L'authentique compassion, au contraire, naît d'une claire reconnaissance de l'expérience de la souffrance qu'endure l'objet de votre compassion, et de la prise de conscience que cette créature mérite compassion et affection. Le sentiment compatissant qui naît de ces deux prises de conscience ne peut pas être ébranlé — quelque hostile que puisse être la réaction de l'autre à votre égard. Même s'il réagit très négativement, cela n'aura aucune influence sur votre compassion. Elle restera la même ou en sera renforcée.

« Si vous examinez attentivement la nature de la compassion, vous constaterez également que la véritable compassion peut s'étendre à vos ennemis — ceux qui vous semblent hostiles. En revanche, la compassion mêlée d'attachement ne peut rayonner sur quelqu'un que vous considérez comme un ennemi. En langage courant, nous définissons un ennemi comme une personne qui soit vous nuit ou vous fait du mal directement, soit y est poussée ou en a l'intention. La prise de conscience qu'une telle personne est pleinement décidée à vous nuire ne peut pas donner naissance à un sentiment de proximité et d'empathie, puisque ces sentiments exigent un attachement à la personne. Cependant, cette prise de conscience qu'une autre personne vous veut du mal ne peut pas ébranler la vraie compassion — celle qui se fonde sur la claire reconnaissance de cette personne en tant qu'être souffrant, animé du désir naturel et instinctuel de chercher le bonheur et de vaincre la souffrance, comme nous-mêmes. Dans le contexte spirituel chrétien, ceci pourrait s'exprimer de la manière suivante : tout comme moi, cet ennemi partage la même nature divine ; il est une création de la force divine. De ce fait, elle est digne de sympathie et de compassion. Ce type de compassion ou de sentiment d'empathie est la compassion authentique débarrassée de tout attachement.

« La dernière phrase de cet Évangile déclare que quiconque fait la volonté de Dieu est mon frère et ma sœur et ma mère. Au sens littéral, cela semble réintroduire une certaine partialité, une discrimination fondée sur une condition : seuls ceux qui obéissent à la volonté de Dieu sont mes frères, mes sœurs et ma mère. Cependant, dans le contexte chrétien, je pense que l'on peut aborder ce passage de manière plus interprétative en élargissant le sens. On peut aussi comprendre que tous ceux qui partagent la nature divine, qui ont la capacité ou le potentiel de faire la volonté de Dieu, sont ma mère et mes frères et mes sœurs. Ceci inclut ou englobe l'humanité entière et souligne l'unité et l'égalité de tous les êtres humains.

« Dans ce contexte, j'aimerais souligner un élément particulier entrant dans la pratique de la voie du bodhisattva. Il existe en effet une catégorie spéciale d'enseignements et de pratiques appelés *lo-jong* — entraînement de l'esprit, ou transformation de la pensée — applicable dans ce cas. En effet, une manière spéciale de réfléchir sur la bonté des êtres sensibles, les hommes dans ce contexte particulier, est décrite dans certains textes. Par exemple, nous pouvons facilement percevoir la bonté de quelqu'un directement impliqué dans notre vie ou notre éducation. Mais si vous examinez la nature de votre existence, y compris de votre survie physique, vous constaterez que tous les facteurs qui contribuent à votre existence et à votre bien-être — nourriture, abri et même renommée — sont le fruit de la coopération d'autrui.

« C'est particulièrement vrai si l'on mène une vie urbaine. Presque tous les aspects de votre vie dépendent étroitement d'autrui. Si par exemple survient une grève d'électriciens ne serait-ce qu'un seul jour, toute votre ville sera bloquée. Cette étroite interdépendance est si évidente qu'il n'est nul besoin de la souligner. Il en va de même de la nourriture et du gîte. Vous avez besoin de la coopération directe ou indirecte de beaucoup de gens pour pouvoir disposer de ces biens indispensables. Même pour un phénomène aussi éphémère que la gloire vous avez besoin des autres. Si vous vivez isolé dans les solitudes montagneuses, la seule chose pouvant se rapprocher de la gloire que vous puissiez créer serait un écho ! Sans l'aide d'autrui, il est impossible de créer la renommée. Ainsi les autres sont impliqués et participent à presque tous les aspects de votre vie.

« En suivant cette ligne de pensée, vous commencerez à reconnaître la bonté d'autrui, et si vous êtes un pratiquant spirituel, vous vous rendrez compte également que toutes les grandes traditions spirituelles du monde reconnaissent la valeur de l'altruisme et de la compassion. Si vous examinez cette précieuse émotion ou esprit d'altruisme, de compassion, vous verrez que vous avez besoin d'un objet pour donner naissance à ce sentiment ; et cet objet est un frère humain. De ce point de vue, cet état d'esprit particulièrement précieux qu'est la compassion est impossible sans la présence des autres. Tous les aspects de votre vie — votre pratique religieuse, votre croissance spirituelle, votre survie matérielle — sont impossibles sans les autres. En pensant de cette façon, vous trouverez suffisamment de raisons pour vous sentir relié aux autres, pour sentir le besoin de répondre à leur bonté.

« A la lumière de ces convictions, il devient impossible de croire que certaines personnes soient sans importance dans votre vie et que vous puissiez vous permettre d'adopter une attitude indifférente à leur égard. Il n'existe pas d'être humain qui n'ait rien à voir avec votre vie.

« Je voudrais clarifier l'usage que je fais du mot « émotion ». On m'a dit que pour beaucoup de gens le mot « émotion » a une connotation très négative — assez élémentaire, instinctuelle, pour ne pas dire animale. Or, il y a plusieurs années de cela, lors d'une conférence avec des biologistes et des psychologues, nous avons discuté de la nature de l'émotion et des moyens de la définir. A l'issue de longues discussions, nous sommes tombés d'accord sur le fait que l'émotion pouvait être positive, négative et même neutre. En ce sens, même du point de vue bouddhiste, il n'y a aucune contradiction dans le fait d'attribuer des émotions à un bouddha pleinement éveillé. C'est dans ce sens large que j'emploie le mot émotion. »

CINQUIÈME PARTIE

LE ROYAUME DE DIEU

Évangile de Marc 4, 26-34

« Il disait encore : "Il en est du royaume de Dieu comme d'un homme qui aurait jeté la semence en terre. Qu'il dorme ou se lève, la nuit et le jour, la semence germe et grandit sans qu'il sache comment. D'elle-même la terre produit d'abord l'herbe, puis l'épi, puis du grain plein l'épi. Dès que le fruit le permet, on y met la faucille, car la moisson est à terme."

Il disait encore : "A quoi pourrions-nous comparer le règne de Dieu ? Par quelle parabole le représenter ? Il est comme un grain de moutarde : lorsqu'on le sème en terre, c'est la plus minuscule de toutes les semences répandues sur la terre ; mais une fois semé, il monte et devient plus grand que tous les légumes, et il étend si loin ses branches que les oiseaux peuvent s'abriter sous son ombre."

C'est par de nombreuses paraboles de ce genre qu'il leur annonçait la Parole, selon qu'ils étaient à même de l'entendre. Il ne leur parlait pas sans user de paraboles, mais il expliquait tout en particulier à ses disciples. » [Marc 4, 26-34]

Le Dalaï-lama : « La dernière phrase me rappelle une expression particulière au tibétain, *me ngag pe* *khyü*, qui signifie ne transmettre l'essence la plus profonde des enseignements qu'à un petit groupe choisi. On est tenté d'interpréter ceci comme une réticence de l'interlocuteur à révéler le secret parce que d'autres vont le connaître. La tradition bouddhiste tibétaine distingue plusieurs approches de l'enseignement. L'une, le *tsog she*, est un enseignement exposé publiquement, dont la teneur est accessible et ouverte à tous. Il existe aussi le *lop she* qui signifie littéralement « enseignements aux disciples ». Dans ce cas, le commentaire sera plus sélectif, adressé à un petit nombre capable de vraiment comprendre la profondeur et la signification des messages.

« Ce passage concerne directement l'idée de royaume de Dieu. La métaphore utilisée ici est celle de la graine, de la pousse qui germe et de la plante qui sort de la graine. L'association des deux — l'idée du royaume de Dieu et la métaphore de la graine — indique selon moi la possibilité de comprendre les divers stades d'épanouissement et de perfectionnement de notre nature divine, dont nous avons déjà parlé. Tout de suite avant ou après ce passage, il est dit que le degré de croissance dépend d'un certain nombre de facteurs comme la fertilité du sol et le lieu où l'on sème les graines. Sur certaines terres, vous obtiendrez une meilleure récolte, sur d'autres la plante pousse plus vite. En certains endroits, elle pousse certes plus vite, mais elle meurt aussi plus vite. Ainsi de suite. Pour un bouddhiste tel que moi, ces passages renvoient à un enseignement analogue du bouddhisme qui analyse la diversité des êtres sensibles et les divers degrés de réceptivité des êtres sensibles pris individuellement. Ainsi, notre croyance selon laquelle la nature de bouddha est universelle, que la compassion du Bouddha est impartiale et englobe tous les êtres sensibles rejoint la métaphore du soleil qui se lève sur les bons et les méchants, dans l'Évangile de Matthieu. Cependant, comme les êtres sensibles se distinguent par leur degré de réceptivité, le progrès spirituel sera également différent d'un individu à l'autre.

« Je trouve cette idée — tellement soulignée et explicitée dans la littérature bouddhique — très séduisante : au sein de l'humanité existe une diversité de dispositions mentales et de réceptivité, d'intérêts et de penchants spirituels. Dans la littérature bouddhique, toutes les écoles de pensée suivent le même maître, Bouddha Shakyamouni. Cependant, la diversité des enseignements attribués au Bouddha est telle — certains pouvant même sembler se contredire les uns les autres — que nous sommes préservés de la tentation du dogmatisme. Tous ces enseignements variés s'adressent aux dispositions mentales, aux besoins et aux penchants spirituels divers des êtres sensibles. Et si je comprends la raison d' être de cette diversité, je puis vraiment apprécier la richesse et la valeur des autres traditions, parce qu'elle me permet d'étendre ce même principe de diversité aux autres traditions. Étant donné la variété des doctrines enseignées dans les propres écritures du Bouddha, les bouddhistes font une distinction entre la matière dont traite un texte particulier et l'intention de l'auteur. Une déclaration figurant dans un texte ne correspond pas forcément au point du vue de l'auteur.

« Au sein du christianisme, il semble qu'il y ait plusieurs façons d'interpréter et de comprendre le concept de Dieu. Au cours d'un entretien précédent avec le père Laurence sur ce sujet, il est apparu que non seulement les vues étaient diverses mais qu'il existe une compréhension mystique profonde du concept de Dieu, une façon d'envisager Dieu moins en termes de divinité personnelle qu'en tant que fondement de l'être. Or, des qualités telles que la compassion peuvent aussi être attribuées à ce fondement divin de l'être. Si donc nous devons comprendre Dieu en ces termes — comme un fondement ultime de l'être — il devient possible d'établir des rapprochements avec certains éléments de la pensée et de la pratique bouddhistes, ainsi qu'avec certains aspects de l'école de pensée hindouiste Samkhya comme la notion de Grand Brahman (*mahabrahman*).

« Nous devons aussi prendre garde à tout réduire à un ensemble de termes communs de sorte qu'à la fin de la journée nous n'ayions rien de distinctif à faire valoir au sein de nos traditions respectives. Comme je l'ai dit plus tôt, je pense qu'il est bien plus bénéfique et utile que les grandes religions maintiennent leur originalité, leurs croyances, leurs visions et leurs pratiques propres. Par exemple, si l'on voulait à toute force trouver un point de comparaison dans le bouddhisme à la notion de Trinité, la première notion qui viendrait à l'esprit serait celle des trois *kayas*, la doctrine des trois corps du Bouddha : *dharmakaya*, *sambhogakaya* et *nirmanakaya*. Mais s'il est possible, évidemment, de trouver des similitudes, je pense que nous devons faire attention à ne pas trop pousser cette comparaison. Le père Laurence soulignait — je l'ai noté avec intérêt — qu'il y a bien des cas dans la théologie chrétienne où le Fils de Dieu est assimilé au Verbe de Dieu dans une discussion de la Trinité : le Père, le Fils et le Saint Esprit. J'ai immédiatement pensé à un parallèle dans le bouddhisme mahayana où le *sambhogakaya*, un des trois corps, est souvent défini comme la parole parachevée du Bouddha.

« Mais un proverbe tibétain nous dit que *n'importe quoi* devient plausible, présenté par une personne intelligente ! Si donc on cherche à tout prix à dégager des similitudes et à faire des rapprochements, on court le risque de tout amalgamer en une seule et grosse entité. Je le répète, je ne suis pas favorable à la recherche d'une religion universelle. Je ne pense pas que cela soit judicieux. Et si nous poussons trop loin la recherche de ces lignes parallèles en ignorant les différences c'est exactement ce à quoi nous allons aboutir !

« Par conséquent, il est capital que les maîtres religieux enseignent selon la réceptivité, l'inclination spirituelle et la disposition mentale de chacun. De même qu'on ne peut pas manger n'importe quoi et dire ensuite « comme c'est bon pour moi, tout le monde doit en manger », chacun doit manger ce qui lui apportera la meilleure santé physique en fonction de sa propre constitution physique. On doit suivre un régime adapté à sa santé personnelle car en mangeant, ce que l'on cherche c'est à nourrir le corps. Il serait stupide ou insensé de vouloir absolument manger un plat spécifique, alors qu'il ne serait pas adapté et peut-être même nuisible, pour la simple raison qu'il serait le plus cher ou le plus recherché.

« Il en va de même pour la religion qui est nourriture de l'esprit et de l'intellect. Quand on s'engage sur une voie spirituelle il est important que la pratique soit celle qui convienne le mieux à son développement mental, ses dispositions et ses penchants spirituels. Il est capital que chaque individu cherche la forme de pratique et de croyance spirituelle la plus adaptée à ses besoins spécifiques. Grâce à cela, il parviendra à la transformation intérieure, à la tranquillité intérieure qui fera de lui un être spirituellement mature et une personne bonne, bienveillante, unifiée, et au cœur épanoui. Tel est le critère à considérer quand on cherche une nourriture spirituelle.

« La croyance en la création et en une divinité n'est pas commune à toutes les grandes traditions religieuses. Si beaucoup fondent leur pratique et leur foi sur cette prémisse essentielle, certaines ne le font pas. Cependant, ce qui est commun à toutes les religions est l'importance d'un fondement solide de la pratique spirituelle de chacun sur un élan unique de foi ou de confiance en un objet de refuge. Par exemple, dans le cas du bouddhisme, religion non-théiste, on confie dans un élan unique son bien-être spirituel aux trois objets de refuge que sont les Trois Joyaux — Bouddha, Dharma et Sangha. C'est le fondement de la pratique bouddhiste.

« Afin d'avoir une telle confiance dirigée sur un point unique et la force de s'en remettre ainsi à un objet de refuge pour son bien-être spirituel, on a besoin de développer un sentiment d'intimité et de liens profonds avec ces objets de foi. Dans le cas des religions théistes, pour qui toutes les créatures sont créées par la même force divine, vous avez des appuis très solides pour développer ce sentiment de connexion, d'intimité, qui sera la base d'une foi et d'une confiance parfaitement focalisée vous permettant de confier votre bien-être spirituel à cet objet. »

Commentaire sur la lecture de l'Évangile

Père Laurence : Merci beaucoup, Votre Sainteté. Plus vous analysez avec clarté les subtiles différences de nos religions, plus je sens une sorte d'unité. Je pense qu'il existe un paradoxe de l'unité et de la différence, et je vous remercie de nous faire part de vos pensées avec tant de sagesse et d'humanité.

J'aimerais vous présenter les intervenants de notre prochaine discussion. Ajahn Amarao est un moine bouddhiste d'Amaravati, un monastère pas très éloigné d'ici, et Sœur Eileen O'Hea est une sœur de Saint Joseph qui travaille comme thérapeute dans le Minnesota aux États-Unis. Ajahn Amarao fera le premier commentaire.

Ajahn Amarao : Votre Sainteté, j' aimerais revenir sur plusieurs thèmes que vous avez abordés. En premier lieu, j'ai été très impressionné par votre explication du détachement en liaison avec la compassion et comment l'incident entre Jésus et sa mère, Marie, était l'expression d'une authentique compassion. En tant que moine bouddhiste vivant en Occident, je suis souvent questionné sur le non-attachement, car les gens y voient une sorte de dureté, de fermeture du cœur. Votre explication est très utile et je tâcherai de m'en servir à l'avenir. Plutôt que le détachement, cependant, une manière de traduire cette notion bouddhiste pourrait être la non-possessivité à l'égard d'autrui et des choses. Les hommes reconnaissent immédiatement que la possessivité est malsaine de nature et qu'un sentiment de possession est difficile à vivre et amène déception, division et autres problèmes. Le détachement que vous avez décrit comme empreint de compassion et de clarté possède cette nature non-possessive.

Il nous a été très utile de vous entendre expliquer que le détachement est en fait un non-attachement à l'aspect illusoire des choses et un attachement à la vérité, de sorte qu'on laisse réellement tomber une vue limitative. J'ai été frappé par le parallélisme étroit de ce passage d'Évangile avec un principe bouddhique de la tradition theravada. Selon cette tradition, quand un individu voit la vérité, à l'instant où il s'engage sur le chemin et voit le Dhamma, cette vision, ce changement d'attitude, est appelé le « changement de lignée ». Et ce qu'exprime le passage de Matthieu est un changement d'attitude ou de « lignée » par lequel Jésus ne se réfère plus à lui-même simplement comme une personne dont la mère est Marie. Quand il dit que « Dieu est mon Père », Jésus passe d'une perspective fondée sur la personne individuelle à une perspective fondée sur la vérité ultime.

J'ai également été frappé de vous voir exprimer cette perception en désignant l'ensemble des gens comme vos frères et vos sœurs. Quand on cesse de regarder le monde sous un angle personnel et qu'on fait l'expérience de cette sorte de détachement, il se passe un changement d'attitude qui ressemble à un éveil. Les similitudes m'ont beaucoup marqué. J'ai aussi été touché par votre soin à maintenir ce qu'il y a de bouddhiste dans le bouddhisme et de chrétien dans le christianisme ; vous dites qu'il ne faut pas essayer de tout mélanger. Mais je dois reconnaître que je ne cesse de me dire : « Oui, mais peut-être qu'ils parlent vraiment de la même chose. » Ayant grandi en Occident dans un environnement chrétien mais étant bouddhiste depuis plusieurs années, j'ai dans mes perceptions une sorte de mélange à parts égales des deux ensembles de principes. Et ce que je constate à longueur de temps — en prenant pour base la méditation contemplative plutôt que la seule étude scripturaire — c'est que je suis de plus en plus amené à la possibilité que ces différentes façons de parler se réfèrent en fait à des expériences identiques.

Je serais curieux d'avoir votre opinion là-dessus. Ainsi, vous rapprochez Père, Fils et Saint-Esprit de dharmakaya, sambhogakaya et nirmanakaya. Selon ma tradition, je les aurais rapprochés de Bouddha, Dhamma et Sangha. Dans cette optique, le Dhamma représente le fondement de l'être, le dharmakaya ou refuge dans le Dhamma. Le Bouddha est comme la manifestation du Dhamma. Les paroles du Bouddha sont aussi appelées le Dhamma ; le Bouddha en est donc la manifestation. Le Bouddha est aussi appelé « Celui qui sait », « Celui qui est conscient » et il se décrit lui-même comme « né du Dhamma ». Alors, le résultat de ce lien entre le Bouddha et le Dharma qu'il connaît et incarne, le résultat de cette présence de l'esprit illuminé dans le monde, c'est le Sangha que l'on peut décrire comme la communauté spirituelle ou, si l'on veut, la sainte communion. C'est une communion unissant de nombreux êtres différents vivant en harmonie. J'ai pensé que peut-être je possède simplement la sorte d'esprit qui aime faire tout concorder. Mais maintenant, j'ai l'occasion de poser la question ! Au fil des ans, de mes discussions avec d'autres chrétiens, j'ai retiré l'impression que nous parlions sinon de faits identiques, du moins de phénomènes très proches. Aussi quand un chrétien cite Jésus disant « Quiconque fait la volonté de Dieu... » pouvons-nous dire que pratiquer le Dharma équivaut à faire la volonté de Dieu ? Ou bien serait-ce une erreur d'appréciation même de le penser ? Mon préambule était un peu long, mais voilà enfin ma question !

Le Dalaï-lama : En règle générale, maints aspects de la réalisation spirituelle — qui dans la tradition tibétaine sont classés comme le côté méthodologique de la voie — la compassion, l'amour, la tolérance etc., semblent être les mêmes dans le christianisme et le bouddhisme. Pour aborder votre question d'une manière qui la replace dans le contexte de la tradition bouddhiste, il faut y répondre avec un langage commun à toutes les écoles de pensée de cette tradition.

Toutes les écoles philosophiques bouddhistes parlent des Quatre Nobles Vérités, et toutes parlent de deux réalités : l'ultime et la relative. Même l'école Samkhya, une vieille école indienne non-bouddhiste, parle des réalités ultimes et relatives. Mais quand on en vient à définir précisément les Quatre Nobles Vérités et les deux réalités — leurs définitions, caractères spécifiques, etc. — nous voyons apparaître de profondes différences.

Ainsi, pour l'école *prasangika-madhyamaka* du bouddhisme mahayana, fondée sur l'interprétation de la pensée de Nagarjuna par Chandrakirti et Aryadeva, la description de l'état d'*arhat* — c'est-à-dire l'état de *nirvana* ou de libération spirituelle — comme le conçoit la littérature bouddhique de l'abhidharma, ne serait pas acceptée comme description complète et finale du nirvana. Selon la conception du madhyamaka, la caractérisation de la libération ou nirvana selon les autres écoles de pensée et qui consiste à identifier les états fondamentaux d'ignorance, d'erreur et d'illusion qui obstruent la voie vers l'état d'arhat, n'est pas assez subtile. Par conséquent, si les états d'ignorance qui entravent la voie de la libération ne sont pas correctement identifiés, les antidotes préconisés ne seront pas définitifs. Le résultat que l'on caractérise comme libération ou état d'arhat, ne sera donc pas final non plus. Vous constatez qu'à l'intérieur même des écoles bouddhistes, si l'on emploie les mêmes termes — état d'arhat ; *sunyata* ou vacuité ; *moksa* ou nirvana ; *klesa* ou émotions et voiles perturbateurs ; etc. — ces termes n'ont pas toujours le même sens. Les termes sont identiques ; les sens *généraux* peuvent même être identiques. Cependant, du fait que la manière de les reconnaître et de les identifier diffère selon les écoles, la compréhension finale sera très différente.

Pour me résumer, je dirai donc qu'il existe des différences significatives entre une approche et l'autre. Et je crois fermement qu'à un niveau très profond, ces distinctions, ces spécificités ont une valeur. On s'en rend très bien compte en examinant les écrits profonds des grands maîtres, tels que les auteurs bouddhistes indiens du passé. Ils n'étaient pas de simples érudits avides de débattre de questions abstraites ; ils étaient des adeptes dévoués et sincères du Bouddha qui se livraient à d'intenses pratiques méditatives. Non seulement ils parvinrent à des expériences et réalisations profondes, mais ils témoignèrent d'une extrême compassion envers tous les êtres sensibles. Par conséquent, je crois que les subtilités qu'ils ont perçues et exprimées sont nées de leur compassion, du sentiment de devoir partager avec autrui ce qu'eux-mêmes avaient réalisé et expérimenté. Je suis certain qu' ils n'ont pas écrit sur ce sujet pour le plaisir d'ajouter à la confusion !

Sœur Eileen : Votre Sainteté, c'est un grand privilège d'être ici en votre présence. Ma question concerne un point qui constitue peut-être une différence dans nos traditions. L'une des manières pour nous de connaître Jésus est d'appréhender le personnage historique. Mais une des missions de Jésus a été de transformer notre relation à Dieu pour la faire passer de la peur ou de la simple doctrine à un lien d'amour et d'intimité. En tant que chrétiens, nous croyons au Christ ressuscité, au Christ qui vit toujours parmi nous. Nous croyons que nous pouvons faire l'expérience du Christ qui est parmi nous et qu'il s'agit là d'une expérience personnelle d'amour et de dévotion. Avec l'approfondissement de notre pratique religieuse, notre dévotion au Christ s'approfondit. C'est la raison pour laquelle beaucoup d'entre nous méditent. Cette expérience commence d'abord comme n'importe quelle relation humaine : nous essayons de connaître cette personne. Au début, nous avons tendance, même si nous admirons cette personne, à la considérer comme un objet. Puis, notre compréhension dépasse peu à peu la simple personnalité extérieure pour atteindre la personne intime du Christ. A la fin, nous sommes appelés à nous unir à la conscience qui fut celle du Christ. Pour les chrétiens, ce voyage spirituel est très personnel et intime. Trouve-t-on quelque chose d'analogue dans le bouddhisme ?

Le Dalaï-lama : Absolument, il existe un parallèle dans la pratique bouddhiste. Comme je l'ai déjà souligné, il est aussi important dans le bouddhisme que dans le contexte chrétien que la pratique spirituelle de chacun soit enracinée dans une confiance et une foi à visée unique, que l'on s'en remette pleinement et entièrement à l'objet du refuge pour son bien-être spirituel. Dans le bouddhisme, la pratique doit s'appuyer sur la prise de refuge dans les Trois Joyaux — le Bouddha, Dharma et Sangha — et surtout dans le Bouddha. Dans cette relation, non seulement pour vous guider vous vous placez avec confiance sous la conduite éclairée du Bouddha — un être parfait, pleinement éveillé et parvenu à l'état d'illumination totale —, mais vous aspirez vous aussi à réaliser cet état en vous-même. L'acte consistant à prendre refuge comporte donc plusieurs aspects. Parfois, on emploie aussi l'expression « atteindre l'état d'inséparabilité » avec le Bouddha. Cela ne signifie pas que vous perdez votre identité individuelle, que vous ne faites plus qu'un avec le Bouddha. On veut plutôt souligner que vous avez atteint un stade auquel vous ressemblez à un bouddha, un être pleinement illuminé. Cette intimité existe donc bien dans la relation.

Père Laurence : Votre Sainteté, je pense que nous ne sommes pas en train de créer une religion unique, quoique nous soyons en train de découvrir une unité profonde. Et où règne l'unité, règnent aussi les différences. Ainsi, comme vous venez de le dire, le bouddhiste prend refuge dans le Bouddha. Le Bouddha est son maître. Le chrétien suit Jésus, et comme le bouddhiste, il se consacre et se voue à un maître particulier. Les différences se trouvent, je présume, dans la manière dont nous comprenons et décrivons la nature du Bouddha et la nature de Jésus.

Il reste, dans la pratique, que les démarches consistant à suivre une voie spirituelle ou à se faire disciple, comportent de nombreuses similitudes. Par exemple, Jésus nous dit que pour le suivre, il faut abandonner son moi. Or, en ce qui me concerne, j'ai trouvé dans le bouddhisme une grande sagesse et une grande clarté dans la compréhension de ce que signifiait abandonner son moi, dépasser l'égoïsme. Je trouve la même sagesse quand Jésus nous demande de nous aimer les uns les autres et d'aimer nos ennemis. Votre exposé de ce matin explore magnifiquement comment ceci fonctionne du point de vue bouddhiste.

Dans le film que nous avons projeté hier, nous vous avons

vu en train de travailler sur une montre, à Dharamsala. J'ai parfois l'impression, grâce au bouddhisme, de comprendre comment marche la montre. Cela dit, bouddhistes comme chrétiens, nous sommes tous confrontés au temps et à sa signification. Il n'est pas si facile de l'exprimer par des mots. Que pensez-vous de cette image pour aider à comprendre le rapport existant entre les différentes religions ? Il me paraît essentiel, en dernière analyse, de comprendre comment le bouddhisme et le christianisme se parlent l'un à l'autre, comment nous nous comprenons l'un l'autre aujourd'hui. Car, la rencontre de ces deux traditions est si importante pour le monde.

Le Dalaï-lama : Pour parvenir à un dialogue qui ait un sens, autrement dit qui enrichisse les deux traditions, je pense que nous avons besoin de partir de la base que représente la claire reconnaissance de la diversité qui existe dans l'humanité : les dispositions mentales diverses, les intérêts divers et les inclinations spirituelles diverses des peuples du monde. Par exemple, pour certains les traditions chrétiennes fondées sur la foi en un Créateur sont du plus puissant effet sur leur vie éthique et les incitent fortement à agir de manière éthique et saine. Mais ceci n'est pas forcément vrai pour tout le monde. La tradition bouddhiste, qui n'insiste pas sur la croyance en un Créateur, sera peut-être plus opérante pour d'autres. Dans la tradition bouddhiste, on insiste sur le sens de la responsabilité personnelle plutôt que sur un être transcendant.

Il est tout aussi capital de reconnaître que les deux traditions partagent le but commun de produire un être humain parfait : une personne pleinement réalisée, spirituellement mature, bonne et généreuse. Une fois ces deux points admis — communauté de but et claire reconnaissance de la diversité des dispositions humaines — je pense que nous disposons d'une base solide pour le dialogue. C'est toujours avec ces convictions, ces deux prémisses essentielles que j'engage le dialogue avec d'autres traditions.

Père Laurence : Je sens une splendide vérité dans l'idée que la prédisposition individuelle d'une personne conditionne son cheminement spirituel. Mais dans ce cas, une tradition peut-elle encore prétendre détenir une perception absolue de la vérité ? Quant à moi, que nous soyons en train d'explorer les implications de ce que Votre Sainteté vient de dire me paraît constituer une étape très moderne et peut-être nécessaire de l'évolution de l'histoire religieuse. Mais quelle différence avec ce que les religions ont dit autrefois !

Le Dalaï-lama : Je dirais que même la vérité n'a pas nécessairement un seul aspect, mais que nous pouvons en avoir une conception multidimensionnelle. C'est le point de vue, particulièrement, du système philosophique madhyamaka, où la notion même de vérité revêt une dimension relative. Elle n'existe qu'*en relation avec* l'erreur, et ce n'est que *par rapport à* une autre perception qu'une chose peut être dite vraie. Mais postuler un concept de vérité atemporel et éternel, dénué de tout cadre de référence, serait très problématique.

Prenons par exemple le cas des enseignements du Bouddha donnés à des occasions diverses, dont certains, à première vue, peuvent donner l'impression d'être contradictoires. Par exemple, les enseignements du Bouddha sur le « moi » (*atman*), donnés à ceux qui ont de fortes inclinations à affirmer l'existence du moi, s'opposent à son enseignement de base sur le « non-moi » (*anatman*). Et même la doctrine de l'*anatman* — la doctrine de la non-existence de l'âme ou du moi d'une personne — que le Bouddha enseigna aux adeptes des écoles philosophiques inférieures, comme les systèmes vaibhashika et sautrantika, doit être regardée comme vraie. Ceci parce que, compte tenu de la perception et de la compréhension de son public à une époque, dans un environnement et un contexte donnés, *c'était la vérité*. C'est ainsi qu'il faut comprendre la notion de vérité dans le bouddhisme. Une école philosophique plus élevée, comme le madhyamaka, répondrait que cet énoncé contredit la raison,

Père Laurence : Peut-être que Marie pourrait participer au débat.

Le Dalaï-lama : Chaque fois que je vois une image de Marie, je me dis qu'elle représente l'amour et la compassion. Elle est comme un symbole de l'amour. Dans l'iconographie bouddhique, la déesse Tara occupe une place analogue.

Ajahn Amarao : Je ne sais si je dois poser encore une question métaphysique... Mais comme nous parlions des divergences de nos traditions, en tant qu'Occidental, j'ai toujours eu de la difficulté à accepter l'unicité de Jésus Christ, à voir en lui un être humain absolument à part, différent de tous les autres qui sont venus au monde. Auriez-vous sur ce sujet des réflexions dont vous aimeriez nous faire part, étant donné que cette idée traverse toutes les écritures chrétiennes. Comment vous situez-vous par rapport à la nature unique, spéciale, de Jésus ?

Le Dalaï-lama : Si vous demandez comment un chrétien pratiquant devrait comprendre l'affirmation de l'unicité de Jésus Christ, ma réponse est qu'il n'y a d'autre choix que de s'en remettre à l'autorité des pères spirituels du passé. Mais si vous me demandez mon opinion personnelle, je vous renvoie à mes propos précédents. Pour moi, bouddhiste, Jésus Christ fut soit un être pleinement illuminé, soit un bodhisattva de très haute réalisation spirituelle.

L'anecdote suivante n'a pas directement trait à votre question, mais je voudrais mentionner la visite que je fis à Lourdes l'année dernière en tant que pèlerin. Devant la grotte, j'ai vécu quelque chose de très particulier. J'ai senti une vibration spirituelle, une sorte de présence spirituelle, et ensuite, devant la statue, j'ai prié. J'ai déjà dit quelle admiration j'éprouve pour ce lieu saint qui est depuis longtemps une source d'inspiration et de force, qui a apporté consolation, réconfort et guérison spirituelle à des millions de gens. J'ai prié que cela continue encore longtemps. Ainsi, ma prière n'était pas dirigée vers un objet nettement défini, Bouddha, Jésus Christ ou un bodhisattva, elle s'adressait simplement à tous les grands êtres doués d'une infinie compassion envers tous les êtres sensibles.

Père Laurence : J'ai une question à poser à Votre Sainteté de la part d'un des groupes qui discutaient en début d'après-midi autour de vos exposés. La question a trait à ce que vous avez dit à propos de la souffrance, à savoir que certains types de souffrance sont surmontables et d'autres non. La question est celle-ci : Comment faites-vous la différence ? Pourriez-vous nous dire, à partir de votre propre expérience, comment vous procédez au discernement ?

Le Dalaï-lama : Je pense que c'est assez évident. Quand, face à un problème, vous faites votre possible pour le dominer et qu'à la fin, vous constatez que le problème n'a pas disparu, c'est qu'il est insurmontable. Dans ce genre de discernement, on ne commence pas par une analyse clairvoyante qui vous permettrait de déterminer si une souffrance particulière peut être dominée ou non. On ne procède pas de cette façon.

Père Laurence : Merci. Et maintenant, j'aurais quatre questions très simples à vous poser. Elles ne sont pas seulement les plus courtes de la journée, mais aussi les plus difficiles. Je vais vous les dire. Qu'est-ce qui renaît ? Qu'est-ce qui est divin en nous, maintenant ? Qu'advient-il après la mort ? Notre conscience crée-t-elle notre réalité ?

Le Dalaï-lama : J'aimerais répondre à la dernière question en premier. Les expériences personnelles de douleur, de souffrance, de plaisir et de bonheur sont souvent, jusqu'à un certain point, des créations de notre esprit. Beaucoup d'expériences de cette sorte sont en fait créées par notre conscience ; mais de là à dire que la réalité est une construction de l'esprit, non, c'est affirmer une chose tout à fait différente. Dans le bouddhisme, certaines écoles soutiennent ce point de vue, mais d' autres opinions existent. Selon la conception du monde du système madhyamaka, qui est celui auquel j'appartiens, l'idée que tout est créé par la conscience n'est pas acceptable.

A cet instant, Sa Sainteté demanda en riant à chacun des membres du groupe de discussion — Ajahn Amarao, père Laurence et sœur Eileen — de répondre aux trois autres questions : Qu'est-ce qui renaît ? Qu'est-ce qui est divin en nous ? Qu'advient-il après la mort ?

Ajahn Amarao : Qu'est-ce qui renaît ? Du point de vue bouddhiste theravada, il n'y a pas de position doctrinale établie. Le Bouddha a décrit le processus de la renaissance très clairement, mais il a dit également que toute connaissance reposait sur l'expérience personnelle. Aussi, quand il parle de l'idée de mort et de renaissance dans un autre monde d'existence, c'est comme une carte qu'il aurait tracée. Elle ne nous est pas transmise comme une chose à laquelle tous individuellement nous devrions croire, mais plus comme un schéma qui peut nous aider à rendre compte de notre expérience de la réalité.

En règle générale, ce qui renaît ce sont nos habitudes. C'est l'essence de la réincarnation. Tout ce à quoi l'esprit s'agrippe renaît : ce que nous aimons, haïssons, craignons, adorons et ce sur quoi nous avons des opinions. Notre identification avec ces aspects de l'esprit est douée d'un dynamisme qui l'entraîne. Cet attachement ressemble à un volant. La fin de la renaissance c'est l'illumination qui est un complet non-attachement ou une non-identification avec les pensées, les sentiments, les perceptions, les sensations physiques et les idées. De sorte que quand nous parlons d'échapper à la naissance et à la mort, de la fin des renaissances, ceci équivaut à dire que l'illumination est vraiment la condition naturelle de l'esprit quand il n'est pas troublé, identifié ou absorbé par un objet interne ou externe.

Ce qui renaît de vie en vie est ce qui, en nous, s'identifie aveuglément aux objets. Ou bien, dans le cas d'un bodhisattva, selon la tradition mahayana — qui se sépare légèrement de ma propre tradition ; aussi, que les gens de la tradition septentrionale me corrigent si je me trompe — il ou elle choisit de renaître par pure compassion, pour le bien des autres êtres. Normalement, pour la plupart des êtres humains, le processus de la renaissance advient plus par accident que par volonté. Mais les conditions d'une renaissance incontrôlée sont déterminées par ce à quoi l'on s'accroche. Si donc un bodhisattva naît de façon délibérée, ceci résulte de l'acte de tenir délibérément à quelque chose. Cela dit, je peux saisir ce feuillet et le tenir, mais cette saisie peut se faire tranquillement. Ou bien, je peux m'agripper à lui et dire : « C'est *mon* feuillet ! » Dans ce cas, il y a identification et possessivité ; c'est une saisie aveugle. La renaissance peut survenir simplement en prenant un corps et le tenant sans attachement ; un bodhisattva prendra un corps ou une vie humaine de cette manière. Je suis bavard, mais je n'aurais pas pu être plus bref !

Père Laurence : Qu'est-ce qui est divin en nous, maintenant ? Je partagerai cette question avec sœur Eileen pour montrer que les chrétiens ont eux aussi des approches diverses. Je pense que le divin c'est notre source, notre origine. Saint Paul décrit Dieu comme la source, le guide et le but de tout ce qui existe. Il dit également dans l'épître aux Éphésiens que Dieu nous connaissait et nous a choisis — chaque être humain en particulier — avant le commencement du monde. Dieu est la source du temps et de l'espace, de la création et du cosmos — tout ceci existe dans le mystère de Dieu. Donc, nous existons pour l'éternité dans le mystère de Dieu. Il nous est donné d'être manifesté, nous existons, issus de la nature de Dieu qui est d'exprimer et d'aimer. Je pense que ce qui est divin en nous est notre source et notre origine. Nous sommes toujours un avec notre origine. Toute chose qui possède l'existence est toujours une avec son origine. C'est notre sainteté et notre divinité. C'est notre but. Le voyage de notre source à notre but — qui sont un même lieu, un même point — est le voyage que nous effectuons en ce moment. C'est le voyage de la libération ou de l'illumination.

Sœur Eileen : L'enseignement chrétien a toujours maintenu que nous sommes faits à l'image de Dieu, que nous sommes les temples de l'Esprit Saint et que nous sommes toujours en union avec Dieu. Mais notre condition humaine fait que nous ne l'éprouvons pas pleinement parce que nous sommes encore enfermés dans nos esprits et nos schémas. C'est pourquoi nous méditons et suivons notre pratique spirituelle pour que nous puissions retourner à ce que le bouddhisme zen appelle notre « face originelle », à cette expérience originelle de l'être auquel notre création nous destinait. Comme vous le disiez, Votre Sainteté, ceci n'implique pas une perte d'identité, c'est l'expérience de l'unité en Dieu.

Père Laurence : Nous allons maintenant nous préparer à la méditation en allumant les bougies.

En prélude au chant et à la méditation, Sa Sainteté et des représentants du public allumèrent cinq bougies en signe d' harmonie entre les religions. Ce geste fut répété chaque jour. Bien que d'une modestie et d'une simplicité extrêmes, et accompli sans pompe ni cérémonie, l'allumage des bougies s'anima d'une vie qui lui était propre, à mi-chemin entre l'improvisation et le rituel le plus familier. Comme toutes les cultures et, pour autant qu'on le sache, toutes les religions, ont toujours regardé la lumière et particulièrement la flamme avec crainte et vénération, le geste revêtait un caractère sacré. Cependant, précisément parce que dans ce cas il n'y avait pas de contexte rituel prescrit et parce que les bougies ont la manie de refuser de tenir droit ou de rester allumées, ce court instant, pas tout à fait parfait mais touchant par son naturel et son côté humain, gardait la même spontanéité que toute la conférence.

Quand Sa Sainteté reprit sa place sur une chaise droite au centre de l'estrade, on baissa les lumières dans la salle. Il plia et rentra divers pans de ses tuniques, chercha la bonne posture avant de s'immobiliser, sortit ses perles, ferma les yeux et commença à prier. Pour qui, dans l'assistance, avait une mère ou une grand-mère catholique, il était frappant de constater que les petits préparatifs du Dalaï-lama, et surtout sa façon totalement familière, confortable, aisée et tendre de manipuler les perles, semblaient dépasser toutes les divisions culturelles et linguistiques. Le cantique ne sonnait pas du tout comme un Je vous salue Marie, mais la vénération avec laquelle il fut chanté et écouté lui ressemblait tout à fait. Voici ce cantique :

> Considérant tous les êtres sensibles
> comme surpassant même le joyau qui satisfait le désir
> d'accomplir le but le plus noble,
> qu'ils soient toujours ce que j'ai de plus cher.
>
> Quand je suis en compagnie d'autrui
> Je me considèrerai toujours comme le moindre de tous,
> Et du fond de mon cœur
> Je les tiendrai toujours pour des êtres chers et au-dessus de tout.
>
> Vigilant, au moment où apparaît un voile,
> qui met en danger les autres et moi-même,
> Je lui ferai face et l'écarterai
> Sans délai.
>
> Quand je vois des êtres d'une nature méchante
> Écrasés par des actes négatifs violents et par la souffrance,
> Ces êtres rares seront chers pour moi,
> Comme si j'avais trouvé un trésor précieux.

Quand autrui, par envie, me traite avec violence,
M'insulte ou me fait d'autre mal,
J'accepterai la défaite,
Et offrirai la victoire aux autres.
Quand quelqu'un à qui j'ai fait du bien
Et en qui j'ai de grands espoirs
Me fait un mal considérable,
Je le considérerai comme mon saint ami spirituel.

En bref, à la fois directement et indirectement, j'offre
Tout bénéfice et tout bonheur à tous les êtres sensibles, mes mères ;
Puissé-je secrètement prendre sur moi
Toutes leurs mauvaises actions et leurs souffrances.

Qu'ils ne soient pas salis par les concepts
Des huit soucis profanes,
Et, conscients que tout est illusoire,
Qu'ils soient, dans le dessaisissement, libérés de tout lien.[16]

SIXIÈME PARTIE

LA TRANSFIGURATION

Évangile de Luc 9, 28-36

« Huit jours environ s'écoulèrent après cet entretien, puis Jésus prit avec lui Pierre, Jean et Jacques et monta prier sur la montagne. Tandis qu'il priait, son visage se transforma, et ses vêtements devinrent d'une blancheur éclatante. Et voici que deux personnages s'entretenaient avec lui : c'étaient Moïse et Élie, qui, apparaissant dans la Gloire, parlaient de son trépas, qu'il devait accomplir à Jérusalem. Pierre et ses deux compagnons étaient alourdis de sommeil ; se tenant pourtant éveillés, ils virent la gloire de Jésus et les deux personnages qui se tenaient près de lui. Au moment où ils se séparaient de Jésus, Pierre lui dit : "Maître, il est heureux que nous soyons ici : nous pourrions dresser trois abris, un pour toi, un pour Moïse et un pour Élie." Il ne savait ce qu'il disait. Il parlait encore qu'une nuée vint les couvrir, et les disciples furent saisis de frayeur en les voyant disparaître dans la nuée. Alors, de la nuée sortit une voix : "Celui-ci est mon Fils bien-aimé, écoutez-le !" Et, pendant que la voix retentissait, Jésus se trouva seul. Les disciples gardèrent le silence et, en ces jours-là, ne rapportèrent à personne rien de ce qu'ils avaient vu. » [Luc, 9, 28-36]

« Ce passage de la transfiguration évoque une nouvelle fois des thèmes communs aux grandes traditions religieuses du monde. Ces thèmes communs sont ici la possibilité de faire des expériences mystiques de l'ordre de la vision, et l'importance des métaphores telles que les arcs-en-ciel et les nuages[17], quoique dans le contexte de cet Évangile, le sens de ces thèmes peut être légèrement différent du fait de l'unicité accordée à Jésus en tant que Fils de Dieu. Mais en général, pour les bouddhistes, si un pratiquant parvient à un haut degré de réalisation dans son évolution spirituelle, il est possible qu'une telle transformation se manifeste au niveau physique également. Les *sutras* racontent des histoires semblables à propos du Bouddha. Comme dans l'Évangile, elles commencent par nous montrer le Bouddha résidant dans un certain lieu, à un certain moment. Ses disciples — principalement les deux plus éminents, Shariputra et Maudgalyayana — remarquent un changement dans l'apparence physique du Bouddha. Une lumière irradie de son corps et un sourire singulier illumine son visage. Puis, un des disciples demande au Bouddha : « Je vois ces changements en toi. Pourquoi surviennent-ils ? Pour quelles raisons ? Quelles pensées te traversent l'esprit ? S'il te plaît, répond-nous. » Ces paraboles ressemblent à celles que nous trouvons dans les passages d'Évangile sur la transfiguration.

« La vision des deux prophètes Moïse et Élie correspond aussi à de nombreux récits bouddhiques d'incidents mystiques au cours desquels un individu se trouve face à face avec des personnages historiques. On les appelle des *dag-nang*, des expériences de visions pures. Dans certains cas, il peut s'agir de contacts authentiques avec ces personnages historiques, au niveau mystique. Dans d'autres cas, il s'agit de rencontres avec d'autres êtres qui revêtent l'apparence ou la forme physique de ces personnages. De tels contacts peuvent se produire.

« Pour comprendre ces phénomènes mystérieux, il faut avoir un minimum de connaissance sur le phénomène général de l'émanation. Par exemple, le degré d'autonomie d'une émanation dépend du niveau de réalisation de l'individu qui crée l'émanation, autrement dit, l'émanateur. A un degré inférieur, une émanation créée par un individu est dans une large mesure contrôlée et dirigée par l'émanateur, presque comme le ferait un ordinateur. A l'opposé, chez un individu qui est parvenu à de hautes réalisations spirituelles, les êtres émanés peuvent jouir d'un haut degré d'autonomie. Un passage d'un texte bouddhique déclare que les émanations créées par un être pleinement illuminé jouiront d'un très haut degré d'autonomie. Cependant, ceci ne signifie pas que les émanations soient réelles, ni qu'elles soient des êtres vivants. Elles sont, en un certain sens, de simples créations de cet esprit hautement évolué. Ainsi, l'un des quatre préceptes cardinaux de la règle monastique est de ne pas commettre de meurtre. Pour qu'il y ait meurtre, il faut que l'objet sur lequel s'exerce l'acte de tuer soit un être humain et non un être émané : par conséquent, les personnes émanées ne sont pas considérées comme de réels êtres vivants.

« Aujourd'hui encore, des gens font l'expérience de visions mystiques. Certains sont entrés en contact avec de grands maîtres de l'Inde et du Tibet. J'aurais aimé faire de telles expériences moi-même, mais — hélas ! J'aurais tant de questions à poser ! Si je devais faire une telle expérience avec de grands maîtres indiens du passé, je me mettrais dans la peau d'un scientifique, je me ferais l'avocat du diable, et je poserais un tas de questions ! Si des individus parvenus à des états spirituels hautement évolués ont la capacité d'émaner et de se manifester sous diverses formes, cela ne veut pas dire pour autant que tout le monde sera capable de percevoir cette vision et cette présence. Pour appréhender cette vision, la personne doit être parvenue à un certain degré de maturité, de réceptivité et d'ouverture spirituelles. Par exemple, dans le passage où il est dit que Pierre voit Moïse et Élie, si d'autres personnes avaient accompagné le Christ à ce moment-là, il est parfaitement possible que certaines d'entre elles n'aient pas pu voir Moïse et Élie.

« Face à de tels phénomènes d'émanation, il est normal que l'on veuille en comprendre les mécanismes. Sur quelles bases les expliquer ? Dans le bouddhisme, si nous nous plaçons dans l'optique du *tantra*, l'aspect ésotérique du bouddhisme tibétain, il est possible d'en donner une explication à partir de la dynamique des énergies subtiles, appelées les *prana*. Grâce à diverses techniques méditatives, un pratiquant peut parvenir à un haut degré de maîtrise de ces énergies psychophysiques. Dans le système des *sutra*, qui est le système non-tantrique, on rendrait compte de ces expériences en termes de puissance de concentration ou de puissance de méditation. A dire vrai, ce sont des phénomènes très mystérieux, et je ne prétends pas être compétent pour les expliquer en détail. Je pense que ce sont des domaines qui nécessitent beaucoup d'études et de recherches, autant que d'expérimentation.

« Ces rencontres visionnaires se déroulent à des

niveaux différents que l'on peut classer en trois grandes catégories. Les rencontres du premier type sont éprouvées sur un plan plus mystique, intuitif ; la rencontre n'est pas vraiment effective ou tangible, mais plutôt de l'ordre de la sensation ou de l'intuition d'une présence. Celles du deuxième type sont plus tangibles, mais pas au niveau sensoriel ; elles sont davantage ressenties au niveau mental, conceptuel. Au troisième type appartiennent les rencontres les plus tangibles ; ce sont des expériences sensorielles. C'est comme rencontrer quelqu'un face à face, les yeux ouverts.

« Un phénomène analogue s'accompagnant de visions mystiques se produit au lac sacré de Lhamö Lhatso au Tibet.[18] J'ai même entendu dire que des touristes étrangers avaient eu des visions à ce lac. Cependant, si dix personnes regardent le lac au même moment, il est possible que chacune ait une vision différente. Mais il est possible aussi que les dix voient la même image. Il est même arrivé que l'on puisse prendre les images en photo. Pourquoi toutes ces différences ? C'est profondément mystérieux. Mais il doit bien y avoir une explication.

« Dans ces passages d'Évangile, on trouve une référence au destin. Ce qui m'amène à me demander si, dans le contexte chrétien, la croyance existe que chaque être humain a un destin singulier à accomplir. »

Père Laurence : Oui. Tout le monde a un destin qui est, en dernière analyse, d'avoir part à l'être de Dieu.

Le Dalaï-lama : Peut-on dire que, par suite des circonstances, le destin d'un individu peut évoluer et changer ?

Père Laurence : Oui, parce que l'individu est libre d'accepter ou non ce destin, ou « appel ». Il y a un lien entre destin et libre arbitre.

Le Dalaï-lama : Dans le bouddhisme, bien que l'on n'emploie pas le mot destin, on trouve la notion de *karma*, qui pourrait en être l'équivalent le plus proche. Si le *karma* implique un certain degré de propulsion, il n'exclut pas le besoin de certaines conditions circonstancielles pour que le *karma* se réalise. Comme je l'ai déjà dit, certaines images, telles que nuages et arcs-en-ciel, sont communes à maintes traditions religieuses. Naturellement, la science peut expliquer pourquoi se forment les arcs-en-ciel — à cause de certaines conditions d'humidité, de température, etc. Mais j'ai toujours été intrigué par ces arcs-en-ciel particuliers qui n'ont pas de variations de couleurs, qui sont comme une pure lumière blanche et se déploient en ligne droite au lieu de former un arc. Je me suis toujours demandé comment cela pouvait exister !

Dans le bouddhisme tibétain, l'image de l'arc-en-ciel remplit deux fonctions. D'abord, elle est souvent associée aux signes de bon augure, de chance, de fortune. En outre, l'arc-en-ciel illustre la nature illusoire et non-substantielle des choses et des événements. Je note avec intérêt que ce passage mentionne une voix venant des airs. Là encore, dans les enseignements bouddhiques, on trouve des références similaires à une voix venant de nulle part. Au Tibet, on croit généralement que vers le VIIe siècle, sous le règne de Lha Tho-thori, des écritures bouddhiques sont tombées du ciel. Des savants ont protesté, affirmant que ces écritures étaient venues de l'Inde. Mais si la véritable origine indienne des écritures avait été révélée à cette époque, les gens ne les auraient pas vénérées. Du coup, ce mythe des écritures tombées du ciel est apparu et il a rempli une fonction spécifique dans leur tradition spirituelle.

SEPTIÈME PARTIE

LA MISSION

Évangile de Luc 9, 2-6

« Jésus réunit les Douze ; il leur donna puissance et autorité sur tous les démons, avec le pouvoir de guérir les maladies. Il les envoya proclamer le royaume de Dieu et soigner les infirmes. Il leur dit : "Ne prenez rien pour la route, ni bâton, ni sac, ni pain, ni argent, ni un second vêtement. Dans quelque maison que vous entriez, demeurez-y jusqu'à ce que vous quittiez la localité. Là où vous ne serez pas reçus, quittez cette ville et, en témoignage contre eux, secouez la poussière de vos pieds." Ils partirent, et ils allèrent de village en village, annonçant la bonne nouvelle et guérissant partout les malades. » [Luc 9, 2-6]

Le Dalaï-lama : « Je pense que ce passage attire l'attention sur un idéal spirituel très important, commun à toutes les religions. A savoir qu'un pratiquant spirituel qui est parvenu à un certain degré de réalisation à la suite d'une longue pratique, ne doit pas se satisfaire de cet état. Ce pratiquant doit au contraire s'efforcer de le communiquer aux autres pour qu'eux aussi puissent faire cette expérience. Comme toute pratique spirituelle est par essence une pratique de l'amour, de la compassion et de la tolérance, une fois que vous en avez eu une profonde expérience, il est naturel de désirer la partager avec autrui.

« Dans le bouddhisme, quand nous parlons d'enseignements ou de doctrines, nous envisageons deux niveaux, deux types. L'un est en rapport avec les écrits, l'autre avec la réalisation. La manière d'observer les enseignements scripturaires c'est de les répandre par l'enseignement et l'explication. Les enseignements liés à la réalisation sont observés en cultivant cette expérience en nous-mêmes. Il est très important qu'un individu qui en instruit un autre ait un minimum d'expérience de ce qu'il enseigne, qu'il ait accompli un certain chemin dans la réalisation spirituelle. Il en va tout à fait différemment dans les autres types de communication, quand une personne raconte une histoire ou quand un historien relate un événement du passé. Dans ces cas, l'individu, s'appuyant sur son savoir, peut raconter les faits sans les avoir vécus. Mais dans le cas des enseignements spirituels, il est essentiel que le professeur ait un minimum de réalisation et d'expérience personnelles.

« Ici, Jésus dit à ses disciples de ne rien emporter dans leur voyage, ni nourriture, ni bâton, ni sac, ni argent. Peut-être ce passage fait-il référence à un idéal spirituel important : simplicité et modestie. En fait, dans l'ordre monastique bouddhiste, le mot même désignant un moine ou une nonne renvoie à l'idée de ne rien posséder et de vivre d'aumônes. Le bol à aumônes que portent les moines est appelé un *lhungse* qui signifie « le récipient qui reçoit ce qu'on y laisse tomber ». Ce nom indique qu'un moine vivant d'aumônes ne peut à aucun titre exprimer ses préférences sur ce qu'on lui donne. Un jour, je discutai de la question du végétarianisme avec un moine sri-lankais très cultivé, et il me disait que les moines bouddhistes ne pouvaient être classés en végétariens et non-végétariens étant donné qu'ils vivent d'aumônes. Quelle qu'elle soit, la nourriture doit être acceptée. Ce passage me fait également penser à une sentence tibétaine : si le méditant qui vit dans la montagne ne descend pas, alors la nourriture et les provisions monteront jusqu'à lui.

« Dans le *Vinaya Sutra* qui fixe les règles de la vie monastique, le Bouddha déclare que le mode de vie idéal pour un moine est d'aller de village en village en demandant l'aumône. Après l'avoir reçue dans un village, il doit partir et aller dans un autre. La métaphore, ici, est celle de l'abeille qui va de fleur en fleur, prenant du pollen à chaque fleur les unes après les autres sans faire de mal à aucune. Ainsi les moines doivent aller de village en village, ne causant ni dommage ni destruction.

« Cet Évangile mentionne aussi des phénomènes comme les démons et la guérison des maladies. Des idées analogues se retrouvent dans d'autres traditions religieuses. Je pense que ce sont là des termes et des façons de parler en usage à une époque donnée, dans un environnement donné et qui tiennent compte du système de croyances d'un peuple. Mais un grand idéal spirituel est souligné ici : le pratiquant spirituel ne doit pas se satisfaire de son niveau de réalisation. Il est capital de se mettre au service d'autrui, de contribuer activement au bien-être d'autrui. Je dis souvent aux pratiquants de suivre le principe suivant : concernant leurs besoins personnels, il doit y avoir aussi peu de souci et d'obligation que possible, mais quant au service d'autrui, il doit y avoir autant de soucis et d'obligations qu'il est possible. Tel doit être l'idéal d'un pratiquant spirituel.

« La mention de la guérison des malades ne doit pas forcément être prise au sens littéral, au sens où seule serait visée la mauvaise santé physique. La maladie peut s'entendre également au sens psychologique et émotionnel. Pour moi, l'association de la guérison des malades avec l'annonce d'une bonne nouvelle signifie que c'est par le partage de ses propres expériences spirituelles, en donnant des enseignements et en communiquant cette bonne nouvelle que l'on peut aider les autres à vaincre leurs maladies. Cette admonestation est très proche de certains passages de *sutras* bouddhiques. Dans certains textes, par exemple, le Bouddha déclare à la fin de son enseignement : « Ceux qui observent les enseignements que je vous ai donnés aujourd'hui, en les notant sur un papier, en les lisant et les expliquant aux autres, acquerront un grand mérite. » L'idée est analogue.

« Un autre problème très important est lié au précédent. Il est essentiel pour nous lecteurs modernes, de pouvoir faire la distinction entre la conversion et la notion de mission. Comme nous l'avons dit précédemment, les hommes se distinguent par une grande diversité de dispositions et de penchants spirituels. De sorte que si quelqu'un essaye d'imposer certaines croyances religieuses à une personne dont l'inclination est manifestement contraire, cette action n'aura pas un effet bénéfique, elle sera néfaste. Cette sensibilité est très clairement exprimée dans l'idéal du bodhisattva selon le mahayana. Ainsi, selon un des dix-huit préceptes du bodhisattva, on ne doit pas enseigner la profonde doctrine de la vacuité à quelqu'un dont les facultés mentales ne sont pas adaptées. Car, si l'on persiste par manque de sensibilité à enseigner cette doctrine à une telle personne, on risque de provoquer des réactions adverses. Au lieu de l'aider à affiner sa pratique spirituelle cet enseignement pourrait semer la confusion dans son esprit et peut-être même la pousser au nihilisme. Dans ce cas, au lieu d'accumuler du mérite en enseignant le Dharma, on accumule de la négativité en étant insensible aux besoins et à la réceptivité d'autrui.

« Les enseignements du Bouddha sont très clairs à ce sujet. On y trouve par exemple une liste de questions appelées *les quatorze questions laissées sans réponse par le Bouddha*. Il va sans dire qu'il existe de multiples interprétations quant à ce phénomène des questions sans réponse. L'une des questions est : « Existe-t-il une entité telle qu'une "essence personnelle", ou moi ? » Le Bouddha n'a répondu ni positivement ni négativement. La question venait d'une personne qui croyait très fortement en l'identification du moi avec une âme éternelle et permanente. Par conséquent, le Bouddha a senti qu'en niant l'existence du moi il risquait de déstabiliser cet individu et de le pousser au nihilisme — une négation totale de l'existence de la personne ou de l'agent. En revanche, affirmer l'existence du moi serait tout aussi dommageable à cette personne parce qu'elle serait confortée dans son adhésion à la notion d'un moi égoïste et isolé. Face à cette situation, le Bouddha ne donna aucune réponse concluante. On voit ainsi qu'il choisissait avec sensibilité les mots appropriés aux besoins de chaque individu.

« Un jour, je m'entretenais avec un moine bouddhiste indien de la doctrine bouddhique de l'*anatman*, la théorie de l'absence de soi. C'était un pratiquant sérieux que j'avais moi-même ordonné.

Quand il entendit pour la première fois cette expression, il fut si secoué qu'il en tremblait littéralement ; il ne pouvait absolument pas envisager cette notion. Je dus en adoucir l'effet par de plus amples explications. Il lui fallut beaucoup de temps pour appréhender vraiment le sens de la théorie de l'*anatman*. Vous voyez donc qu'il est capital de mesurer l'adéquation de votre enseignement aux dispositions mentales d'une personne et à ses inclinations spirituelles. Il n'existe pas dans le bouddhisme de tradition de conversion active — hormis dans les annales du règne d'Ashoka, en Inde, qui semble avoir activement envoyé plusieurs expéditions missionnaires vers les pays voisins. En règle générale, l'attitude bouddhique concernant l'expansion de son message est la suivante : à moins qu'une personne ne vienne vers un maître et ne demande des enseignements spécifiques, il n'est pas bien pour un maître d'imposer ses vues et ses doctrines à autrui.

« Je voudrais ajouter un mot sur un autre point important soulevé par cet Évangile. Quand on réfléchit sur les démons — car ce mot revient très souvent dans maintes écritures — il est important de ne pas entretenir la notion d'une force « de l'au-delà », éternelle, indépendante et autonome qui existerait comme une sorte de force négative absolue. Cette expression doit plutôt être reliée aux tendances et impulsions négatives qui gisent au fond de chacun de nous. J'ai discuté de ce point avec le père Laurence qui semble d'accord sur cette interprétation. Sinon, toute cette notion de Satan devient une vaste zone de confusion. Personnellement, je suis curieux de connaître la position chrétienne traditionnelle sur la nature de Satan. Je n'arrive pas à m'en faire une idée !

Commentaire sur la lecture de l'Évangile

Père Laurence : Votre Sainteté, permettez-moi de vous présenter les deux intervenants dans la discussion de ce matin. Il s'agit d'abord de Lady Maureen Allen, qui médite depuis trente ans et nous a beaucoup aidés à préparer ce séminaire en faisant la liaison avec le Bureau du Tibet à Londres. Il s'agit également de Peter Ng de Singapour qui est directeur des investissements à la Singapore Investment Corporation et qui, sur un plan plus spirituel, est un des directeurs, avec sa femme Patricia, du Christian Meditation Center de Singapour. J'aimerais que Peter présente le premier point de notre discussion.

Peter Ng : Votre Sainteté, la question que je voudrais vous soumettre est assez élémentaire. Elle concerne le but et la voie de la vie spirituelle dans la perspective bouddhique, ainsi que la manière dont vous concevez la méditation sur un seul point comme aide au développement spirituel. Dans la perspective chrétienne, le but de notre vie spirituelle, notre destin, comme l'a dit le père Laurence, est d'avoir part à l'être de Dieu. Pour nous la voie, c'est Jésus. Le commandement ou la valeur suprême pour suivre Jésus, c'est l'amour. En fait, en tant que méditants chrétiens, la méditation est pour nous la voie de l'amour. C'est ce que le père John Main nous a enseigné sur la méditation. Par la méditation, nous accédons à une relation personnelle avec Jésus et nous développons notre amour jusqu'à atteindre la plénitude de l'amour, qui est Dieu.

Du point de vue bouddhique, pourriez-vous nous expliquer quel est le but de la vie spirituelle : existe-t-il un enseignement bouddhique équivalent à celui de l'amour en tant que voie, et considérez-vous la méditation comme une aide dans cette vie spirituelle ?

Le Dalaï-lama : Pour répondre à votre question, il serait peut-être utile de présenter ce qu'on appelle les *Quatre facteurs de bonté* et les deux buts auxquels aspire un individu.

L'un des buts est le bien-être matériel, banal, au niveau ordinaire ; l'autre but est de parvenir à la perfection ou libération spirituelle, le nirvana. Le moyen d'obtenir le bien-être ordinaire est l'accumulation de richesses matérielles, tandis que le moyen approprié d'accéder à la libération et à la perfection spirituelles est la pratique du Dharma. Dans votre cas, ces deux buts semblent converger parce que vous êtes banquier ! L'équivalent tibétain du Dharma bouddhique est le mot *chö* qui signifie « transformation » ou « puissance transformante ». La compassion est, à maints égards, le principe fondamental du Dharma ; cependant, la compassion doit être indissolublement liée à la sagesse. La voie, ou le Dharma, c'est l'union de la sagesse et de la compassion.

Quand on parle de compassion et de sagesse, de compassion et d'intelligence, ou de connaissance, il doit être entendu que nous parlons encore de niveaux et de types différents de connaissance et de sagesse. Globalement, on distingue la connaissance conventionnelle qui s'attache au domaine quotidien d'expérience, et la connaissance ultime qui a trait à des aspects plus profonds de la réalité. Naturellement, pour les bouddhistes, la « vérité ultime » fait référence à la nature ultime de la réalité que l'on désigne par *anatman* (non-moi ou non-essence). Bref, quand les bouddhistes parlent de nature ultime de la réalité, ils ont en tête la doctrine du *sunyata*, le vide.

Globalement, il n'y a rien de spécifiquement bouddhique dans la pratique méditative de la concentration sur un point et des diverses techniques utilisées pour développer cette aptitude. Elles sont communes à toutes les grandes traditions spirituelles de l'Inde, bouddhiques et non-bouddhiques. Ce qui est propre à l'application de cette faculté d'attention en un seul point est qu'elle permet au pratiquant spirituel de canaliser son esprit sur un objet choisi, sans être troublé par des distractions. Il faut bien voir que cette *attention de l'esprit en un seul point* est un terme générique, tandis que le *samatha* (demeurer dans la tranquillité, en sanskrit) se réfère à un état rehaussé de l'esprit. Dans la vie quotidienne, nous connaissons tous des états passagers de concentration en un seul point ; partant de là nous pouvons développer cette faculté en appliquant les techniques appropriées dans la méditation. L'état pleinement développé et affiné de cette faculté est le samatha. En appliquant des techniques méditatives, et en cultivant et affinant cette concentration en seul point à l'intérieur de vous-même, vous pouvez développer non seulement une profonde stabilité d'esprit — vous libérant ainsi de l'état normal de distraction dans lequel toute votre énergie mentale se dissipe et se disperse — mais aussi une profonde vigilance. Ces techniques permettent donc de canaliser vos énergies mentales et de développer à la fois stabilité et clarté. Étant parvenu à développer ces deux qualités, vous pouvez diriger très efficacement votre esprit sur l'objet de votre méditation — compassion, sagesse ou autre.

Si nous regardons bien, nous constatons que dans l'esprit deux facteurs principaux nous empêchent de développer pleinement cette faculté innée de concentration en un seul point. L'un est l'état distrait, éparpillé de l'esprit qui vous maintient dans un état d'excitation et vous empêche de parvenir à une quelconque stabilité. C'est le principal obstacle au maintien d'une stabilité profonde. L'autre est le relâchement mental. Même si vous êtes parvenu à vaincre l'éparpillement mental et à trouver un tant soit peu de stabilité, votre esprit manquera parfois de vigilance. Vous êtes donc parvenu à un état d'esprit déconnecté, peut-être temporairement débarrassé de la distraction mentale, mais il manque de dynamisme et de vitalité. C'est un type d'esprit « planant ». Dans la terminologie bouddhique, on parle d' « affaissement » ou de relâchement mental. Ces deux obstacles doivent être surmontés. Quand vous surmontez l'affaissement mental, vous parvenez, outre à la stabilité, à une clarté et une vitalité profondes. Et quand vous êtes capable de joindre ces deux forces, vous disposez de la stabilité requise pour fixer votre esprit sur l'objet, et de la vigilance requise pour consacrer toute votre énergie mentale à pénétrer la nature de l'objet.

Lady Allen : En ce moment, je suis la parfaite illustration de l'esprit dispersé, j' en ai bien peur !

Le Dalaï-lama : Bien sûr, tout le monde a cette impression ! Quand nous discutons ainsi en groupe, je pense que la plupart d'entre nous a l'esprit dans le monde de la dispersion. Et quand nous méditons, il est dans le monde de l'affaissement mental !

Lady Allen : Une chose que, je pense, nous avons tous beaucoup apprécié dans la discussion d'aujourd'hui, c'est combien votre Sainteté est une incarnation du bonheur. C'est une grande bénédiction pour des chrétiens qui ont appris à se considérer comme de misérables pécheurs. Votre Sainteté parlait de nourriture spirituelle, et nous aimerions vous remercier de nous servir un festin. Quant à ma question, je vous serais reconnaissante de bien vouloir pousser plus loin cette idée d'univers cosmique. Autrefois, la science et la religion ont suivi des chemins si écartés ! Mais il semble aujourd'hui qu'elles soient en voie de se réconcilier. Dans le christianisme occidental, la définition ou la redéfinition de Dieu pose problème. Je ne pense pas que les personnes ici présentes se fassent encore de Lui l'image d'un vieil homme à barbe blanche tout là-haut dans les cieux , quoique, je le crains, cela soit toujours le cas dans certaines parties du monde. Hier, Votre Sainteté nous a donné une merveilleuse description moderne de Dieu, dont nous vous sommes reconnaissants. Pourriez-vous développer la notion d'interdépendance, sachant qu'il est bien évident que nous, membres de l'humanité, sommes aujourd'hui physiquement interdépendants. Nous avons observé la terre depuis la lune. Et la science parle de plus en plus de l'interdépendance dans la nature. Mais nous ne comprenons toujours pas ce que cela signifie d'être interdépendant dans un même esprit — mentalement et émotionnellement. Je crois que nous pourrions tirer profit des éclaircissements de Votre Sainteté.

Le Dalaï-lama : Avant tout, je pense qu'il est de la plus haute importance de comprendre ce que nous entendons par conscience. La nature de la conscience, ou connaissance — *shepa* en tibétain — n'est pas du tout matérielle ; elle n'a ni forme matérielle, ni substance, ni couleur. Elle n'est donc pas quantifiable en termes scientifiques et ne se prête pas à l'investigation scientifique courante. Au lieu d'une nature matérielle, la conscience a la nature d'une « expérience pure et simple » ou « connaissance pure et simple ».

Quand je dis « Je sais » ou « Je suis conscient », il semble qu'il y ait un agent, « Je », impliqué dans l'activité de savoir ou d'être conscient ; mais ce que nous entendons par conscience est cette faculté dont dépend le fait que l'on sache ou que l'on soit conscient. En d'autres termes, c'est l'activité ou le processus du savoir en lui-même, et en tant que tel, il est « conscience pure et simple » ou « connaissance lumineuse ». Ordinairement, nous associons cette faculté à un objet extérieur ou à une sensation agréable ou désagréable. Ainsi, que nous pensions avec des concepts ou que nous ayons simplement une expérience sensorielle, la conscience en elle-même surgit avec la forme ou l'apparence d'un objet, et par conséquent, nous ne la reconnaissons pas, d'ordinaire, en tant que « conscience pure et simple » ou « connaissance claire et lumineuse ». En bref, dans la vie courante, la conscience se trouve prise dans les apparences dualistes de l'objet et du sujet.

En un sens, on pourrait dire que nous ne faisons l'expérience de la conscience que colorée par l'objet ; la perception est presque inséparable de l'objet. Nous savons que lorsque nous avons la perception d'un objet bleu, c'est presque comme si la perception elle-même était bleue. Cependant, il est possible de faire l'expérience de cette nature essentielle de la conscience — cette pure luminosité, cette pure expérience, cette pure connaissance dont j'ai parlé — en essayant consciemment de vider l'esprit de ses divers schèmes, concepts, souvenirs et, surtout, de ses préoccupations d'ordre sensoriel. Aussi, tout en maintenant une profonde vigilance, si l'on arrive à faire cesser ces turbulences dans l'esprit — les processus de la pensée conceptuelle et les schèmes qui nous poussent à rechercher les expériences sensorielles — on peut commencer à entrevoir le niveau plus profond. Le fait d'être totalement déconnecté ne favorise pas le processus. Il faut garder une certaine vigilance tout en arrêtant progressivement les fluctuations de la pensée et des expériences sensorielles de l'esprit. Il devient alors possible d'entrevoir cette nature essentielle. Au début, quand vous en faites l'expérience pour la première fois, elle ne vous apparaît que comme un genre de vacuité. Mais il est possible, par la pratique, d'allonger cet instant. Lentement, en progressant dans la méditation, vous pouvez allonger la durée de l'expérience. Alors, la nature essentielle de l'esprit, cette clarté, cette luminosité, deviendra de plus en plus apparente. Voilà comment il est possible de reconnaître la nature essentielle de la conscience par contraste avec la conscience ordinaire liée à la réalité physique.

Quant à l'interdépendance de la conscience et de la matière, les bouddhistes diraient que c'est l'esprit et les motivations provenant de l'esprit qui déterminent effectivement les actes et la conduite de l'individu. Tout acte, quelle que soit son importance, a un effet et laisse une trace dans l'esprit. Et cet acte affecte immédiatement l'expérience et le monde même dans lequel évolue l'individu. En ce qui concerne cet individu, le monde a changé. C'est sur cette base que les bouddhistes expliquent la nature interdépendante de l'esprit et de la matière, ou de l'esprit et du corps. Naturellement, dans le bouddhisme, on ferait intervenir le terme de *karma*. Bien que la doctrine même du karma parle de l'empreinte, ou du potentiel, laissé sur l'esprit — comment ce potentiel se transmet, et comment fonctionne le dynamisme de ce potentiel — le point essentiel est en réalité l'acte ou le comportement qui est motivé par un état d'esprit.

Dans le bouddhisme, surtout le bouddhisme madhyamaka,

La première est en termes de cause et d'effet. Dans ce cas, l'interdépendance est linéaire : certaines causes et conditions produisent certains résultats. Cette interdépendance des causes et des conditions est commune à toutes les écoles bouddhiques. Il existe un second niveau de compréhension dans lequel l'interdépendance est envisagée sous l'angle d'une dépendance mutuelle, où certains phénomènes sont corrélatifs à d'autres phénomènes. Il existe une sorte d'interrelation. Ceci est très bien illustré dans l'idée du « tout » et des « parties ». Sans parties, il ne peut pas y avoir un tout ; sans tout il ne peut y avoir de parties. Il y a dépendance mutuelle. Une troisième approche du principe d'interdépendance se réfère à l'identité : l'identité d'un événement ou d'un objet particulier dépend de son contexte ou de son environnement. En un sens, l'identité est considérée comme émergente : elle n'est pas absolue, elle est relative. Certaines choses et événements possèdent une identité en relation avec d'autres choses et événements. Tels sont les trois niveaux ou les trois manières différentes d'envisager le principe d'interdépendance.

Père Laurence : Je voudrais enchaîner sur cette brillante description de la conscience en l'appliquant au mode d'appréhension chrétien, en particulier à « l'esprit du Christ. » Les chrétiens croient que la conscience humaine du Christ est avec nous et en nous. L'expérience chrétienne essentielle à laquelle nous accédons par la méditation est l'ouverture de notre conscience à la conscience du Christ. Nous croyons que l'esprit du Christ maintenant, la conscience humaine du Christ maintenant, existe dans la condition que vous décrivez comme pureté absolue et unité non-distraite. Si vous me le permettez, je présenterai brièvement une manière pour un chrétien de comprendre comment cette rencontre et cette connaissance du Christ produit sa libération personnelle et l'accomplissement de son destin. Peut-être Votre Sainteté nous dira-t-elle ce qu'elle en pense.

Les étapes par lesquelles un chrétien en vient à connaître le Christ commencent dans l'enfance avec les histoires qu'on lui raconte, et en lisant les récits évangéliques que vous avez lus avec nous. Plus tard, nous accédons à une compréhension et une connaissance de Jésus sur les plans théologique, philosophique et historique. Puis, par la méditation, nous commençons à faire l'expérience de l'inhabitation[19], du fait que Jésus n'est pas seulement un maître historique appartenant au passé, mais qu'il a maintenant une existence secrète à l'intérieur de chaque être humain, ainsi qu'une présence cosmique. Il est au-delà du temps et de l'espace, et donc, il est dans tout temps et tout espace. Mais pour comprendre pleinement comment le Christ est notre maître, notre Chemin, il nous faut revenir aux écritures où Jésus nous dit qu'il est le Chemin et où il se compare à une porte. Nous franchissons la porte. Il est le passage par où nous passons. Il ne renvoie pas à lui-même, mais toujours au Père. Ainsi, par exemple, dans la messe nous disons que nous allons au Père « par Jésus, avec lui et en lui ». En ce sens, Jésus serait le maître, le gourou, le Chemin grâce à l'inhabitation de sa conscience en nous. Telle est la présence de l'amour divin. Étant pleinement une avec l'amour divin, sa conscience est pour nous une expérience d'amour. Pourriez-vous nous dire ce qu'évoque pour vous cette conception de la conscience ?

Le Dalaï-lama : Tout en restant attentif aux commentaires que je faisais hier sur l'importance de relever les différences subtiles qui séparent les traditions religieuses à un niveau très profond, je vois néanmoins ici un parallèle certain avec la pratique bouddhique. Cependant, ce rapprochement ne doit pas être poussé à l'extrême. Comme le dit un dicton tibétain : « N'essayez pas de mettre une tête de yak sur un corps de mouton. » De même, Nagarjuna, un célèbre maître indien du IIe siècle, remarquait dans un de ses écrits philosophiques que si l'on était décidé à rendre deux choses égales l'une à l'autre, on pouvait trouver des points communs entre n'importe quoi ! Poussé à l'extrême, c'est le monde phénoménal tout entier qui pourrait se réduire à une entité unique, juste une seule chose.

Ceci dit, je vois une réelle similitude avec la pratique bouddhique. Dans le bouddhisme, il y a l'idée de nature de bouddha appelée le *tathagata-garbha*, la graine de la perfection. Bien que les opinions divergent sur la nature de cette graine de bouddhéité, ou nature de bouddha, elle renvoie à la nature de l'esprit, à une qualité qui existe en chacun de nous. Et le *tathagata-garbha* a trait à cette luminosité première, la pure essence, le potentiel qui fait qu'il nous est possible de surmonter les imperfections et d'atteindre la libération. L'une des bases permettant d'affirmer la présence de la nature de bouddha en chacun de nous est l'aptitude humaine à l'empathie. Certains l'ont plus forte que d'autres ; mais chacun de nous possède cette capacité naturelle à l'empathie. Cette nature de bouddha, cette graine d'illumination, de perfection, est innée. Ce n'est pas une chose qui a besoin d'être implantée ; elle est là, éternellement présente.

Cependant, pour atteindre la perfection, il ne suffit pas qu'un pratiquant spirituel possède simplement cette nature ; elle doit être développée à son potentiel plénier. Pour réaliser cela, il faut être aidé. Dans la pratique bouddhique, vous avez besoin de l'assistance d'un guide éveillé, d'un gourou ou maître. On notera que les textes bouddhiques désignent souvent le maître comme la porte par où vous recevez les bénédictions de Bouddha. Par cette porte, vous entrez en communication ou en contact avec le Bouddha. C'est en associant la direction expérimentée du maître et la présence de cette nature de bouddha en vous que cette nature de bouddha est activée, et vous devenez capable de la perfectionner et de répondre à son plein potentiel. Je pense que ceci est très proche de l'idée que le père Laurence vient juste d'exprimer.

Pour les pratiquants chrétiens — bien que chacun de nous ait en partage cette nature divine — c'est par le Christ, par Jésus, que vous activez, que vous utilisez pleinement et perfectionnez cette nature divine en vous. Grâce à Jésus elle s'épanouit en totalité et devient unifiée, une, avec le Père. On notera que même dans le bouddhisme, pour exprimer la pleine réalisation de la bouddhéité — l'illumination — on dit parfois que l'on forme « une seule saveur » avec l'immensité du *dharmakaya*. Former « une seule saveur » c'est devenir inséparable de l'état de *dharmakaya*. Cependant, les identités individuelles n'en demeurent pas moins pour autant.

Père Laurence : Merci. C'est très éclairant, et je pense que la tête du yak restera sur le yak.

Peter Ng : Votre Sainteté, je voudrais vous poser une question relative à la mission chrétienne. Vous encouragez les pratiquants spirituels à donner un enseignement spirituel pour aider les autres à progresser, mais dans le même temps, vous dites qu'il est nécessaire qu'une personne qui veut dispenser cet enseignement ait une certaine expérience, une compréhension profonde de ce qu'elle enseigne. C'est une question qui intéresse beaucoup d'entre nous ici, qui dirigeons des groupes de méditation chrétienne, parce que nous donnons cet enseignement aux autres. Comment savoir si nous sommes compétents pour diriger un groupe de méditation ?

Le Dalaï-lama : En général, hormis les cas d'aveuglement sur soi-même, il est possible de juger par soi-même de son niveau d'esprit, pas forcément dans ses moindres détails, mais dans une large mesure. Si une personne qui dirige ou enseigne est un pratiquant authentique, il est certain que sa motivation sera pure — et la motivation est un facteur capital. C'est ainsi qu'un individu peut juger de son propre état d'esprit et s'il lui convient d'être un maître. Il est extrêmement difficile à une tierce personne de juger si quelqu'un est ou non adapté à ce rôle. En général, il est extrêmement difficile, sinon impossible, de juger du niveau spirituel d'une autre personne. Ceci parce que le niveau spirituel ou de réalisation d'autrui vous est en un sens complètement impénétrable. Cependant, il est possible de juger le niveau de spiritualité d'autrui en termes très généraux. Quand vous fréquentez quelqu'un pendant longtemps, vous aurez de temps à autres un aperçu de son niveau spirituel en observant son comportement — ses manières, son discours, sa façon d'agir avec les autres, etc.

Il ne suffit pas d'avoir vu quelqu'un se comporter de manière très spirituelle juste une fois. Il doit s'agir d'un comportement régulier — qui est vérifiable par une observation répétée. Si vous constatez la persistance de telles caractéristiques, alors vous pouvez conclure à un certain degré de maturité spirituelle. Dans les *sutras*, le Bouddha utilise la belle analogie de l'océan. Quand vous regardez dans l'océan, dit-il, en essayant de repérer un poisson, vous n'en verrez pas tant que l'océan est calme et que les poissons nagent sous l'eau. Mais quand une vague arrive, vous pourrez parfois apercevoir un poisson. De même, il déclare que le niveau de réalisation d'un bodhisattva, particulièrement son niveau de compassion peut s'apercevoir — peut-être pas définitivement mais par raisonnement inductif — en appréciant la manière dont il ou elle réagit dans des situations, des environnements et des cas particuliers.

Père Laurence : Nous pourrions clore notre séance avec une question du public. Elle est posée par un des groupes de discussion et concerne la non-violence. On demande si la compassion recèle un élément actif, ou si elle est passive ? La compassion peut-elle exiger un acte violent ? L'idée, je suppose, est que si vous voyez quelqu'un s'apprêtant à commettre une mauvaise action — faire exploser un immeuble, par exemple — peut-on, par compassion, utiliser la violence pour l'arrêter ?

Le Dalaï-lama : Il est absolument certain que la compassion comporte un élément actif et que la possibilité est offerte d'utiliser la force, si on l'estime vraiment nécessaire. Ceci est clairement démontré dans les récits des jatakas, dans un épisode d'une des vies antérieures du Bouddha dans laquelle il était né marchand. Alors qu'il traversait une rivière sur un bac, le bodhisattva se retrouva dans une situation délicate : le passeur était un meurtrier qui avait projeté de tuer les quatre cent quatre-vingt dix-neuf passagers dans la nuit. Il n'y avait pas d'autre moyen de traiter la situation que de se débarrasser du meurtrier. Il en assuma la responsabilité. Ce bodhisattva s'engagea dans une action qui non seulement sauva la vie à quatre cent quatre-vingt dix-neuf personnes, mais, par compassion, sauva le meurtrier potentiel de la nécessité d'affronter les conséquences négatives de tant de meurtres. Pour un bouddhiste, le sacrifice du bodhisattva a consisté à prendre sur lui l'acte négatif de tuer une personne et à affronter les conséquences de cet acte.

Cela dit, quand nous parlons de violence, nous devons comprendre que nous parlons d'un phénomène dont il est pratiquement impossible de prévoir le résultat. Même quand la motivation de l'auteur de l'acte est pure et positive, si l'on a recours à la violence, il est très difficile d'en prévoir les conséquences. Pour cette raison, il est toujours préférable d'éviter une situation exigeant d'avoir recours à la violence. Néanmoins, si vous vous trouvez placé dans une situation qui exige manifestement d'agir par la force pour se défendre, il est impératif de répondre de manière appropriée. Dans ce contexte, il est important de comprendre que la tolérance et la patience n'impliquent pas de se soumettre ou de céder à l'injustice. La tolérance, dans son sens véritable, devient une réponse délibérée de votre part à une situation qui, normalement, appellerait une forte réponse émotionnelle négative, comme la colère ou la haine. Ceci apparaît nettement dans le terme tibétain *söpa* qui signifie, littéralement, « capable de supporter ».

C'est notamment le cas de la tolérance qui consiste à rester indifférent au mal qu'on vous fait, qui est l'une des trois espèces de patience discutées plus haut. On pourrait comprendre faussement qu'il nous faut céder ou nous soumettre à tout mal qu'autrui nous infligerait — comme si nous devions nous contenter de dire : « Allez-y, faites-moi du mal ! » Ce n'est pas de cela qu'il s'agit, mais bien plutôt d'un état d'esprit courageux qui nous évite d'être trop affecté par l'incident. Elle contribue à nous épargner la souffrance mentale quand nous rencontrons le mal. Elle ne signifie pas que nous nous contentons de céder.

Il est compréhensible que les gens aient une notion erronée de la tolérance. J'ai rencontré des Tibétains qui, ayant lu *La voie du Bodhisattva* où il est longuement question de la tolérance, me disaient : « Si nous pratiquons la tolérance, le Tibet ne retrouvera jamais son indépendance ! » Mais pour eux, la tolérance est une sorte de soumission ou d'abandon.

HUITIÈME PARTIE

LA FOI

Évangile de Jean 12, 44-50

Père Laurence : Bienvenue encore parmi nous, Votre Sainteté. Au cours de cette séance, Sa Sainteté commentera les deux derniers passages de l'Évangile, tirés l'un et l'autre de saint Jean. Le premier concerne la foi et le second comporte le récit de la Résurrection.

> *« Cependant, Jésus dit d'une voix forte : "Qui croit en moi, croit, non pas en moi, mais en celui qui m'a envoyé ; et qui me voit, voit celui qui m'a envoyé. C'est comme lumière que je suis venu dans le monde ; ainsi celui qui croit en moi ne reste pas dans les ténèbres. Si quelqu'un entend mes paroles et ne les observe pas, ce n'est pas moi qui le condamnerai ; car je ne suis pas venu condamner le monde, mais sauver le monde. Celui qui me méprise et qui n'accepte pas mes paroles a déjà son juge : la parole que j'ai exprimée, c'est elle qui jugera au dernier jour. En effet, ce n'est pas de mon propre chef que j'ai parlé, mais le Père, qui m'a envoyé, m'a dicté ce que je dois dire et m'a prescrit ce que je dois enseigner. Et son commandement, je le sais bien, c'est la vie éternelle. Les paroles que je pro-*

fère, je les profère donc conformément à ce que m'a dit le Père. » [Jean 12, 44-50]

Le Dalaï-lama : « Cet extrait de l'Évangile de Jean me paraît être un passage important de la Bible. La première chose qui me frappe c'est son étroite ressemblance avec un fragment particulier des écritures bouddhiques dans lequel le Bouddha déclare que quiconque voit le principe de l'interdépendance voit le Dharma et quiconque voit le Dharma voit le *tathagata*, le Bouddha. Il en résulte que par la compréhension de la nature de l'interdépendance, par la compréhension du Dharma, on comprend la vraie nature de la bouddhéité. Un autre aspect de la question est que la simple perception visuelle du corps du Bouddha ne coïncide pas avec la vraie vision du Bouddha. Pour voir vraiment le Bouddha, il faut prendre conscience que le *dharmakaya*, le Corps de Vérité du Bouddha, est l'*ainsité*. C'est cela que signifie voir vraiment le Bouddha. De même, ce passage souligne que c'est grâce à la personnification historique du Christ que vous faites vraiment l'expérience du Père qu'il représente. Le Christ est la voie d'accès à cette rencontre avec le Père.

« Ici aussi, nous rencontrons la métaphore de la lumière, qui est commune à toute les grandes traditions religieuses. Dans le contexte bouddhique, la lumière est étroitement associée à la sagesse et à la connaissance ; l'obscurité est l'apanage de l'ignorance et d'un état de méconnaissance. Ceci correspond à deux aspects de la voie : l'aspect méthode qui comporte des pratiques comme la compassion et la tolérance, et l'aspect sagesse ou connaissance, la vision claire pénétrant la nature de la réalité. C'est l'aspect connaissance, ou sagesse, de la voie qui est le véritable antidote pour dissiper l'ignorance.

« Comme ce passage souligne également l'importance de la foi dans la pratique spirituelle de chacun, je pense qu'il serait utile de donner quelques explications sur la compréhension bouddhique de la foi. Le mot tibétain pour « foi » est té-pa qui serait peut-être plus proche de confiance, ou d'assurance. La tradition bouddhique distingue trois types de foi différents. Le premier est l'admiration portée à une personne particulière ou à un état particulier. Le deuxième est la foi désirante. On y trouve une notion d'émulation. Vous aspirez à atteindre cet état. Le troisième type est la foi de conviction.

« Je pense que ces trois types de foi trouvent leur équivalent dans le contexte chrétien. Ainsi, un chrétien pratiquant qui lit et réfléchit sur la vie de Jésus peut éprouver une dévotion et une admiration très fortes pour Jésus. C'est le premier niveau de foi, la foi d'admiration et de dévotion. Après, en renforçant votre admiration et votre foi, il devient possible d'accéder au second niveau, la foi d'aspiration. Si vous étiez bouddhiste, vous aspireriez à la bouddhéité. En tant que chrétien, vous n'employez pas les mêmes termes, mais vous pouvez dire que vous aspirez à atteindre la pleine perfection de la nature divine, de l'union à Dieu. Puis, une fois cette aspiration développée, vous arrivez à la conviction profonde qu'il est possible de parfaire un tel état. C'est le troisième niveau de foi. Je pense que ces trois niveaux de foi sont également applicables dans les contextes bouddhique et chrétien.

« Le bouddhisme souligne sans cesse le besoin d' allier la foi et la raison pour avancer sur la voie spirituelle. Nagarjuna, le maître indien du IIe siècle, déclare dans son fameux traité, *La Guirlande précieuse*[20], que foi et raison, ou foi et analyse, sont requises de l'aspirant spirituel. La foi vous conduit à un état plus élevé d'existence, tandis que la raison et l'analyse vous mènent à la libération complète. Le point important est que dans le contexte de notre propre pratique spirituelle, la foi doit être fondée sur la raison et la compréhension.

« Pour développer une foi dérivée de la raison ou de la compréhension, un aspirant spirituel débutant doit faire preuve d'ouverture d'esprit. Faute d'un terme plus satisfaisant, nous pourrions qualifier cet état de sain scepticisme. Quand vous êtes dans cet état d' ouverture, vous êtes capable de raisonner, et par le raisonnement, vous pouvez développer une certaine compréhension. Quand cette compréhension est consolidée, elle donne naissance à une conviction, une croyance, et une confiance en cet objet. Alors, cette foi, confiance ou assurance, sera très solide parce qu'elle s'enracine dans la raison et la compréhension. C'est pourquoi, nous voyons le Bouddha, dans ses propres écritures, admonester ses adeptes qui acceptent ses paroles simplement par vénération pour sa personne. Il les exhorte à mettre toutes ses paroles à l'épreuve, tout comme un orfèvre éprouve la qualité de l'or par des procédés rigoureux. C'est uniquement quand ils auront compris qu'ils pourront accepter la validité de ses enseignements.

« Dans ce passage d'Évangile, je note une référence à la lumière dissipant les ténèbres, immédiatement suivie par une référence au salut. Pour relier les deux idées, je dirais que les ténèbres de l'ignorance sont dissipées par le vrai salut, l'état de libération. En ce sens, il est possible de comprendre la signification du salut même dans le contexte chrétien.

« Déterminer la nature exacte du salut est une question complexe. Parmi les divers systèmes religieux de l'Inde ancienne, beaucoup acceptaient une forme ou une autre de la notion de salut. Le mot tibétain pour « salut » est *tharpa* qui signifie « remise en liberté » ou « liberté ». D'autres traditions ne souscrivent pas à de telles notions. Certaines écoles maintiennent que les illusions de l'esprit lui sont inhérentes ou intrinsèques et font donc partie de la nature essentielle de l'esprit. Selon elles, il n'y a aucune possibilité de libération parce que les négativités et les illusions sont inhérentes à l'esprit et ne peuvent en être séparées. Même ceux qui acceptent une certaine idée de salut, ou de libération, divergent sur la définition et les caractères de cet état de salut. Par exemple, dans certaines écoles indiennes anciennes, l'état de salut tend à être décrit en termes d'espace ou d'environnement extérieur aux caractéristiques positives, ayant la forme d'un parasol renversé.

« Cependant, si certaines traditions bouddhiques acceptent la notion de salut, elles le voient davantage en termes d'état mental ou spirituel propre à l'individu, d'état de perfection de l'esprit, plutôt qu'en termes d'environnement externe. Le bouddhisme accepte tout à fait la notion de terres pures des bouddhas, états purs dont l'apparition résulte des potentiels karmiques positifs de l'individu. Il est même possible que des gens ordinaires puissent renaître et participer aux terres pures des bouddhas. Pour les bouddhistes, par exemple, notre environnement physique — cette terre ou planète — ne peut pas être qualifiée de monde d'existence parfait. Mais à l'intérieur de ce monde, on peut dire qu'il existe des individus qui ont atteint le nirvana et l'illumination complète. D'après le bouddhisme, le salut ou la libération doivent être entendus comme un état interne, un état de développement mental.

« Comment les chrétiens conçoivent-ils le paradis ? »

Père Laurence : Le paradis est l'expérience du partage de la joie, de la paix et de l'amour de Dieu dans la plénitude de la capacité humaine.

Le Dalaï-lama : Il n'est donc pas forcément associé à un espace physique ?

Père Laurence : Non. Seulement dans les rêves.

Le Dalaï-lama : Inversement, peut-on par extension comprendre la notion d'enfer comme un état d'esprit très négatif, d'égarement ?

Père Laurence : Absolument.

Le Dalaï-lama : Cela signifie qu'il n'est pas nécessaire de penser au paradis et à l'enfer en termes d'environnement externe ?

Père Laurence : Non. L'enfer serait de vivre dans la séparation de Dieu, ce qui en soi est irréel. C'est un état illusoire car rien ne peut être séparé de Dieu. Cependant, si nous pensons que nous sommes séparés de Dieu, alors nous sommes en enfer.

Le Dalaï-lama : Dans l'Évangile, Jésus dit : « Je ne suis pas venu pour condamner... La parole que j'ai exprimée, c'est elle qui jugera. » Je pense que ceci reflète très précisément l'idée bouddhique de *karma*. Il n'existe pas d'être autonome « tout là-haut » qui arbitre ce que vous devez vivre et ce que vous devez savoir ; en revanche, il existe la vérité contenue dans le principe causal lui-même. Si vous agissez de manière éthique ou disciplinée, il en résultera des conséquences désirables. Si vous agissez de manière négative ou malfaisante, vous devez aussi en supporter les conséquences. La vérité de la loi de causalité est le juge et non un être ou une personne qui rend des jugements.

Comment l'entendez-vous ?

Père Laurence : Dans la Bible on trouve une métaphore poétique dans laquelle Dieu punit l'humanité de ses péchés. Mais je pense que l'enseignement de Jésus nous fait dépasser l'image du Dieu qui punit et la remplace par celle du Dieu qui aime inconditionnellement. Le péché demeure. Le péché est un fait. Mais le châtiment qui est associé au péché est inhérent au péché lui-même. Au lieu de mettre l'accent sur la causalité, quoique cela semble logique, je pense qu'un chrétien mettrait l'accent sur le libre arbitre. Nous disposons d'un libre arbitre en ces matières, au moins dans une certaine mesure.

NEUVIÈME PARTIE

LA RÉSURRECTION

Évangile de Jean 20, 10-18

« Puis les disciples s'en retournèrent chez eux. Cependant Marie se tenait dehors, près du tombeau, et pleurait. Tout en pleurant, elle se pencha pour regarder dans le tombeau ; elle aperçut alors deux anges vêtus de blanc, assis à l'endroit où avait reposé le corps de Jésus, l'un à la tête, l'autre aux pieds. "Femme, lui dirent-ils, pourquoi pleures-tu ?" — Parce qu'on a enlevé mon Seigneur, leur dit-elle, et je ne sais où on l'a mis". A ces mots, elle se retourna et aperçut Jésus debout, mais sans le reconnaître. "Femme, lui dit Jésus, pourquoi pleures-tu ? Qui cherches-tu ? —S'imaginant que c'était le jardinier, elle lui dit : Si c'est toi qui l'as enlevé, dis-moi où tu l'as mis, et j'irai le prendre. —Jésus lui dit : Marie ! — Elle se retourna et lui dit en hébreu : Rabbouni ! (c'est-à-dire Maître). —Jésus lui dit : Ne me retiens pas, car je ne suis pas encore monté vers le Père ; va plutôt trouver mes frères et dis-leur : Je monte vers mon Père et votre Père, vers mon Dieu et votre Dieu". Marie de Magdala courut donc annoncer aux disciples : "J'ai vu le Seigneur, et voici ce qu'il m'a dit. » [Jean 20, 10-18]

Le Dalaï-lama : « Ce passage est tout à fait approprié à la séance de clôture de ce séminaire. Le *parinirvana*, ou nirvana final, du Bouddha est considéré comme le dernier grand acte de sa vie, et cet extrait de l'Évangile de Jean semble avoir un sens analogue.

« Pour quelqu'un qui croit à la renaissance, parler de mort, c'est parler aussi de renaissance. La renaissance peut seulement survenir si la mort l'a précédée. Nous avons eu aujourd'hui une brève discussion à ce sujet — une nouvelle fois, il semble commun à la plupart des grandes religions que les vies des maîtres fondateurs témoignent de l'importance de prendre sur soi l'expérience de la souffrance et de reconnaître la valeur de celle-ci.

« Dans une discussion que j'ai eue aujourd'hui avec le père Laurence, il a rappelé que le père Bede Griffiths parlait des distinctions entre le corps physique, le corps subtil et le corps spirituel de Jésus. Avant la mort de Jésus son corps est le corps physique ; pendant la Résurrection, avant de monter auprès du Père, il s'agit du corps subtil, et après l'Ascension, du corps spirituel. Dans le bouddhisme, on discute beaucoup des divers types de corps, tels que le corps subtil, le corps mental et le corps spirituel. Cependant, il existe une différence majeure entre le corps subtil de Jésus et celui que décrivent les traités bouddhiques. Les descriptions bouddhistes des degrés de plus en plus subtils de l'émanation se réfèrent aux stades d'évolution spirituelle de l'être, depuis l'état ordinaire jusqu'à l'illumination complète, tandis que dans le cas de Jésus nous avons affaire à quelqu'un d'unique, le Fils de Dieu. Le processus par étapes ne s'applique donc pas. Jésus ne passe pas par une série de stades spirituels, n'est-ce pas ?

Père Laurence : Non, la Résurrection n'est pas une réincarnation.

Le Dalaï-lama : Nous ne parlons pas de réincarnation, ici. Nous parlons d'un pratiquant individuel. A mesure qu' il ou elle fait des progrès spirituels, même son corps physique devient de plus en plus subtil.

Père Laurence : Avant sa mort, Jésus était présent à ses disciples et au monde d'une certaine façon, et après sa mort, il est présent au monde d'une manière différente. Nous voyons dans sa présence historique au monde, dans sa rencontre avec Marie, par exemple, une présence qui doit être reconnue. Il doit y avoir un nouveau mode de perception de la part du pratiquant pour reconnaître la nouvelle présence de Jésus. L'Évangile nous présente un stade intermédiaire entre d'une part sa mort et Résurrection, et d'autre part son Ascension. Et la façon dont Jésus est présent maintenant dans le monde est différente encore de cette description. Aujourd'hui nous dirions qu'il est présent par le Saint-Esprit.

Le Dalaï-lama : Au sein du bouddhisme, il existe, une nouvelle fois, des divergences de vue sur la compréhension du nirvana final du Bouddha. Une école de pensée — principalement le *vaibhasika*, une école indienne ancienne — affirme que le nirvana du Bouddha constitue l'achèvement de l'existence du Bouddha. Tout comme sa venue à l'être fut un fait historique, sa disparition fut un fait historique ; la vie de Bouddha a eu un début et une fin. Le nirvana final est vu comme le dernier moment d'une flamme. Quand vous éteignez la flamme, c'est la fin de la flamme ; c'est le néant total. Même la continuation de la conscience du Bouddha prend fin. Les adeptes de l'école *vaibhasika* déclarent que la conscience, bien qu'elle n'ait pas de début, a une fin. Elle peut cesser d'exister.

Dans ce cas, la question se pose de savoir quel sens il y a pour les adeptes du Bouddha de le vénérer, de lui un rendre un culte et de lui adresser des prières ? Quel est le profit ? Pourquoi faire tout cela si le Bouddha n'est plus ? La réponse de cette tradition est que l'illumination complète du Bouddha est le résultat d'une accumulation de mérites et d'une sagesse portée à son point de perfection au fil d'une infinité de périodes cosmiques. Durant tout ce temps, le Bouddha a développé et cultivé une intention altruiste très puissante pour le service et le profit de tous. La puissance de cette énergie et de cette vérité est encore parmi nous. C'est cette puissance qui vient à notre aide quand nous rendons un culte et que nous vénérons le Bouddha. Néanmoins, en ce qui concerne la personne historique du Bouddha, c'était la fin.

Ceci n'est pas le point de vue de maintes autres traditions bouddhiques, dont le bouddhisme tibétain. Selon cette école, la bouddhéité, ou illumination complète, sera vue dans la perspective de la doctrine des trois *kayas*, les trois corps. Bouddha Shakyamouni fut bien un personnage historique — il a existé à une date précise et dans un lieu, un contexte et un environnement précis — et son nirvana final à Kushinagar fut un événement historique. Mais la conscience et le courant de conscience du Bouddha ont continué et sont toujours présents. Le Bouddha, en tant que corps d'émanation de forme humaine, a cessé d'exister, mais il est toujours présent sous sa forme de *sambhogakaya*, l'état de jouissance parfaite. Et il continue d'émaner et de se manifester sous des formes variées qui sont les mieux adaptées et les plus profitables aux êtres sensibles. De ce point de vue, si Bouddha Shakyamouni en tant que figure historique a cessé d'exister, la présence de Bouddha demeure encore. Selon cette tradition, la conscience est sans commencement et sans fin, vue en termes de continuité.

Pour un bouddhiste pratiquant, le nirvana final du Bouddha possède un sens très symbolique car les derniers mots du Bouddha ont porté sur la doctrine de l'impermanence et de la nature transitoire de toutes choses. Il déclara que toutes choses et événements sont transitoires, impermanents et non-durables. Il déclara également que le corps d'un être complètement illuminé — le Bouddha, ou *Tathagata* — est aussi impermanent et soumis aux mêmes lois. Et sur ces mots il s'éteignit. Pour un bouddhiste pratiquant, le nirvana final du Bouddha, l'acte historique de s'éteindre, réaccentue l'importance de la pratique de l'impermanence.

Je suis intrigué par la phrase de l'Évangile où Jésus déclare : « Je ne suis pas encore monté vers le Père. » Je suis curieux de savoir comment l'Ascension est expliquée dans la théologie chrétienne.

Père Laurence : Auparavant, dans l'Évangile de Jean, Jésus dit : « Je sais d'où je viens et je sais où je vais. » Il décrit sa vie, sa mission, comme un retour à sa source. Partout, il dit : « Je suis venu du Père... » Son Ascension est la réintégration de son humanité pleinement développée à sa source dans le Père, en Dieu. En un sens, l'Ascension est l'intégration totale de la divinité et de l'humanité de Jésus.

Le Dalaï-lama : Le bouddhisme pense qu'une relation spéciale unit l'émanation et la force émanante, et qu'une émanation prend fin quand elle a accompli sa destinée. On trouve l'idée que l'émanation est réabsorbée dans sa source, bien que, dans certains cas, l'émanation disparaisse de son plein gré. Ainsi, dans le cas du Bouddha Shakyamouni historique, après le nirvana, son corps physique était clairement présent ; ce corps fut incinéré, et tout le monde pouvait le voir. Un bouddhiste pratiquant dirait que la conscience du Bouddha, le propre esprit transcendant du Bouddha avait réintégré ou avait été réabsorbé dans l'état du *dharmakaya*. Certains textes font référence également à un autre genre de phénomène — à des êtres spirituels hautement évolués capables de rejoindre différents mondes purs sans avoir à se débarrasser de leurs corps physiques.

Père Laurence : Voilà de magnifiques aperçus pour comprendre la Résurrection au sens chrétien ; c'est très stimulant. Je pense que la compréhension que le chrétien a de la résurrection comporte aussi une dimension cosmique. Jésus est l'incarnation de Dieu dans la forme humaine, et par ce Verbe de Dieu est née la Création, ou cosmos. Alors quand la forme humaine de Jésus meurt, il se passe une transformation qui anticipe sur ce qui adviendra au cosmos tout entier. La forme humaine corporelle de Jésus est réabsorbée, dans la totalité de son énergie et de sa forme physiques, au sein de la source de l'univers, en Dieu. Ceci finira par advenir au cosmos tout entier. Tout, dans le cosmos, est venu de Dieu, est une émanation de Dieu, et retournera à Dieu. Je pense donc que nous voyons dans la Résurrection une transformation de la matière qui retourne à sa source originelle. Ceci arrive au corps de Jésus sous sa forme humaine — corps, esprit et âme —, mais c'est aussi une anticipation sur ce qui adviendra au cosmos à son heure, à la fin des temps.

Votre Sainteté, comme nous arrivons au terme de notre séminaire, je pense que nous sommes tous d'accord pour dire qu'il nous faudra bien deux vies — ou plus ! — pour assimiler ce don magnifique que vous nous avez fait. J'aimerais vous soumettre quelques questions posées par l'assistance, provenant soit de groupes soit d'individus. Nous avons dû les classer et faire un choix — car beaucoup avaient trait au même sujet. J'ai pensé également, comme nous l'avons fait au début de ce séminaire, que nous commencerions par prêter attention au peuple et à la nation du Tibet que vous représentez et incarnez, en vous assurant de notre soutien sans réserve à votre cause de justice et de paix.

Une des questions posées concerne l'idée d'espace sacré et de terre sainte, suite à vos commentaires sur le pèlerinage. Vous parliez du profit à retirer des visites aux lieux saints. La question que nous aimerions vous poser est : qu'est-ce qui, d'après vous, rend un lieu saint ?

Le Dalaï-lama : Je pense qu'au départ, un lieu devient saint par la puissance du pratiquant spirituel qui y vit. La puissance des réalisations spirituelles d'un individu « charge » en quelque sorte le lieu, lui donne une certaine énergie ; le lieu à son tour peut « charger » les individus qui le visitent. Ensuite, ces lieux saints jouent un autre rôle important, surtout ceux qui sont associés aux vies des maîtres fondateurs des grandes religions. En les visitant, les adeptes d'une religion particulière ont l'occasion de réfléchir en profondeur sur le modèle donné par ces bons maîtres et, ainsi stimulés et motivés, ils ont une chance de suivre leur exemple.

Père Laurence : Pensez-vous qu'il serait profitable que les gens de religions différentes partent ensemble en pèlerinage ?

Le Dalaï-lama : Oui, c'est même un projet sur lequel je travaille. Je suis sûr que cette pratique aura d'immenses bénéfices.

Père Laurence : Une autre question qui découle peut-être de ceci, concerne les chrétiens et les bouddhistes d'autres traditions — non tibétaine — qui sont sensibles aux besoins du Tibet et que l'indifférence de l'Occident scandalise. Comment, par un moyen spirituel ou tout autre que vous pourriez suggérer, les chrétiens, les bouddhistes et les gens d'autres religions peuvent-ils vous aider et soutenir la cause du peuple du Tibet ?

Le Dalaï-lama : Comme la question de la liberté du Tibet est intimement liée à la liberté et, en fait, à la survie même de la spiritualité au Tibet, elle n'est pas sans conséquences pour le monde dans son ensemble. La spiritualité ancienne du Tibet est un enjeu considérable. Si elle arrive à survivre à cette menace, non seulement les Tibétains en profiteront, mais elle contribuera grandement au bien-être du peuple chinois. En ce sens, je pense que les pratiquants et les organisations des autres religions — tous les gens pour qui la spiritualité a une valeur — ont un rôle spécial à jouer en apportant leur soutien à notre cause.

Père Laurence : Pour beaucoup, peut-être l'immense majorité d'entre nous ici, notre pratique de la méditation au jour le jour est le moyen le plus immédiat dont nous disposions pour progresser dans la compassion et dans le service généreux de causes telles que le Tibet. Nous serions tous stimulés et enrichis si vous pouviez nous prodiguer vos encouragements et vos conseils sur le moyen de rester constants dans la voie de la méditation quotidienne. Beaucoup de gens vivant dans les villes sont confrontés aux problèmes de la vie moderne et éprouvent de grandes difficultés à méditer. C'est pour cela que la Communauté de la Méditation chrétienne s'est constituée, pour leur venir en aide. Mais il est souvent difficile à des gens ne vivant pas dans des monastères — et parfois à ceux qui vivent dans des monastères ! — de méditer. Apportez-nous, s'il vous plaît, un encouragement et une vue éclairée sur ce qu'il nous faut développer pour persévérer et approfondir notre méditation au quotidien.

Le Dalaï-lama : Si une personne est animée d'un réel intérêt pour la croissance spirituelle, elle ne peut pas se passer de la pratique de la méditation. Voilà la clé ! Une simple prière ou un souhait ne produiront pas ce changement spirituel intérieur. La *seule* façon d'avancer est de fournir un effort constant par la méditation ! Naturellement, au début, ce n'est pas facile. Vous éprouverez des difficultés, ou une baisse d'enthousiasme. Ou peut-être, au contraire, un *excès* d'enthousiasme, suivi au bout de quelques semaines ou de quelques mois, par un déclin. Il faut développer une approche régulière, persévérante, s'appuyant sur un engagement à long terme.

Père Laurence : Quels sont les principaux moyens pour nous aider à persévérer quand vient le découragement ?

Le Dalaï-lama : Il faut constamment réfléchir et peser le pour et le contre quant au fait de méditer ou de ne pas méditer. Il faut mesurer le profit, la valeur et l'efficacité de la méditation, d'un côté, et les effets négatifs d'un abandon de la méditation, de l'autre. En comparant constamment ces deux aspects, on arrive à maintenir l'enthousiasme. Cette planète compte un peu plus de cinq milliards d'individus ; globalement, ils se répartissent en trois catégories : ceux qui sont des croyants et des pratiquants spirituels ; ceux qui ne sont pas seulement incroyants, mais aussi anti-religieux ; et enfin ceux qui, sans être des pratiquants religieux, n'ont pas d'hostilité particulière vis-à-vis de la religion. Ils sont dans un état d'indifférence. Ces trois types de gens sont pourtant fondamentalement égaux : tous sont animés par l'instinct et le désir naturels d'être heureux et de vaincre la souffrance.

Si le pratiquant ou croyant doit se comparer à quelqu'un, ce ne doit pas être aux personnes du troisième groupe. Il doit se comparer à un représentant de la deuxième catégorie, ceux qui sont anti-religieux, qui non contents de ne pas croire, pensent que la religion est inutile et fausse. Comparez votre vie avec la leur et voyez laquelle atteste du plus grand contentement et du plus grand bonheur. Naturellement, par certains aspects, ceux qui font *tout* pour parvenir à leurs fins peuvent donner l'impression d'une plus grande réussite. Mais sur le long terme, on doit juger du succès d'un mode de vie à la qualité de vie qu'il manifeste et à la paix intérieure d'un individu. Une vie dépourvue de dimension spirituelle laisse en général moins de place à la tranquillité intérieure. Voyez les leaders des pays communistes et de la Chine. Bien sûr, tous ces leaders veulent être heureux, comme nous tous ! Mais chacun adopte une certaine méthode, et celle de ces leaders leur fait croire que la religion est un poison. Dans l'autre catégorie, la première, les gens souhaitent aussi trouver le bonheur, mais leur méthode est la religion. Ici, nous rencontrons les vrais pratiquants — pas ceux qui se contentent de dire qu'ils croient et pratiquent une religion sans que celle-ci n'ait la moindre importance dans leur vie. Si nous comparons les deux catégories, nous constaterons sans équivoque que la vie du vrai pratiquant manifeste plus de bonheur, de tranquillité et de paix. Et même dans la société en général, je suis sûr qu'on accordera plus de respect et de confiance à ces gens.

En considérant les choses sous cet angle, vous verrez combien il est utile d'intégrer la religion et une forme quelconque de spiritualité dans votre vie. Comparez-vous avec d'autres pour renforcer votre conviction. Il est bon également de confronter de temps en temps ses expériences aux écritures. De cette façon, lentement et progressivement, vous verrez la valeur profonde de la spiritualité. Plus grande sera votre conviction, plus vous ressentirez de l'enthousiasme et plus grande sera la force pour aller de l'avant.

Ceci *devrait* être le cas, mais dans le monde réel, malheureusement, c'est exactement le contraire que nous observons. Si vous avez un désir très fort d'obtenir quelque chose, vos efforts seront naturellement d'autant plus grands. Prenons l'exemple des politiciens, déterminés à se faire élire : on a souvent l' impression qu'ils donnent presque tout pour atteindre leur but. Ils partent en campagne, s'arrêtent dans toutes les localités. Lors de la campagne, vous les voyez vieillir à vue d'œil ! Voilà à quoi ils consacrent toute leur énergie. On trouve la même détermination chez certains hommes d'affaires dont le seul but est de gagner de l'argent, de faire du profit. Ils le désirent si ardemment, qu'ils donneront tout pour atteindre ce but. Il devrait en être de même pour le pratiquant spirituel, mais il semble qu'on ne voit guère de pratiquants spirituels qui soient aussi acharnés dans leurs efforts ! Ce que je veux dire, c'est que plus vous verrez clairement le but auquel vous aspirez, plus vous vous engagerez avec force à l'atteindre et plus, sur la voie, votre motivation sera grande.

Dès le départ, il faut absolument comprendre que le développement spirituel n'est pas facile ; ça prend du temps. Si, au début, on espère trop vite un changement radical, c'est le signe certain d'un échec possible ! Mentalement, il faut accepter que le progrès prenne du temps.

Père Laurence : Pouvez-vous nous dire combien de temps ?

Le Dalaï-lama : En termes bouddhistes, nous parlons de périodes cosmiques incalculables ! Et quand vous pensez en termes de périodes cosmiques, les mois et les années ne sont rien ! Une vie courte n'est rien ! Cent ans, rien du tout ! Penser en termes de périodes nombreuses, voilà qui aide vraiment à développer une forte détermination ! Mais ce n'est pas cela qui importe ici. Le point essentiel, c'est comment être bon tout au long de cette vie !

Père Laurence : Nous, les chrétiens, nous croyons que l'Esprit Saint est à l'œuvre non seulement parmi les chrétiens, mais qu'il traverse toute l'humanité, partout où l'on cherche la vérité. Beaucoup seraient sans doute d'accord avec moi pour dire que l'Esprit Saint est à l'œuvre dans la manière dont vous et nombre de vos frères moines et laïques tibétains ont apporté la sagesse du Tibet en Occident et ont été des modèles de compassion, de pardon et de générosité au prix de souffrances et de sacrifices personnels considérables. Je considère les visites de Votre Sainteté dans ce pays et en Occident comme un grand don fait au christianisme. A des Occidentaux qui ont perdu leur ferveur spirituelle et leur détermination à progresser, vous permettez de comprendre la religion sous un angle nouveau. Je me demande si vous pouvez nous aider à comprendre pourquoi le monde moderne — alors que nous avons plus de loisir, plus de temps, une meilleure santé, de meilleures conditions de vie, plus de confort matériel que jamais — a perdu ce sens de la vraie religion et de la pratique spirituelle ?

Le Dalaï-lama : Peut-être, dans vos monastères disposez-vous de loisir, mais à l'extérieur — surtout dans les villes — la vie court à un rythme précipité, comme une horloge, sans jamais s'arrêter un seul instant ! En fait, il y a quelques jours seulement, je disais à un de mes proches qu'à bien observer la vie dans les villes, on a l'impression que toutes les facettes de la vie des individus doivent être définies avec beaucoup de précision, comme une vis qui doit s'emboîter exactement dans le trou. En un sens, vous n'avez aucun contrôle sur votre propre vie. Pour survivre, vous devez suivre ce modèle et le rythme qui vous est imparti.

Père Laurence : Que diriez-vous, Votre Sainteté, de la remarque tant de fois entendue : « Je méditerais bien, mais je n'ai pas le temps. »

Le Dalaï-lama : A ce propos, j'aimerais vous raconter une histoire. Il était une fois deux moines — un maître et son disciple. Un jour, pour donner un peu de courage à son disciple, le maître dit : « Un jour, crois-moi, nous irons pique-niquer. » Quelques jours après, il n'y pensait plus. Plus tard, le disciple rappela sa promesse au maître, mais celui-ci répondit qu'il était trop occupé et ne pouvait aller pique-niquer avant un certain temps. Un long temps passa, et toujours pas de pique-nique. Le disciple revint à la charge : « Quand irons-nous faire ce fameux pique-nique ? — Le maître dit : Pas maintenant, je suis beaucoup trop occupé. » Ainsi, un jour, le disciple vit un cadavre qu'on emportait, et le maître lui demanda : Que se passe-t-il ? — Et le disciple répliqua : Eh bien, ce pauvre homme va pique-niquer ! »

La morale de l'histoire, c'est que dans la vie, à moins de réserver un moment spécifique à une occupation dont vous sentez qu'elle vous tient à cœur, vous aurez toujours d'autres obligations et vous serez toujours trop occupé.

Père Laurence : Votre Sainteté, j'aimerais dire quelques mots en guise de conclusion au séminaire ; ensuite, je demanderai à Sœur Eileen O'Hea d'exprimer à sa manière notre reconnaissance à tous. Je veux tout d'abord vous remercier, du plus profond de mon être — qui reste un mystère pour nous tous. Mais je sais que c'est depuis cette profondeur que nous vous remercions de ce que vous avez rendu possible et donné à chacun de nous. Je prends conscience depuis quelques jours que nous vivons un moment historique, qui a été rendu possible grâce à votre courage et à votre remarquable ouverture d'esprit. Vous avez été généreux en nous accordant ce grand moment dans votre emploi du temps, et courageux en osant explorer des écritures dont vous n'êtes pas familier.

Ce qui m'a frappé en vous écoutant, c'est que votre sagesse intuitive et votre sens de la vérité, formé dans le bouddhisme, vous permet de scruter très profondément et de saisir très clairement nombre des vérités de nos Écritures et de nous les révéler sous un jour nouveau. Il m'apparaît également que ceci fut possible parce que nous avons pu vous confier ce que nous avons de très précieux et très sacré. Notre confiance a été plus que payée de retour parce que vous avez traité ce dépôt avec vénération, avec un sens du sacré et un respect des plus profonds. Permettez-nous de vous remercier pour cela aussi.

La façon dont vous avez exploré nos Écritures en notre compagnie m'est apparue — à moi et à nous tous — comme un exercice de non-violence. Il vous aurait été possible de traiter ces textes assez superficiellement. (Et vous auriez la force de le faire !), mais vous avez au contraire fait usage de votre force de sagesse, d'intuition, d'intelligence, et de votre puissance spirituelle, avec une rare délicatesse. Ceci est une leçon de non-violence que nous garderons en mémoire. Tandis que nous pénétrions dans ces différents textes, pour finir cet après-midi avec la Résurrection, le mystère qui fonde notre foi, je sentais que vous vous serviez d'un langage, d'une pensée et d'images qui réunissaient nos cultures et nous portaient à la limite du langage. Tandis que s'achève le séminaire, nous nous préparons, avec le festival interreligieux, à entrer dans d'autres formes d'expression — chant, musique et danse, ainsi que la parole — qui nous emmèneront dans une dimension différente de la vérité. Mais votre maîtrise de la pensée et du langage nous a conduits, comme je l'ai dit, à une limite. Je ne pense pas que ce soit la fin de notre exploration. J'espère et je prie que Votre Sainteté ait, d'une manière ou d'une autre, plaisir à poursuivre cette conversation.

Je veux vous remercier non seulement au nom de notre propre *World Community for Christian Meditation*, mais aussi au nom de l'Église et de l'ordre monastique. Je pense que ce séminaire montre qu'il est possible pour les différentes traditions religieuses d'engager un dialogue profond qui ne se limite pas à passer en revue d'évidentes similitudes, mais se propose de chercher ensemble la vérité. Nous sommes peut-être sur des chemins parallèles, mais l'esprit est unique. En tant que chrétiens, nous sommes encouragés à comprendre notre rôle comme un rôle de serviteurs. Jésus se présente lui-même dans les Évangiles non pas comme seigneur et maître mais comme serviteur. Il dit : « Je suis venu parmi vous pour servir. » Beaucoup de disciples de Jésus, par le passé, l'ont oublié. Beaucoup de chrétiens, et l'Église elle-même à maintes reprises dans l'histoire, ont recherché le pouvoir temporel, le pouvoir politique ou le pouvoir religieux sur autrui par le biais de l'impérialisme et d'autres formes d'autoritarisme. En tant qu'êtres humains nous reconnaissons que ceci est péché. Mais vous nous avez aidés à comprendre la nature de l'humilité et le rôle du chrétien, et l'intelligence particulière que nous avons de nous-mêmes en tant que disciples et serviteurs. C'est pourquoi nous nous engageons à poursuivre ce travail au service de l'unité des religions.

Enfin, je voudrais remercier les nombreuses personnes grâce à qui ce séminaire à pu être si enrichissant — les appariteurs, l'équipe cinématographique et surtout notre coordinateur, Clem Sauvé, qui est arrivé du Canada il y a huit semaines pour travailler avec nous. Et, le dernier mais non le moindre — j'espère ne pas le faire rire à nouveau — j'aimerais remercier Thupten Jinpa, votre interprète.

Et maintenant, je laisse la parole à Sœur Eileen.

Sœur Eileen : Votre Sainteté, je ne sais pas ce que je peux ajouter aux propos du père Laurence, mais en tant que porte-parole du groupe ici présent, je voudrais dire que nous ne savons comment vous exprimer pleinement notre gratitude. Vous avez partagé avec nous la sagesse de votre culture et de votre tradition d'une manière qui nous aide à reconnaître en vous ce que clarté et pureté d'esprit signifient vraiment. Ce faisant, nous reconnaissons notre propre désir de lutter pour parvenir à ces mêmes qualités. Grâce à vous, nous avons beaucoup appris, non seulement par vos paroles, mais par votre présence et l'amour qui rayonne de vous, et par votre compassion. Ce mot ne signifiera jamais plus la même chose pour moi ! Je sais qu'en ce qui me concerne — et je pense qu'il en va de même pour beaucoup d'entre nous — cette rencontre a changé ma vie.

Nous disons que les Écritures chrétiennes sont la Parole vivante de Dieu. Certains jours, il nous semble qu'elles n'ont plus rien à nous dire, que c'est toujours la même histoire connue. Mais un mouvement de la grâce de l'Esprit Saint nous guide à travers ces temps d'opacité. Si nous persévérons, les mots reprennent vie et se chargent de significations de plus en plus profondes. En vous écoutant lire nos Écritures, je constatais que les mots de Jésus prenaient un sens de plus en plus profond pour moi — et je pense qu'on peut en dire autant pour toutes les personnes ici présentes. Je regrette de ne pouvoir répondre à cet honneur en m'associant à un partage de vos écritures comme vous l'avez fait pour les nôtres. Je voudrais aussi que vous sachiez — et beaucoup me suivront — notre douleur devant les atrocités perpétrées contre votre peuple. Personnellement, en tant que citoyenne américaine, j'ai honte de ce que notre gouvernement n'ait pas décidé de vous aider. Je puis vous assurer à cet égard que je ne resterai pas plus longtemps silencieuse.

Quelqu'un a dit que nous avions pris part à un grand festin et que nous mangeons pour vivre. Je pense que nous allons tous vivre mieux après ce contact avec vous. Je ne sais si nous aurons l'occasion de nous revoir, ou si j'aurai encore le privilège d'être aussi proche de vous qu'au cours de ces journées.

Mais je suis sûre que dans notre méditation, dans ce lieu où nous nous rejoignons par la prière et la méditation, nous sommes unis. Nous pouvons nous séparer ici, physiquement, mais par cette expérience, nous nous rejoindrons toujours en ce lieu de conscience-communion.

Aussi, Votre Sainteté, je vous remercie profondément d'être ici présent. Je vous adresse nos prières, nos vœux de bonheur, notre gratitude et nos bénédictions pour tous vos projets. J'aimerais terminer en citant Thomas Merton qui disait : « Au centre de notre être se trouve un lieu de pure lumière, un lieu inviolé par le péché ou l'illusion. » Je vous remercie de nous avoir permis, grâce à cette rencontre, de voir ce lieu de pure lumière en vous.

Le Dalaï-lama : Je voudrais exprimer ma joie d'avoir eu l'occasion de partager ce temps très précieux avec vous. L'amitié qui me lie au père Laurence s'est accrue au cours de ces journées. Je voudrais aussi profiter de l'occasion pour exprimer ma profonde reconnaissance pour tous les soucis, les sentiments de sympathie et le soutien manifestés pour mon travail, mon pays et mon peuple par Laurence Freeman. Ses sentiments partaient d'un cœur ouvert, sans aucun voile. Ils me remplirent à la fois de joie et de tristesse. Merci.

Je voudrais également exprimer ma profonde gratitude à vous tous qui avez assisté à ces lectures et discussions. Bien que ce que j'avais à dire était très « sommaire » et assez improvisé, j'ai remarqué chez tout le monde une grande attention et une grande concentration. Cela m'a réellement touché. Si donc vous retirez ne serait-ce qu'un petit profit de ce qui a pu être dit au cours de ces quelques jours, ou par le simple fait d'avoir participé à ce séminaire, j'en serais comblé. A vous tous, je lance cet appel : s'il vous plaît, efforcez-vous de donner le plus de sens possible à la précieuse vie humaine dont vous disposez.

DIXIÈME PARTIE

LE DIALOGUE INTERRELIGIEUX ET LES RELATIONS ENTRE BOUDDHISTES ET CHRÉTIENS

Père Laurence Freeman : En septembre 1994 à Londres, Sa Sainteté le Dalaï-lama dirigea le John Main Seminar, une rencontre spirituelle annuelle en l'honneur du moine bénédictin John Main dont le père Bede Griffiths a dit un jour qu'il était le guide spirituel le plus important de l'Église d'aujourd'hui.

Le Dalaï-lama et Dom John Main ne se sont rencontrés que deux fois. La première rencontre eut lieu en 1980 dans la cathédrale catholique de Montréal au Québec où l'on avait demandé à Dom John d'accueillir le leader tibétain en tant que moine frère, au début d'une grande soirée interconfessionnelle. Lors des réunions de préparation de cette soirée, je me souviens que le père John plaida vigoureusement pour qu'un grand moment de méditation silencieuse soit inclus dans le programme. Les chefs religieux présents, de l'archevêque au sorcier indien d'Amérique, devaient se témoigner leur amitié et réciter de belles prières. Des chants et des psalmodies étaient prévues, et la cathédrale elle-même resplendissante des beautés de l'art chrétien apporterait son concours à cette soirée. Mais les organisateurs étaient inquiets à l'idée d'introduire vingt minutes de silence au milieu d'une cérémonie publique de cette ampleur. Le père John insista et finit par avoir gain de cause.

Après la cérémonie, le Dalaï-lama chercha à rencontrer le moine bénédictin qui l'avait accueilli pour lui dire combien le fait pour lui inhabituel de méditer dans une église l'avait impressionné. Témoin de leur entretien, je voyais bien qu'une grande affinité liait les deux hommes. Les propos qu'ils échangeaient étaient assez banals, mais je sentais qu'ils exploraient un niveau de dialogue plus profond, silencieux. Le père John invita ensuite le Dalaï-lama à venir visiter, en ville, la petite communauté bénédictine de fondation récente, qui se consacrait à la pratique et à l'enseignement de la méditation selon la tradition chrétienne. A l'époque, nous habitions en banlieue dans une petite maison, entourés d'une nombreuse communauté laïque vivant dans des appartements. C'était un nouveau mode de monachisme urbain qui puisait ses forces vives et son projet dans la redécouverte de la méditation selon la tradition spirituelle chrétienne.

Qu'allait en penser le Dalaï-lama, lui qui, selon toute vraisemblance avait en tête des images de monastères chrétiens médiévaux ? Hésitant, son secrétaire intervint pour dire que malheureusement l'emploi du temps de Sa Sainteté était trop chargé et ne lui permettait pas d'accepter. Je n'étais pas surpris. Mais ensuite, le Dalaï-lama se tourna vers son secrétaire et déclara sur un ton qui, sans rien perdre de sa douceur avait gagné en force, qu'il était décidé à accepter l'invitation et qu'il fallait s'arranger pour l'insérer dans son emploi du temps. Le Dalaï-lama insista et eut gain de cause. Le père John et lui échangèrent un regard, se sourirent et se séparèrent.

Le dimanche suivant, quelques heures après le passage de la police montée canadienne qui visita les lieux de fond en comble, le cortège de limousines du Dalaï-lama s'arrêta devant la maison de la communauté. Sa Sainteté se joignit à nous pour la méditation de midi dans notre petite salle réservée à cet effet, et ensuite partagea notre repas. Nous mangeâmes comme d'habitude en silence. Après le déjeuner, il y eut un moment de conversation, puis le père John et le Dalaï-lama se retirèrent pour parler en privé. Avant de partir nous lui fîmes don d'un exemplaire de la *Règle de saint Benoît* et il offrit au père John la traditionnelle écharpe tibétaine de soie blanche en signe de respect.[21] Le Dalaï-lama s'en alla et le père John reprit son travail de fondation de la Christian Meditation Community. Après cet après-midi d'automne de 1980, les deux hommes ne se revirent plus.

Entre cette rencontre et notre invitation de 1993 beaucoup de choses s'étaient passées. Le père John était décédé en 1982 à l'âge de cinquante-six ans, alors que la Meditation Community était à peine fondée. Mais son enseignement commençait à se répandre dans l'Église et le mouvement se poursuivit dans les années qui suivirent, nourrissant et approfondissant la vie spirituelle d'un grand nombre de chrétiens. Vingt-cinq centres avaient vu le jour, et plus d'un millier de petits groupes hebdomadaires de méditation destinés à soutenir la pratique individuelle de chacun s'étaient constitués dans plus d'une centaine de pays. Le centre international de la World Community for Christian Meditation qui avait été fondée aux États-Unis lors du séminaire de 1991 à New Harmony, Indiana, conduit par le père Bede Griffiths, moine bénédictin et pionnier du dialogue inter-religieux, avait ouvert ses portes à Londres. Les séminaires précédents avaient été dirigés par la spécialiste en sanskrit, Isabelle Glover ; le philosophe Charles Taylor ; le critique littéraire Robert Kiely ; la psychologue et sœur de Saint-Joseph, Eileen O'Hea ; le professeur John Todd ; le fondateur de L'Arche, Jean Vanier ; et le chercheur et théologien jésuite, William Johnston.[22]

En guise de réponse à notre invitation, je fus surpris et heureux de recevoir un petit mot personnel du Dalaï-lama disant qu'il gardait le souvenir de sa rencontre avec John Main, treize ans auparavant, se réjouissait de la croissance de la communauté à travers le monde, et se déclarait heureux et honoré de diriger le prochain séminaire. La brève rencontre des deux moines, longtemps auparavant, nous offrait une chance merveilleuse. Comment allions-nous la saisir ?

Plusieurs raisons nous avaient conduits à faire cette proposition à Sa Sainteté, premier non-chrétien invité à diriger le séminaire. Sa rencontre avec Dom John, même brève, avait été capitale. Elle avait mis en lumière l'importance de développer le dialogue entre chrétiens et bouddhistes à un niveau plus profond, un niveau rendu possible et accessible à tous grâce à la méditation. Quelque chose est touché dans le partage en commun d'un profond silence, quelque chose que les mots peuvent approcher sans jamais réussir à l'exprimer tout à fait. Notre choix s'était également porté sur le Dalaï-lama parce qu'il était devenu l'un des maîtres spirituels contemporains les plus aimés et les plus abordables. L'agonie du Tibet, qui l'accompagne en permanence, l'a élevé à une charge spirituelle globale où les valeurs religieuses universelles de paix, de justice, de tolérance et de non-violence trouvent leur incarnation joyeuse et malgré tout éminemment sérieuse. Ce fait est apparu clairement quand Sa Sainteté a lu à haute voix les Béatitudes lors de la première séance. Tout le monde a senti qu'elles prenaient une autre dimension entre ses lèvres ; celle de vues pénétrantes dont il avait personnellement fait l'expérience.

En cherchant le moyen approprié de saisir cette occasion, la réponse vint d'elle-même : laisser faire. Nous étions en présence d'une situation inédite. Un séminaire au cours duquel le Dalaï-lama passerait trois jours avec un groupe réunissant des méditants chrétiens engagés sur une voie spirituelle et leurs amis non-chrétiens tout aussi profondément engagés était trop exceptionnel pour organiser un habituel groupe de discussion interreligieux. J'avais informé Sa Sainteté que nos séminaires comprenaient des temps de méditation et des temps de dialogue. Nous devions méditer ensemble trois fois par jour, et ces moments ne seraient pas sacrifiés ; ils constituaient le noyau de la rencontre. Naturellement, il n'avait aucune objection à ce propos. Le problème n'était plus de rester silencieux, mais de trouver un sujet de discussion.

Nous passâmes en revue les thèmes philosophiques et religieux généralement abordés dans ce genre de rencontre entre bouddhistes et chrétiens, et nous pensâmes qu'ils ne rendaient pas justice au caractère exceptionnel de la rencontre. Puis nous décidâmes de nous jeter à l'eau. Nous offririons à Sa Sainteté ce que les chrétiens ont de plus précieux, de plus saint et de plus profond : nous lui demanderions de commenter les Évangiles. Il accepta sans hésitation, faisant seulement remarquer que, bien évidemment, il connaissait mal ces textes. Je vis dans sa remarque un signe des plus émouvants de sa confiance en soi et de son humilité.

Deux ou trois ans plus tôt à Londres, donnant une série de conférences sur la philosophie bouddhiste, il avait stupéfié son auditoire par sa rigueur intellectuelle et l'étendue de son savoir. N'importe quel savant aurait été fier de cette réussite. Maintenant, il acceptait volontiers de se présenter devant un auditoire chrétien, certes indulgent et contemplatif, pour parler d'un domaine qu'il connaissait très peu — c'est du moins ce qu'il prétendait avec le sourire. L'idée une fois acceptée, le séminaire fit naître de grands espoirs. De part et d'autre la foi se trouvait engagée, et l'issue était incertaine. Nous ne doutions pas que le temps de méditation, de présence partagée, était en lui-même de première importance. Tous ceux qui ont pu rester un moment avec le Dalaï-lama savent que sa présence irradie la paix, la profondeur et la joie. Mais même avec le Dalaï-lama, le séminaire, en ce qui concerne le dialogue, pouvait tourner au fiasco.

Tout au contraire, la version 1994 du séminaire, intitulée *The Good Heart* — le bon cœur —, fut un succès d'une ampleur que nous n'escomptions pas. Ceci m'amène à faire quelques remarques. Le commentaire du Dalaï-lama sur les Évangiles constitue le cœur de ce livre. Il aura très certainement des effets sur le dialogue tel qu'il se poursuivra au cours du prochain millénaire entre les religions de l'humanité. Ce livre souligne l'importance que revêt ce dialogue pour l'avenir du monde, et propose une stratégie ô combien nécessaire pour relever le défi que représente la création d'un monde de paix et de coopération dans les décennies à venir : il propose un *modèle de dialogue*.

Présence

On peut dire que le John Main Seminar était déjà en germe dans la manière spéciale dont le Dalaï-lama et Dom John Main étaient présents l'un à l'autre au cours de leurs rencontres. Ce facteur de la présence a été mentionné par le Dalaï-lama à propos également de ses rencontres avec Thomas Merton.[23] C'est cette même alchimie de la présence qui étaya le profond dialogue de 1994. (Après coup, le Dalaï-lama observa qu'il avait davantage appris sur le christianisme au cours du séminaire qu'à aucun autre moment depuis ses conversations avec Merton trente ans auparavant.)

La présence est l'une des principales leçons que nous — bouddhistes, chrétiens ou adeptes d'autres religions — devons retenir de ce séminaire sur les Évangiles, s'il nous faut apprendre une meilleure façon de relever le défi du dialogue à notre époque. Comme cette présence dans le dialogue est non-verbale et non-conceptuelle, cette affirmation paraîtra vague ou banale à certains ; qu'on ne s'y trompe pas, c'est un fait d'une dure réalité. Qu'il soit difficile à décrire n'empêche pas qu'il soit la première dimension que nous expérimentons dans le vécu du dialogue. *Comment* sommes-nous perçus l'un par l'autre ? Sur ce fondement de la présence mutuelle de l'un à l'autre s'élabore le dialogue verbal, de lui dépend son succès. Les mots ne peuvent rien accomplir si la présence fait défaut. Sans cette lumière, ils risquent même de nous égarer complètement.

Dans ses remarques liminaires, le Dalaï-lama rappela l'importance de toutes les formes de dialogue actuellement pratiquées entre les religions. Il souligna l'importance du dialogue entre savants. Mais d'après lui, l'échange essentiel et — pour reprendre un terme caractéristique du bouddhisme — le plus *opératif* ne se situe pas sur le plan intellectuel ; c'est une conversation entre pratiquants sincères qui voient les choses du point de vue de leurs propres religions, une conversation qui naît du partage de leurs pratiques respectives.

Cette idée est commune aux penseurs chrétiens et bouddhistes. Dans la tradition monastique chrétienne primitive, les Pères insistaient sur la place centrale de la *praktike*, la connaissance dérivée de l'expérience et non du savoir conceptuel. Le cardinal Newman[24] mettait en garde contre le danger de vivre sa foi sur un plan qui se limiterait au « consentement spéculatif », omettant la vérification par l'expérience personnelle. Si John Main exhortait avec tant de force les chrétiens à retrouver la dimension contemplative de leur foi, c'est que, disait-il, nous devons « vérifier les vérités de notre foi par notre propre expérience ». Dans le contexte de ce séminaire sur les Évangiles, l'idée a ceci de nouveau qu'elle s'applique au dialogue interconfessionnel et non plus seulement à la découverte personnelle des croyances de sa religion.

L'exercice est très exigeant et pour beaucoup de pratiquants sincères, déstabilisant. Il suggère qu'il existe un niveau universel et sous-jacent de vérité auquel on accède par des religions différentes. Engagé dans un tel dialogue empirique, on fera l'expérience de la vérité par la suspension pleinement consentie de l'exclusivisme de l'un vis-à-vis de l'autre. Si cela est vrai, s'ensuit-il pour autant que chaque religion particulière est ni plus (ni moins ?) qu'une porte singulière ouvrant sur la grande salle d'audience de la Vérité ? Comme nous le verrons bientôt, le Dalaï-lama répond très subtilement mais sans dérobade à cette difficulté.

Contentons-nous simplement de relever le rôle capital de la présence pour ce type nouveau de dialogue, véritablement précurseur. Cette présence est humaine, ordinaire, affectueuse, amicale et confiante. Les quatre cents participants l'ont immédiatement sentie dès que Sa Sainteté pénétra le premier jour dans la salle du séminaire. Dans le dialogue moderne entre les religions et les cultures, cette qualité de présence ne devrait pas être sous-estimée, et certainement pas évacuée en tant qu'élément émotionnel secondaire par rapport au monde des idées pures. Si, comme l'affirme le Dalaï-lama, la preuve et la validation de toute religion est la réalisation chez le pratiquant, d'un bon cœur, des qualités de compassion et de tolérance innées à l'être humain, le même critère vaut pour le dialogue, qui constitue de nos jours une œuvre et un domaine d'activité importants de toutes les religions.

Autrefois, l'acte religieux pouvait se résumer à la célébration ou à l'exploration de ses propres rituels et croyances. Un élément nouveau apparaît aujourd'hui, qui consiste à entrer avec empathie et respect dans les croyances et les rituels des autres religions sans pour autant les faire nôtres. Le fruit et la validation de cette nouvelle activité dont les générations précédentes ne se souciaient guère, quand elles ne la considéraient pas comme déloyale et blasphématoire, est le même que celui de toutes les religions : compassion et tolérance. Le dialogue devrait non seulement nous animer de meilleurs sentiments à l'égard d'autrui, mais aussi nous rendre plus conscients de nous-mêmes, pour mieux témoigner de notre bonté essentielle. Le dialogue nous rend meilleur.

Nous ne pouvons y parvenir en restant dans l'abstrait. Le dialogue n'exige pas seulement la clarté des idées et un minimum de compréhension de son propre point de vue et du point de vue de l'autre, il exige un engagement personnel. L'objectivité, le détachement et l'organisation intellectuelle que présuppose le dialogue ne sont pas des fins en soi — pas plus que l'efficacité ou le profit ne devraient être les fins dernières d'une entreprise ou d'un corps social. La rigueur intellectuelle requise par le dialogue permet d'écarter ou au moins de contenir les tendances égotistes naturelles. Ainsi disponibles les protagonistes peuvent descendre dans les profondeurs de leur conscience, là où le dialogue débouche sur une parcelle commune de vérité, dans un vécu qui transcende complètement l'esprit conceptualisateur.

l'idée d'amitié est centrale dans la foi chrétienne. S'adressant à ses disciples au cours du dernier repas Jésus déclare être leur ami. « Je ne vous appelle plus serviteurs, parce que le serviteur ignore ce que fait son maître ; je viens de vous appeler amis, parce que je vous ai fait connaître tout ce que j'ai appris de mon Père. »[27] Le Saint Esprit qui se répand du Corps de Jésus glorifié dans le monde de la conscience humaine est décrit en des termes qui ressortissent également à l'amitié. Il est un défenseur, quelqu'un qui demeure *auprès de nous*, pour nous faire nous ressouvenir de tout ce que nous avons oublié, pour réparer les ravages de notre folie. La théologie féministe moderne a reconnu la position centrale du symbole de l'amitié dans la foi chrétienne et l'a réhabilité pour en faire une métaphore fondamentale de la relation de l'homme avec le divin.

Cet idéal de l'amitié a ceci de puissant qu'il est capable de réconcilier l'absolu et le personnel. Vous pouvez ne pas être d'accord sur le choix de la couleur d'un tapis et rester amis. Un bouddhiste peut être ami avec un chrétien. En amitié, les différences peuvent être respectées et même appréciées. Dans les relations où l'amitié est absente les différences peuvent grossir à l'excès et se transformer en divisions ethniques, religieuses ou idéologiques. Nous diabolisons l'*autre* qui nous menace, nous projetons sur lui notre part d'ombre et le conflit apparaît. L'amitié est la forme suprême de la compassion et de la tolérance dans le respect de la primauté de la vérité sur toutes les tendances subjectives. Mais l'amitié nous rappelle que l'objectivité de la vérité ne rejette pas le subjectif. Elle intègre le particulier et l'universel, réalisant la *coïncidentia oppositorum*, la réconciliation des contraires. Nicolas de Cues, cardinal du XVe siècle, homme d'État, mathématicien et mystique, disait que Dieu se trouve « au-delà de la coïncidence des opposés ».

Il existe un moyen simple de savoir si notre poursuite de la vérité a perdu tout contact avec cette pierre angulaire qu'est l'amitié. Quand nous entendons aux informations qu'un catholique a été tué à Belfast ou qu'un Israélien est mort en

Cisjordanie, ou que tant de petites filles ont disparu d'un orphelinat chinois, ou que tant de Tibétains ont été assassinés — écoutons-nous une information qui concerne des individus ou des groupes ethniques ou religieux ? Avons-nous du soldat israélien ou du manifestant palestinien tués l'image d'un Juif et d'un Arabe, ou d'un être humain qui se trouve également être juif ou arabe ? Comment les chiffres nous atteignent-ils — comme autant de tragédies individuelles ou comme des statistiques servant d'armes politiques ?

Dans le John Main Seminar, pas plus que dans ses autres enseignements spirituels, le Dalaï-lama n'a profité de l'occasion pour parler de l'occupation chinoise du Tibet. S'il porte la crucifixion du Tibet au plus profond de son cœur, il n'impose à personne sa douleur personnelle. Néanmoins, tous les participants manifestèrent leur soutien sans réserve à son combat pour le Tibet, et ce, d'autant plus librement qu'il était venu à eux en esprit d'amitié. Il ne cherche pas à faire de l'amitié un expédient politique. C'est, me semble-t-il, l'une des qualités qui font de lui un politicien qu'on écoute toujours avec plaisir et un modèle de guide spirituel. C'est en raison de ce don si puissant pour l'amitié que le Dalaï-lama est tant aimé et respecté de par le monde. Ce don est sans doute aussi à la racine de cet autre don exceptionnel pour le dialogue, et de son respect des différences dans la recherche de l'unité. Vue sous cet angle, la chaleur de l'amitié ne dilue pas le concentré de pure Vérité. La Vérité ne consiste pas simplement à énoncer correctement des idées justes. La Vérité sans la chaleur de l'amitié est une pâle image de la réalité.

Modèle de dialogue

Pour qu'un dialogue soit réussi l'esprit d'amitié est nécessaire, car nous conversons en tant de dialectes particuliers. Même au sein de notre langue maternelle, il nous arrive d'être dérouté au premier abord par ses dialectes et ses accents, mais nous apprenons à les comprendre et à les respecter. Ces dialectes, si largement répandus, de la langue commune de la vérité apprennent aujourd'hui à communiquer. Le séminaire sur les Évangiles fut à cet égard un modèle de dialogue dans l'écoute réciproque.

Peu après le séminaire, le dialogue entre le christianisme et le bouddhisme connut un douloureux et regrettable accroc à la suite des considérations générales sur le bouddhisme énoncées par Sa Sainteté le pape Jean-Paul II dans son livre *Entrez dans l'espérance*, et de la controverse qui s'en suivit. La vision du bouddhisme qui s'y exprimait fut contestée avec force par nombre de moines et de maîtres bouddhistes. Les esprits s'échauffèrent au point que les chefs religieux sri-lankais boycottèrent la visite du pape dans leur pays. Thich Nhat Hanh exprima son sentiment dans son livre, *Bouddha vivant, Christ vivant*.[28] Partout, l'amitié semblait trébucher. Le Vatican publia alors des communiqués réparateurs affirmant que le pape n'avait pas eu l'intention de condamner le bouddhisme en tant que philosophie reniant la vie.

Il semblait que le pape, représentant une longue tradition de christianisme, caricaturait et dénigrait le bouddhisme sans chercher à le comprendre. Les bouddhistes tentèrent de faire preuve de compassion, mais beaucoup ne purent s'empêcher de mettre tous les chrétiens (ou presque) dans le même sac et de les taxer d'intolérance, d'arrogance et d'exclusivisme. L'incident réveilla également les ressentiments de certains bouddhistes occidentaux envers leur propre éducation chrétienne. Il en va ainsi du dialogue quand l'amitié disparaît. Et, comme chaque fois qu'une relation se détériore, il y a peu à gagner de l'échange d'insultes ou du rappel des offenses passées. Il est encore plus inutile de vouloir discuter du sens des termes évoqués — nirvana, vacuité et illumination, par exemple — tant que la bonne volonté, la confiance et l'amitié n'ont pas été reconstruites sans défaut. Ce livre aimerait un tant soit peu contribuer à la restauration de cette amitié.

La caricature repose toujours sur la mise à l'écart des détails qualificatifs au profit d'un trait immédiatement reconnaissable. Or, les religions produisent des caricatures, y compris les unes des autres, exactement comme les caricaturistes. Pour beaucoup de chrétiens, le bouddhisme est une religion qui croit en la possibilité d'un comportement moral rationnel motivé non pas par l'amour d'un Dieu personnel ou la crainte d'un châtiment, mais par le désir d'obtenir une meilleure renaissance dans une chaîne apparemment sans fin de réincarnations. Le résumé chrétien du bouddhisme nous apprend qu'on y parvient en renonçant au monde et à ses propres sentiments. Une telle caricature ignore les débats philosophiques aussi subtils que complexes auxquels ces éléments, comme tous les autres, ont été soumis dans la tradition bouddhique. Sans compter qu'elle passe sous silence la place centrale de la compassion.

Le bouddhisme, philosophiquement parlant, est l'une des plus hautes réalisations de l'esprit humain. La philosophie bouddhique repose sur un ensemble de principes admis, tels que les Quatre Nobles Vérités. Cependant, de nombreuses écoles sont apparues, notamment au sein du bouddhisme tibétain, entretenant entre elles des liens très complexes qui font du bouddhisme dans son ensemble un chef-d'œuvre dans l'ordre de la diversification des opinions humaines. Le Dalaï-lama est l'un des philosophes modernes les plus accomplis dans nombre de ces écoles bouddhiques, et comme le montre bien son livre *The World of Tibetan Buddhism* (Wisdom Publications, 1995) il ne possède pas uniquement le don de comprendre, mais aussi celui d'exposer clairement. A plusieurs reprises durant le séminaire, il rappela que ses commentaires ne constituaient qu'une vision bouddhiste particulière, soulignant qu'il existe d'autres perspectives bouddhistes à prendre en compte — certaines très complexes et opposées à la sienne. Ce livre voudrait aider à développer le dialogue de plusieurs manières, notamment en attirant l'attention — dans la simplicité — sur les traditions nombreuses et variées de chaque religion.

Les dialectes internes au christianisme ne sont certainement pas moins nombreux. Une religion qui abrite en son sein un mouvement comme l'Opus Dei et un ministre comme le révérend Ian Paisley est à l'abri du risque d'uniformité.[29] Bien plus, ce livre devrait rappeler aux bouddhistes un fait dont beaucoup de chrétiens ont maintenant conscience — à savoir que « l'Église » est un terme très général. Il peut désigner un froid bâtiment par un dimanche matin pluvieux ; une religion globale ; une tradition mystique ; un corps spirituel aux dimensions historiques qui se déploie vers l'amont et vers l'aval de la naissance de Jésus ; ou le groupe culturel où je suis né, où j'ai grandi et envers lequel j'ai maintenant des sentiments mitigés. Sans doute ne pouvons-nous pas séparer entièrement le christianisme institutionnel du christianisme spirituel, pas plus que nous ne pouvons séparer la forme du contenu ou le corps de l'esprit. Il est important néanmoins de maintenir la distinction. L'histoire fournit de nombreux exemples de chrétiens demeurés à l'extérieur de l'Église institutionnelle mais qui savaient de toutes les fibres de leur être qu'ils appartenaient à l'Église.

Qui dans ce cas peut réellement parler « au nom du » christianisme, ou « au nom du » bouddhisme ?

Compte tenu de cette diversité, comment ce livre peut-il proposer un modèle pour la reprise et la réorientation du dialogue bouddhisto-chrétien ? Un modèle, de surcroît, applicable au dialogue en général : entre catholiques et protestants, mahayanistes et théravadistes, gens de droite et gens de gauche, hommes et femmes, et entre gens de toutes ethnies et de toutes cultures.

Ambitions modestes

Au moment d'engager ce dialogue, nous devons avant tout rester modestes dans nos ambitions. Le Dalaï-lama n'essaie ni ne prétend faire un commentaire exhaustif des Évangiles, de l'enseignement et de la vie de Jésus, ou des vérités profondes de la foi chrétienne telles que la Résurrection et le Saint-Esprit. Son approche est exploratoire et non pas définitive, et il élargit cette méthode à son dialogue avec le groupe de chrétiens invités à débattre. C'est en *cherchant* la vérité que l'on trouve l'illumination, non en la déclarant. De même, saint Benoît définit le moine comme celui qui « cherche vraiment Dieu ». Au fil de la quête, on découvre toujours quelque chose. « Cherchez et vous trouverez ; frappez et l'on vous ouvrira. »[30] En lisant les Écritures avec un cœur bien disposé, nous sommes amenés à dépasser le desséchant pessimisme contemporain qui cherche à déconstruire le sens. Il *existe* quelque chose à trouver, mais c'est uniquement dans la *quête* qu'on le découvre. Saint Grégoire de Nysse l'exprime en ces termes : « Chercher Dieu, c'est le trouver ; trouver Dieu, c'est le chercher. »

L'un des premiers penseurs chrétiens, saint Irénée,[31] disait que Dieu ne peut jamais être connu tel un objet, ou une réalité extérieure à nous-même. Nous ne connaissons Dieu que dans la participation à la connaissance de Dieu par lui même. Ces premiers théologiens rapportaient ce qu'ils pensaient de Dieu et du mystère du Christ à partir de l'expérience mystique de l'inclusivité — ou non-dualité — de Dieu.[32] Ils exprimaient, comme le font toujours les meilleurs théologiens d'aujourd'hui, ce que la prière et non la seule réflexion leur avait appris. Le dialogue, dans ce contexte et avec de telles personnes, devient aisé, fluide et dynamique. La vérité est ressentie comme émergeant de l'éclaircie qui apparaît quand les nuages de l'ignorance, des préjugés et de la crainte ont été au moins momentanément repoussés. Le mot grec pour vérité, *alètheia*, signifie précisement ceci, une éclaircie. Cette quête ne peut être qu'un cheminement progressif, pas à pas, moment par moment. Elle implique de ne jamais perdre de vue l'équilibre délicat qu'exige l'amitié, équilibre avant tout entre la parole et l'écoute. Il manque aux grands projets de traduction du bouddhisme dans le dialecte chrétien, ou vice versa, la modestie des ambitions qui, du début à la fin, présida aux débats du séminaire. Dialoguer n'est pas traduire. Mais un bon traducteur, comme celui que nous avions en la personne de Geshe Thupten Jinpa, est là pour rappeler aux protagonistes du dialogue qu'ils ne sont pas en train de rédiger un dictionnaire.

Un autre aspect de la modestie qui caractérise l'approche du Dalaï-lama a consisté à reconnaître son inexpérience. Il déclara d'abord mal connaître les Écritures et la théologie chrétiennes, mais être désireux d'apprendre. Il espérait n'offenser personne, et ne désirait certainement pas ébranler la foi des chrétiens participants au Séminaire. Il n'est pas facile de reconnaître un défaut de connaissance, car un tel aveu nous fait paraître vulnérables, moins intéressants ou moins forts. Si le savoir est puissance, l'ignorance est faiblesse. Mais si, avant d'entamer le dialogue nous reconnaissons les limites de notre savoir, plusieurs vertus peuvent s'épanouir. La première est la confiance. Nous ne craignons plus d'être manipulés ou endoctrinés. Nous pouvons alors abaisser *nos* défenses. Admettre notre inexpérience constitue donc nécessairement une des premières étapes de la non-violence. Mais l'humilité dans le dialogue a une autre vertu : elle libère la spontanéité. Débarrassés du besoin de montrer combien nous sommes intelligents et cultivés — la tentation des savants et des spécialistes — nous pouvons réagir avec fraîcheur d'esprit et immédiateté à ce qui se présente à nous. C'est précisément ce qui advint au cours de cette rencontre. Le Dalaï-lama ne savait pas grand-chose *sur* les Évangiles, mais l'étude du bouddhisme, l'entraînement monastique et son cheminement spirituel lui avaient beaucoup appris. Or cette connaissance lui permettait de réagir aux symboles et aux idées chrétiennes comme s'il en avait eu une réelle connaissance.

De ce fait, l'auditoire chrétien fut surpris de constater qu'un bouddhiste pouvait l'aider à renouveler sa compréhension et son approche de textes et de récits que certains lisaient depuis l'enfance. A maintes reprises, le Dalaï-lama a rappelé qu'il ne conseillait à personne de changer de religion — même s'il respecte le droit de chacun à faire ce choix. Mieux vaut, dit-il, redécouvrir le sens profond et la force de sa propre tradition religieuse. Redisons quelle surprise ce fut de voir un bouddhiste aider des chrétiens à entrer plus intimement dans leur foi et à la clarifier par le seul fait de la confronter à la croyance bouddhiste — même quand surgissaient entre elles des oppositions manifestes ou des idées intraduisibles. Ceci n'était possible que parce que le dialogue était exploratoire et non déclamatoire. Son intensité stimulait le Dalaï-lama qui ne faisait pas semblant d'être curieux et écoutait attentivement les questions. Ce qui toucha le plus, c'est de voir qu'il écoutait, qu'il était curieux, que son intérêt était *sincère*. Le dialogue ressemble davantage à une pièce de théâtre expérimental qu'à une comédie musicale de Broadway bien ficelée. Parfois, cela tourne, et à d'autres moments, cela patine. Il faut s'y engager à fond, car il n'y a rien de mécanique dans son fonctionnement, rien de dogmatique. Il faut jeter ses idées dans l'échange, au risque de les perdre, pour en tirer des lumières.

Le Dalaï-lama posa beaucoup de questions. Avant chaque séance, nous nous retirions lui et moi pour préparer au calme les textes des Évangiles qu'il devait ensuite commenter pendant une heure environ. Il écoutait les explications que je lui donnais sur le contexte et sur quelques termes et notions-clés. S'il n'était pas familier, comme il disait, avec les Évangiles, sa phénoménale réceptivité et l'empressement de son esprit à établir des liens entre les idées nouvelles faisaient plus que compenser son manque de savoir. Il me fit penser à un mot de saint Grégoire le Grand à propos de saint Benoît, rapporté dans sa *Vie*. Benoît, disait-il, avait quitté l'école pour la vie érémitique, dans un état de *sage ignorance*.

La culture et l'intelligence du Dalaï-lama demeurent discrètes. Il n'en fait pas étalage, mais les utilise adroitement dans la quête de la vérité. Les chrétiens purent s'en rendre compte quand il leur dévoila des sens et des subtilités des Évangiles qui ne leur étaient jamais apparus. Grâce à lui, ils enrichirent et renouvelèrent leur foi d'une manière qui les emplit d'émerveillement et de gratitude. Si le savoir est puissance, celui du Dalaï-lama, exercé sur les Évangiles, a créé une puissance de vue pénétrante, dont il ne chercha jamais à faire un instrument de manipulation. Il ne débattait pas avec des chrétiens à propos du sens des Évangiles. Il leur livrait sa lecture, avec beaucoup de détachement, en discutait avec eux, et leur laissait toute liberté pour en faire ce qu'ils voulaient.

Le semblable et le dissemblable

Un des « instruments des bonnes œuvres » (l'équivalent chrétien des moyens habiles des bouddhistes) édictés par saint Benoît dans sa Règle est de « ne pas donner une paix simulée ».[33] Dans le dialogue, il est aussi important d'éviter le danger de l'amitié simulée que d'éviter les pièges de la caricature, de la déformation ou du jugement dépréciateur. Dans l'étude des langues, certains mots présentant des similitudes formelles mais de grandes différences de sens sont appelés des « faux amis ». Fidèle au principe de la véritable amitié le séminaire a respecté les différences autant que les similitudes entre les croyances et les comportements des participants.

Il est très tentant, dans le dialogue entre deux religions de se réfugier dans les généralités. Par ce moyen, les deux parties évitent d'entrer en conflit et peuvent se congratuler avec chaleur au moment des adieux. Ce fait m'avait frappé il y a quelques années lors d'une rencontre entre méditants chrétiens et bouddhistes au Canada. Nous discutions du cheminement personnel de chacun, de ce qui l'avait amené à suivre ce sentier et des moyens d'y persévérer. Le débat était fructueux et, à sa manière, inspiré, mais je sentais que notre partage était trop prudent. Nous ne mettions pas en jeu ce qui était pour nous personnellement le plus précieux et le plus irréductible.

Aussi, au lieu de donner la conférence qui était prévue au

programme, je demandais la permission de parler de Jésus. Je sentis que mon geste éveillait des soupçons et faisait craindre de voir la bonne entente se dissiper. Je fus effleuré par un sentiment de culpabilité post-impérialiste[34] que les chrétiens d'aujourd'hui peuvent difficilement ne pas ressentir, surtout face à des gens avec qui il serait possible de trouver un terrain d'entente mais qui ont « quitté l'Église » par colère ou dépit face à ses fautes humaines. Cependant, il me paraissait impossible de dire ce que la méditation signifiait pour moi en tant que chrétien, si je ne parlais pas aussi de Jésus et de sa place dans ma vie. La méditation a une telle importance dans ma façon d'explorer le mystère de Jésus et de sa présence réelle dans ma vie qu'il était normal selon moi de parler de la relation d'un chrétien avec Jésus en particulier, et pas seulement avec Dieu ou la Vérité en général. Je me rendais compte que me lever et proclamer que « Jésus-Christ est mon sauveur personnel » risquait de jeter un froid sur l'assemblée. Au reste, je ne souhaitais pas le présenter de cette manière.

Ce que je me décidai à partager fut le sens et la valeur de la *personne* de Jésus, sans me limiter aux *idées* du christianisme. Je savais en faisant cela que je braquais le projecteur sur l'une des différences essentielles entre méditants chrétiens et bouddhistes. Mais j'avais la certitude que voir et reconnaître la distance qui nous sépare ne pouvait que nous rapprocher. De fait, l'atmosphère d'amitié que nous avions mise en jeu, au bout du compte, s'approfondit et s'intensifia. Comme le notait saint Aelred, l'amitié doit être constamment mise à l'épreuve si l'on veut qu'elle ait une chance d'atteindre sa perfection.

La valeur de la différence

Le séminaire a été l'occasion pour le Dalaï-lama de nous initier à l*a valeur de la différence*, immédiatement et sans hésitation. Dès le départ, il nous a avertis que son but n'était pas de contribuer à l'élaboration d'une religion syncrétique universelle. Il ne croit pas possible de créer une religion universelle unique mais il croit au respect, poussé jusqu'à la vénération, des caractéristiques propres à chaque religion. S'il existe des chrétiens pour soutenir un point de vue plus fondamentaliste, beaucoup d'autres s'inscrivent dans le courant libéral et admettent cette idée de respect mutuel des traditions, pour des raisons toutefois fort différentes de celles du Dalaï-lama.

A maintes reprises il insista sur le fait qu'il était bouddhiste. Il arriva en effet qu'il éprouvât la nécessité de nous le rappeler (ainsi qu'à lui-même, peut-être). Non qu'il se soit jamais senti autre que totalement et véritablement bouddhiste, mais tout en reconnaissant les concordances réelles et fortes entre les enseignements de Jésus et ceux du Bouddha, il flairait le danger de certains mots qui s'avéraient de « faux amis ». Il rappelait, alors, l'importance de bien considérer l'ampleur à la fois des convergences et des divergences, dont on cherchera le sens dans les besoins spirituels et psychologiques des fidèles de chaque religion. Les hommes ont des besoins différents auxquels répondent les particularités (les « différences ») propres à chaque religion. Cette affirmation semble tout à fait acceptable, tolérante et libérale. Beaucoup y verraient l'attitude appropriée au pluralisme global du prochain millénaire. Elle n'en soulève pas moins de graves difficultés.

Sans doute un pratiquant hautement réalisé, une personne très sainte, peuvent sincèrement mettre en œuvre ce degré de tolérance. Pour beaucoup d'entre nous, malgré tout, il y aura toujours, en pratique, un danger qui consiste à séparer ce que nous *pensons* croire de ce que nous *éprouvons* et croyons réellement. Après tout, si la vérité des différentes religions se mesure seulement à son aptitude à répondre aux besoins psychologiques d'un individu, que fait-on de la totalité de la Vérité absolue ? Si le bouddhisme et le christianisme ne répondent qu'à des conditions subjectives chez leurs fidèles, que représente leur prétention à dire le vrai et même l'universel ? Je soulevai ce problème du relativisme religieux avec le Dalaï-lama, et il me répondit que même au sein du bouddhisme, il existait des écoles de pensée admettant que des vérités absolues *différentes* puissent exister simultanément. Nous n'avons pas approfondi la question, peut-être parce que nous nous rendions compte que nous abordions un domaine de haute technicité philosophique, qui n'était pas forcément une voie féconde pour notre dialogue. Nous avons ri et sommes passés à un autre sujet.

Il reste que le problème fait planer une inquiétude au cœur même du dialogue. Les chrétiens, par exemple, sont souvent préoccupés par le fait qu'une totale tolérance empiète sur la foi. Reconnaître la vérité de l'attitude du bouddhiste qui prend refuge en Bouddha, Dharma et Sangha, compromet-elle notre foi en la nature du christianisme comprise comme un appel à être disciple de Jésus ? La foi en Christ est-elle une voie d'accès à la Vérité et la croyance en Bouddha une autre voie ? Jung le pensait quand il affirmait que chacune représente le Vrai Soi pour l'Occident et pour l'Orient. Mais, diront les chrétiens, ceci ne met-il pas en péril l'idée centrale d'une plénitude de l'Incarnation de Dieu en l'être humain de Jésus en qui « habite corporellement toute la plénitude de la divinité ».[35]

Mais est-ce mettre en péril la compréhension chrétienne de Jésus que de reconnaître que la vérité se trouve *aussi* en Bouddha, ou Moïse, ou Lao Tseu ?[36] Les premiers Pères chrétiens furent les premiers à engager le dialogue entre l'Évangile et les autres religions, et il durent se confronter dès le début à cette question de l'« unicité ». Le dialogue a été l'enclume sur laquelle ils ont forgé leur foi en termes conceptuels. Comme ils se trouvaient face à des systèmes religieux déjà établis, juif et hellénistique[37], et du fait qu'ils respectaient profondément l'œuvre des philosophes pré-chrétiens, le dialogue fut le chemin *obligé* de l'approfondissement de la foi et non de sa dilution. On peut regretter que l'histoire ne leur ait pas fourni l'occasion de dialoguer avec des bouddhistes : leurs

— que la notion d'un Dieu personnel est acceptable, mais qu'elle représente un stade plus immature, peut-être plus ancien, de développement spirituel, la troisième roue en quelque sorte équilibrant la bicyclette d'un enfant.

La théologie chrétienne reconnaît elle aussi le danger de cette sorte d'infantilisme, qu'elle appelle anthropomorphisme. Elle reconnaît qu'il existe bel et bien des stades dans la foi qui s'accompagnent d'une maturation de l'intelligence du symbole de Dieu. Tout homme de foi lutte avec l'idolâtrie et la superstition avant d'accéder au mystère de l'Autre divin. Le Dalaï-lama semblait l'accepter très naturellement tout en laissant ouverte la question de la « nature du Père », comme il l'appela en riant au cours d'un de nos échanges où cette question jetait le trouble. Dans le même désir d'ouverture, il ne montra aucune gêne à employer le mot Dieu, qui traversa souplement nos discussions.

Le but du dialogue est de devenir silencieux

Si le but du dialogue est de cerner les réponses à ces questions sensibles de la différence et de la similitude, alors la rencontre de ce séminaire a échoué. Mais le but du dialogue est autre. Il se propose d'éclairer à la fois les correspondances et les divergences de croyance afin de vaincre les forces nocives de l'illusion, de la crainte, de la colère et de l'orgueil, tapies dans les interstices séparant les hommes de leurs religions. A cet égard, la finalité du dialogue interreligieux est autre que celle, par exemple, du dialogue entre rivaux politiques ou économiques qui s'appliquent à rechercher une solution pratique acceptable par tous. En religion, s'il advient que l'on trouve des réponses de cette sorte, elles sont en général dangereuses. Elles sont comme des faux amis qui se retournent contre vous dès qu'apparaissent les vraies difficultés.

Le dialogue ne fait pas seulement que mettre en lumière les coïncidences et les écarts entre les religions, il démasque également les forces intérieures cachées qui font des religions les rivaux les plus implacables. Dans l'histoire de l'intolérance et de la persécution religieuse, le bouddhisme, comme le jaïnisme, a moins de méfaits à son actif que le christianisme. Il n'empêche, les formes de l'intolérance sont variées, certaines sont plus politiques, d'autres plus psychologiques, mais toutes s'enracinent dans la tyrannie du moi individuel qui s'accroche obsessionnellement à sa singularité tout en se dérobant au défi que constitue l'acceptation de son unicité. Les puissances en jeu sont l'ignorance et la peur. Moins nous connaissons un groupe ou une personne autre, plus nous avons de chance de projeter sur eux nos sentiments et nos préjugés les plus négatifs.

Quand saint François-Xavier[40] débarqua en Inde la première fois pour prêcher l'Évangile, il ne voyait dans les hindous que des suppôts de Satan. Il ne connaissait rien du Védanta[41] ni de l'expérience mystique sous-tendant la religion populaire. Un occidental s'aventurant au cœur d'un temple hindou peut craindre encore aujourd'hui d'être subjugué par la puissance sensorielle des rituels et des chants. En revanche, quand le quasi-contemporain et frère jésuite de François-Xavier, Matteo Ricci, se rendit en Chine, il comprit rapidement que le dialogue et l'inculturation étaient les meilleurs moyens de réussir sa mission.[42] Ses supérieurs à Rome désapprouvèrent son attitude et le rappelèrent, perdant ainsi une merveilleuse occasion de dialogue entre Orient et Occident. De nos jours, nous voyons se multiplier des situations analogues mettant en présence des gens de cultures et de religions différentes, et nous constatons la même variété de réponses à ces situations. Mais en reconnaissant la valeur du dialogue et en réduisant au minimum l'arrogance égotiste d'une croyance tendancieuse, il nous est peut-être plus facile qu'à nos ancêtres de traquer les préjugés, souvent inconscients, et de les corriger par le silence. Cela nous est plus facile, parce que nous nous connaissons mieux. Il est aussi plus nécessaire que jamais de dialoguer — et de dialoguer en silence.

Assurément, si l'on veut que la tolérance des religions entre elles se développe, un plus grand nombre de chrétiens doit acquérir une meilleure connaissance des grands textes des autres traditions. La lecture de la *Bhagavad Gita*[43] ou du *Dhammapada* pourra aussi transformer leur manière de lire les Écritures chrétiennes (si tant est qu'ils les lisent). Les bouddhistes de leur côté n'échappent pas au même défi de pourchasser l'ignorance et le préjugé. En Asie, le christianisme est encore parfois associé aux mauvais souvenirs de l'impérialisme occidental ou à l'impérialisme économique moderne. Beaucoup de bouddhistes, en Occident, surtout s'ils ont été élevés dans le christianisme, n'ont malheureusement de cette religion qu'une connaissance erronée ou inexistante. Il est très facile, alors, de rejeter les fautes de chacune des confessions sur la foi chrétienne elle-même.

Quelques termes de référence

Si nous sommes bouddhistes ou chrétiens c'est au sens plein du terme, non en raison seulement de ce que nous croyons, mais aussi du fait de la qualité de nos actes et de notre témoignage. En ce sens, il existe des chrétiens qui sont meilleurs bouddhistes que des bouddhistes, parce qu'ils pratiquent l'attention avec plus de sérieux ou parce qu'ils ont une vue plus pénétrante de la nature impermanente des choses. Il existe aussi des bouddhistes qui surpassent les chrétiens sur leur propre terrain, parce qu'ils mettent en pratique la charité et ne se contentent pas d'en parler. A ce niveau d'authenticité, c'est l'expérience personnelle et la *sainteté* qui importent plutôt que les systèmes objectifs de croyances et les subtilités philosophiques ou théologiques. La comparaison entre le *triratna*, les Trois Joyaux du bouddhisme, et la Trinité, ou entre le *dharmakaya* et le Saint-Esprit des chrétiens, peut donner lieu à des conversations que certains trouveront fascinantes, sans avoir aucun lien avec la conduite ou les attitudes personnelles des intervenants.

Anityatà (l'impermanence), *duhkha* (la souffrance), *anàtman* (le non-soi), *dharmatà* (la naturalité), *sunyatà* (la vacuité) et *tathatà* (l'ainsité) peuvent tous être mis en parallèle avec des termes chrétiens tels que pauvreté, repentir, perte de soi, être dans le Christ, simplicité, Esprit et mystère.[44] Cependant, une des paraboles du Bouddha nous conjure de ne pas détourner l'énergie de notre pratique spirituelle vers la spéculation théorique. Nous ne serons pas plus proches du nirvana si nous parvenons à la certitude philosophique pendant quelques instants bénis, avant que le questionnement intérieur ne recommence. Dans la parabole, le Bouddha répond à Malunkyaputta[45] qui lui reproche de n'avoir rien dit sur les sujets spéculatifs. Si, rétorque le Bouddha, un homme est atteint par une flèche empoisonnée, va-t-il perdre du temps à se demander qui a tiré, d'où elle est partie et de quel poison il s'agit ? Ne va-t-il pas arracher la flèche aussi vite que possible ?

Jésus, dans un moment extatique de l'Évangile, lève les yeux au ciel et remercie son Père d'avoir révélé les mystères du royaume aux petits et aux ignorants et de les avoir cachés aux savants et aux « sages ».[46] Saint Paul réprimande les premiers chrétiens qui passent leur temps à se disputer sur des mots alors qu'ils devraient témoigner par leur exemple du sens de ces mots.[47] Lui-même, dit-il, parle de la folie de la Croix, et même avec les Grecs savants il évite le débat philosophique. Son autorité vient de l'Esprit et non d'un talent de rhétoricien. « Nous renversons tout raisonnement, dit-il fièrement, et tout orgueil qui s'élève contre la connaissance de Dieu. »

Ici, les perspectives bouddhiste et chrétienne sont fondamentalement les mêmes. Il y a l'expérience d'un côté et la réflexion sur l'expérience de l'autre. Si vous voulez réfléchir, préconisent-elles toutes deux, assurez-vous au moins que vous réfléchissez directement sur votre expérience et non sur la réflexion d'un autre qui réfléchissait sur celles d'un autre qui...etc.

Le *nirvana* et le *royaume* ne sont pas des termes interchangeables, même si l'un et l'autre se réfèrent à un événement dans cette vie et non à une expérience *post-mortem*. Le *salut* et la *libération* ne sont pas exactement synonymes non plus, mais tous deux désignent un objectif de la vie humaine qui requiert engagement et persévérance. Bouddhistes aussi bien que chrétiens doivent s'y appliquer « avec diligence ». Les *obstacles* et les *vices* qu'ils rencontrent sur leur chemin — en eux-mêmes, et sous la forme collective du *karma* ou du *péché* qui règne dans l'univers — sont existentiellement identiques mais conceptuellement différents. Après tout, un bouddhiste orgueilleux ou en colère ressemble à s'y méprendre à un chrétien orgueilleux ou en colère.

Différence ne signifie pas division

Pour exprimer le *sens* de ces réalités existentielles, nous avons recours à des langues qui certes diffèrent d'une tradition à l'autre, mais aussi à l'intérieur d'une même tradition. En un sens, ces langues créent à leur tour leurs propres divisions au sein d'une tradition commune. Même l'Église catholique, comparée à ce qu'elle était avant l'époque moderne, ne présente pas au monde un front très uni. Sa diversité est douloureusement en tension avec son unité : c'est précisément le défi de la catholicité. Les débats propres au bouddhisme sont sans doute moins publics que ceux générés par les encycliques papales, mais ils ne sont pas moins intenses. Ainsi, le débat entre les écoles de pensée mahayana et théravada est menacé d'intolérance et de stéréotypie. Même à l'intérieur d'une tradition nationale, la croyance peut aussi être soumise à rude épreuve. En Thaïlande, le grand maître Buddhadasa Bhikkhu heurta l'establishment en rejetant d'un bloc la question de la réincarnation, déclarant que c'était une idée insensée qui n'avait rien à voir avec le bouddhisme. Les bouddhistes débattent entre eux sur le point de savoir si le *nirvana* (la libération) est la finalité de l'esprit ou bien l'esprit originel, de même que les chrétiens s'interrogent sur le sens du péché originel ou de la divinité de Jésus.

Dieu ne faisait pas partie de l'idée de libération exprimée par le Bouddha. Réfléchir et s'interroger sur l'existence et la nature de Dieu ne pouvait pas, selon lui, nous aider à nous libérer de l'ignorance. Comme Jésus, il combattait le ritualisme et la religiosité creuse qui a besoin pour se perpétuer de dogmes et de polémiques virulentes sur Dieu. Pourtant, le Bouddha ne rejetait pas le concept de Dieu. Simplement, il n'en a rien dit. Son silence ne fut ni agnostique ni athée. C'est une approche significative de la question, du *mystère*, de Dieu.[48]

Elle est quelque peu différente de celle de nombreux saints, mystiques et théologiens chrétiens, mais beaucoup la comprendraient certainement. Saint Augustin croyait sans aucun doute en Dieu, mais il était non moins sûr que Dieu est inconnaissable par la seule faculté de penser. « Si vous pouvez le comprendre, disait-il, alors ce n'est pas Dieu. » Son contemporain saint Grégoire de Nysse, grand maître et mystique de l'Église d'Orient, déclarait que toutes les idées à propos de Dieu risquaient de devenir des idoles.

La tradition *apophatique* de la prière chrétienne — prière sans image ou pensée d'aucune sorte — est profondément et existentiellement fidèle à l'idée biblique de base du caractère mystérieux de Dieu. Comme le dit le *Nuage d'inconnaissance*[49], un traité médiéval anglais sur la prière contemplative, on ne connaît Dieu que par l'amour, et non par la pensée. Le plus méthodique et le plus *catophatique* des théologiens, le grand Thomas d'Aquin, déclarait que tout ce que nous pouvons dire sur Dieu est que Dieu est, mais non *ce* qu'Il est. Vers la fin de sa vie, après une expérience mystique qui le transforma, Thomas d'Aquin dénia toute valeur à ce qu'il avait précédemment pensé et écrit. Nicolas de Cues parla également d'une « docte ignorance » disant qu'elle était une forme de conscience qui n'a pas de racine intellectuelle mais qui possède le pouvoir suprême de nous conduire à la vérité. Maître Eckhart, un ami du bouddhisme, souligne l'inconnaissabilité de Dieu et son caractère de non-chose, parfois avec un savoureux excès : « Que ton âme soit déprise de tout esprit ; qu'elle soit sans esprit. Aime Dieu tel qu'il est : un non-Dieu, un non-esprit, une non-personne ; une unité pure, simple et limpide, étrangère à toute dualité. »[50]

Le paradoxe plus que la simple logique devient l'instrument de la théologie mystique et celui d'un dialogue entre théistes et non-théistes sur le sens de Dieu. Si le dualisme du théisme peut paraître grossier et offensant à un bouddhiste il est tout aussi étranger au noyau de la théologie chrétienne qui cherche à réconcilier l'altérité absolue de Dieu avec l'universalité divine comme fondement de l'être, la transcendance et l'immanence de Dieu, le Créateur avec la Création. « Avec Toi, création et existence ne font qu'un » est une intuition chrétienne fondamentale sur le sens de Dieu.[51]

L'*Octuple sentier* et les *Dix commandements* ou les *Béatitudes* éclairent le chemin de la pratique quotidienne que nous suivons tous vers cette expérience qui transcende la pensée et dévore notre temps. Comme le souligne fréquemment le Dalaï-lama, il est dans la nature de ces chemins d'exiger de notre part engagement profond et concentration. Les sentiers eux-mêmes constituent l'entraînement extérieur nécessaire en vue d'un engagement encore plus profond — celui de la pratique de la méditation elle-même. Si chaque sentier peut contribuer à éclairer l'autre, et si chacun d'eux conduit au silence inhérent à un esprit dont les activités ont cessé, ils n'en demeurent pas moins des voies séparées qui demandent application, fidélité et unité d'esprit. Passé un certain stade dans la pratique personnelle, on ne peut plus être authentique et continuer à suivre plusieurs chemins à la fois. On ne peut pas chevaucher deux chevaux en même temps. Au temps voulu, la pratique régulière doit s'engager résolument sur une voie unique. Néanmoins, unité d'esprit ne veut pas dire étroitesse d'esprit. Le pratiquant accueille au contraire avec une plus grande tolérance la voie suivie par autrui et en recueille une plus grande sérénité. Jésus disait que la voie qui conduit à la vie est étroite et rares sont ceux qui la trouvent. L'étroitesse du chemin vers la vie n'est pas le résultat de l'exclusion mais de la convergence et de la concentration. L'unité d'esprit nourrit même une authentique tolérance qui déborde de curiosité pour les autres voies.

L'amour de sa propre religion et tradition est peut-être une exigence de la vie spirituelle ; en tout cas, il est à coup sûr une condition préalable à l'amour des autres voies et traditions. Il n'est pas plus fanatique d'aimer sa propre tradition chrétienne ou bouddhiste que d'aimer l'endroit où nous sommes nés ou la maison où nous vivons. Si l'amour de son pays peut verser dans le nationalisme jaloux et exclusif, craintif à l'endroit des étrangers, et l'amour de sa religion dans la bigoterie, ni l'un ni l'autre ne sont nécessairement voués à glisser sur cette pente. La pratique sérieuse du silence et de l'immobilité, en venant à bout des forces égotistes du centrage sur soi, nous permet de rester profondément ancrés dans le terreau de notre tradition tout en déployant de multiples ramifications dans l'espace de la vérité.

Saintes Écritures

Les écritures d'une religion appartiennent manifestement à leur propre tradition. Elles ont une « nationalité ». Mais elles constituent également un lieu de rencontre entre voisins de traditions éloignées, comme ces zones hors-taxes des aéroports où se mêlent toutes les nationalités à égalité. Elles forment l'espace de la vérité symbolique, entre le domaine du débat philosophique ou théologique et le royaume de la pure expérience de la vérité où la pensée est subsumée dans la vision. Si les philosophes et les théologiens vont puiser dans leurs écritures la matière de leur art, les pratiquants ordinaires y trouvent quant à eux un aliment spirituel, une sagesse qu'ils ingèrent et assimilent.

Les chrétiens vénèrent les saintes Écritures de la Bible — les évangiles et les épîtres du Nouveau Testament — non seulement pour ce qu'elles disent mais aussi pour ce qu'elles sont. Si le Verbe s'est fait chair, comme l'affirment les évangiles, d'une certaine manière aussi la chair se fait Verbe dans les saintes Écritures. Quand ils célèbrent l'eucharistie, par exemple, beaucoup de chrétiens croient et sentent que la présence du Christ ne se limite pas au pain et au vin. Il se donne aussi dans la foi de la communauté en prière, dans la qualité de notre présence les uns aux autres, et dans la lecture des Écritures qui constitue la première partie du rite sacramentel. Les premiers chrétiens attachaient une grande importance à la *fraction de la Parole* sous forme de la lecture individuelle ou collective des évangiles.[52] L'acte d'interprétation représentait bien plus qu'un simple exercice intellectuel. C'était une œuvre de sagesse. Elle conduisait à la *connaissance intuitive*.

La connaissance intuitive (ou mystique) est une expérience de la vérité qui ne peut se transmettre simplement comme on transmet des idées ou des croyances. Elle est spontanée et de même nature qu'un don. Elle surprend quand elle survient et pourtant on ne doute pas de sa réalité. Elle met dans la joie tout en faisant le calme en nous. La tradition monastique pratique une forme de lecture spirituelle (la *lectio divina* comme l'appelle saint Benoît), différente de l'étude ou de la lecture analytique, qui vise à l'éveil progressif de la connaissance intuitive chez le pratiquant. A l'instar de la tradition juive de lecture de la Bible, la qualité est préférée à la quantité, la profondeur à la largeur. En lisant de cette manière, on choisit un court passage que l'on rumine, que l'on « mâche ». On y revient plusieurs fois, le repassant encore et encore jusqu'à ce qu'il ne nous en reste plus qu'un mot ou un membre de phrase qui tout à la fois retient l'esprit et l'éveille au sens. Ainsi, le calme régnant dans l'esprit, on se trouve conduit au seuil de la méditation.

Comment lire la Parole

Origène, un docteur chrétien du IIIe siècle appartenant à l'école alexandrine de philosophie chrétienne, fut le premier à décrire systématiquement l'acte de lecture et d'interprétation de l'Écriture, montrant comment, dans sa rencontre avec les Écritures, l'esprit s'élevait au-dessus de lui-même. Il dégagea les différents niveaux de sens susceptibles de guider la lecture (un exercice jugé sacrilège à son époque, et encore aujourd'hui par les fondamentalistes).

Il assimilait la lecture de la Sainte Écriture à un processus d'approfondissement de la conscience et de la connaissance intuitive. Ce processus commence avec le sens littéral du texte, qui requiert une certaine familiarité avec la grammaire et avec l'histoire. Mais au-delà de « la lettre qui tue »[53] — autrement dit, une lecture qui ne dépasse pas le sens de surface — Origène appelait à une perception du sens moral. Ce niveau s'appréhende dès lors que l'on voit dans les histoires et les personnages des « types » ou des symboles qui nous parlent et nous édifient, dans les circonstances personnelles et sociales qui sont les nôtres. Ensuite, il fallait, selon lui, accéder au sens « allégorique » ou mystique par lequel nous sommes élevés au-dessus de nous-mêmes et absorbés dans le *Logos* lui-même. Pour comprendre comment fonctionne ce processus, l'exploration des divers sens du terme « Jérusalem » dans la Bible — le mot, l'endroit et le symbole — sera un bon exemple. Jérusalem possède un sens historique littéral. En tant que lieu de présence sacrée et de culte vénéré par trois religions, il symbolise les réalités spirituelles du pèlerinage de nos vies. En tant que « Jérusalem céleste », il représente le terme du voyage spirituel.

Origène appliqua sa méthode à maints passages de la Bible. « Nous ne devons pas penser, écrit-il à propos des histoires de l'Ancien Testament, que toutes ces choses se sont produites seulement dans les temps anciens. En fait, toutes ces choses se produisent réellement en nous, sur un plan mystique. » Le livre de Josué, par exemple, raconte l'histoire de Rahab, la prostituée de Jéricho grâce à qui les Israélites purent s'emparer de la ville.[54] Dans l'imagination d'Origène, elle devient un *type* ou symbole de l'Église, une prostituée devenue vierge. Le sang du Christ, qui nous sauve de la damnation, est annoncé dans le cordon écarlate que Rahab attache à sa fenêtre pour que les attaquants israélites épargnent sa famille. Dans un autre exemple, la traversée du Jourdain est une préfiguration du baptême, et le baptême, en tant que rite de passage, est le symbole à son tour d'un autre passage toujours en voie d'accomplissement : « Il nous a été promis que nous traverserions l'air lui-même. » Le but ultime de la lecture de la Bible est d'être intégré à la plus haute réalité dans laquelle l'humanité de Jésus ait été assumée. Ainsi nous dit Origène, en lisant les Évangiles et en étant ouvert à tous les niveaux de conscience et de sens, nous arrivons à « chevaucher à travers les vastes étendues de la compréhension mystique et spirituelle ».[55]

Saint Bernard, qui fut moine et professeur au XIIe siècle, a lui aussi apporté sa contribution à la tradition chrétienne de lecture des Évangiles. Il comparait la Bible à une fenêtre nous donnant d'apercevoir la réalité divine. En lisant la Bible nous remontons à la source du Verbe intemporel de Dieu : ce que saint Bernard appelait « la poursuite infinie du Verbe ». En chemin, nous faisons l'expérience de l'*inverbation* par laquelle le Verbe pénètre en nous et nous en lui.

On voit donc que dans la tradition chrétienne, on ne se contente pas de lire les Évangiles pour connaître les événements de la vie de Jésus ou les réponses aux questions du catéchisme. Il s'agit d'un éveil de l'intelligence mystique. On pourrait dire qu'en ce sens, la lecture des Évangiles exerce et fortifie la *buddhi*, l'intelligence spirituelle. Le bénéfice de cet exercice ne se limite pas aux moments de pratique spirituelle proprement dite, mais il transforme de l'intérieur toutes les activités et les situations de notre vie. La concentration sur les linéaments du sens scriptural peut également être considérée comme une pratique de focalisation de la conscience analogue à l'attention visuelle sollicitée dans un *mandala* en vue de centrer l'esprit.

L'attention conduit à la sagesse

La lecture des Évangiles exerce l'attention et la concentration. L'enrichissement qu'elle procure est immense, mais elle exige de nous plus d'effort que les antiques systèmes de divination et de prédiction dont certains comme le tarot, les runes et le I Ching reviennent aujourd'hui à la mode. Cette lecture demande un travail supplémentaire, y compris de réaction au texte et à ses nombreux sens. Nous ne restons pas passifs devant le Verbe. Son écoute nous redonne de la vigueur ; elle nous fait bondir sur nos pieds, prêts à l'action. La fréquentation du Verbe nous permet de nous approprier de manière personnelle le sens des textes, ainsi que le processus à l'œuvre et les fruits qu'il porte. La sagesse que nous cherchons dans la lecture les Évangiles n'est plus ressentie comme magiquement contenue dans le processus même de la lecture. Les mots de l'Écriture ne sont pas des formules magiques ; il n'y a pas de magie dans le Verbe.

On découvre que la sagesse réside dans la personne qui s'adonne à la pratique de lire l'Écriture. L'Esprit intérieur se réalise dans l'interaction avec la sagesse accumulée de la tradition qui soutient la lecture. Si une personne engagée dans une psychothérapie veut que le thérapeute, ou la séance avec ce dernier, accomplisse le travail à sa place, elle perd sa propre autorité. En encourageant cette tendance, le thérapeute égotiste peut contribuer à créer une dépendance qui bloque le patient dans un état infantile. Or, dans l'acte de lecture de l'Écriture, l'Esprit qui est le guide, le véritable thérapeute, encourage le lecteur à faire le travail. Le seul droit d'entrée qui nous soit demandé, pour être sûrs de bien lire, est d'y consacrer toute notre attention. Seule l'attention est nécessaire pour que notre cheminement, notre pratique, prennent appui sur les deux piliers de l'autorité spirituelle : l'autorité de la connaissance intuitive personnelle et celle de la tradition vivante qui nous est transmise.

Par cette lecture des Évangiles l'intelligence mystique se développe en nous. Progressivement, elle illumine et enrichit la vie ordinaire. On est loin de l'attitude consistant à attribuer un pouvoir magique au sens littéral, une erreur qui peut déformer et perturber la vie ordinaire au lieu de l'approfondir. Un jour, un lecteur fondamentaliste de la Bible qui avait une décision à prendre fit appel à son livre jauni à force d'être feuilleté pour en recevoir un conseil. Il fit tourner les pages et plaça son doigt aveuglément sur un verset. Il disait : « Et Judas alla se pendre. » Pensant qu'une erreur s'était glissée dans sa divination il se décida à recommencer. Cette fois le verset tiré au hasard disait : « Va et fais de même. » Ce fut sans doute le début de son apprentissage de la vraie manière de lire la Bible !

La lecture des Évangiles est l'œuvre artistique du cœur. Retrouver l'art perdu de lire l'Écriture est l'une des grandes tâches du christianisme d'aujourd'hui. En remerciant le Dalaï-lama à la fin du séminaire pour le don qu'il avait fait à l'assistance ainsi qu'à l'Église d'Occident en général, d'une certaine façon, je pensais aussi à notre besoin de retrouver cet art de lire l'Écriture. Sa Sainteté redonne à la religion une assurance et une intégrité qu'elle avait perdues aux yeux de maints Occidentaux. En outre, il montre combien de pratiques traditionnelles de la religion, comme la lecture de l'Écriture, les Occidentaux pourraient se réapproprier, même à un stade si avancé d'aliénation du spirituel.

Méditation

L'un des premiers fruits de la méditation est de découvrir comment lire vraiment et vivre les Évangiles. Même les personnes qui n'ont aucune habitude de la lecture spirituelle développent une soif insoupçonnée du Verbe présent dans l'Écriture, à partir de leur pratique de la méditation. D'autres qui la lisent depuis des années éprouvent un changement substantiel dans la qualité de cette lecture, dans le sens où ils sont désormais eux-mêmes lus *par* l'Écriture.

La méditation est un chemin de foi, et donc, elle consolide la foi. *L'œil de la foi*[56] ayant été ouvert et clarifié, une dimension entièrement nouvelle de la conscience se trouve éveillée. Nous lisons les Évangiles, les *sutras* et toutes les écritures saintes de l'humanité avec cet œil de la foi. La dimension de la conscience qu'il ouvre n'entre pas en compétition avec la raison scientifique ou la logique philosophique ; elle s'en distingue par son air de liberté. La foi n'est pas de l'ordre d'une certitude logique. La logique ne fait aucune place à la liberté personnelle. L'esprit doit imposer la vérité d'un énoncé logique. Mais avec la foi, les niveaux profonds de vérité sollicitent une réponse personnelle que nous sommes éternellement libres de donner ou de retenir. Si l'esprit rationnel vous dit que dix divisé par cinq égalent deux, vous n'êtes pas vraiment libre de le croire ou non. Le nier est absurde. Si, en revanche, avec l'œil de la foi, vous vous rendez compte que vous êtes amoureux, alors s'ouvre devant vous l'immense domaine de la liberté humaine où cette vérité peut être vécue ou niée, acceptée ou éludée.

Ce que je viens d'écrire est une manière très chrétienne d'envisager la question. Le mot *foi* gênera certains bouddhistes. Mais il est important que nous échangions ce que nous comprenons par ce mot si nous voulons que notre méditation ensemble soit la base d'un dialogue qui dépasse la simple rencontre diplomatique ou savante. Jésus a dit que la foi nous sauve, qu'elle déplace les montagnes, et que par la foi nous sommes guéris. Un acte de foi, tel que nous pouvons l'accomplir vis-à-vis d'un autre être humain ou d'une communauté, fait avancer le processus de guérison que constitue l'intégration humaine. Sans actes de foi pour nourrir et éprouver nos vies, nous nous sentons moins vivants, moins entiers.

C'est en ce sens que je dis que la méditation est un chemin de foi. Parce que nous nous exercions à la méditation trois fois par jour, les commentaires du Dalaï-lama sur les Évangiles purent être énoncés et reçus dans une atmosphère de foi commune. Dès le départ, il nous apparut clairement à tous que ces périodes de silence étaient cruciales pour le succès de l'entreprise. Le Dalaï-lama le manifesta en acceptant — ce que peu de grands leaders religieux, je pense, auraient accepté — de venir à la salle de prière de bonne heure chaque matin — un déplacement qui l'obligeait à retourner à sa résidence pour prendre son petit déjeuner et refaire le même long trajet pour le début de la première séance de la journée, une heure plus tard.

Nous méditions chacun à notre manière. Nous ne discutions pas des méthodes ou des techniques, ni naturellement de ce qui se passait (ou pas) pendant la méditation. Cette expérience de silence, et d'un *être* ensemble, l'un *pour* l'autre, débarrassé de toute pensée, a été l'assise du dialogue. Je pense qu'il a constitué l'acte de dialogue essentiel du séminaire. Ce livre transmet les mots de nos échanges, mais j'espère qu'il établit clairement que les mots étaient chargés de la puissance du silence. Peut-être est-ce grâce à ce silence, que nous avons partagé tant de rire et de bienveillance. Le séminaire sur les Évangiles nous a rappelé avec force la nature du silence en tant que milieu qui pénètre le langage et le discours. Ramana Maharshi,[57] grand sage indien de ce siècle, disait que le silence ce n'est pas arrêter le robinet de la communication mais le tourner à fond.

Si ce séminaire sous toutes ses formes — le séminaire lui-même, la vidéo, le livre ou la tradition vivante qui en proviennent — n'avait qu'une chose à faire passer, ce serait la valeur du silence.

Dans l'immeuble des Nations Unies à New York, un groupe de la Christian Meditation organise des séances hebdomadaires ouvertes aux gens de toutes cultures et de toutes religions. Le bâtiment en lui-même est un des grands emblèmes modernes de l'espoir. Son architecture et ses dimensions spacieuses expriment la soif ardente du repos après un millénaire de guerre, l'aspiration à la réconciliation des peuples. L'immeuble est aussi un labyrinthe de bureaucratie et de palabres. Tout le monde discute et discute sur les discussions. C'est tout à fait nécessaire. Mais c'est aussi tellement insuffisant. Certaines personnes, comme cette femme qui démarra le groupe de méditation, ont senti que le silence ne serait pas une suspension du dialogue entre les nations. Le silence faciliterait le dialogue et la compréhension dans un esprit d'amitié, dont nous avons besoin pour parvenir à la paix.

Et pourquoi avons-nous besoin de la paix ? Pourquoi ne pas nous combattre et faire de la guerre un art, comme nous l'avons fait depuis si longtemps ? Il est bien clair que la réponse à cette question n'est pas formulable par des mots. On la découvre dans la méditation. Bouddhistes, chrétiens et gens de toutes confessions s'accorderaient pour dire que l'origine du désir de paix n'est pas trop mal décrite par l'*amour* ou la *bonté*. Si le cœur humain est fondamentalement bon — y a-t-il quelque chose à espérer si nous pensons le contraire ? — c'est parce qu'il peut aimer.

Ce livre est l'expression de cet amour, d'un amour qui n'est ni sentimental, ni égoïste. Le dialogue entre le christianisme et le bouddhisme peut servir d'exemple en montrant comment des êtres humains parviennent à s'aimer *à cause* de leurs différences et non simplement malgré leurs différences. Cet objectif s'enrichira et se consolidera au cours du siècle prochain au fil de rencontres de cœur et d'esprit — à l'image de la rencontre de cœur et d'esprit qui eut lieu quand le Dalaï-lama accepta en riant, et avec un profond respect, de lire les Évangiles devant un groupe de chrétiens contemplatifs.

Ce livre est l'expression d'une généreuse amitié partagée par de nombreuses personnes qui ont mis leur talent et leur énergie au service du séminaire, des vidéos, et maintenant du livre. Dès le début, Mrs. Kesang Y. Takla et son équipe du Bureau du Tibet à Londres ont coopéré de manière exemplaire. Robert Kiely s'est généreusement chargé de la tâche

LE CONTEXTE CHRÉTIEN DES LECTURES DE L'ÉVANGILE DU SÉMINAIRE DE LONDRES

Les huit passages d'évangile choisis pour le séminaire sont représentatifs du style particulier de chacun des quatre auteurs des évangiles canoniques : Matthieu, Marc, Luc et Jean. Ils offrent également une bonne vue d'ensemble de l'intelligence chrétienne de Jésus : son enseignement, sa nature, sa puissance issue de sa connaissance du Père, et enfin, sa résurrection, pivot de la foi chrétienne. Des pans entiers du message de l'Évangile, ayant un sens particulier pour les chrétiens — comme l'institution de l'eucharistie — sont omis dans ce choix de textes qui ne vise rien d'autre qu'à donner une image représentative de la foi chrétienne. Mais ils présentent des similitudes et des différences avec des textes bouddhiques, susceptibles de stimuler la réflexion dans le cadre d'un dialogue émergeant du silence et retournant au silence, cette expérience sacrée de la méditation à l'intérieur de sa foi et de sa tradition.

Les vidéos du séminaire ont déjà montré comment le dialogue amorcé par le séminaire peut être et a été poursuivi. Des groupes de bouddhistes et de chrétiens se rencontrent, méditent, visionnent une partie de la vidéo et en discutent. Nous espérons que ce livre poussera encore plus loin le dialogue.

Dans cette partie, je donne un bref éclairage chrétien sur chaque passage que Sa Sainteté a commenté. Le but est de donner à ceux qui pourraient être complètement étrangers aux Évangiles un point de vue simple pour mieux comprendre d'où vient le texte et ce que signifie son langage. La réponse bouddhique, offerte dans le commentaire de Sa Sainteté, constitue la substance de ce livre. On se reportera à la table des matières pour la retrouver dans le livre.

Dans ces brèves introductions, j'ai évité d'entrer dans les détails techniques de textes extrêmement riches et au sens très dense. Tout dialogue partant de ces passages sera unique et donnera lieu à un entrelacement particulier de croyances et d'attitudes sincèrement partagées par les bouddhistes ou les chrétiens. Avant d'entamer la lecture, le Dalaï-lama déclara qu'il ne voulait pas mettre à l'épreuve ou ébranler la foi d'un chrétien. De sa vision pénétrante, les chrétiens ont retiré un approfondissement et une clarification de leur foi, ainsi qu'un élargissement de leur sympathie et de leur compréhension à l'égard des bouddhistes. Le but de l'exercice du dialogue n'est pas d'arriver à des réponses définitives, mais de trouver une vision de la Vérité plus pleine et plus profonde qui englobe et pénètre tout homme, et qui, au bout du compte, comme Jésus l'a dit, nous libèrera tous de la peur et de l'ignorance.

AIME TON ENNEMI
Évangile de Matthieu 5, 38-48

> « *Vous l'avez appris : il a été dit :* Œil pour œil, dent pour dent. *Mais moi je vous dis de ne pas résister au méchant. Si quelqu'un te frappe sur la joue droite, présente-lui l'autre aussi. Si quelqu'un veut te citer en justice pour avoir ta tunique, abandonne-lui aussi ton manteau. Si quelqu'un veut te contraindre à faire un mille avec lui, fais-en deux. Donne à qui te demande, et n'esquive pas celui qui veut t'emprunter.*
> *Vous l'avez appris : il a été dit :* Tu aimeras ton prochain, *et tu pourras haïr ton ennemi. Mais moi*

je vous dis : Aimez vos ennemis. [faites du bien à ceux qui vous haïssent], priez pour ceux qui vous [maltraitent et vous] persécutent. Vous serez ainsi les fils de votre Père du ciel, qui fait lever son soleil sur les méchants comme sur les bons, et fait pleuvoir sur les justes et sur les injustes. Si vous n'aimez que ceux qui vous aiment, quelle récompense méritez-vous ? Les publicains mêmes n'en font-ils pas autant ? Si vous ne saluez que vos frères, que faites-vous d'extraordinaire ? Les païens n'en font-ils pas autant ? Soyez donc parfaits comme votre Père céleste est parfait. » (Matthieu 5, 38-48)

Le contexte chrétien

Le Sermon sur la montagne se présente dans les premières pages de l'Évangile de Matthieu qui est le premier des quatre Évangiles. Comme tous les autres, il a été écrit et doit être lu non pas comme un compte rendu historique mais comme l'expérience de la Résurrection appliquée à l'histoire. Les Évangiles, par conséquent, se comprennent à la lumière de la résurrection. Le mot évangile en grec (*evangelon*) signifie « bonne nouvelle ».

L'auteur de chaque Évangile (l' « évangéliste ») envisage la vie et l'enseignement de Jésus sous un angle qui lui est propre parce qu'il s'adressait à un public différent. D'où la diversité des Évangiles qui, avant d'être consignés par écrit (en grec) furent d'abord des traditions orales (en araméen). Ainsi, le livre de Matthieu fut probablement écrit pour un groupe de chrétiens d'origine juive, environ cinquante ans après la mort et la résurrection de Jésus.

Ce passage est extrait du Sermon sur la montagne, un enseignement de Jésus qui figure dans deux Évangiles (Matthieu et Luc). Les bouddhistes penseront au Sermon du parc aux cerfs du Bouddha. Le Sermon sur la montagne fut prêché par Jésus en plein air devant une foule nombreuse. Il contient la quintessence de son enseignement éthique et religieux. Il souligne par exemple l'importance de dépasser la stricte observance extérieure du rite pour accéder à la religion du cœur.

Dans la première partie de ce passage, Jésus demande à ceux qui le suivent de ne pas chercher à se venger de ceux qui leur font du mal. Cette idée se démarque de l'antique loi de la vengeance en vigueur dans tout le Proche-Orient. Jésus va même jusqu'à dire que nous ne devons pas résister à ceux qui nous font du mal. Dans le style juif typique, par l'exagération, il accentue son propos en déclarant que nous devons tendre l'autre joue et toujours donner ce que l'on nous demande. Ses adeptes sont incités non seulement à céder, mais à donner plus qu'il nous est demandé.

L'allusion à la tunique et au manteau se comprend mieux quand on sait que le paysan palestinien de l'époque ne portait pas d'autre vêtement.

Le principe de non-résistance et d'abandon ne pouvait pas être affirmé plus clairement. Néanmoins, ces enseignements ont donné lieu par la suite à maintes rationalisations.

La seconde partie de ce passage traite de l'amour des ennemis. Le « prochain » désigne tout homme du village ou du groupe. L' « ennemi » désigne une personne qui vous fait du mal ou un simple étranger. Aimer son prochain familier, donc, ne suffit pas. Ce n'est pas ainsi que l'on réalise la pleine vocation humaine qui est d'être « comme Dieu ».

Les premiers penseurs chrétiens ont affirmé que Dieu s'était fait homme pour que l'homme puisse devenir Dieu. Cet enseignement de Jésus montre que nous devenons « fils de Dieu » en aimant tout homme aussi impartialement que Dieu l'aime. La perfection de Dieu est sans limite et la perfection humaine doit le devenir également. Le mot hébreu correspondant à « parfait » signifie « entier » ou « intégral ».[58] C'est l'amour des ennemis qui garantit l'intégrité de la vie humaine.

pas nécessairement cette vie présente. Le mal est toujours autodestructeur. Son échec est dans sa finitude. La douceur triomphe parce qu'elle est sans fin.

4. L'amour du bien, de la justice procure le bonheur. La justice signifie unir sa volonté à celle de Dieu. Elle est inséparable de la compassion appliquée à la vie réelle.

5. Ceux à qui nous témoignons de la miséricorde deviennent à leur tour miséricordieux. Deux des grandes œuvres de miséricorde du Nouveau Testament consistent à donner aux pauvres et à pardonner à ses ennemis.

6. Les « cœurs purs » verront Dieu. La pureté du cœur consiste à voir la réalité telle qu'elle est sans la déformation de l'égotisme. Ceci est différent de la pureté religieuse rituelle et même de la « pureté morale » au sens courant.

7. Les « artisans de paix » sont enfants de Dieu. La réconciliation des ennemis est une œuvre chrétienne souvent recommandée dans les Évangiles. Ces artisans de paix ont part à la nature divine comme le dit saint Pierre dans une de ses épîtres, parce qu'il est dans la nature de Dieu d'apporter la paix et l'unité là où règne la discorde et la division. Un enfant partage l'être du parent.

Dans la sentence suivante l'adepte reçoit l'assurance que la souffrance acceptée « pour Jésus » est assortie d'une grande récompense. Ici, Jésus s'adresse à ses disciples. La souffrance individuelle du chrétien est unie à Lui de manière personnelle. Les premiers chrétiens furent aussi une minorité persécutée.

Enfin, Jésus révèle à ses adeptes leur importance pour le monde — être le sel de la réalité et la lumière de la vérité. Leur mission est d'être vus et entendus à cause des œuvres qui résultent de la conscience de la bonté essentielle de la création — de son cœur bienveillant.

ÉQUANIMITÉ
Évangile de Marc 3, 31—35

> *« Survinrent sa mère et ses frères ; restés dehors, ils le firent appeler. La foule était assise autour de lui. On lui dit : "Ta mère, tes frères et tes sœurs sont là dehors, et te cherchent. — Il leur répondit : Qui sont ma mère et mes frères ? Et portant ses regards sur les gens assis autour de lui : Voici, dit-il, ma mère et mes frères. Celui qui accomplit la volonté de Dieu, celui-là est mon frère, ma sœur et ma mère. »*

Le contexte chrétien

L'Évangile de Marc est le plus court. La tradition voit en Marc un disciple de Pierre, le chef des douze principaux disciples (les « apôtres ») de Jésus. C'est l'Évangile qui fut écrit en premier, vers l'an 65 de notre ère, sans doute à l'adresse de chrétiens d'origine non-juive vivant à Rome, où Pierre fut exécuté.

Marc considère que l'enseignement de Jésus sur le royaume des cieux inaugure un nouvel âge du monde. Ce royaume ne consiste pas en un simple enseignement doctrinal, c'est un mystère ou un secret de l'ultime réalité (Dieu) que Jésus en personne incarne et révèle à ses disciples.

La *mission* de Jésus est avant tout de révéler son identité propre, véritable et la plus profonde. Elle se réalise dans l'acte d'enseigner et dans le lien qui l'unit à ses disciples. Dans cet Évangile, on nous montre fréquemment les disciples incapables de comprendre ce que Jésus enseigne.

Ce passage suit un récit où l'on voit Jésus choisir ses douze principaux disciples et les envoyer proclamer le Royaume. Il revient chez lui où sa famille pense qu'il est devenu fou. Dès le début de sa prédication publique Jésus avait provoqué la colère des autorités religieuses (les pharisiens) parce qu'il dénonçait leur hypocrisie avec une très forte autorité personnelle. Avec d'autres, ils l'accusaient d'être possédé par un démon.

Jésus est en train d'enseigner quand on vient l'avertir que sa mère et des membres de sa famille sont venus le voir. Ils ne viennent pas jusqu'à lui, sans doute par peur ou par désapprobation de son action. Jésus ne les rejette pas en tant que membres de sa famille, mais il s'élève contre l'incompréhension qu'ils manifestent à l'égard de son enseignement et de sa mission.

Il substitue au lien naturel du sang le lien unissant ceux qui « font la volonté de Dieu », comme lui-même la fait. Ici encore, apparaît l'idée que les « enfants de Dieu » ont part à la nature universelle du divin.

Le « royaume de Dieu » exige de nous, au niveau individuel, des changements radicaux. Être « enfant de Dieu » implique de considérer que toutes nos relations humaines dépendent de notre relation à Dieu. Pour le chrétien cette relation à Dieu est compréhensible à l'intérieur de notre lien avec Jésus. Dieu est inconnaissable et invisible, mais le lien qui nous unit à Dieu s'exprime dans la manière dont nous nous unissons les uns aux autres. Par conséquent, notre lien avec Jésus ressuscité nous conduit aussi à des liens mutuels plus sérieux. C'est l'origine de la notion d'Église « corps du Christ », harmonieuse totalité de tous ses disciples et, dans la mesure où il est le *Logos* universel, totalité du cosmos.

Ce passage est l'un de ceux où apparaît Marie, la mère de Jésus, à qui les catholiques notamment vouent une vénération particulière. Marie n'est pas un être divin mais une personne historique d'une sainteté et d'une réceptivité à Dieu toutes spéciales. Pour beaucoup de chrétiens elle continue d'exercer un ministère d'amour d'une puissance particulière. Son souci pour l'humanité souffrante est une façon d'amener les hommes dans le Corps du Christ, son fils.

LE ROYAUME DE DIEU
Évangile de Marc 4, 26-34

> *« Il disait encore : "Il en est du royaume de Dieu comme d'un homme qui aurait jeté la semence en terre. Qu'il dorme ou se lève, la nuit et le jour, la semence germe et grandit sans qu'il sache comment. D'elle-même la terre produit d'abord l'herbe, puis l'épi, puis du grain plein l'épi. Dès que le fruit le permet, on y met la faucille, car la moisson est à terme."*
>
> *Il disait encore : "A quoi pourrions-nous comparer le règne de Dieu ? Par quelle parabole le représenter ? Il est comme un grain de moutarde : lorsqu'on le sème en terre, c'est la plus minuscule de toutes les semences répandues sur la terre ; mais une fois semé, il monte et devient plus grand que tous les légumes, et il étend si loin ses branches que les oiseaux peuvent s'abriter sous son ombre."*
>
> *C'est par de nombreuses paraboles de ce genre qu'il leur annonçait la Parole, selon qu'ils étaient à même de l'entendre. Il ne leur parlait pas sans user de paraboles, mais il expliquait tout en particulier à ses disciples. »*

Le contexte chrétien

Jésus enseignait au moyen de paraboles, histoires et analogies simples tirées des circonstances de la vie ordinaire. Ici, nous avons affaire à deux paraboles décrivant le « royaume de Dieu » qui constitue le noyau de son enseignement. Ce passage suggère deux axes de réflexion : la méthode spirituelle de l'enseignement par paraboles, et le signification du royaume de Dieu dans l'enseignement de Jésus.

Auparavant, Jésus avait dit à ses disciples qu'il parlait publiquement en paraboles mais qu' « à eux était confié le mystère du royaume ». Bien qu'il enseignât ouvertement devant tous, son auditoire réagissait et comprenait différemment. Il respectait cette capacité variable de compréhension, mais l'enseignement chrétien souligne que tout homme quel qu'il soit est appelé à la sainteté et peut l'atteindre s'il accepte de coopérer à l'œuvre de la grâce.

Le royaume de Dieu est aussi traduit par « règne » ou « puissance » de Dieu, qui rendent mieux son sens dynamique. Comme le disait John Main, ce n'est pas un lieu mais une expérience. Jésus disait (Mt 11, 25) que le royaume n'est pas révélé aux savants et aux intelligents mais aux humbles et aux simples. A la fin de sa vie, quand on le mit au défi de se sauver lui-même de la mort en usant de sa puissance de roi, il répliqua que son royaume « n'était pas de ce monde ».

Le royaume se révèle dans l'interaction de l'enseignement de Jésus avec ceux qui l'écoutent, et ce *dévoilement* de la vérité constitue la dynamique du « Verbe de Dieu ».

Ces paraboles éclairent sur le sens paradoxal du royaume — comme la graine qui tombe en terre et doit mourir si l'on veut qu'il y ait une moisson. Elles se servent d'images de croissance naturelle pour montrer comment le royaume se réalise. C'est donc un processus qui dure toute la vie.

Dans la première parabole Jésus montre que le royaume croît jour après jour à l'intérieur de l'homme sans qu'il en soit conscient de manière ordinaire. Il conduit à une moisson : Jésus nous dit qu'il est venu pour que « les hommes aient la vie en plénitude ». Le royaume est donc la plénitude de la vie humaine, qui signifie une participation pleine et entière à la nature de Dieu.

La seconde parabole montre que la plénitude de la vie n'est pas une expérience privée, individuelle. Elle commence petitement, c'est-à-dire dans les limites de notre égotisme d'individu, mais elle croît jusqu'à transcender ces limites pour devenir une expérience d'ouverture et de générosité sans limites.

Bien que le symbole du roi et du royaume évoque une

puissance terrestre, Jésus souligne que la puissance de Dieu ne recourt pas à la force et à la violence, mais à l'amour. Les qualités qui caractérisent le royaume, selon le Nouveau Testament, sont « amour, joie, paix, patience, tendresse, bonté, douceur, fidélité et maîtrise de soi ».

LA TRANSFIGURATION
Évangile de Luc 9, 28-36

> *« Huit jours environ s'écoulèrent après cet entretien, puis Jésus prit avec lui Pierre, Jean et Jacques et monta prier sur la montagne. Tandis qu'il priait, son visage se transforma, et ses vêtements devinrent d'une blancheur éclatante. Et voici que deux personnages s'entretenaient avec lui : c'étaient Moïse et Élie, qui, apparaissant dans la Gloire, parlaient de son trépas, qu'il devait accomplir à Jérusalem. Pierre et ses deux compagnons étaient alourdis de sommeil ; se tenant pourtant éveillés, ils virent la gloire de Jésus et les deux personnages qui se tenaient près de lui. Au moment où ils se séparaient de Jésus, Pierre lui dit : "Maître, il est heureux que nous soyons ici : nous pourrions dresser trois abris, un pour toi, un pour Moïse et un pour Élie." Il ne savait ce qu'il disait. Il parlait encore qu'une nuée vint les couvrir, et les disciples furent saisis de frayeur en les voyant disparaître dans la nuée. Alors, de la nuée sortit une voix : "Celui-ci est mon Fils bien-aimé, écoutez-le !" Et, pendant que la voix retentissait, Jésus se trouva seul. Les disciples gardèrent le silence et, en ces jours-là, ne rapportèrent à personne rien de ce qu'ils avaient vu. »* [Luc, 9, 28-36]

Le contexte chrétien

Dans le récit de Luc, Jésus, à ce moment-là, vient de nourrir

Le contexte chrétien

L'Évangile de Luc fut sans doute écrit après la destruction de Jérusalem, par les Romains en 70. D'après la tradition, Luc était médecin, jeune disciple de Paul. Il est le plus littéraire des quatre auteurs évangéliques. Luc commence son Évangile en déclarant qu'il s'est livré à des recherches approfondies pour obtenir des informations historiques de première main sur Jésus.

Ce passage fait partie d'un chapitre racontant quelques-uns des nombreux miracles de Jésus. Luc met l'accent sur le fait que Jésus, avant et après sa mort, donne pouvoir à ses disciples de poursuivre sa mission en proclamant son message.

Jésus réunit les douze apôtres choisis et leur donne « puissance et autorité ». Ce sont des qualités spirituelles qu'il possède personnellement et peut donc transmettre aux autres. La puissance s'attache essentiellement à vaincre les démons et à guérir les maladies. Mais le but prioritaire de cette transmission de puissance est de proclamer le royaume de Dieu. Les miracles sont des signes de puissance et des moyens de communication, mais l'œuvre primordiale qu'ils accomplissent est d'attester du royaume de Dieu : le royaume est à l'intérieur de nous et immédiatement accessible. Dans l'Évangile de Marc, un passage nous montre Jésus demandant de ne pas répandre la nouvelle de ses miracles.

Ailleurs, on demande à Jésus quand viendra le royaume des cieux. Les gens pensaient à un événement ou à un état extérieur. A cela il répondit : « Le royaume de Dieu ne doit pas venir de manière ostensible... Car voyez, le royaume de Dieu est déjà au milieu de vous. »

Après la mort de Jésus, son Esprit Saint est descendu sur ses disciples et leur a donné le pouvoir de prêcher le mystère entier du salut et la vraie nature de Jésus. Mais au cours de sa vie terrestre, le message qu'ils prêchaient était la venue du royaume.

Le lien entre la prédication du royaume et la guérison des

malades est un thème chrétien important. Le royaume n'est pas une abstraction à usage personnel. De toutes les défenses que les êtres humains dressent contre Dieu les plus vulnérables sont nos lieux de souffrance. La guérison atteint donc la part la plus profonde et souvent la plus cachée de nous-même. On réalise (ou on entre) dans le royaume, dans le cadre de la vie humaine ordinaire. La souffrance suscite la compassion en Jésus comme en nous. Il est tentant naturellement de se focaliser sur la guérison physique et de négliger la guérison de la personne dans sa totalité, autrement dit le sens total du royaume.

Les instructions que Jésus donne à ses disciples avant de les envoyer prêcher la bonne nouvelle tracent les contours d'un style de vie et d'une attitude particuliers. L'attitude est celle d'un abandon total à Dieu. Leurs vies doivent témoigner d'un complet détachement quant au succès ou à l'échec de leur mission. Si leur message est rejeté, ils doivent « secouer la poussière de leurs pieds » et partir pour un autre lieu.

Le mode de vie du disciple de Jésus se reconnaît à sa pauvreté matérielle et à sa simplicité radicale. Au sens strict, c'est le mode de vie monastique, mais au niveau symbolique il s'agit de la voie à suivre pour tout vrai quêteur spirituel, ou disciple. Ce mode de vie suppose également que les gens spécialement chargés d'enseigner puissent légitimement être entretenus par la communauté au sens large.

LA FOI

Évangile de Jean 12, 44-50

> *« Cependant, Jésus dit d'une voix forte : "Qui croit en moi, croit, non pas en moi, mais en Celui qui m'a envoyé ; et qui me voit, voit Celui qui m'a envoyé. C'est comme lumière que je suis venu dans le monde ; ainsi celui qui croit en moi ne reste pas dans les ténèbres. Si quelqu'un entend mes paroles*

et ne les observe pas, ce n'est pas moi qui le condamnerai ; car je ne suis pas venu condamner le monde, mais sauver le monde. Celui qui me méprise et qui n'accepte pas mes paroles a déjà son juge : la parole que j'ai exprimée, c'est elle qui jugera au dernier jour. En effet, ce n'est pas de mon propre chef que j'ai parlé, mais le Père, qui m'a envoyé, m'a dicté ce que je dois dire et m'a prescrit ce que je dois enseigner. Et son commandement, je le sais bien, c'est la vie éternelle. Les paroles que je profère, je les profère donc conformément à ce que m'a dit le Père. »

Le contexte chrétien

La tradition identifie l'auteur de l'Évangile de Jean au « disciple que Jésus aimait ». Cet auteur présente Jésus comme le *Logos* (mot grec signifiant Parole). La vie et l'enseignement de Jésus sont identifiés à la lumière de la Sagesse universelle qui confère un sens symbolique à chaque détail de la vie de Jésus. Jean parle de la relation intime liant Jésus et Dieu. Il se plaçait par rapport à Dieu dans une relation singulière de *Fils à Père.*

Ce passage résume maints discours de Jésus dans l'Évangile de Jean. Dans ces mots, nous devons entendre à la fois la voix de Jésus et ce que les premiers chrétiens pensaient de Jésus.

Jésus situe toujours son centre de conscience dans le Père. Si donc on croit en lui, on croit réellement en Dieu, pas seulement en lui. Il dit que le Père l'a envoyé — ce qui signifie que sa vie était une mission. Voir Jésus c'est voir le Père qui l'a envoyé. Le lien qui unit Jésus à son Père est indissoluble (ou *advaitique comme le dirait la doctrine hindouiste).*[59]

Jésus se présente comme la lumière venant dans le monde pour dissiper les ténèbres. La foi en Jésus est donc bien plus qu'une croyance dogmatique. Elle est relation personnelle avec lui et donc avec la réalité avec laquelle il est en communion. Cette relation constitue elle-même le processus d'illumination qui dissipe les ténèbres de l'ignorance et de la peur qui règnent sur le cœur humain. Le lien de foi est le *hodos* (grec de l'évangile) ou Chemin de la vie chrétienne. Jésus a dit : « Le Père et moi nous sommes un. » Il a également dit « Le Père est plus grand que moi. » Ce sont deux aspects de la relation de Jésus à son Père qui est aussi notre Père.

Au cours des siècles les penseurs chrétiens ont développé la doctrine de la Trinité pour rendre compte de ce lien qui sauve, transforme et parachève. Le Père est le fondement de l'Etre invisible et inconnaissable, le Fils (qui s'est incarné en Jésus) est aimé par le Père et leur amour mutuel est l'Esprit Saint, la troisième personne de la Trinité. Dieu est donc « trois en un ». Jésus avait promis d'envoyer l'Esprit Saint au monde après qu'il eut cessé d'être visible sur terre — après sa mort, sa résurrection et son retour final au Père.

Dans ce passage Jésus établit clairement qu'il ne juge pas le monde. Si quelqu'un rejette sa vérité son rejet est en soi un jugement ; ceci parce que tout ce que Jésus a dit renferme la Vérité du Père.

Jésus déclare que les commandements du Père sont « vie éternelle ». Il a également dit qu'il est venu pour que les hommes aient la vie en plénitude. La vie éternelle ne désigne pas seulement une existence sans fin. Elle représente le plein épanouissement du potentiel humain de conscience. Le seul commandement sur lequel Jésus a insisté est l'amour mutuel. La pleine conscience est donc la réalisation complète de la capacité des hommes à s'aimer. L'amour est la substance même de Dieu (le Père aime le Fils et cet amour **est** l'Esprit Saint). Tout homme est appelé à avoir part à la surnature de Dieu, à être rendu divin par l'amour pour apprendre (comme nous l'avons vu dans le premier extrait de Matthieu) à aimer Dieu comme Dieu aime — inconditionnellement et universellement.

LA RÉSURRECTION
Évangile de Jean 20, 10-18

> *« Puis les disciples s'en retournèrent chez eux. Cependant Marie se tenait dehors, près du tombeau, et pleurait. Tout en pleurant, elle se pencha pour regarder dans le tombeau ; elle aperçut alors deux anges vêtus de blanc, assis à l'endroit où avait reposé le corps de Jésus, l'un à la tête, l'autre aux pieds. "Femme, lui dirent-ils , pourquoi pleures-tu ? — Parce qu'on a enlevé mon Seigneur, leur dit-elle, et je ne sais où on l'a mis." A ces mots, elle se retourna et aperçut Jésus debout, mais sans le reconnaître. "Femme, lui dit Jésus, pourquoi pleures-tu ? Qui cherches-tu ? —S'imaginant que c'était le jardinier, elle lui dit : Si c'est toi qui l'as enlevé, dis-moi où tu l'as mis, et j'irai le prendre — Jésus lui dit : Marie ! — Elle se retourna et lui dit en hébreu : Rabbouni ! (c'est-à-dire Maître très aimé) —Jésus lui dit : Ne me retiens pas, car je ne suis pas encore monté vers le Père ; va plutôt trouver mes frères et dis-leur : Je monte vers mon Père et votre Père, vers mon Dieu et votre Dieu." Marie de Magdala courut donc annoncer aux disciples : "J'ai vu le Seigneur, et voici ce qu'Il m'a dit... »*

Le contexte chrétien

La Résurrection de Jésus est le fondement de la foi chrétienne. Aucun des Évangiles ne décrit le moment même de la résurrection. Mais tous décrivent l'apparition de Jésus à ses disciples sous une forme corporelle — corps subtil ou spirituel — après sa mort. Dans les quatre Évangiles canoniques, le récit de la vie de Jésus est écrit (rétrospectivement) à partir de cette expérience de la Résurrection.

Dans tous les Évangiles, Jésus ressuscité apparaît d'abord aux femmes. Dans le passage de Jean cité ici, c'est à Marie de Magdala, une disciple proche de Jésus, traditionnellement identifiée à la prostituée repentie qui apparaît dans le courant de l'Évangile. La première rencontre avec le Ressuscité engendre confusion, méprise et même incrédulité totale parmi les disciples bien que Jésus ait prédit sa résurrection « au bout de trois jours ». Trois jours est un symbole biblique désignant un cycle de temps complet.

Marie de Magdala regarde dans le tombeau vide et voit deux « anges ». Le mot « angelos » en grec désigne un messager. Elle ne les reconnaît pas en tant que tels. Mais quand ils lui demandent pourquoi elle pleure elle demande où a été mis le corps de Jésus. Puis **elle se retourne** et voit Jésus à ses côtés. Il lui demande aussi pourquoi elle pleure. Elle pense qu'il est le jardinier et demande où il a mis le corps de Jésus. Puis il l'appelle par son nom, ce qui lui ouvre le cœur et l'esprit ; elle reconnaît alors Jésus et l'appelle affectueusement « Maître ».

L'appel de Marie par son nom fait écho à un passage antérieur de l'Évangile de Jean où Jésus se compare au bon berger qui appelle ses brebis par leur nom. Dans la tradition biblique, le nom désigne le moi réel. Pour connaître le Ressuscité il est nécessaire de connaître son Vrai Moi en se laissant appeler par son nom, ce qui révèle chacun à soi-même.

Jésus lui dit de ne pas le retenir parce qu'il n'est pas encore monté vers le Père. L'ancienne forme de relation terrestre à Jésus n'a plus cours. Le stade final de sa vie est d'être réintégré à sa source. L'Ascension se produit quarante jours, chiffre symbolique, après la Résurrection, mais Jésus a promis de rester avec ses disciples tous les jours jusqu'à la fin des temps. Aujourd'hui les chrétiens conçoivent Jésus comme à la fois « ici » et « dans l'au-delà ».

Jésus dit à Marie de Magdala qu'il va rejoindre son propre Père qui est son Père à elle, son Dieu à lui qui est son Dieu à elle. On pense alors à ce qu'il disait à ses disciples peu de temps avant sa mort, qu'ils n'étaient pas ses serviteurs mais ses amis parce qu'il avait partagé avec eux tout ce qu'il avait appris de son Père. Les chrétiens, par conséquent, croient que, par l'union avec l'humanité glorifiée, transfigurée, de Jésus, ils peuvent avoir part à sa relation unique avec le Père, « avoir part à l'être même de Dieu ».

Un changement ontologique s'est produit dans la nature humaine à la suite de la naissance, de la vie, de la mort, de la résurrection et de l'ascension de Jésus. Mais ce changement se réalise dans chaque personne au cours de chaque étape de sa vie, par l'incorporation de l'expérience de Jésus à notre corps.

Dans un dialogue se situant à un niveau doctrinal et philosophique, l'importance de la Résurrection consiste en ce qu'elle témoigne du caractère unique, de l'*unicité* de Jésus. Unicité ne veut pas dire exclusivisme. Son unicité n'exclut pas d'autres révélations de la Vérité, mais la croyance chrétienne voit en Jésus la pleine révélation de Dieu sous forme humaine. Elle manifeste également la vraie nature de l'humanité, sa pleine révélation à elle-même dans la substance divine et la plénitude de sa capacité de vie, de conscience et d'union à Dieu.

La Résurrection est également importante parce qu'elle montre que la plus grande terreur de l'homme, celle de la mort, repose sur l'illusion. La mort n'est pas la fin de la vie, mais l'entrée finale dans la plénitude de vie qui est partage de l'être de Dieu.

GLOSSAIRE DES TERMES CHRÉTIENS

Aelred de Rievaulx (1109-1167). Saint Aelred de Rievaulx fut un abbé cistercien et un théologien anglais renommé pour sa conception christocentrique de l'amour. Fortement influencé dans sa réflexion sur le lien entre amour humain et amour divin, par le traité de Cicéron L'amitié. Il est l'auteur du *Miroir de la Charité* ainsi que de *Quand Jésus eut douze ans* (Éditions du Cerf, 1987). Voir aussi **Cicéron**.

Amour. Un seul mot sert à désigner l'amour d'amitié, l'amour de désir et l'amour de Dieu. L'*agapè*, amour divin désintéressé, est celui dont parle saint Jean quand il dit « Dieu est amour ».

Anges. Les anges, présents dans la plupart des religions anciennes, sont des êtres spirituels qui servent d'intermédiaires entre les mondes céleste et humain. Le mot dérive du grec *angelos* signifiant « messager », bien que dans la Bible les anges apparaissent à plusieurs reprises comme une manifestation directe de Dieu. On croit en outre qu'un ange est assigné à chaque être humain à sa naissance. Des réflexions complexes établissent une hiérarchie céleste parmi les anges, que l'on peut aussi interpréter comme des stades ou puissances à l'intérieur de l'âme humaine.

Apophatique. Le terme qualifie une approche du discours sur Dieu et sur l'expérience mystique qui affirme l'inconnaissabilité, la transcendance et le caractère indicible de Dieu et de toute expérience de Dieu. « Par l'amour nous pouvons le connaître, jamais par la pensée » (*Le Nuage d'Inconnaissance*, Éditions du Seuil, 1980). Voir **Catophatique**.

Apôtres. Les douze apôtres appelés par Jésus et ayant formé le groupe des disciples proches de Jésus symbolisent les douze tribus d'Israël. Le mot vient du grec et signifie « l'envoyé ». Le chiffre douze est symbole de l'élection par Dieu.

Aquin, Thomas d' (1225-1274). Saint Thomas d'Aquin fut un grand théologien et philosophe catholique dont le chef-d'œuvre d'architecture intellectuelle, la méthodique *Somme théologique*, exerça une influence décisive sur la pensée chrétienne jusqu'à nos jours. L'ouvrage est une somme de commentaires sur Aristote, la Bible et la tradition patristique traitant exhaustivement de tous les domaines de la pratique et de la foi chrétiennes.

Ascension. Quarante jours après sa Résurrection, Jésus quitta complètement le monde de forme perceptible. Il fut réabsorbé dans la réalité supra-sensorielle de Dieu sous sa pleine réalité humaine de corps, intellect et esprit. Pour décrire cet événement, on parle d'Ascension vers le Père dans le ciel. (Voir *Actes des Apôtres* 1, 9.)

Augustin d'Hippone (354-430). Originaire d'Afrique du Nord, saint Augustin fut l'un des plus grands théologiens de l'Église des premiers siècles. Il est l'auteur de *La Cité de Dieu* et des Confessions. Comme saint Aelred de Rievaulx, le moine anglais, il fut influencé dans sa réflexion sur le lien entre amour humain et amour divin par le thème de l'amitié chez Cicéron. Voir aussi **Cicéron** ; **Aelred de Rievaulx**.

Baptême. Le baptême est le rite de l'initiation chrétienne, par immersion ou ablution, au nom de la Trinité. Il peut être pratiqué par n'importe qui et le cas échéant, peut être effectif

Cicéron (106-43 av. J.-C.). Cicéron est l'auteur du traité *De Amicitia* (L'amitié), une œuvre qui résume la pensée classique sur le sujet de l'amitié et qui a grandement influencé les auteurs chrétiens ultérieurs, en particulier saint Aelred de Rievaulx et saint Augustin. Voir **Aelred de Rievaulx** ; **Augustin d'Hippone.**

Contemplation. D'après Thomas d'Aquin, la contemplation est « la simple jouissance de la vérité ». Les nombreuses écoles de spiritualité chrétienne proposent des voies complémentaires d'approfondissement de cette jouissance. On peut la comprendre comme un mouvement dépassant la pensée et la représentation imagée pour atteindre l'union et l'amour.

Corps ressuscité de Jésus. Le corps ressuscité de Jésus n'est pas, selon saint Paul, l'ancien corps physique de Jésus mais un « corps spirituel ». Il est donc libre de toute contrainte matérielle et mentale, et modifié, non abandonné, après la mort. Quoiqu'ayant une existence propre, la forme corporelle nouvelle ou glorifiée de Jésus agit et se manifeste dans d'autres dimensions : par exemple, en tant que présence du Christ dans l'eucharistie sous la forme du pain et du vin ; en tant qu'un avec ses disciples, ce qui nous permet de dire que l'Église est le Corps du Christ ; et aussi en tant que coextensible à l'univers matériel dont la Création a été réalisée par la seconde personne de la Trinité, incarnée en Jésus. Voir **Christ** ; **Esprit Saint** ; **Fils** ; **Résurrection** ; **Trinité**.

Créateur. La doctrine de base de l'accession à l'existence de l'univers par un acte libre de Dieu le Créateur est une donnée centrale du judéo-christianisme. Dieu, simultanément, soutient et parachève la Création dans le même acte de Création parce que le temps et l'espace sont aussi des « créatures » dans lesquelles Dieu est présent mais reste illimité. La connaissance scientifique apporte des réserves aux images utilisées pour exprimer cette doctrine (telles les images employées dans le livre de la Genèse) sans nécessairement entrer en conflit avec elles. La créativité humaine est conçue comme une participation et une réflexion dans le grand acte de la Création.

Croix. La Croix rappelle la mort de Jésus par crucifixion, un mode d'exécution capitale couramment pratiqué pour les criminels dans l'Empire romain. A la lumière de la Résurrection, la tragédie de la Croix fut comprise comme une préparation à la libération de l'énergie fortifiante et salvatrice de l'Esprit. Nombre de métaphores tentent d'expliquer la place de la Croix dans « l'économie du salut » : rédemption, sacrifice, offrande de soi, obéissance à la vérité. L'idée qu'elle aurait constitué un châtiment exigé par Dieu de son Fils pour les péchés d'Adam n'est qu'une explication parmi d'autres, qui a malgré tout, au cours des siècles, été artificiellement privilégiée dans la théologie historique de la Croix. De nos jours, on préfère les images psychologiques aux images mythologiques : la Croix représente la puissance de projection et l'effort de l'ego pour nier le Soi véritable. Aussi puissante que soit l'identification personnelle permise par la Croix, sa signification cosmique reste féconde mais ne devrait être envisagée qu'en relation avec la Résurrection dont dérive son importance. Voir **Résurrection** ; **Salut**.

Crucifixion. Voir **Croix**.

Dieu. Dieu désigne l'absolu de l'être, du sens, de la vérité et de la vie. D'après saint Jean, Dieu est amour. En termes philosophiques, selon la formulation de saint Ambroise, Dieu est plus grand que tout ce qui peut être pensé ou imaginé, et en tant que tel inexprimable et impossible à conceptualiser ou objectiver. L'ineffable mystère et l'inconnaissabilité de Dieu s'affirment paradoxalement dans le fait que, selon l'enseignement de la mystique chrétienne, l'on connaît par l'amour et non par la pensée. L'intuition chrétienne de la réalité personnelle de Dieu est la Trinité : Dieu est communion de trois « personnes » (Père, Fils et Esprit) qui sont co-égales, co-éternelles, et infiniment présentes l'une à l'autre dans l'unité. Tout ce que l'on peut dire de Dieu est une métaphore inadéquate, et si les mots et les images sont inévitables, ils présentent le danger d'être pris à la lettre. D'après saint Thomas d'Aquin, le formulateur médiéval du sytème théologique chrétien le plus complet, les mots dont on se sert à propos de Dieu ont un sens intrinsèquement différent des mêmes mots appliqués à l'expérience humaine. Voir aussi **Père** ; **Esprit Saint** ; **Incarnation** ; **Fils** ; **Trinité**.

Dix Commandements. Selon Exode 20, 1-17 et Deutéronome 5, 6-21, les Dix Commandements, ou Décalogue, furent révélés à Moïse sur le mont Sinaï. Quelques spécialistes les font remonter aux communautés nomades ou sédentaires d'Israël du VIIe siècle av. J.-C., mais des arguments sérieux militent aussi en faveur d'une origine plus ancienne. Les Dix commandements constituent le noyau des systèmes éthiques de la Bible. Ils concernent à la fois la relation des hommes avec Dieu (honorer Dieu et rejeter l'idolâtrie) et les relations entre les hommes (justice sexuelle et économique). Le Décalogue est écrit à la deuxième personne («tu»). C'est un tutoiement de Dieu envers l'homme. Ce n'est pas un catalogue de contraintes mais avant tout il s'agit d'un **dialogue** vital sur les conditions de possibilité de la vie. Voir **Moïse**.

Écritures. Toutes les religions distinguent les écritures essentielles (telles la révélation ou les enseignements du fondateur) et les écrits secondaires que constituent les commentaires des premiers. Les écritures chrétiennes essentielles sont rassemblées dans le *Nouveau Testament* mais on les considère aussi comme un accomplissement et une conclusion de la Bible juive ou *Ancien Testament*. Nul ne comprend vraiment les Évangiles sans connaître la Bible juive. Pendant des siècles, le discours mystique et théologique chrétien s'est appuyé sur les commentaires des Écritures, notamment ceux des Pères de l'Église datant des six premiers siècles du christianisme. Voir **Béatitudes** ; **Bible** ; **Évangiles** ; **Nouveau Testament** ; **Sermon sur la Montagne**.

Elie (IXe siècle av. J.-C.). Le prophète hébreu Elie maintint le culte de Yahvé face à la montée des cultes païens en Israël. Il dénonça l'injustice sociale et exhorta au renouveau intérieur. A l'époque de Jésus, on croyait généralement que son retour préluderait à la libération d'Israël. Jésus fut parfois identifié au second Elie. (Voir les études sur Elie aux Éditions Bellefontaine, diffusion Brepols).

Enfer et enfers. L'enfer est à la fois le séjour des morts hérité du judaïsme et le lieu du châtiment, hérité des Grecs. Dans la pensée chrétienne, la douleur de l'enfer, symbolisée par le feu, est d'être séparé de Dieu. Le Credo stipule que le Christ est « descendu aux enfers », ce que l'on interprète à la fois comme l'accession des générations précédentes à la Résurrection et comme le salut ultime de toutes les âmes. Cela signifie aussi qu'il n'y a pas de douleur, de détresse ni de souffrance humaines que le Christ ne prenne en compassion et ne puisse remonter dans la consolation.

Esprit Saint. L'Esprit Saint, ou troisième personne de la Trinité qui représente la vision chrétienne de la réalité personnelle de Dieu, est le défenseur ou conseiller que Jésus promit d'envoyer au monde après sa mort et sa résurrection. L'Esprit (auquel on attribue fréquemment des caractères féminins) est présent dans la pensée biblique depuis la création où il plane sur les eaux du chaos d'avant la création. Il se manifeste lors du baptême de Jésus et lui donne la force d'accomplir son ministère public. Saint Jean nous montre Jésus insufflant l'Esprit dans ses disciples après la Résurrection. L'Esprit est également assimilable à l'esprit personnel de Jésus en vertu de sa propre identité de seconde personne de la Trinité. L'Esprit procède du Père et peut donc être compris comme l'amour de Dieu ou l'esprit non-duel de l'unicité divine présent, sans forme, dans toutes les formes d'existence. Voir aussi **Baptême** ; **Christ** ; **Père** ; **Dieu** ; **Trinité**.

Eucharistie. L'eucharistie, ou messe (au sens littéral « action de grâce ») est l'adaptation chrétienne de la Pâque juive telle qu'elle fut célébrée par Jésus lors du Dernier Repas (Cène). L'eucharistie est célébrée diversement selon les traditions chrétiennes, avec des théologies sous-jacentes variées ; néanmoins, toutes se rejoignent dans l'idée du « ressouvenir » du lien du Christ avec toutes les générations. La foi catholique affirme une « présence réelle » du Christ dans le pain et le vin de même que dans la foi des participants. La Sainte Communion est l'accueil rituel par les participants de la communion avec le Christ en mangeant et en buvant le pain et le vin consacrés. Voir **Cène** ; **Corps ressuscité de Jésus** ; **Résurrection** ; **Sacrement**..

Évangiles. Les Évangiles sont les quatre livres canoniques essentiels de Matthieu, Marc, Luc et Jean. Il existe plusieurs autres « évangiles apocryphes », et un grand nombre a disparu. Les quatre grands Évangiles s'accordent sur les points essentiels de la vie et de l'enseignement de Jésus de Nazareth et les présentent à la lumière de l'expérience de la Résurrection. Mais, ayant été écrit pour un public différent, chaque évangile se distingue des autres par des accents et une couleur interprétative particulière. Voir **Béatitudes** ; **Bible** ; **Nouveau Testament** ; **Écritures** ; **Sermon sur la Montagne**.

Évangélistes. Le terme « évangéliste » est généralement appliqué aux auteurs des quatre évangiles canoniques. Le mot dérive du terme grec signifiant « bonne nouvelle ».

Fils. Le terme Fils caractérise la relation de la seconde personne avec la première de la Trinité en ce sens que le Fils procède éternellement du Père, source de l'être. Identifié dans la pensée grecque avec le *Logos* universel, le Fils peut être comparé au *purusha* de la théologie hindoue. Le Fils est le principe de la Création et le moyen de toute connaissance de la Vérité ; dans le monde matériel et temporel, il s'est incarné en Jésus. Voir **Christ** ; **Dieu** ; **Esprit Saint** ; **Incarnation** **Jésus** ; **Logos** ; **Père** ; **Trinité**.

Foi. La foi est comprise comme un moyen de voir ce que l'esprit et l'œil physique ne perçoivent pas. Elle est la capacité de perception transcendante de chaque individu. C'est une attitude de confiance.

Grâce. La grâce est l'énergie perceptible mais supra-conceptuelle de l'amour et de la créativité divine dans chaque atome de la Création et chaque mouvement de la conscience humaine, s'exerçant dans et par la nature et non contre elle. La grâce est l'assistance directe donnée par Dieu aux êtres humains en vue de leur libération et de leur salut, dans les moyens et les circonstances de cette vie. Depuis Augustin, les théologiens se sont efforcés de définir son sens et sa relation avec le libre arbitre. Les catholiques notamment considèrent les sacrements comme des moyens de recevoir la grâce, mais les interprétations divergent sur les modalités de cette descente de la grâce et sur ce qui est requis de la personne célébrant le sacrement. Voir **Sacrement**.

Grégoire de Nysse (vers 330-395). Saint Grégoire de Nysse, frère de saint Basile et contemporain de saint Augustin, fut un des pères mystiques de la Cappadoce. Il fit preuve d'une grande originalité dans son enseignement sur la Trinité, l'incarnation et d'autres articles essentiels de la foi chrétienne, en les reliant à la vie intérieure de prière et aux sens mystiques de l'Écriture.

Grégoire le Grand (vers 540-604). Saint Grégoire le Grand vécut d'abord dans la richesse, à Rome, avant de donner ses biens aux pauvres et de fonder plusieurs monastères dont celui auquel il appartint. Il devint pape en 590 et stabilisa la position de l'Église à une époque très troublée. Il envoya saint Augustin de Canterbury et d'autres moines évangéliser l'Angleterre. Il eut des propos émouvants sur la difficulté de réconcilier la vie spirituelle avec les charges d'un administrateur, et montra une grande sympathie pour la vie monastique qu'il encouragea en recommandant la *Règle de saint Benoît* comme ligne de conduite privilégiée en Occident. Écrivain prolifique, il rassembla dans ses *Dialogues* les sources légendaires de la vie et des miracles de saint Benoît, à l'évidence plus précieuses pour l'éclairage qu'elles donnent sur la théologie et la spiritualité du saint que pour la connaissance des événements de sa vie. Voir aussi **Benoît de Nursie** ; **Règle de saint Benoît**.

Griffiths. révérend père Bede (1906-1992). D'origine anglaise, le père Griffiths est l'auteur, entre autres ouvrages, de *The Golden String, The Marriage of East and West.* Depuis l'ashram chrétien qu'il fonda en Inde et où il passa les quarante dernières années de sa vie, il fut un précurseur du dialogue Orient-Occident. Bede Griffiths rencontra le Dalaï-lama pour la dernière fois en avril 1992 en Australie.

Incarnation. En tant que source, guide, et fin de tout ce qui existe, Dieu s'exprime dans toutes les formes de réalité. L'Incarnation, dans la foi chrétienne, est le fait pour le Fils éternel de Dieu, seconde personne de la Trinité, d'assumer la nature et la conscience humaines dans leurs dimensions physique et psychologique. A un moment précis de l'histoire, la nature humaine et la substance divine furent unies dans un seul être humain. La signification, la finalité et les conséquences de cet événement unique ont radicalement transformé la compréhension que l'homme a de lui-même et du sens de l'histoire. Dès le début de la réflexion sur l'Incarnation, la théologie chrétienne affirma que Dieu s'était fait homme pour que l'homme puisse devenir Dieu. Le caractère unique de la révélation de Dieu par lui-même dans l'Incarnation affecte le sens mais ne diminue pas la valeur des autres moyens d'expérimenter la vérité absolue, ou des autres religions par lesquelles le mystère de Dieu se fait connaître. Voir **Christ** ; **Jésus** ; **Logos** ; **Fils**.

Instruments des bonnes œuvres. Dans le chapitre quatre de sa Règle, saint Benoît dresse la liste de soixante-quatorze « instruments » des bonnes œuvres allant de « ne point aimer à parler beaucoup » à « prier pour ses ennemis dans l'amour du Christ ». Il les appelle les « instruments de l'art spirituel » qu'il faut employer jour et nuit sans relâche, le monastère étant « l'atelier » où ces tâches sont accomplies. En tant que moyen pratique et simple de parvenir à la cohérence entre l'idéal et la pratique dans la vie quotidienne, les instruments des bonnes œuvres de Benoît sont à comparer au concept bouddhique des moyens habiles. Voir **Benoît de Nursie** ; **Règle de saint Benoît**.

Inverbation. Ce terme décrit le processus par lequel les mots sacrés de l'Écriture se transforment par une lecture et une réflexion profondes en une part vivante du lecteur. Elle exige que le lecteur soit saturé des paroles de l'Écriture au point que penser et sentir dans leurs domaines de signification devienne un processus inconscient.

Jérusalem. Jérusalem fut probablement habitée dès 3 000 av. J.-C. Son histoire chrétienne est centrée sur la crucifixion et la résurrection de Jésus survenues approximativement en l'an 33. Elle renferme des lieux sacrés juifs, chrétiens et musulmans et constitue donc, à notre époque, un symbole très puissant de convergence interreligieuse.

Jésus. Selon l'usage chrétien, le nom de *Jésus* renvoie à la nature humaine accessible et bienveillante de Jésus de Nazareth. *Christ*, le titre qu'il reçut dans sa vie ressuscitée, élève notre compréhension à son identité divine. Selon la foi chrétienne, il fut et il reste pleinement humain *et* pleinement divin, et non moitié humain et moitié divin. Dans l'équilibre et l'intégration des identités humaine et divine de Jésus s'origine la tension créative de toute la pensée chrétienne. Les théologies et même les divers types de vie chrétienne expriment l'importance relative accordée à cet équilibre.

La variété des noms par lesquels Jésus peut être désigné dans le christianisme dérive de la doctrine de l'union dans sa personne humaine unique des deux réalités distinctes de l'humanité et de Dieu. Pour les hommes, il est donc à la fois Seigneur et Frère. Pour se désigner, Jésus employait des images simples. En se dénommant Fils de l'Homme, il ne disait guère plus qu'« une personne ». Il est inconcevable qu'il se soit dit « Dieu » bien qu'il semble avoir été plongé dans une expérience d'union avec Dieu que, par intimité il appelait son « Père ». Lui-même se désigne comme un berger, une porte, un chemin, la lumière, le pain de vie, un cep, etc. Au cours du dernier repas, il déclara à ses disciples : « Je ne vous appelle plus serviteurs, parce que le serviteur ignore ce que fait son maître ; je viens de vous appeler amis, parce que je vous ai fait connaître tout ce que j'ai appris de mon Père » (Jean 15, 15). Voir aussi **Cène** ; **Christ** ; **Fils** ; **Incarnation** ; **Logos** ; **Père** ; **Trinité**.

Jean. Saint Jean, le quatrième évangéliste, à qui l'on attribue également trois épîtres du Nouveau Testament et l'Apocalypse, appartenait au groupe des disciples rapprochés de Jésus, présent avec Jacques, son frère, et Pierre, lors des moments importants tels que la Transfiguration ou l'agonie. La tradition l'identifie au « disciple que Jésus aimait » qui s'inclina sur la poitrine de Jésus pendant la Cène. Son Évangile est remarquable par le symbolisme intense de sa présentation de la vie de Jésus, son sens de la puissance de Jésus, et la description de ses émotions et réactions humaines.

Jugement. Traduction du mot grec signifiant « crise ». Jésus a dit qu'il n'était pas venu pour juger le monde mais pour le sauver. Dieu ne punit pas ; le péché renferme son propre jugement et châtiment. Quand les êtres humains se pardonnent les uns les autres, la vie divine se manifeste. Voir **Péché** ; **Pénitence**.

Lectio divina. On désigne ainsi la pratique monastique de la lecture lente, méditative de l'Écriture qui nourrit l'esprit et le cœur et prépare le lecteur aux stades plus profonds de la prière. Voir **Écritures**.

Logos. Le *logos*, terme qui signifie « parole », « verbe » ou « raison » en grec, est un vieux mot du vocabulaire philosophique grec que les chrétiens emploient quand ils se réfèrent à la seconde personne de la Trinité. Saint Jean est le premier à en faire un usage remarquable dans son Évangile : « Au commencement était le Verbe » (Jean 1, 1). Il définit le *Logos* comme le principe créateur éternel qui s'est incarné en Jésus de Nazareth. Par la suite, les penseurs chrétiens comme Clément d' Alexandrie ont vu dans la relation du *Logos* avec le Fils le moyen de rendre le christianisme compatible avec les systèmes de croyance non-chrétiens. Voir **Christ** ; **Fils** ; **Incarnation** ; **Parole de Dieu** ; **Trinité**.

Luc. Saint Luc, d'après une tradition très ancienne, était un médecin d'origine païenne. Il fut le compagnon de saint Paul dans certains de ses voyages missionnaires. Son évangile est le troisième des quatre et pourrait dater d'avant 64. Luc affirme avoir enquêté auprès des témoins oculaires, mais son évangile s'inspire fortement de celui de Marc et d'une autre source commune que les exégètes appellent « source Q ». Luc souligne l'universalité du sens de la vie de Jésus et insiste sur la valeur des déshérités et des marginaux que la société rejette. En outre, il mentionne les femmes présentes dans la vie et le ministère de Jésus, avec une fréquence et un respect inhabituels.

Maître Eckhart (1260-1327). Maître Eckhart était un dominicain allemand célèbre pour sa prédication sur l'intuition mystique. Accusé d'hérésie, il mourut pendant son procès. Il enseignait l' « unicité » de Dieu dans la tradition platonicienne, qu'il reliait audacieusement à la Trinité chrétienne. D'après Eckhart, Dieu se « reproduit » dans la seconde personne de la Trinité et dans chaque homme.

Marc. Saint Marc accompagna Paul dans ses voyages missionnaires et se trouva plus tard à Rome en même temps que saint Pierre qui, selon la tradition, lui aurait transmis la matière de son évangile. Il fut probablement l'une des sources des évangiles de Matthieu et de Luc. Écrit en grec, il est du point de vue littéraire le plus court et le moins élégant des quatre. Se présentant sous la forme d'un récit continu de la vie de Jésus, il est néanmoins l'un des textes favoris des lectures et des mises en scène devant un public.

Marie-Madeleine. Figure de l'Évangile et disciple de Jésus dont la légende s'est emparée, Marie-Madeleine originaire de Magdala au bord du lac Tibériade, fut dès les premiers temps identifiée par la croyance populaire à la « pécheresse » qui oignit les pieds de Jésus (Luc 7, 37) et à la femme dont il expulsa sept démons (Luc 8, 20). Elle se trouvait au pied de la Croix avec Marie, la mère de Jésus. Plus tard, elle trouva le tombeau vide et reçut la première l'apparition de Jésus ressuscité, et le même jour fut la première personne à reconnaître le Ressuscité.

Matthieu. Saint Matthieu fut l'un des douze apôtres. L'Évangile qui porte son nom lui est attribué par une tradition qui remonte au IIe siècle. Cependant, comme toujours en matière d'attribution et de datation des Évangiles, rien n'est certain. En Matthieu 10, 3, il est présenté comme collecteur d'impôt (« publicain »). L'Évangile de Matthieu, anciennement considéré comme le premier en date, accentue le lien de l'enseignement de Jésus avec la Loi juive qu'il « accomplit », et souligne la primauté de Pierre au sein des Douze.

Merton, Thomas (1915-1968). Merton fut un moine trappiste, poète et écrivain. Le succès de son autobiographie, *The Seven Storey Mountain* (1948) l'imposa comme voix contemplative adaptée au monde moderne. Son évolution personnelle le conduisit sur la voie du dialogue avec l'Orient et à s'opposer vigoureusement à la guerre du Vietnam. Il se retira dans un ermitage du monastère de Gethsémani dans le Kentucky où il écrivit sur la prière, la paix et la justice sociale. Il mourut lors d'une rencontre de contemplatifs asiatiques à Bangkok.

Moïse. Moïse fut le grand fondateur du judaïsme et l'intermédiaire entre Dieu et le peuple pour instituer la Loi d'Israël. Né en Égypte au temps de l'esclavage des Israélites, il reçut de Dieu la mission de conduire son peuple vers la Terre promise. Il l'aperçut de loin après quarante ans d'errance dans le désert, mais il mourut à Moab avant d'y entrer. La tradition voit en Moïse l'auteur du Pentateuque (les cinq premiers livres de la Bible). Dans la pensée chrétienne, Moïse symbolise la Loi qui régit les rapports d'Israël et de l'humanité avec Dieu. Moïse est aussi considéré comme un précurseur prophétique du Christ qui conduit l'humanité de l'esclavage du péché à la terre promise du Royaume de Dieu. Voir **Dix Commandements** ; **Royaume de Dieu**.

Nicolas de Cues (1401-1464). Cardinal philosophe allemand. Dans son ouvrage majeur, *De Doctora Ignorantia*, il défend l'idée que la vérité, qui est absolument simple, est inconnaissable par l'intelligence humaine sauf par le « non-savoir », et que la vérité, par conséquent, conduit au-delà de la raison. En Dieu, toutes contradictions se résolvent : ni un ni deux mais trois, infiniment petit et grand, ici et partout.

Nouveau Testament. Les Évangiles et les épîtres (lettres) du Nouveau Testament constituent les deux principaux éléments des écritures chrétiennes fondamentales. S'y ajoutent les

Actes des Apôtres (de Luc) et l'Apocalypse (de Jean). Les Évangiles sont des récits de la vie et de l'enseignement de Jésus à la lumière de l'expérience communautaire du Ressuscité. Les épîtres de Paul, Jean, Pierre, Jacques et l'épître aux Hébreux présentent la théologie chrétienne essentielle sous forme de lettres d'exhortation ou de correction adressées aux premières églises, entre autres celles de Corinthe, Rome et Éphèse. Voir **Bible** ; **Évangiles**.

Origène (vers 185-254). Origène fut un disciple du grand Clément d'Alexandrie. Malgré les troubles politiques auxquels il fut mêlé, il écrivit abondamment sur la critique biblique et les questions spirituelles telles que la prière. En définissant les trois niveaux de sens des écritures (littéral, moral et allégorique) il fournit une clef de lecture aux générations futures de chrétiens pour qui bien souvent la lecture de la Bible était elle-même une rencontre mystique. Sur le plan philosophique, il faisait preuve d'audace et affirmait qu'à la fin des temps toutes les créatures, le diable y compris, seraient sauvées par l'amour de Dieu (apocatastase).

Pape Jean-Paul II. D'origine polonaise, Sa Sainteté le pape Jean-Paul II est le chef de l'Église catholique et l'évêque de Rome (fonction attachée au titre depuis saint Pierre, le premier pape) depuis 1978. Sa papauté se caractérise par un attachement passionné à la justice sociale d'une part et aux valeurs catholiques traditionnelles en matière de hiérarchie, de dogme et de morale, d'autre part.

Paradis. Le paradis est la demeure de Dieu et de ceux qui ont été purifiés. Dans la vision biblique du monde, on se représente le paradis au-dessus du ciel terrestre, mais son sens profond est non spatial. Etre en paradis veut dire vivre en Dieu définitivement. L'entrée de l'homme au paradis peut être comprise comme un processus graduel ; la création dans son entier sera intégrée à la fin des temps dans le paradis du Créateur.

Parole de Dieu. (*Davar* en hébreu). La Parole de Dieu est un concept biblique central exprimant la communication de Dieu par lui-même qui se produit toujours par le don de la vie, la régénération, la guérison, et le « *Logos* » créateur. Dans la croyance chrétienne, Jésus est l'incarnation humaine de cette Parole-action de Dieu qui a opéré la Création. Voir **Bible** ; **Écritures** ; **Lectio divina** ; **Logos.**

Paul. Saint Paul, dont le premier nom fut Saül de Tarse, vécut une conversion au Christ sur la route de Damas alors que, haut responsable pharisien, il persécutait la jeune mouvance chrétienne au sein du judaïsme. Ayant seulement rencontré le Ressuscité, et non le Jésus historique, Paul devint l' « apôtre des gentils » (les non-juifs) et parcourut sans relâche le monde méditerranéen jusqu'à son martyre à Rome, vers l'an 65. Il est sans doute la personnalité la plus marquante de toute l'histoire du christianisme après Jésus. Dans ses lettres (rassemblées dans le Nouveau Testament) il posa les fondements de la future théologie chrétienne. Au centre de sa vision du Christ figure la doctrine de l'Esprit qui l'habite et du Christ cosmique ; dans l'Esprit, nous sommes radicalement libres à l'égard des contraintes extérieures (religieuses) et intérieures (psychologiques).

L'épître de Paul aux Éphésiens fut écrite pendant qu'il était en prison. Elle se distingue par ses considérations sur le sens mystique et cosmique du Christ, et par des instructions pratiques pour la vie quotidienne de la jeune communauté.

Péché. Littéralement, en grec, le mot signifie « manquer la cible » ; le péché est ce qui détourne la conscience humaine de la vérité. Conséquence de l'illusion et de l'égoïsme, le péché renferme son propre châtiment (Dieu ne punit pas), mais ses origines sont à la fois personnelles et sociales. L'analyse du concept de péché soulève la question du libre arbitre, comme dans le cas de dépendance à des drogues, et oblige les théologiens moraux d'aujourd'hui à développer un nouveau langage faisant apparaître que l'expérience du péché est partagée par tous, bien qu'il soit compris très diversement. A la lumière de la psychologie moderne, les théologiens d'aujourd'hui, plus que par le passé, commencent à reconnaître le rôle de l'inconscient dans le péché. Le péché n'est pas la culpabilité ; c'est une atteinte à l'ordre de Dieu. Voir aussi **Jugement** ; **Péché originel** ; **Pénitence** ; **Rédemption** ; **Salut**.

Péché originel. Le péché originel n'a jamais été mieux décrit ni présenté dans un mythe plus universel que la chute d'Adam et Eve (Genèse 2). Il n'est plus possible de croire comme autrefois à la vérité historique du récit. Mais, comme tous les mythes, il contribue à expliquer l'état présent du monde. L'inhumanité de l'homme, le manque de liberté et l'impossibilité de réaliser son potentiel sont autant de symptômes de cette « faute » dans la nature humaine pour laquelle il ne convient pas de blâmer *une* personne. On a voulu voir dans le mythe une illustration du développement psychologique personnel (le passage de l'état indifférencié de l'enfance à l'âge adulte). Dans un sens plus social, les conséquences d'un « péché originel » tel que des violences sur enfants ou la haine raciale, expliquent l'interdépendance des générations. Dans le contexte de l'histoire biblique de la Création et de la Rédemption, l'idée de péché originel est un diagnostic fondamentalement optimiste sur la faiblesse et la maladie humaine. Voir **Jugement** ; **Péché** ; **Pénitence**.

Pénitence. La pénitence est la discipline purificatrice de la connaissance de soi par laquelle nous reconnaissons nos fautes, nous apportons réparation à ceux qui ont été offensés, et nous formons la résolution d'éviter définitivement ces fautes et l'égotisme qui les engendre. Voir **Jugement** ; **Péché.**

Père. Le Père, première personne de la Trinité, est souvent décrit comme l'aspect inconnaissable et infiniment transcendant de Dieu, « ...qui habite une lumière inaccessible, que nul homme n'a vu ni ne peut voir », comme il est dit dans la première épître à Timothée (6, 16). Le Fils est l' « image » du **Père** ; aussi, dans l'Évangile, Jésus peut dire que lui et le Père sont un (Jean 10, 30) et que celui qui l'a vraiment vu a vu le Père (Jean 14, 9). Le terme « Père » reflète le caractère patriarcal du monde antique. De nos jours, les théologiens féministes, entre autres, soulignent sa nature métaphorique. Voir aussi **Dieu** ; **Esprit Saint** ; **Incarnation** ; **Fils** ; **Trinité**.

Pères du désert. Le terme désigne les fondateurs du monachisme chrétien qui s'installèrent dans le désert égyptien, d'abord comme ermites puis en communauté, aux IVe et Ve siècles. Jean Cassien (360-435) introduisit leur enseignement en Occident depuis son monastère de Marseille. La lecture des *Conférences* de Cassien, suivant la recommandation de saint Benoît dans sa *Règle*, était à la base de la formation spirituelle des moines.

Pharisiens. Les pharisiens étaient l'un des quelques groupes de juifs actifs en Israël à l'époque de Jésus. En hébreu, leur nom signifie « les séparés ». Ils étaient passés maîtres dans les interprétations légalistes de la Loi qui autorisaient les compromis sans préjudice pour la vertu. Jésus, bien qu'il fut proche d'eux, les combattit et s'en fit des ennemis. Les pharisiens semblent disparaître après la chute de Jérusalem en 70.

Pierre. Saint Pierre est le chef des apôtres du Christ. Son nom lui fut donné par Jésus en annonçant qu'il bâtirait son Église sur cette « pierre ». Malgré cela, on nous montre l'apôtre reniant et abandonnant le Christ pendant le procès, une faute pour laquelle il se repentit amèrement par la suite. Après l'Ascension, Pierre prit la direction du groupe des apôtres et parla en leur nom. Il fut exécuté à Rome en 64 lors de la persécution des chrétiens sous Néron. L'archéologie est venue étayer la tradition selon laquelle la basilique Saint-Pierre à Rome fut construite sur sa tombe.

Praktike. Terme grec de la théologie mystique chrétienne utilisé par les pères du désert pour décrire le travail pratique et la discipline que le disciple engagé sur la voie du dépassement de soi se doit d'accomplir et de suivre. C'est une condition préalable essentielle si l'on veut enseigner la vie spirituelle.

Présence. Le mot hébreu désignant la gloire éternelle de Dieu, *shekhinah*, évoque la présence qui embrasse tout, perceptible dans certaines formes d'expériences et de rencontres humaines.

Rédemption. Libération, grâce à l'amour, de la force égocentrique du péché et de l'isolement. Voir **Péché** ; **Pénitence**.

Règle de saint Benoît. Rédigée par saint Benoît de Nursie (mort vers 580) la règle de saint Benoît destinée aux moines a été pendant plusieurs siècles l'écrit le plus influent sur la vie chrétienne après la Bible. Elle organise la vie monastique de manière saine, équilibrée et modérée, en tenant compte des besoins du corps, de l'intellect et de l'âme, en équilibrant les facteurs individuels et sociaux et en mettant l'accent sur l'amour en tant que puissance créative et facteur de cohésion dans les relations personnelles et institutionnelles. Elle continue d'inspirer des hommes et des femmes de tous les milieux. Voir **Benoît de Nursie**.

Résurrection. La résurrection est le principe de régénération à travers et au-delà de la mort. En tant que tel il est illustré dans les cycles de la nature et dans le cycle pascal de la mort et de la résurrection de Jésus. Spécifiquement, la Résurrection est l'élévation totale de Jésus à la vie illimitée, le troisième jour après la Crucifixion. C'est le fondement de la foi chrétienne et le noyau de la première prédication de l'Évangile de Jésus, bien que les auteurs des évangiles divergent dans le détail de leurs récits. Le mode de connaissance de la personne de

Jésus ressuscité n'est « plus celui de la chair » ; cette connaissance se réalise dans l'Esprit. La résurrection est l'expérience centrale de la vie et de la foi chrétienne parce qu'elle anticipe le destin de chaque être humain qui est de jouir de la plénitude de l'être dans la vie de la divinité. Voir **Corps ressuscité de Jésus** ; **Croix** ; **Vie éternelle**.

Royaume de Dieu. Le royaume, ou règne, de Dieu est la traduction du mot grec basileia. Son origine remonte à la notion juive de la puissance de Dieu dans les cieux, qui n'est pas toujours visible sur terre. Jésus insista sur la vie intérieure requise pour « entrer dans le royaume ». Le Royaume est donc à la fois en nous et parmi nous (Luc 17, 21). Le terme revêt aussi un sens social et eschatologique lié à ses sens plus mystiques. Dans le Royaume, les êtres humains sont égaux et la justice prévaut. C'est aussi une rencontre avec la condition mortelle de l'homme.

Sacrement. Dans son sens général, un sacrement est un signesensible et opératoire de la grâce efficace dans la nature. Spécifiquement, c'est un des sept rites principaux, dont un certain nombre correspondent aux grands rites de passage, au moyen desquels les chrétiens reçoivent la vie même de Dieu. Voir **Grâce**.

Sainte communion. Voir **Eucharistie**.

Salut. Telle que l'envisagent les chrétiens, la nature humaine, blessée et incomplète, est guérie (*sauvée*) et accomplie par son union avec la vie divino-humaine de Jésus, et est rendue capable par cette union d'entrer pleinement dans la vie divine. Ainsi, la blessure de la séparation est guérie par la puissance de l'amour divin unificateur. Voir **Amour** ; **Christ** ; **Jésus**..

Satan. Satan est l'incarnation et la personnification du mal dans la pensée judéo-chrétienne. Dans le mythe de la chute, le serpent est vu comme le démon, et dans le traitement philosophique de la souffrance, sujet du Livre de Job, le personnage apparaît également explicitement. Jusqu'à l'époque moderne, on a beaucoup spéculé sur la nature du péché qui causa la chute de Lucifer de l'ordre angélique le plus élevé. L'interprétation contemporaine est moins encline à l'extériorisation et à la projection du mal hors de la sphère de la responsabilité humaine bien que cette approche ne nie pas la possibilité de forces autonomes à l'intérieur de la psyché et du cosmos. Voir **Péché** ; **Péché originel** ; **Rédemption** ; **Salut**.

Sermon sur la Montagne. C'est l'enseignement spirituel sur le Royaume de Dieu et la voie qu'il convient de suivre pour le réaliser, ou y entrer. Jésus prononça ce sermon au début de son ministère public. Il est retranscrit avec de légères variantes par deux des évangélistes. Saint Luc le situe sur un endroit plat plutôt qu'au sommet d'une montagne. Jésus y expose l'éthique chrétienne fondée sur l'expérience du Royaume ; il comprend les *Béatitudes* et la *Prière du Seigneur*. Matthieu en donne une version particulièrement développée (chapitres 5 à 7). Voir **Béatitudes** ; **Écritures** ; **Évangiles** ; **Nouveau Testament** ; **Royaume de Dieu**.

Transfiguration. La Transfiguration est l'événement décrit comme un fait historique dans les trois Évangiles synoptiques (Matthieu, Marc et Luc). En présence de trois de ses plus proches disciples, Jésus fut illuminé physiquement et glorifié sous leurs yeux, et il apparut entouré de Moïse et d'Elie. C'est à cette occasion que Jésus annonça à ses disciples l'épreuve imminente de sa mort. L'événement est commémoré chaque année le 6 août, lors d'une fête majeure de l'Église catholique. Voir **Moïse** et **Élie**.

Trinité. La Trinité exprime la perception chrétienne de la vie de Dieu, non comme une monade isolée mais comme une communion d'amour vécue dans le mystère de *trois personnes* (Père, Fils et Esprit Saint) qui partagent une même substance et en qui toute existence « possède le mouvement, l'être et la vie ». Voir aussi **Christ** ; **Dieu** ; **Esprit Saint** ; **Fils** ; **Incarnation** ; **Jésus** ; **Logos** ; **Père**.

Vie éternelle. Selon la doctrine chrétienne, la vie éternelle n'est pas un écoulement infini et ennuyeux du temps, mais le présent intemporel qui pré-existe à la création de toute dualité, même la dualité du commencement et de la fin.

Vierge Marie. Marie, la mère de Jésus, a fait l'objet d'une attention extrême de la part des adeptes de Jésus, dès l'époque de l'Évangile. A partir du Ve siècle, la doctrine de sa virginité perpétuelle souligna l'identité unique de Jésus. Son titre de « Mère de Dieu » et la doctrine plus tardive de son Assomption corporelle et de sa nature immaculée illustrent la valeur théologique et symbolique qu'elle avait acquise, surtout dans le catholicisme et l'orthodoxie. L'Église catholique a souvent dû mettre un frein à la dévotion mariale, mais chaque génération lui donne un nouveau visage. Voir **Jésus**.

LE CONTEXTE BOUDDHISTE

Thupten Jinpa : Ce séminaire sur les Évangiles fut pour moi une expérience profondément émouvante. Il me suffit d'y penser pour retrouver l'atmosphère de sérénité vibrante qui l'imprégna tout entier. Avec le recul, j'ai l'impression qu'un esprit invisible m'a guidé tout au long de ces journées. La clarté d'esprit et le partage spirituel avec tous ceux qui étaient présents sont marqués dans ma mémoire à tout jamais. Mon implication personnelle en tant que traducteur du Dalaï-lama fit de cette rencontre une expérience encore plus enrichissante. Je me demande si la communication spontanée et chaleureuse entre le Dalaï-lama et le père Laurence Freeman, les deux personnages clefs de cette rencontre, n'a pas imprégné le séminaire tout entier. A moins que ce ne soit la solennité même de cet événement remarquable...

En effet, ce dialogue fut d'une importance historique. C'est sans doute la toute première fois que le chef spirituel d'une grande religion non-chrétienne présente et commente les Evangiles en public. Entendre le Dalaï-lama prononcer ces mots sacrés fut bouleversant. La juxtaposition entre une voix au timbre si familier et les mots et images d'un texte sacré mais non tibétain offrit à la congrégation une expérience totalement nouvelle. De nombreux participants ont ressenti l'authentique portée spirituelle de ces journées. En de telles occasions, chacun trouve la force de transcender les perceptions ordinaires et séparatistes. En effet, dès que l'on dépasse les contraintes de la pensée rationnelle et cognitive, tout concept « d'isme » s'efface. Peu importe le nom que l'on donne à cette expérience, peu importe qu'on la nomme transcendance, éveil spirituel ou expérience religieuse. L'essentiel, c'est que les toutes les grandes religions possèdent des enseignements sacrés capables de nous conduire à cette même profondeur spirituelle.

Voilà les sentiments qui surgissent en moi au moment d'écrire une courte présentation du bouddhisme pour accompagner ce très beau livre. Je voudrais offrir une perspective assez large de la voie bouddhiste, pour que le lecteur peu averti puisse apprécier les commentaires du Dalaï-lama dans un contexte plus complet. Dans un certain sens, une telle introduction paraît superflue, car le titre même du séminaire, « Entretiens sur l'ouverture du coeur », exprime déjà l'essence du message bouddhiste. Quand on demande au Dalaï-lama de résumer l'enseignement bouddhiste, il répond avec simplicité : « Aidez autrui si vous le pouvez ; si vous ne le pouvez pas, évitez au moins de nuire à qui que ce soit. » Cet enseignement est le coeur de la voie bouddhiste. A ce niveau-là, il n'y a aucune différence fondamentale entre les enseignements du Christ et ceux du Bouddha. Servir autrui par amour et compassion, voilà le chemin du salut. Les deux enseignements présentent aussi un moyen de dépasser les limitations étroites d'une existence égocentrique. Tous deux reconnaissent que chacun de nous possède la graine de l'éveil spirituel. Et pourtant, les qualités spécifiques de chaque voie méritent d'être connues et appréciées, ne seraient-ce par exemple que la terminologie, l'imagerie et les conditions culturelles et historiques sous-jacentes. Il ne faut pas que la diversité nous éloigne de l'essentiel, ni que les ressemblances n'effacent les traits distinctifs. L'approche du Dalaï-lama à l'égard des Evangiles, avec sa pleine acceptation de ce double aspect, est remarquable. Afin de mieux cerner les traits marquants du commentaire du Dalaï-lama, essayons d'identifier les caractéristiques qui définissent son monde spirituel — le monde du bouddhisme tibétain.

Ces mêmes principes sous-tendent les *Quatre Nobles Vérités*, autre formule traditionnelle qui oriente la pratique bouddhiste : 1) la souffrance existe ; 2) cette souffrance a une origine ; 3) il y a une cessation de la souffrance ; 4) il existe une voie menant à cette cessation. La première des *Quatre Vérités*, la souffrance, est liée à la notion d'impermanence. En effet, une grande partie de notre souffrance provient de notre présomption que le monde et la vie doivent fournir un point de référence fixe et immuable, alors que tout dans notre expérience quotidienne démontre la nature inévitable et omniprésente du changement. La deuxième vérité, l'origine de la souffrance, se rapporte aux états mentaux négatifs ou « obscurcis », car ces états nous poussent à accomplir des actes qui produisent de la souffrance. La cessation de la souffrance, la troisième vérité, est déjà le nirvana, un état de paix parfait, puisque toute souffrance a été éliminée. Enfin, la Quatrième vérité, qui stipule l'existence d'une voie menant au nirvana, est étroitement liée au principe de l'absence de soi, car toutes les pratiques bouddhiste visent essentiellement la réalisation de ce « non-soi ». C'est en effet cette réalisation qui permet d'éliminer les états mentaux négatifs sources de souffrance.

Les *Quatre Axiomes* et les *Quatre Nobles Vérités* offrent un aperçu concis de la pensée et de la pratique bouddhistes, mais il nous reste à présenter un élément qui leur est tout à fait crucial: la grande compassion. Si l'amour du prochain et la compassion ont joué un rôle prépondérant dans la pratique bouddhiste depuis les origines de cette religion, c'est dans la tradition du *mahayana* (« Grand véhicule ») que la compassion prend toute son envergure. Tous les bouddhistes épousent certes les doctrines citées ci-dessus, mais encore faut-il préciser la finalité réelle de la pratique. Dans quelle mesure le pratiquant cherche-t-il à faire cesser la souffrance d'autrui en même temps que la sienne ? Pour les adeptes du mahayana, dont Sa Sainteté le Dalaï-lama, le but de la pratique n'est pas simplement de mettre un terme à sa propre souffrance et d'obtenir un bonheur personnel, c'est de faire cesser la souffrance de tous les êtres et de leur assurer un bonheur durable. Seul un être totalement éveillé peut espérer atteindre un tel but. Pour cela, l'adepte du mahayana s'efforce d'atteindre le parfait éveil (*bodhi*) de la bouddhéité. Dans leur forme la plus concise, les pratiques du mahayana se composent de six perfections orientées vers le développement de l'individu, et de quatre moyens visant à faire s'épanouir l'esprit d'autrui. La générosité, l'éthique, la patience, l'effort enthousiaste, la concentration et la sagesse sont les six perfections. Les quatre moyens sont: donner ce dont les autres ont un besoin urgent, user de paroles bienveillantes en toutes circonstances, offrir des conseils éthiques à autrui et être un exemple vivant de ces principes. Les six perfections et les quatre moyens forment « l'idéal du bodhisattva », sujet que nous allons maintenant aborder.

L'idéal du bodhisattva

L'idéal du bodhisattva fut certainement le plus important des concepts religieux à naître du mouvement bouddhiste mahayana. Le bodhisattva, littéralement « celui dont l'aspiration héroïque est d'atteindre l'éveil », est un être altruiste doté d'un courage incroyable. Les bodhisattvas ont la capacité se libérer de la souffrance, mais ils préfèrent assumer en premier la tâche d'en libérer les autres. La compassion de tels êtres est sans bornes et transcende toute pensée de division. Le bodhisattva est l'ami, le serviteur et le parent spirituel de tous sans distinction. La force de la compassion du bodhisattva est représentée par divers moyens, dont l'art visuel. Dans la culture tibétaine, l'expression la plus largement connue de cette compassion infinie est celle décrite dans la légende de Tchènrézi (le bodhisattva de grande compassion) à Mille Bras. Tchènrézi ressentait pour les êtres en nombre infini un souci et une compassion si intenses qu'il pensât qu'à moins d'avoir mille bras et mille yeux il ne pourrait jamais accomplir les souhaits de tous. Par la force de son aspiration parfaite, un jour il obtint d'avoir mille bras et mille yeux. Pour les disciples du bouddhisme mahayana cette image est encore de nos jours un symbole religieux puissant.

La compassion que ressent le bodhisattva pour les êtres n'est pas une simple expérience émotionnelle, car son sentiment ne se fonde ni sur l'attachement ni sur des considérations égocentriques, comme de penser qu'être bienveillant contribue à notre propre bien-être physique ou spirituel. C'est, au contraire, un sentiment qui surgit spontanément au plus profond de nous quand nous percevons la souffrance d'autrui et reconnaissons à quel point tous les êtres vivants nous ressemblent. En d'autres termes, nous nous sentons reliés aux autres et nous éprouvons à leur égard une grande empathie, tout en restant relativement libre d'attachement. Il n'y a ni attachement, ni détachement. Evidemment, une telle compassion demande à être cultivée de manière délibérée. Et c'est là qu'intervient la vue pénétrante — la compréhension profonde. Celle-ci est le navigateur adroit qui dirige le bateau de la compassion. Selon les écritures du mahayana, c'est par compassion qu'un bodhisattva repousse sa propre atteinte de l'éveil alors que la compréhension profonde lui permet de transcender le monde fluctuant de l'existence. Autrement dit, le bodhisattva suit une route médiane entre la paix solitaire de la non-existence et le flux perpétuel du devenir.

La première étape sur la voie du bodhisattva consiste à « développer la motivation héroïque ». Le bodhisattva fait le voeu solennel de rechercher l'éveil total dans le but de libérer tous les êtres de la souffrance. Ce voeu doit se fonder sur une compassion profonde et sur la conviction inébranlable de l'importance extrême de dédier sa vie au bien d'autrui. La conviction d'un bodhisattva sera telle qu'il ou elle est prêt à passer un nombre infini de vies, s'il le faut, à accomplir les souhaits de tous les êtres sans exception. La strophe suivante, que le Dalaï-lama cite très souvent, contient l'essence de cette aspiration :

Tant que l'espace durera,
Tant qu'il restera des êtres,
Puissé-je moi aussi demeurer
Pour enrayer la souffrance de tous.

Une fois développée cette motivation héroïque, le bodhisattva s'attellera à pratiquer les six perfections et les quatre moyens. Il fera de cet entraînement le but principal de sa vie. Pour de tels individus, la pratique religieuse ne pourra jamais être simplement une des facettes de la vie, elle sera le fondement et l'unique finalité de la vie. Nombreux sont les textes classiques du mahayana qui décrivent la vie du bodhisattva. Parmi eux, le plus important et le plus célèbre est sans aucun doute *La Marche vers l'éveil* de Shantidéva (publié en France par les Editions Padmakara, 24290 Saint-Léon-sur-Vézère). Poète indien bouddhiste qui vécut au VIIe siècle, Shantidéva est vénéré comme un saint par tous les bouddhistes du mahayana. Au Tibet son texte est la référence de base pour tous ceux qui étudient et pratiquent l'idéal du bodhisattva. Quiconque a entendu le moindre enseignement du présent Dalaï-lama aura remarqué l'immense influence qu'exerce cet ouvrage sur sa façon de penser et d'agir. Notre lecteur notera aussi avec quelle spontanéité et quelle aisance le Dalaï-lama s'appuie ici sur ce célèbre texte du mahayana.

L'importance de la compréhension profonde

Nous l'avons vu, la compréhension profonde est la clef de la libération. Pour un bouddhiste, une vie religieuse est une vie passée à rechercher l'éveil total. Puisque notre état de « sommeil » s'enracine dans une méconnaissance fondamentale de la nature du soi et de la réalité, il est crucial, pour s'éveiller, de réaliser quelle est cette nature. Mais la connaissance seule ne suffit pas, la compréhension « du mode d'être des choses » doit devenir une partie intégrale de notre vie quotidienne. En d'autres termes, elle doit être profonde au point d'affecter la totalité de notre être. Cette « connaissance intégrée » est appelée sagesse, sagesse qui ne peut naître qu'au sein d'un esprit véritablement en paix. Dans le jargon bouddhiste, nous parlons d'un état qui est « la conjonction de la tranquillité qui demeure (s_amatha) et de la vue pénétrante (vipas_yana) ». Au début de ce commentaire des Evangiles, ces deux aspects de la voie contemplative bouddhiste sont appelés « méditation analytique » et « méditation contemplative ». Dans la deuxième l'esprit se mêle à l'objet de la méditation, dans la première il sonde la nature profonde de l'objet. Un pratiquant authentique doit arriver à réunir ces deux aspects dans un seul et même moment de cognition.

Quelle est la nature exacte de la compréhension profonde « du mode d'être des choses » ? Dans l'Inde ancienne, quatre écoles philosophiques principales se sont développées pour répondre à cette question. L'école *vaibhasika* nie effectivement l'existence d'un « soi » permanent et immuable, mais admet celle d'une réalité qui prendrait la forme d'unités indivisibles appelées dharmas. L'école *sautrantika* rejette cette vue pour concevoir la réalité en termes d'atomes et d'unités de temps objectifs et indivisibles. Les adeptes de l'école *cittamatra* réfutent toute vue qui attribue un fondement objectif au monde matériel et soutiennent que seul l'esprit possède une réalité ultime. Le *madhyamaka* considère tout ce qui précède comme de simples postulats, postulats que cette école rejette car, selon le madhyamaka, soutenir de telles vues reviendrait à réifier une chose qui, en réalité, n'existe pas. Pour cette école, la vacuité est la nature véritable de tous les objets et de tous les événements — en d'autres termes, aucun objet ou événement ne possède une existence ou une identité intrinsèque. La vacuité est la vérité, la réalité ultime et le statut final de toute chose. La compréhension authentique de cette vacuité profonde ouvre la porte vers l'éveil et la libération spirituelle. Le bouddhisme tibétain soutient que la philosophie de l'école madhyamaka est le point culminant de la pensée philosophique bouddhiste et aussi celle qui se rapproche le plus du noble silence du Bouddha. La relation entre l'importance capitale accordée à l'approche rationnelle et la nature fondamentalement silencieuse de son ultime vision spirituelle est l'un des paradoxes majeurs du bouddhisme. Les enseignements du madhyamaka sur la vacuité paraissent les plus aptes à résoudre ce paradoxe. Les principaux maîtres de cette ligne de pensée furent Nagarjuna (qui fonda l'école madhyamaka au IIe siècle), son disciple principal, Aryadéva, Chandrakirti (qui fonda, au VIe siècle, l'école *prasangika*, une subdivision du madhyamaka) et Shantidéva (auteur de *La Marche vers l'éveil*).

Le bouddhisme tibétain

Le bouddhisme arriva au Tibet au VIIe siècle et devint rapidement la philosophie et la religion dominantes de son peuple. Au cours des siècles sont apparues quatre écoles tibétaines principales : les écoles *nyingma*, *kagyud*, *sakya* et *guéloug*. Les différences entre ces écoles tiennent plus à la chronologie et les lignées de leurs maîtres qu'à des positions doctrinales proprement dites. Ces quatre traditions adhèrent au mahayana ; toutes considèrent la vue du madhyamaka comme le point culminant du discours philosophique bouddhiste. Encore plus important, elles sont unanimes à déclarer le bouddhisme *vajrayana* comme la voie spirituelle ultime vers l'éveil. Le vajrayana ou « véhicule de diamant » représente le bouddhisme ésotérique. Parmi les traits caractéristiques de cette voie, notons l'importance de la non-dualité en tant que perspective fondamentale, le fait de reconnaître dans les émotions, tel l'attachement, des moyens qu'il est possible d'intégrer au chemin de l'éveil, et le riche symbolisme psychologique qui est l'un des éléments clefs de la méditation contemplative.

L'école nyingma est la plus ancienne parmi les quatre écoles du bouddhisme tibétain. Ses origines remontent aux souvent. Pour le bouddhisme, toutes les grandes voies spirituelles sont valables en soi car elles répondent à une demande fondamentale de millions d'individus. Ce n'est pas la revendication de la vérité métaphysique qui permet de juger si un enseignement spirituel est valable ou non. Le critère essentiel est son efficacité à offrir le salut ou la libération spirituelle. La longue histoire du bouddhisme et de la chrétienté témoigne de leur efficacité dans ce domaine. Un dialogue sincère entre ces deux grandes traditions peut ainsi contribuer non seulement à enrichir les enseignements de chacune d'elles mais aussi à accroître l'intérêt que les gens portent à la dimension spirituelle de l'homme. Le célèbre philosophe et historien religieux, Paul Tillich, avait peut-être raison de dire que la rencontre du christianisme et du bouddhisme déclencherait une véritable révolution spirituelle...

Thupten Jinpa

GLOSSAIRE DES TERMES BOUDDHIQUES

A_tman. Terme sanskrit, généralement traduit par « soi » ou « âme ». Voir absence de soi.

Absence de soi (*Ana_tman*). La doctrine de l'absence (ou non-existence) du soi ou de l'âme est l'un des concepts philosophiques clefs du bouddhisme. En bref, cette doctrine se rapporte à la compréhension profonde du Bouddha : l'état de profonde ignorance de l'existence conditionnée provient d'une croyance erronée en un « soi » pourvu d'une existence permanente, durable. La vue pénétrante qui permet d'entrevoir l'absence d'un tel soi ouvre la porte vers la libération de la souffrance inhérente à l'existence conditionnée. Les différentes écoles du bouddhisme comprennent cet enseignement de diverses façons. Voir ***Ana_tman*** ; **Vacuité**.

Ana_tman. Absence d'âme ou de soi en tant que tel. La doctrine du Bouddha qui contredit la notion d'un soi (*a-tman*) subtil, pur ou éternel. Cette doctrine a pour but d'éliminer tout attachement ou saisie à l'égard d'un soi, car cette saisie est l'ignorance fondamentale qui emprisonne les êtres dans la souffrance de l'existence conditionnée. Voir **Absence de soi** ; **Vacuité**.

Aryadéva (*A_ryadeva*). Le disciple principal de Nagarjuna. Voir **Nagarjuna**.

Bhiks_u (Pali : *bhikkhu*). Un moine pleinement ordonné dans la tradition monastique bouddhiste. Dans la tradition monastique tibétaine, un moine ordonné maintient 253 voeux, un moine novice, 36.

Bhiks_uni. Une nonne pleinement ordonnée dans la tradition monastique bouddhiste. La lignée de transmission de l'ordination complète des nonnes dans la tradition tibétaine a été perdue, mais elle existe encore dans la tradition chinoise. Une nonne novice doit maintenir 36 voeux, une nonne pleinement ordonnée, 264.

Bodhisattva. Un concept religieux essentiel dans le bouddhisme mahayana. Un bodhisattva est un être qui, ayant développé une compassion impartiale envers tous, se dirige vers la bouddhéité parfaite. Il ou elle consacre sa vie au bien-être d'autrui : en effet, le bodhisattva est celui qui a pris le voeu de conduire les êtres sans exception à l'éveil parfait de l'état de bouddha. Voir **Idéal du bodhisattva** ; **Bouddhéité**.

Bouddha Shakyamouni. Voir **Bouddhéité** ; **Shakyamouni**.

Bouddha. Littéralement, « l'éveillé ». Une personne qui a atteint l'éveil ou l'illumination, c'est-à-dire qui est libérée de tous les défauts et qui a parfait toutes les qualités. Cette personne a donc la pleine capacité d'aider les autres. Voir **Bouddhéité**.

Bouddhéité. Etat d'éveil total où les fautes et les voiles, physiques et mentaux, ont tous été purifiés et éliminés, où toutes les capacités et les vertus ont été atteintes et parfaites. « Bouddha » est en fait un terme générique, applicable à tous ceux qui ont atteint l'éveil total. Il faut donc faire la différence entre le Bouddha historique — le Bouddha Shakyamouni — et un bouddha ou tout être parfaitement éveillé. Voir **Eveil** ; **Trois *ka_yas***.

Brahman. Concept métaphysique clef de certaines écoles philosophiques non-bouddhistes de l'Inde ancienne. De façon très sommaire, *brahman* est l'absolu, le fondement de l'être, la source première de tout ce qui existe. Dans ce contexte, le monde phénoménal n'est qu'illusion. L'illusion existe tant que demeurent nos perceptions d'egos (*a-tman*) séparés, individuels. Elle prend fin dès que l'on réalise la véritable nature de *brahman*. Voir **Absence de soi**.

Buddhadasa Bhikkhu (1906-1993). Ajahn Buddhadasa fut, en Thaïlande, un maître bouddhiste aussi révéré que controversé. Ses enseignements inspirants et ses conseils pratiques encourageaient tous les bouddhistes, moines et laïcs, à s'engager activement dans des oeuvres utiles à la société. Depuis sa mort, en 1993, de nombreux disciples de toutes nationalités continuent la vaste oeuvre humanitaire qu'il avait entreprise.

Demeurer dans la tranquillité ou le calme mental (*s_amatha*). Etat mental développé au travers de la méditation, caractérisé par l'absence de toute distraction provenant d'objets extérieurs et par une parfaite focalisation sur un objet donné. Le *s_amatha* possède deux aspects : d'une part, l'esprit est libre de distractions, donc « calme » et d'autre part, parfaitement concentré, c'est-à-dire capable de rester focalisé en un seul point. Le *s_amatha* est souvent associé au *vipas_yana_* quand la littérature bouddhiste aborde le sujet de la méditation. Voir ***Sama_dhi*** ; ***Vipas_yana***.

Canon Pâli (le). Il s'agit des « Trois Corbeilles » (*Tipit_aka*) du Canon bouddhiste qui, selon l'acceptation de la tradition du théravada, contiennent les paroles du Bouddha. Certains de ces textes existent en français (*Les Moyens Discours du Bouddha*, coll. « *Les textes du Canon Bouddhique Pâli* », Les Deux Océans, Paris)

Causalité. Le principe de causalité joue un rôle essentiel dans la pensée et la pratique bouddhistes. Du point de vue de la pratique, la voie bouddhiste est spécifiquement causale, car elle présume que la cessation de la souffrance est obtenue en éliminant les causes de cette dernière. La cause immédiate de la souffrance est le *karma* négatif, ou les traces négatives imprimées dans l'esprit quand un être s'engage de corps, de parole ou d'esprit dans des actions négatives. Ces empreintes finissent par « mûrir » en produisant des états mentaux ressentis comme désagréables ou douloureux. Les causes moins immédiates de la souffrance sont les attitudes et les habitudes mentales qui nous entraînent dans les actions négatives. Au premier rang se trouve l'ignorance : cette constante méprise qui nous fait prendre une réalité changeante et relative pour quelque chose de fixe et d'absolu. D'un point de vue plus philosophique, la causalité est le mode le plus évident pour prouver l'interdépendance des choses. L'interdépendance liée aux causes est très souvent utilisée pour démontrer que, toutes les choses étant nécessairement interconnectées, elles sont forcément dépourvues d'une quelconque essence permanente ou intrinsèque. Voir **Quatre Nobles Vérités** ; **Interdépendance** ; **Karma**.

Chandrakirti (*Candraki_rti*). Un des principaux philosophes de l'école *pra_san_gika*, subdivision de l'école *madhyamaka*.

Cinq agrégats (les). Selon la pensée philosophique du bouddhisme, tous les phénomènes physiques et mentaux sont classifiés en cinq agrégats, ou *skandhas*. Ces ***skandhas***, parfois appelés les cinq composants pyschophysiques sont : la forme, la sensation, la perception, la volition, et la conscience. Ensemble, ils forment la base qui conduit l'individu à se percevoir comme pourvu d'une identité personnelle, d'un soi.

Compassion. Voir ***Karun_a_***.

Kagyud. Littéralement, « lignée oral ». Une des quatre principales écoles du bouddhisme tibétain, fondée au XIe siècle par Marpa Lotsawa.

Kangyour. Le Canon Bouddhiste tibétain, qui contient plus de cent gros volumes de discours et de textes attribués au Bouddha. Le terme tibétain *Kangyour* signifie « la traduction des paroles sacrées » ; en effet, tous les textes de la collection sont des traductions faites à partir des textes sanskrits originaux. La compilation du *Kangyour* est l'œuvre de Bu-tön Rinchen Droup, encyclopédiste tibétain du XIVe siècle.

Karma. Ce terme sanskrit désigne un concept métaphysique important qui traite de l'action et de la conséquence de l'action. C'est une doctrine qui est commune à toutes les philosophies religieuses de l'Inde. Le principe recouvre aussi bien les actes eux-mêmes que les traces et tendances pyschologiques que ces actes impriment dans l'esprit. Dans son emploi usuel, le terme *karma* se réfère à tout le processus de l'action causale et des effets qui en résultent. Voir **Causalité**.

Karun_a_. Bien qu'habituellement traduit par le mot « compassion », *karun_a_* ne doit pas être confondu avec la pitié, le merci ou la miséricorde. Etymologiquement, on y trouve le sens de s'impliquer dans la douleur ou la souffrance d'autrui. Littéralement, *karun_a_* veut dire « arrêter la félicité », se référant à une expérience de compassion si empathique à l'égard de la souffrance d'autrui qu'il devient impossible de ressentir du plaisir.

Lam-rim. Sens littéral : « les étapes de la voie ». Le *lam-rim* désigne une présentation graduelle des enseignements et pratiques bouddhistes qui permet à des pratiquants spirituels de niveaux différents d'aborder la voie de l'éveil. La tradition du lam-rim naquit au XIe siècle quand Atisha, le grand missionnaire bouddhiste indien qui se rendit au Tibet, écrivit son court texte intitulé *Lampe pour éclairer la voie de l'éveil*.

Libération. Voir **Nirvana**

Lo djong. Voir **Transformation de la pensée**.

Lourdeur mentale. Avec la dispersion mentale, la lourdeur mentale est l'un des plus gros obstacles rencontrés par le pratiquant qui s'efforce d'atteindre une méditation stable. Ce facteur mental sous-tend divers états obstructifs comme la somnolence, la torpeur et la léthargie. Le pratiquant se sent vidé, fatigué, sans énergie ni vivacité. Dans les manuels de méditation bouddhiste, la lourdeur mentale est décrite comme une forme subtile de dispersion mentale. Voir **Demeurer dans la tranquillité**.

Mahayana (le bouddhisme). Littéralement *mahaya_na_* signifie « le Grand véhicule ». C'est l'une des deux traditions bouddhistes qui prirent naissance en Inde (l'autre étant le *hinayana*). Le *mahayana*, dont l'attitude caractéristique est de poser comme condition nécessaire à l'obtention de l'éveil un sentiment altruiste et compassionné de responsabilité universelle, s'est surtout propagé dans le nord de l'Asie (traditions tibétaine, chinoise, japonaise et coréenne). Voir **Hinayana**.

Maitreya. Maitreya, dont le nom signifie « bonté » ou « amour », est le bouddha des temps à venir et la manifestation de l'amour infini de tous les bouddhas. Il y a aussi un *bodhisattva* du nom de Maitreya, ainsi qu'un personnage historique qui composa plusieurs textes essentiels du *mahayana*.

Mandala (*Man_d_ala_*). De manière usuelle, le terme *mandala* désigne un symbole cosmique, souvent construit de cercles concentriques et de symétries. Les *mandalas* sont souvent utilisés comme des outils visuels dans les méditations contemplatives bouddhistes qui comportent des techniques de visualisation. Dans ce dernier contexte, les mandalas représentent toujours les états purifiés de l'esprit du méditant.

Manjushri (*Man_jus_ri_*). *Manjushri* est le *Bodhisattva* de la connaissance et de la sagesse ; il représente la vue pénétrante de tous les bouddhas. Traditionnellement, il brandit l'épée de la sagesse de la main droite et tient dans sa main gauche la tige d'une fleur de lotus sur laquelle repose le sutra de *La perfection de la sagesse.*

Metta (Maitri). Si la compassion est le désir de partager la souffrance d'autrui, *metta*, l'amour (la bienveillance, la bonté) est le souhait que tous les êtres soient heureux. Comme *karun_a_* (la compassion), *metta* est un sentiment véritablement altruiste, qui provient d'une empathie profonde à l'égard d'autrui.

Milarépa (1040-1123). Saint et poète révéré des Tibétains, Milarépa, au travers de ses difficultés, de sa dévotion parfaite envers son maître Marpa Lotsawa, de ses longues années de pratique et de vie errante, est resté pour des générations de Tibétains une source inaltérée et constante d'inspiration spirituelle. Sa vie et ses chants existent en français. (Milarépa ; *Les cent mille chants de Milarépa* ; trad. M.-J. Lamothe, éditions Fayard. *Milarépa, la vie* ; Le Seuil.)

Méthode (ou Moyens). Dans le bouddhisme mahayana, ce terme se réfère à tous les aspects de la voie qui sont reliés au développement et à l'épanouissement de la compassion et des actes altruistes du *bodhisattva.* Par contraste, l'aspect de la voie relatif à la *sagesse* traite directement de la compréhension profonde (ou vue pénétrante) de la vacuité. Parmi les six perfections, les cinq premières sont *méthodes* et la dernière, *sagesse.* Selon le mahayana, pour être qualifié d'authentique, une voie spirituelle doit indissolublement mêler la sagesse à la méthode. Cette union est parfois appelée « union de la sagesse et de la compassion ». Voir **Idéal du bodhisattva** ; **Deux vérités (les)** ; **Sagesse**.

Nagarjuna (*Na_ga_rjuna*). Fondateur du *mahayana*. Pour le bouddhisme *mahayana*, Nagarjuna est sans doute, après le Bouddha, le deuxième personnage historique le plus important. Les ouvrages religieux et philosophiques de Nagarjuna représentent, encore de nos jours, la plus haute autorité sur de nombreux concepts philosophiques de la pensée bouddhiste. Son livre principal est le *Mulamadhyamaka* (*n'existe pas en français*). Tous les ouvrages ultérieurs traitant de la philosophie bouddhiste de la vacuité s'appuient sur ce texte capital. (Seul ouvrage *madhyamaka* de Nagarjuna en français : *Traité du milieu*, G. Driessens, éditions du Seuil, 1995.)

Nature de bouddha. Voir ***tatha_gata-garbha***.

Nirma_n_aka_ya. Corps de manifestation d'un bouddha. Voir **Trois *ka_yas***.

Nirvana (*Nirva_n_a* ; Pali : *nibba_na*). Sens littéral « passé au-delà de la souffrance et de la douleur ». Le *nirvana* est totalement libre aussi bien de la souffrance que des causes de la souffrance. Une telle libération ne peut être atteinte que lorsque toutes les afflictions mentales et physiques ont cessé de se produire. Le *nirvana* est aussi dit *nirodha*, la cessation ou extinction véritable, ou *moks_a*, la libération.

Nyingma. La plus ancienne des écoles du bouddhisme tibétain, fondée au VIIIe siècle par Padmasambhava.

Parinirva_n_a. Le *nirvana* ultime du Bouddha au moment de sa mort à Kushinagar, dans le nord de l'Inde.

Pra_n_a. Terme sanskrit qui veut dire « vent » ou « souffle ». Dans le tantra bouddhiste, *pra_n_a* désigne les diverses énergies subtiles qui animent l'ensemble esprit/corps. Ces « vents », ou énergies psychophysiques, suivent les canaux subtils du corps et sont intimement liés à toutes nos fonctions physiques et mentales. L'aspect le plus subtil du *pra_n_a* est identique à l'aspect le plus subtil de l'esprit lui-même. L'un des buts principaux de la pratique tantrique est d'arriver à maîtriser ce vent extrêmement subtil, de manière à transformer l'esprit à son niveau le plus subtil. Selon la théorie tantrique, un pratiquant qui maîtrise les « vents » grossiers et subtils est capable de les manipuler de diverses manières et de produire différents effets, dont certains sont décrits comme des émanations.

Pra_san_gika-madhyamaka. Branche du *madhyamaka* fondée sur l'interprétation que fit Buddhapalita des écrits de Nagarjuna. Les principes de cette école constitue la philosophie principale des quatre écoles du bouddhisme tibétain. Voir **Nagarjuna**.

Quatre facteurs excellents (les). Ce sont : 1) la libération spirituelle, 2) la prospérité mondaine, 3) la pratique du *Dharma* et 4) la richesse. Les deux premières sont de nature résultante alors que les deux dernières sont causales. Les deux premiers facteurs désignent deux sortes de bonheur, le bonheur spirituel et le bonheur temporel. Ces facteurs étant de nature différente, les moyens servant à les obtenir sont différents : la libération est atteinte par la pratique du Dharma, alors que la prospérité mondaine dépend de la richesse.

Quatre Nobles Vérités (les). Les Quatre Nobles Vérités sont : 1) la souffrance (*duh_kha*) existe ; 2) l'origine de la souffrance est l'attachement ; 3) il existe une cessation de la souffrance ; et 4) il existe une voie menant à la cessation de la souffrance. Toutes les traditions bouddhistes placent ces quatre principes au coeur du message spirituel du Bouddha. Les Quatre Nobles Vérités peuvent être scindées en deux groupes selon le principe de cause et d'effet. Le premier groupe — la vérité de l'origine (cause) et la vérité de la souffrance (effet) — traite de l'existence cyclique et conditionnée.

Le deuxième — la voie véritable (cause ou moyen menant à la libération) et la cessation véritable (résultat, qui est la libération) — traite de ce qui libère de l'existence conditionnée. En résumé, l'enseignement sur les Quatre Nobles Vérités présente la compréhension bouddhiste de la nature même du samsara et du nirvana Voir **Samsara** ; **Nirvana**.

Rinpotché. Littéralement « très précieux ». Titre employé quand on parle de ou à un lama réincarné, un maître spirituel hautement réalisé ou un chef monastique. Voir **Tulkou**.

Sadhou. Un mendiant traditionnel de l'Inde.

Sagesse (*Prajn_a_*). La sagesse et la méthode sont deux aspects complémentaires de la voie bouddhiste. Tout comme un oiseau qui ne peut voler sans ses deux ailes, un pratiquant spirituel ne peut se passer de la sagesse et de la méthode dans sa quête de l'éveil. Sur la voie, la sagesse demande que l'on cultive une compréhension directe et profonde de la vacuité. Le terme sanskrit, *prajn_na_*, est généralement traduit par « sagesse », mais « compréhension profonde » serait tout aussi approprié. La définition traditionnelle est « la claire conscience qui discerne l'essence, les traits distinctifs et les caractéristiques particulières ou générales de tout objet appartenant à notre champ de perception et qui, par voie de conséquence, élimine tous les doutes ». Il ne s'agit pas d'un état de connaissance passif ni d'une somme de connaissances. La sagesse est, au contraire, un processus cognitif actif. Dans le contexte du mahayana, la sagesse se réfère surtout à la compréhension profonde de la nature vide de choses et des événements. Voir **Vacuité** ; **Méthode** ; **Deux Vérités**.

Sakya. Une des quatre écoles du bouddhisme tibétain, nommée d'après la région où vécut l'un de ses fondateurs (au XIe siècle).

Sama_dhi*.** Stabilisation méditative. La capacité de concentrer ou focaliser parfaitement l'esprit sur un objet désigné, sans distraction aucune. Le *samadhi* est un état qui précède le développement du *s_amatha* — la faculté de demeurer dans la tranquillité. Voir **Demeurer dans la tranquillité** ; ***Vipas_yana.

***S_amatha*.** Voir **Demeurer dans la tranquillité**.

***Sambhogaka_ya*.** Corps de jouissance parfaite d'un bouddha. Voir **Trois *ka_yas* (*les*)**.

Samsara (*Sam_sa_ra*). Le *samsara* est le cycle de l'existence conditionnée qui, par la force de leur karma et de leurs perceptions erronées, entraîne sans cesse et malgré eux tous les êtres vivants. C'est l'état non éveillé. La véritable cessation, quatrième parmi les Nobles Vérités, se réfère à la cessation de cette existence conditionnée, ou *samsara* ; la libération, ou *nirvana*, est atteinte quand cesse le cycle de l'existence conditionnée. Voir **Quatre Nobles Vérités** ; **Nirvana**.

Sangha. Le terme sangha désigne tantôt la communauté des pratiquants de la voie bouddhiste, tantôt la communauté des moines et nonnes ordonnés, tantôt celui qui a atteint la réalisation directe de la sagesse qui perçoit la vacuité de tous les phénomènes. Voir **Trois Joyaux**.

Sermon du Parc des Cerfs. Le premier sermon que délivra le Bouddha historique, Shakyamouni. Après avoir atteint l'éveil sous l'arbre pipal, dans une localité indienne qui aujourd'hui s'appelle Bodhgaya, le Bouddha se dirigea vers la ville de Sarnath, près de Bénarès. Il retrouva en ce lieu cinq ascètes avec qui il avait vécu de longues années d'austérité rigoureuse. En le voyant arriver, les cinq compagnons décidèrent de ne pas lui adresser la parole, car le Bouddha avait manifestement abandonné ses voeux ascétiques. A mesure que le Bouddha s'approchait, les cinq hommes furent bouleversés par la joie et la réalisation qui émanait de sa présence et le supplièrent de partager avec eux sa découverte. Le Bouddha Shakyamouni donna alors son premier enseignement formel: il encouragea ses anciens compagnons à éviter les extrêmes de l'attachement charnel et de l'ascétisme, chemins qui ne mènent qu'à une plus grande souffrance ; il leur expliqua la « voie médiane », libre de tous extrêmes ; il fit des Quatre Nobles Vérités le point central de son sermon, car elles résumaient tout ce qu'il avait réalisé et montraient la manière de mettre fin à la souffrance. Voir **Quatre Nobles Vérités.**

Shakyamouni (*S_a_kyamuni* ; 563-483 av. J.-C.) Quatrième parmi les mille bouddhas de l'âge actuel, *Shakyamouni* prit naissance comme un prince du clan des Shakyas dans le nord de l'Inde. Il enseigna les *sutras* et les *tantras* comme voie vers la libération et l'éveil parfait, et fut le fondateur de ce que l'on appelle le bouddhisme. *Shakyamouni* veut dire « le sage du clan des Shakyas ». Voir **Eveil** ; **Sutra** ; **Tantra.**

Shantidéva (*S_a_ntideva*). Sage et philosophe bouddhiste qui vécut en Inde au VIIe siècle. Shantidéva, dont le nom signifie « dieu paisible », composa le *Bodhicarya_vata_ra*, ou *La Marche vers l'éveil*, un des textes les plus aimés du mahayana. Le Dalaï-lama fonde très souvent son enseignement sur ce texte connu et en cite régulièrement des passages, car *La Marche vers l'éveil* est une mine de conseils éclairés pour le pratiquant qui suit la voie altruiste du bodhisattva. Shantidéva est aussi renommé pour la lucidité de ses arguments philosophiques qui présentent la vacuité selon la perspective de l'école *pra_san_gika*. Il écrivit aussi le *S_iks_a_samuccaya*, le Compendium de Pratiques. *La Marche vers l'éveil*, (éditions Padmakara, 1992) est une version française du *Bodhicarya_vata_*ra qui se fonde sur la traduction originale de Louis Finot révisée d'après les textes et commentaires sanskrits et tibétains.

Souffrance (*Skt. duh_kha*). Dans le contexte bouddhiste, la notion de souffrance recouvre toutes les sensations physiques de douleur, mais aussi et surtout les afflictions psychologiques et émotionnelles. Il englobe aussi les sensations sous-jacentes d'ennui et d' insatisfaction qui caractérisent la plupart de nos expériences mondaines. Les écritures bouddhistes parlent de trois types ou niveaux de souffrance : 1) la souffrance de la souffrance, qui se réfère à tout ce que nous ressentons normalement comme une expérience désagréable ; 2) la souffrance du changement, qui recouvre toutes les expériences que nous considérons normalement comme agréables mais qui, de par leur nature transitoire, sont nécessairement souffrance ; et 3) la souffrance inhérente à l'existence conditionnée. Le troisième type de souffrance se réfère à un état fondamental qui sous-tend toute existence conditionnée : c'est l'insatisfaction permanente, la tendance naturelle à la souffrance et la prédisposition à l'erreur. Voir ***Duh_kha*** ; **Quatre Noble Vérités** ; **Samsara**.

Sutra. Le terme sanskrit *su_tra* (Pali : *sutta*) désigne toute écriture attribuée au Bouddha historique, *Shakyamouni*. Par conséquence, le mot est devenu un suffixe attaché au titre des écrits que les traditions bouddhistes acceptent comme étant les paroles authentiques du Bouddha. (Ex : Le *Sutra* du Coeur de la Sagesse). Dans un deuxième sens, le terme *sutra* est employé par opposition à *tantra* et désigne les enseignements exotériques généraux du *mahayana* et les pratiques qui leur sont reliées. Voir **Tantra**.

S_u_nyata_. Voir **Vacuité**.

Tantra. Littéralement « continuum ». Le terme *tantra* se réfère aux enseignements et pratiques ésotériques du bouddhisme, par opposition à la voie du *sutra*, reliée aux enseignements et pratiques exotériques du *mahayana*. Voir **Sutra** ; **Vajrayana**.

Tara (*Ta_ra*). Une des principales déités féminines de l'iconographie du bouddhisme *mahayana*. *Tara*, généralement de couleur verte, représente l'énergie et l'activité éveillées de tous les bouddhas. La légende de *Tara*, merveilleuse illustration de la force spirituelle et du potentiel féminins, est une source d'inspiration profonde pour des millions de femmes dans le monde du bouddhisme *mahayana*. Selon cette légende, voyant le petit nombre de bouddhas femmes, *Tara* jura qu'elle garderait sa forme féminine tout au long de son voyage spirituel et qu'elle atteindrait l'éveil parfait sous cette même forme.

Tatha_gata-garbha. Littéralement « l'essence de celui ou celle qui est parti ainsi ». Le *tatha_gata-garbha* désigne l'essence ou le potentiel de bouddhéité présent dans chaque être vivant. Selon le bouddhisme *mahayana* tous les êtres possèdent un potentiel inhérent qui leur permet d'éliminer toutes les formes d'ignorance et d'atteindre l'éveil parfait. Voir **Bouddhéité** ; **Eveil**.

Tatha_gata. Littéralement « parti ainsi ». Ce terme est un épithète désignant les êtres éveillés en général et *Shakyamouni* en particulier.

Tchènrézi. *Tchènrézi* est le nom tibétain d'*Avalokites_vara*, le *Bodhisattva* de la Compassion qui représente la grande compassion de tous les bouddhas. Les Tibétains croient que *Tchènrézi* est la déité protectrice du Tibet et que tous les dalaï-lamas successifs en sont des manifestations humaines.

Tengyour. Si le Kangyour contient les traductions des textes attribués au Bouddha, le Tengyour lui, contient les traductions des traités et commentaires composés par les érudits bouddhistes indiens. Cette collection contient plus de deux cents volumes qui traitent de tous les différents sujets relatifs aux études religieuses et philosophiques du bouddhisme, y compris la médecine et l'astrologie.

Nagarjuna fut le premier à développer pleinement cette doctrine dans son célèbre *Mulamadhyamaka*. Voir ***Ana_tman*** ; **Nagarjuna** ; **Absence de soi**.

Vajrayana (*Vajraya_na*). Littéralement, le « véhicule de diamant ». L'aspect ésotérique du bouddhisme. Voir **Tantra**.

Vinaya sutra. Ecriture des enseignements du Bouddha faisant autorité en matière de préceptes et de codes éthiques destinés aux moines et aux nonnes. Ce texte traite aussi de diverses questions concernant l'administration des monastères et la résolution des situations de conflit. Il est de tradition que l'abbé du monastère lise un passage de ce texte au moment des cérémonies de confession qui rassemblent les membres de la communauté deux fois par mois.

Vipas_yana. « Vue supérieure », « vision pénétrante » ou « compréhension profonde » sont des traductions possibles de ce terme sanskrit. Il s'agit en fait d'une capacité d'introspection profonde et pénétrante que l'on peut acquérir en associant analyse subtile et concentration parfaitement focalisée. Ensemble, *vipas_yana* et *s_amatha*, vision pénétrante et tranquillité mentale, forment le point culminant de l'union entre la méditation analytique et la méditation contemplative. Voir ***Sama_dhi*** ; **Calme mental**.

Voie Octuple (la). La quatrième Noble Vérité, la voie juste, comporte huit aspects : 1) la compréhension juste, 2) la pensée juste, 3) la parole juste, 4) l'action juste, 5) les moyens d'existence justes, 6) l'effort juste, 7) l'attention juste, et 8) la concentration (ou méditation) juste. Ensemble, ces huit aspects forment le cœur de la pratique spirituelle authentique.

NOTES

1. Le John Main Seminar est une rencontre annuelle en l'honneur du fondateur de la *World Community for Christian Meditation*. On trouvera des informations complémentaires sur John Main, la WCCM et le John Main Seminar à la fin de ce livre.

2. Charles Taylor est un philosophe canadien, (auteur d'un livre sur la modernité traduit aux Éditions du Cerf, 1995). Jean Vanier est le fondateur de L'Arche, une communauté internationale d'inspiration chrétienne au service des handicapés mentaux.

3. Le christianisme est formé de plusieurs communautés qui partagent une foi commune, mais avec des accents différents dans l'interprétation des dogmes. Le catholicisme romain et les Églises orthodoxes orientales incarnent une tradition plus sacramentelle, hiérarchique et mystique, tandis que certaines branches de l'anglicanisme et des Églises réformées soulignent l'importance de l'Écriture, de la prédication et de l'action sociale. C'est ainsi que les ordres monastiques et religieux catholiques se sont multipliés, alors que les Églises protestantes ont insisté sur la vocation de tout le peuple à la sainteté. Le désaccord et la compétition qui ont marqué les rapports entre ces traditions tendent à disparaître aujourd'hui sous la poussée d'un esprit œcuménique nouveau favorisant le respect mutuel et le partage des points de vue.

4. On fait ici allusion à trois des principaux ordres religieux catholiques : l'ordre bénédictin, qui s'enracine dans la *Règle de saint Benoît* (vers 480-550) se caractérise par l'autonomie des communautés monastiques locales, la vie commune préparant à la solitude de l'ermitage, la prière quotidienne régulière en communauté et l'équilibre entre l'action et la contemplation. L'ordre franciscain donna une expression institutionnelle à la grâce de la pauvreté et de l'amour de la nature que François d'Assise (1181-1226) rayonna au cours d'une vie itinérante de prédication mettant l'accent sur l'humanité du Christ. L'ordre jésuite, ou Société de Jésus, créé par le mystique espagnol Ignace de Loyola (1491-1556), devait être une sorte de milice spirituelle de l'Église catholique, n'obéissant qu'au pape et se consacrant spécialement à la conversion des personnes les plus influentes de la société, une priorité qui a récemment fait place à « l'option pour les pauvres ».

5. Voir *Le Tibet depuis l'occupation chinoise de 1950* p. 285.

6. En termes chrétiens, toute conscience dérive de l'Être de Dieu et participe à la vie divine. D'après saint Jean, « Dieu est lumière, et il n'y pas de ténèbres en Dieu ». La lumière est un symbole privilégié de l'imagerie chrétienne, du Christ d'une part (« Lumière du monde ») et des hommes qui reflètent ou irradient la conscience divine (« vous êtes la lumière du monde »), d'autre part.

7. Le monastère bénédictin de Montserrat près de Barcelone, datant du XIe siècle, est un lieu de pèlerinage. C'est là que Saint Ignace de Loyola, fondateur des jésuites, abandonna sa carrière militaire après sa conversion. La légende y situe également le Château du Saint-Graal. Le Dalaï-lama visita le monastère lors d'une tournée d'enseignement en Europe en septembre-octobre 1982.

8. En octobre 1986, Sa Sainteté le pape Jean-Paul II invita des chefs religieux du monde entier à venir prier pour la paix à Assise. Tous les grands leaders spirituels, dont Sa Sainteté le Dalaï-lama étaient présents. L'événement a marqué les mémoires, et des rencontres similaires se sont déroulées depuis lors à Rome, en Pologne et en Asie.

9. Lourdes est devenu un grand centre de pèlerinage, où se produisent des guérisons physiques et mentales, depuis que la Vierge Marie est apparue à Bernadette Soubirous, une paysanne de 14 ans, en 1858.

10. Traduit en anglais par John Dunne.

11. La lumière est un symbole important du culte chrétien. Dans les églises catholiques, une lumière brûle en permanence pour signifier la présence du Saint Sacrement, et les bougies placées sur l'autel pendant la célébration eucharistique symbolisent la présence du Christ en tant que « lumière du monde ».

12. Le titre sanskrit est *Siksasamuccaya*.

13. Il est clair, d'après son traité *Sur les Premiers Principes* et sa théorie de l'âme qu'Origène, au IIIe siècle, pensait que la croyance en la réincarnation méritait d'être discutée avec sérieux ; lui-même l'avait étudiée dans la *métempsychose* des Grecs et des gnostiques. Moins claires sont ses propres vues sur le sujet telles qu'elles apparaissent dans son commentaire sur la phrase de l'Évangile souvent citée pour montrer qu'une telle croyance était possible à l'époque de Jésus (Matthieu 11, 14).

14. Le terme de *saisie égoïste* désigne ici la tendance psychologique innée à « saisir » ou à rester attaché à un moi, ou ego, illusoire. Cette tendance est l'ignorance fondamentale que le Bouddha enseigna comme source essentielle de la souffrance continuelle des êtres dans l'existence conditionnée.

15. En tant que source unitaire de toute diversité et dualité dans le monde, il n'est pas possible de restreindre Dieu à un sexe masculin ou féminin bien qu'en même temps il demeure réellement personnel. Cependant, les racines patriarcales du christianisme ont conduit à l'attribution d'un caractère masculin à Dieu, renforcé par la masculinité humaine de Jésus et le fait qu'il était vu comme le « Fils » du « Père ». Deux personnes de la Trinité étant considérées comme masculines, la troisième, l'Esprit Saint, a traditionnellement été ressentie comme le côté féminin de Dieu. De nos jours, les théologiens féministes soulignent la possibilité d'une perception féminine de la divinité et la largeur de l'éventail des images bibliques à notre disposition pour décrire Dieu. Voir par exemple, *She Who Is* d'Elizabeth Johnson.

16. « Les Huit Strophes de la Transformation de la Pensée » de Geshe Langri Thangpa. Ce court texte appartient aux enseignements sur le *lo jong*, ou transformation de la pensée, et fut composé à l'époque où l'école bouddhique kadam était florissante au Tibet. La traduction s'appuie sur une version de Lama Thubten Zopa Rinpoche.

17. L'image d'arc-en-ciel la plus célèbre de la Bible figure dans l'épisode du Déluge (Genèse 6, 5-9) que Dieu déchaîna sur la terre pour tout détruire à cause de la méchanceté des hommes. Seul Noé et un couple de chaque espèce animale furent sauvés dans l'Arche. On relève des récits de déluges analogues dans la mythologie mésopotamienne. L'arc-en-ciel qui apparaît après le retrait des eaux était le signe que Dieu s'engageait solennellement à ne plus jamais punir le monde de cette manière. Les nuages sont des symboles de la présence du mystère de Dieu, comme, par exemple, la nuée qui couvre le mont Horeb pendant que Moïse s'entretient avec Dieu, ou la nuée qui mène les Israélites à travers le désert.

18. Pour en savoir plus sur ce célèbre lac et le rôle qu'il a joué dans la découverte du jeune garçon qui allait devenir Sa

Sainteté le Dalaï-lama, voir *Au loin la liberté* (autobiographie du Dalaï-lama) ; et le livre de Vicki Mackenzie *L'enfant lama* (Laffont, 1992).

19. Saint Paul déclare que « le mystère est ceci : Christ en vous ». L'intériorité de la présence personnelle du Christ est un article essentiel de la foi chrétienne. Elle complète plus qu'elle ne contredit la croyance en la dimension cosmique de la présence du Christ.

20. Traduit en anglais par Jeffrey Hopkins et Lati Rimpoche dans *The Buddhism of Tibet* (George Allen & Unwin, 1975).

21. En maintes occasions, comme une arrivée, un départ, un événement particulier, les Tibétains s'offrent de longues écharpes blanches en soie appelées des *katags*, en signe de bienvenue, de générosité et de respect pour la personne qui la reçoit.

22. Eileen O'Hea, sœur américaine de Saint-Joseph, est thérapeute et directeur spirituel ; John Todd est un auteur anglais et l'éditeur de John Main ; Isabelle Glover est une spécialiste anglaise de sanskrit ; William Johnston est un auteur jésuite d'origine irlandaise qui enseigne et étudie au Japon depuis 1951.

23. Au cours de sa première et dernière visite en Asie, le moine trappiste américain, Thomas Merton, eut plusieurs conversations avec le Dalaï-lama, que les deux hommes évoquèrent par la suite en termes chaleureux. Les commentaires de Merton figurent dans *Le Journal d'Asie* et dans le volume de ses *Lettres*.

24. John Henry Newman (1801-1890) se convertit au catholicisme romain à l'âge de 45 ans, venant de l'Église d'Angleterre. Il fut professeur à l'université d'Oxford. Auteur

prolifique (lire surtout *Apologia Pro Vita Sua*, de 1864 (DDB, 1970), et *A Grammar of Assent*, de 1870). Il insista sur la différence entre le consentement réel et le consentement spéculatif, et analysa le rôle de la conscience. Il fut fait cardinal en 1879. Son intelligence brillante, sa grâce littéraire et sa profonde intériorité lui valent depuis quelque temps un regain d'attention de la part du public.

25. *Spiritual Friendship*, Washington, Cistercian Publications, 1974, chapitre 3, verset 62.

26. Ibid, chapitre 1, verset 9.

27. Évangile de Jean, chapitre 15, verset 15.

28. Thich Nhat Hanh, un moine bouddhiste vietnamien vivant en exil en France depuis ses prises de position en faveur de l'arrêt de la guerre du Vietnam, est réputé pour enseigner le chemin de l'attention ordinaire, quotidienne. Son livre *Bouddha vivant, Christ vivant* (Lattès, 1996) met en lumière les nombreux points communs aux pratiques spirituelles chrétienne et bouddhiste, tandis que le livre du pape, publié peu de temps auparavant, mettrait plutôt l'accent sur les importantes différences de croyances séparant les deux traditions.

29. L'Opus Dei est une organisation catholique romaine traditionaliste souvent critiquée par ses frères catholiques pour son manquement à vivre l'esprit d'ouverture et de renouveau inauguré par le Second Concile du Vatican (1962-65). Le révérend Ian Paisley est le leader des extrémistes protestants d'Irlande du Nord, connu pour ses propos tranchés.

30. Évangile de Luc, chapitre 11, versets 9 et 10.

31. Saint Irénée (vers 130-200) fut le premier grand théologien catholique. Il était évêque de Lyon, mais il écrivait en

grec. Dans la controverse avec le gnosticisme, il développa l'idée de la « récapitulation » selon laquelle l'évolution humaine serait comme résumée dans l'incarnation humaine de Jésus.

32. Dieu est inclusif dans le sens où rien d'existant ou de non-existant ne peut lui être extérieur. Tout est en Dieu et Dieu est dans tout. D'après saint Paul, « Dieu est tout en tous ». La non-dualité de Dieu signifie que si Dieu ne peut pas être identifié à quelque chose, rien ne peut être dit séparé de Dieu. Dieu est donc le fondement de tout l'être : le « Je suis qui je suis » de la révélation biblique initiale à Moïse.

33. *Règle de saint Benoît*, chapitre 4.

34. La « culpabilité post-impérialiste » se réfère ici au sentiment collectif de honte que ressentent les générations actuelles en prenant connaissance des abus de pouvoir dont les générations précédentes se sont rendues coupables dans leur communauté. Une telle culpabilité doit être tempérée par la reconnaissance de la force du conditionnement.

35. Dans cette citation de son épître aux Colossiens (2, 9) saint Paul affirme que la totalité de la Réalité divine, ou Divinité, est présente dans l'humanité de Jésus. « Car en lui habite corporellement toute la plénitude de la divinité. »

36. Lao Tseu (vers 570-490 av. J.-C.) est un fondateur du taoïsme et l'auteur du livre chinois le plus traduit, le *Tao Te king*. Il enseigne que le *tao*, ou *voie*, se réalise idéalement en abandonnant les catégories et les valeurs pour accéder à une perception directe de la réalité.

37. Les premiers penseurs chrétiens héritèrent de la foi juive en un seul Dieu personnel qui œuvre dans l'histoire pour le bien du monde. Ils durent affronter la spéculation philoso-

phique et mythologique des Grecs, le système de croyance prédominant de l'époque, caractérisé par sa tendance à l'abstraction, opposée au réalisme juif, et par un panthéon de divinités, incompatible avec la Divinité unique de la conception judéo-chrétienne.

38. Héraclite (vers 540-475 av. J.-C.) fut un fondateur de la philosophie et de la métaphysique grecques. Il s'attacha à montrer la nature transitoire de toute chose, même de celle qui paraît la plus stable (on ne peut se baigner deux fois dans le même fleuve), et sur le plan éthique, il attaqua la superstition et souligna l'importance de la soumission individuelle à l'harmonie universelle. La seule œuvre qui lui soit attribuée en toute certitude est le traité *De la nature*, mais on conserve plusieurs recueils de fragments de sa pensée.

39. Le point important, ici, est que l'affirmation de l'unicité n'entraîne pas obligatoirement l'exclusivisme. A un certain niveau de notre individualité l'unicité nous sépare de nos congénères bien qu'elle ne nous rende pas forcément « meilleur ». A un niveau plus profond, une plus haute réalisation de la vérité, l'individualité est un état où nous sommes uniques mais indivisibles de tous les autres. L'unicité chrétienne peut donc être comprise comme divisante à un niveau et intégrante à un autre.

40. François-Xavier (1506-1552) prêcha la foi chrétienne sur de vastes territoires et obtint un grand nombre de conversions en Inde et au Japon. Originaire d'une riche famille espagnole, il fut l'un des premiers jésuites.

41. Le *Vedanta* (*vedanta*) est la plus répandue des six écoles de l'ancienne philosophie spéculative indienne. Son plus grand maître, Shankara (vers 788-850) prônait la voie de la connaissance. Il formula un système de non-dualisme (*advaita*), et fonda un ordre monastique. Ce système affirme que

seul le *brahman* est réel et que la non-réalité est dissipée par la méditation et l'illumination. On trouvera une brève introduction historique à ces quatre écoles du bouddhisme tibétain par les chefs de ces traditions, dans Graham Coleman (ed.), *A Handbook of Tibetan Culture* (Rider, 1993).

42. Le jésuite Matteo Ricci (1552-1610) fut missionnaire en Chine. Il gagna le respect de ses hôtes grâce à sa culture et à sa connaissance scientifique. Il s'habillait et pensait à la manière d'un philosophe chinois, mais à Rome son attitude fut considérée avec suspicion et lui valut une désapprobation officielle. La question de l'« inculturation » est toujours une médiation essentielle pour la vie chrétienne hors de l'influence occidentale.

43. La *Bhagavad Gita* (« chant de Dieu ») est l'un des textes sacrés indiens les plus marquants et les plus appréciés. Elle fait partie du monument de la littérature sanskrite qu'est le *Mahabharata*, et traite de thèmes essentiels : le *karma*, le non-attachement et la *bhakti* ou dévotion à Dieu, sous la forme d'un dialogue entre Krishna et Arjuna sur le champ de bataille.

44. Ces termes clefs du vocabulaire chrétien peuvent facilement être mal compris par une spiritualité qui serait obsédée par le péché aux dépens de la ressemblance divine des êtres humains. Les envisager sous l'angle suivant devrait aider à renouveler leur sens : la pauvreté, comme non-possessivité sur le plan spirituel autant que matériel ; le repentir, comme acceptation de la part d'ombre de la psyché ; la perte de soi, comme le dépassement de l'ego ; être en Christ, comme l'union de notre conscience avec la sienne ; la simplicité, comme l'état d'une conscience non divisée ; l'Esprit, comme la forme la plus haute de communication ; le mystère, comme ce qui se situe au-delà de la compréhension mentale mais est ressenti comme la réalité la plus forte.

45. Cette histoire est racontée dans le *Culamalunkyasutta* ou *Courts discours à Malunkyaputta*, qui figure dans le *Majjhima Nikaya* ou *Moyens Discours du Bouddha* (collection des textes du canon bouddhique pâli, éd. Les Deux Océans, 1987).

46. Évangile de Luc, chapitre 10, verset 21.

47. Seconde épître aux Corinthiens, chapitre 10, verset 3.

48. Naturellement, ceci ne signifie pas que le bouddhisme soit théiste, même « inconsciemment ». *Dieu* est un terme qui englobe de multiples sens. L'orateur et le contexte préciseront son sens à chaque occasion. Cependant, le Bouddha n'a pas présenté le *nirvana* comme une expérience purement subjective : « Il existe un non-né, non-devenu, non-fait, non-composé et sans ce non-né... aucune issue ne pourrait être indiquée à ce qui est né, est devenu, est fait, est composé » (Udana 18). Chrétiens et bouddhistes ne donneront pas la même interprétation de cette déclaration, mais les points de convergence sont nombreux. (Pour une étude plus poussée, voir *Mysticism : Buddhist and Christian, Encounters with Jan Van Ruysbroec, Paul Mommaers, et Jan Van Bragt*, Crossroad, new York, 1995, d'où cette citation est extraite.)

49. Le Nuage d'inconnaissance est un traité mystique anglais d'un anonyme du XIVe siècle, s'inscrivant dans la tradition apophatique de la prière chrétienne. Voir la traduction d'Armel Guerne (Le Seuil, 1977).

50. Sermon (LXXXIII).

51. Nicolas de Cues, *La Vision de Dieu*, chapitre 12.

52. La « fraction de la parole » désigne la lecture de l'Écriture et l'approfondissement de la connaissance intuitive de ses multiples niveaux de sens.

53. Saint Paul dit que la lettre tue tandis que l'esprit fait vivre. Il entend par là qu'une interprétation littérale de l'Écriture ou des commandements religieux étouffe l'esprit. Le vrai sens du langage et du comportement religieux est accessible au cœur et non à la pensée littérale (fondamentaliste).

54. Le Livre de Josué, qui fait partie de la Bible juive, ou Ancien Testament, rapporte les pérégrinations des Israélites après la mort de Moïse. L'histoire de Rahab relate comment elle cacha les espions israélites qui avaient pénétré dans la ville de Jéricho avant qu'ils n'y mettent le siège, sauvant ainsi sa famille après la chute de la ville (Josué 2, 1).

55. Commentaire sur l'épître aux Romains, chapitre 7, verset 1.

56. Voir la notice sur la *foi* dans le glossaire des termes chrétiens.

57. Ramana Maharshi (1879-1950) vécut une expérience d'immersion dans la mort à l'âge de 16 ans, d'où il ressortit avec une pleine conscience du Soi. Il vécut et enseigna la plupart du temps en silence, dans un ashram qui se forma autour de lui au pied de la montagne sacrée d'Arunachala en Inde du Sud. L'authenticité de son témoignage retint l'attention de Carl Jung, S. Radhakrishnan, Arthur Osborne, et un flot de visiteurs venus du monde entier et qu'attire, de nos jours encore, son *darshan*. Dans son enseignement, il rappelait vigoureusement ses disciples à leur vrai Soi par la pratique toute simple de l'« auto-interrogation » : Qui suis-je ?

58. Il ne convient pas de restreindre notre compréhension de la perfection au sens moral. Par exemple, nous disons d'une paire de chaussures qu'elle est « parfaite » quand elle est bien faite et en bon état. La conception hébraïque de la perfection recouvre ce sens pratique et le sens moral d'être en harmonie avec l'Esprit de Dieu qui inlassablement fait miséricorde et ap-

porte la guérison. Aussi, Jésus nous demande d'« être parfait comme votre Père du ciel est parfait ». Ici, la perfection est celle de l'amour et non celle d'une simple obéissance à la loi.

59. *Advaitique* au sens littéral signifie *non-deux* et se réfère à la doctrine hindouiste de la non-dualité. Dieu et le monde, par exemple, ne sont pas un, mais ne sont pas deux non plus. Voir note 41.

LE TIBET DEPUIS L'OCCUPATION CHINOISE EN 1950

Depuis 1959, une résistance plus vigoureuse a été écrasée par une répression impitoyable. Un cinquième de la population, soit 1,2 million de Tibétains, ont péri sous l'occupation chinoise. Plus de 6000 monastères et lieux sacrés ont été détruits. L'enseignement du bouddhisme est interdit, et les moines et nonnes sont systématiquement expulsés de leurs monastères. Les ressources naturelles et l'écologie fragile du Tibet subissent des dommages irréparables.

Des milliers de prisonniers religieux et politiques sont aujourd'hui emprisonnés ou internés dans des camps de travail où la torture est monnaie courante. Les femmes tibétaines sont soumises à des stérilisations obligatoires et des avortement forcés. Autrefois paisible État tampon entre l'Inde et la Chine, le Tibet a été transformé en une vaste base militaire abritant le quart des missiles de la Chine.

Dès 1960, la Commission internationale des juristes déclarait qu'un génocide était bel et bien perpétré et que seize articles de la Déclaration universelle des droits de l'homme étaient violés. L'Assemblée générale des Nations Unies a voté trois résolutions condamnant la Chine pour ces violations. Le Dalaï-lama continue de plaider la cause de son pays et de son peuple auprès des Nations Unies et des chefs des nations du monde.

BIOGRAPHIES

TENZIN GYATSO, QUATORZIÈME DALAÏ-LAMA

Sa Sainteté le Dalaï-lama, Tenzin Gyatso, est né le 6 juillet 1935 dans une famille de paysans pauvres de la province d'Amdo au nord-est du Tibet. De ses quinze frères et sœurs seuls six ont survécu : deux filles et quatre garçons. A l'âge de deux ans, il fut reconnu comme le quatorzième de la lignée des Dalaï-lamas, le précédent étant mort en 1933. Le titre de *Dalaï-lama* signifie « océan de sagesse », et ceux qui le portent sont considérés comme des manifestations du Bodhisattva de la Compassion, Chenrezig. Accompagné de sa famille, le jeune Dalaï-lama alla vivre à Lhassa où il reçut une formation religieuse et spirituelle complète. Il fut officiellement intronisé le 22 février 1940. En 1959, il passa son examen final à Lhassa au cours de la fête annuelle de prière du *Mönlam*. Il réussit brillamment, puisqu'on lui décerna le grade le plus élevé de *geshe*, qui équivaut approximativement au doctorat en philosophie bouddhique.

Tenzin Gyatso fut le premier Dalaï-lama à entrer pleinement en contact avec la technologie moderne, et il montre un vif intérêt pour la science. La radio est un de ses passe-temps favoris.

Avant les années 50, le Tibet était gouverné comme un État religieux où le Dalaï-lama exerçait le pouvoir à la fois spirituel et séculier. Chaque Tibétain se sent profondément et viscéralement lié au Dalaï-lama qui incarne le Tibet dans toute sa signification spirituelle et naturelle. Jusqu'à la nomination d'un ministre des Affaires étrangères en 1942, cette fonction paraissait inutile tant le Tibet était isolé du reste du monde. Le 7 octobre 1950, l'armée chinoise franchissait les frontières souveraines du pays. Dominé militairement, et partisan de la non-violence, le Dalaï-lama crut qu'un accord de cohabitation garantissant l'autonomie du Tibet pourrait être signé avec la Chine. Dans cet espoir, il se rendit à Pékin en 1954 pour négocier la paix avec Mao Ze Dong.

En mars 1959, les troupes chinoises d'occupation réprimèrent brutalement un soulèvement populaire. Sa position et sa vie étant en danger, le Dalaï-lama s'enfuit en Inde où le gouvernement lui accorda le droit de s'installer à Dharamsala dans l'État de l'Himachal Pradesh. Il fut suivi dans son exil par plusieurs milliers de Tibétains. Plusieurs milliers d'autres, restés au Tibet, ont été tués ou torturés par les forces chinoises d'occupation. Les monastères ont été détruits systématiquement et un véritable génocide culturel fut programmé et mis en place.

En 1963, le Dalaï-lama présenta un projet de constitution démocratique pour son pays, et en 1992, il prit l'engagement de renoncer à toute autorité politique et historique dès que le Tibet aurait retrouvé son indépendance.

Le Dalaï-lama a toujours déclaré que tant qu'il dirigerait les affaires du Tibet, il poursuivrait une politique de non-violence. Selon lui, toute solution fondée sur l'usage de la force est, par nature, temporaire. « Le désarmement extérieur procède d'un désarmement intérieur. La seule garantie de la paix se trouve à l'intérieur de vous-même. » Son engagement inconditionnel en faveur de la paix a été reconnu par la communauté internationale, qui lui décerna le Prix Nobel de Paix en 1989.

Le Dalaï-lama trouve des mots simples et touchants pour parler de la nature humaine. Sa maîtrise des arcanes et des complexités de la pensée bouddhique est telle qu'aux yeux de ses disciples il fait plus qu'enseigner le Dharma : il l'incarne. Pour lui, le bouddhisme n'est ni un dogme ni une religion mais un mode de vie dans la paix, la joie et la sagesse. Il met l'accent sur la responsabilité universelle et l'interdépendance des individus et des nations dans la réalisation de la bonté essentielle de la nature humaine. Pendant des années, le Dalaï-lama a voyagé inlassablement, pour enseigner la paix et dispenser la sagesse et la joie.

Lors du séminaire John Main de 1994, il a commenté les Évangiles chrétiens pour la première fois et a entamé un dialogue sur leur signification avec des chrétiens. Cette démarche s'inscrivait dans une longue suite d'engagements en faveur du dialogue interreligieux, qui l'avait amené à rencontrer le pape Jean-Paul II à plusieurs reprises. Le Dalaï-lama considère que le respect pacifique des religions entre elles, qu'exige l'ère dans laquelle nous vivons, doit naître non du partage de la seule pensée, mais plus profondément de celui de l'expérience contemplative. C'est pourquoi, trois fois par jour, il médita en silence avec les participants au séminaire.

PÈRE LAURENCE FREEMAN, OSB

Laurence Freeman est né en Angleterre en 1951. Il étudia chez les Bénédictins et passa un diplôme supérieur de littérature anglaise à l'université d'Oxford. Il devint moine bénédictin et étudia sous la direction de John Main, son ami et maître auquel il se joignit pour enseigner la tradition chrétienne de méditation à travers le monde. Moine au monastère de Christ the King à Londres, de la congrégation olivétaine, il est maintenant directeur de la *World Community for Christian Meditation*. Il enseigne beaucoup, et il écrit. Il est l'auteur de *Light Within*, *The Selfless Self*, *A Short Span of Days*, et *Web of Silence*, ainsi que de nombreux enregistrements et articles.

ROBERT KIELY

Robert Kiely est professeur Donald P. et Katherine B Loker de littérature américaine et anglaise, et maître de l'Adams House à la Harvard University. Il enseigne la fiction des XIXe et XXe siècles, la Bible anglaise, la littérature de réflexion chrétienne, et les origines du roman. Il concentre ses recherches sur le récit et sa théorie, et la communication. Il est l'auteur de *Robert Louis Stevenson and the Fiction of Adventure* (1964), *The Romantic Novel in England* (1972), *Beyond Egotism : The Fiction of James Joyce, Virginia Woolf,* and D. H. Lawrence (1980), et *Reverse Tradition : Postmodern Fictions and the Nineteenth-Century Novel* (1993). Robert Kiely est un oblat bénédictin et le président du Comité directeur de la *World Community for Christian Meditation.*

GESHE THUPTEN JINPA

Il est le principal interprète du Dalaï-lama en philosophie, religion et sciences, depuis 1986. Depuis cette date, il a passé brillamment des diplômes supérieurs à l'université monastique Ganden en Inde, et à l'université Cambridge en Angleterre où il poursuit des recherches au Girton College. Thupten Jinpa a publié de nombreux ouvrages. Il réside actuellement avec sa femme à Cambridge en Angleterre.

LES PARTICIPANTS

Maureen Allan est née en 1923. Pendant la guerre, elle travailla au Women's Royal Naval Service à Colombo, Mombasa et Londres. Elle servit comme officier d'ordonnance au Chef de la Délégation de l'Amirauté britannique, et fut Chef d'État-Major interarmes à Washington DC. Elle a beaucoup travaillé bénévolement dans la circonscription électorale de son mari, Lord Allan of Kilmahew. Depuis 1955, elle vit sur ses terres à Froyle dans le Hampshire et participe activement à la vie de la paroisse anglicane locale. Elle pratique la méditation des mantras et étudie depuis trente ans l'Advaita, la philosophie du non-dualisme, en tant que membre de la Study Society. Lady Allan est membre du Lord Mayor Treloar Trust pour les enfants handicapés physiques, et du Comité directeur de la *World Community for Christian Meditation.*

Ajahn Amaro (Jeremy Horner) est né dans le Kent en Angleterre en 1956. Il étudia la psychologie et la physiologie au Bedford College de l'université de Londres. Avant de passer son diplôme, il visita le nord-est de la Thaïlande où il séjourna dans un monastère bouddhiste. En 1978, il devint anagarika, et quatre mois plus tard samanera. L'année suivante, il reçut l'*upasampada* d'Ajahn Chah.

Le Vénérable Amaro resta deux ans en Thaïlande. A son retour en Angleterre, il rejoignit Ajahn Sumedho au monastère nouvellement fondé de Chithurst.

En 1983, Ajahn Sumedho lui demanda d'aller résider au vihara de Harnham. Il demanda la permission, qui lui fut accordée, de faire le chemin à pied. En 1984, il écrivit un livre sur sa marche de 1 330 kilomètres intitulé *Tudong : The Long Road North.*

Isabelle Glover enseigne le sanskrit et le pali dans deux centres de Londres, et dans un centre d'enseignement par correspondance qu'elle a contribué à créer. Elle étudie le vedanta et sa pertinence pour les chrétiens depuis quarante ans. Isabelle a dirigé des retraites intitulées « Les écritures indiennes comme lecture spirituelle pour les chrétiens »et « sanskrit facile pour professeurs de yoga ». Elle médite et est une oblate bénédictine. Elle aime la musique et le jardinage. Son mari Peter est ingénieur et professeur de yoga, de méditation et de relaxation par la conscience de la respiration. Ils ont trois enfants et neuf petits-enfants.

Peter Ng est directeur général adjoint de la Government of Singapore Investment Corporation qui gère les investissements de Singapour à l'étranger. Avec sa femme Patricia, il lança le premier groupe de méditation chrétienne à Singapour en 1988. Ils coordonnent maintenant les activités d'une vingtaine de ces groupes. Peter est membre du Comité directeur de la *World Community for Christian Meditation.*

Eileen O'Hea est sœur de Saint-Joseph à Brentwood, New York. Elle est titulaire d'un M.S.W. de l'université de Fordham et d'un M.A. de psychologie pratique du Manhattan College. Elle travailla trois ans comme thérapeute familiale au Center for Family Learning de New Rochelle, N.Y. Elle travaille en cabinet privé à St. Paul dans le Minnesota, où elle fait de la psychothérapie et de la direction spirituelle.

Elle enseigne la méditation chrétienne et fait partie du Comité de la *World Community for Christian Meditation.* Elle est l'auteur du livre *Woman : Her Intuition for Otherness* et des enregistrements *Silent Wisdom/Hidden Light : Christian Meditation and the Transformation of Consciousness*, et en collaboration avec sœur Kate Martin, OPC, de *Rain for the Sea.*

JOHN MAIN

John Main est né à Londres en 1926 dans une famille irlandaise. Il étudia le droit, apprit le chinois et servit dans le British Foreign Service en Malaisie. C'est là qu'il fut initié à la méditation par un moine indien. A cette époque, la prière silencieuse, non-conceptuelle, était rare et inconnue de la plupart des chrétiens. La longue tradition contemplative chrétienne était tombée dans l'oubli et avait été largement remplacée par la « prière mentale » et le rituel. Après son service en Orient, John Main rentra en Europe où, méditant toujours, il devint professeur de droit international au Trinity College de Dublin.

Il se fit moine bénédictin en 1958 à Londres et on lui conseilla d'arrêter de méditer, car cette pratique n'était pas considérée comme faisant partie de la tradition chrétienne de prière. Mais en 1969, il redécouvrit une tradition chrétienne de méditation — ou prière pure, comme on l'appelait — enseignée au IVe siècle par Jean Cassien qui transmit les enseignements des Pères du désert, les premiers moines de la chrétienté, à saint Benoît et à l'Église d'Occident.

Étant revenu à sa pratique de la méditation, John Main consacra alors le reste de sa vie à enseigner aux laïcs cette tradition perdue. Il était convaincu de l'importance pour le monde de restaurer dans la vie quotidienne une pratique spirituelle de la profondeur. Il recommandait deux périodes de méditation, le matin et le soir, qui pouvaient aussi être intégrées à d'autres formes de prière.

En 1980, le père John accueillit Sa Sainteté le Dalaï-lama lors d'une rencontre interreligieuse à la cathédrale de Montréal, ville où le père John avait été invité par l'archevêque à fonder une communauté bénédictine dédiée à la pratique et à l'enseignement de la méditation chrétienne au cœur de la ville. Quand Sa Sainteté rencontra la communauté, il eut un entretien privé avec le père John au cours duquel ils échangèrent leurs vues sur l'importance d'une coopération entre traditions spirituelles si l'on veut œuvrer pour la sagesse et la paix du monde moderne.

John Main mourut en 1982. Son œuvre est poursuivie aujourd'hui par un réseau mondial et en expansion de groupes de méditation chrétienne. La *World Community for Christian* Meditation possède maintenant un centre international à Londres et organise chaque année le John Main Seminar.

LE SÉMINAIRE JOHN MAIN — DE 1984 À 1996

1984 Isabelle Glover : Écritures indiennes comme lecture chrétienne.
1985 Robert Kiely : La quête de Dieu dans la littérature moderne.

1986 John Todd : La nouvelle Église.
1987 Derek Smith : Sur la lecture.
1988 Charles Taylor : Identité chrétienne et modernité.
1989 Balfour Mount : Sur la totalité.
1990 Eileen O'Hea : Esprit et psyché.
1991 Bede Griffiths : Méditation chrétienne: une tradition en évolution.
1992 Jean Vanier : De la fracture à la totalité.
1993 William Johnston : Le nouveau mysticisme chrétien.
1994 Le Dalaï-lama : Le bon cœur.
1995 Laurence Freeman : Sur Jésus.
1996 Raimon Panikkar : Le silence de la vie.

MEDIO MEDIA

Medio Media est la branche éditoriale de la *World Community for Christian Meditation*. Elle s'emploie à faire connaître l'enseignement de la méditation selon la tradition chrétienne, en particulier dans les œuvres de John Main. Elle s'efforce également de faire avancer le dialogue croissant entre méditants et quêteurs spirituels de toutes traditions sur la base d'une expérience profonde du silence commune à toutes les religions.

Le catalogue des publications de Medio Media comprenant des livres, des cassettes et des vidéos de John Main, Bede Griffiths, Laurence Freeman, William Johnston et le Dalaï-lama, entre autres, est disponible auprès de :

Medio Media
23 Kensington Square
London W8 5HN
Royaume-Uni
tél. 0171/937 4679 ; fax 0171/937 6790

LA WORLD COMMUNITY OF CHRISTIAN MEDITATION

La méditation crée la communauté. Depuis le lancement du premier Christian Meditation Center par John Main en 1975, une communauté de méditants chrétiens toujours plus nombreuse s'est créée dans le monde entier. Les méditants commencent souvent par se réunir en petits groupes hebdomadaires et le réseau de ces groupes soutient et encourage les personnes qui veulent persévérer dans leur pratique de la méditation, matin et soir.

Ces groupes se réunissent chez des particuliers, dans des locaux paroissiaux, des écoles, des prisons, des entreprises, des associations et des administrations. Les réunions commencent par un court enseignement sur la méditation, souvent extrait de la série d'exposés enregistrés de John Main, puis le groupe médite ensemble en silence pendant une demi-heure. Ensuite, un temps est prévu pour la discussion. Les groupes sont œcuméniques par nature et ouverts à tous ceux qui recherchent sincèrement le silence.

Vingt-sept Christian Meditation Centers, certains dans leurs propres locaux, d'autres domiciliés chez des particuliers, enseignent la voie du silence de tradition chrétienne. Les centres aident à coordonner les groupes hebdomadaires et à organiser des retraites régulières, des séminaires et d'autres rencontres.

Le Centre International de Londres coordonne cette communauté mondiale de méditants. Un bulletin trimestriel contenant un enseignement spirituel et des réflexions est envoyé de Londres et distribué par un certain nombre de centres nationaux, avec des informations locales et internationales sur les retraites et les autres événements organisés par la Community. Un John Main Seminar se tient annuellement en alternance en Europe et en Amérique du Nord. Ce Centre est entièrement financé par des dons, collectés essentiellement par l'association des Friends of the International Center.

Si vous voulez contacter un groupe proche de chez vous, vous pouvez écrire directement au Centre international de Londres :

The World Community for Christian Meditation
International Center
23 Kensington Square
London W8 5HN
Royaume-Uni
(tél. 00 44 171 937 4679/ fax 00 44 171 937 6790)

Sur Internet :

WCCM.ARCHIVES:
ftp://byrd.mu.wvnet.edu/pub/merton/wccm
p://www.marshall.edu/-stepp/vri/merton/WCCM.html

WCCM. FORUM
Envoyez un email à LISTSERV@WVNVM.WVNET.EDU
avec les lignes de texte suivantes :
SUBSCRIBE MERTON-L YOUR NAME
(remplacez «YOUR NAME» par votre vrai nom.)
SET MERTON-L TOPICS:+T6

LE WISDOM TRUST

En tant qu'éditeur non commercial, Wisdom Publications se consacre à la publication de beaux livres du Dharma pour le profit de tous les êtres sensibles. Pour publier des livres comme celui que vous tenez dans les mains nous avons besoin de soutiens financiers.

Si vous souhaitez faire un don au Wisdom Trust Fund pour nous permettre de poursuivre notre œuvre en faveur du Dharma, ou savoir comment faire des dons réguliers, veuillez écrire à notre bureau de Boston.

Merci beaucoup.

Wisdom Publications est une organisation charitable à but non lucratif 501 (c) (3) faisant partie de la Foundation for the Preservation of the Mahayana Tradition (FPMT).

SOINS À APPORTER AUX LIVRES DU DHARMA

Les livres de Dharma renferment les enseignements du Bouddha. Ils ont le pouvoir de protéger contre une renaissance inférieure et d'indiquer le chemin de la libération. Il faut donc les manipuler avec respect — ne pas les laisser traîner par terre ni dans des lieux où les gens s'assoient et marchent — et ne pas les enjamber. Il faut les couvrir ou les protéger pour les transporter, et les ranger en hauteur dans un endroit propre séparé de publications plus « ordinaires ». Il ne faut rien mettre au-dessus des livres de Dharma. Se lécher les doigts pour tourner les pages est considéré comme une forme mauvaise (et un karma négatif). S'il faut se défaire de livres de Dharma, il faut les brûler avec soin et conscience plutôt que les jeter à la poubelle. Pour brûler des traités du Dharma, il est considéré comme un moyen habile de réciter d'abord une prière ou un mantra, tel que OM, AH, HUNG. Puis vous pouvez visualiser les lettres des textes (à brûler) s'absorbant dans le AH, et le AH s'absorbant en vous. Après quoi, vous pouvez brûler les textes.
Ces considérations sont valables pour les œuvres d'art du Dharma, ainsi que pour les enseignements écrits et les œuvres d'art des autres religions.

• Adresse du bureau du Tibet à Paris :

Bureau du Tibet
84, boulevard Adolphe Pinard
75014 Paris

- Comité de soutien au peuple tibétain :

Comité de soutien au peuple tibétain
2, rue d' Agnou
78580 Maule

- Minitel : 3615 Tibet-info

TABLE DES MATIÈRES

Cet ouvrage a été réalisé par la
SOCIÉTÉ NOUVELLE FIRMIN-DIDOT
Mesnil-sur-l'Estrée
pour le compte des Éditions Brepols
en novembre 1996

Imprimé en France
Dépôt légal : octobre 1996
N° d'impression :36541